KÖLNER HISTORISCHE ABHANDLUNGEN



HERAUSGEGEBEN VON
THEODOR SCHIEFFER

Band 23

D

# NOVA ANTIQUITAS ET ANTIQUA NOVITAS

## Typologische Exegese und isidorianisches Geschichtsbild bei Theodulf von Orléans

Inaugural-Dissertation
zur
Erlangung des Doktorgrades
der Philosophischen Fakultät
der Universität zu Köln

vorgelegt von
Elisabeth Dahlhaus-Berg
aus Berlin

Köln 1971

Berichterstatter: Prof. Dr. Theodor Schieffer
Prof. Dr. Johannes Rathofer
Tag der mündlichen Prüfung: 13. Februar 1971





Satz und Druck: W. Carstens OHG, Schneverdingen
Buchbinderische Verarbeitung: Klemme & Bleimund, Bielefeld

Printed in Germany
ISBN 3 412 12374 9

# VORWORT

Diese Arbeit, die auf der Grundlage der Bibelcodices, des *Liber de ordine baptismi* und der *Libri Carolini* Theodulfs System der Schriftexegese und seine Geschichtstheologie untersucht, wurde im Frühjahr 1971 von der Philosophischen Fakultät der Universität zu Köln als Dissertation angenommen. Bei der Überarbeitung für den Druck ist neu erschienene Literatur bis zum Ende des Jahres 1973 mit berücksichtigt worden. Die Veröffentlichung ist willkommener Anlaß, für die mir vielfältig zuteil gewordene Hilfe und Förderung zu danken.

Zuerst und vor allem gebührt mein aufrichtiger Dank meinem verehrten Lehrer, Herrn Professor Dr. Theodor Schieffer, der die Untersuchung anregte, dem ich aber weit mehr als die Betreuung dieser Dissertation verdanke: seine Fürsorge hat meinen Weg seit Beginn meiner Studienzeit begleitet, ja ihn überhaupt erst gangbar gemacht. Bis weit ins Endstadium der Arbeit hinein durfte ich auch den Rat von Herrn Professor Dr. Heinrich Büttner († 1970) in Anspruch nehmen, der stets Zeit für meine Fragen und zu ausführlichem Gespräch über die behandelten Probleme fand. Herr Professor Dr. Dieter Schaller, Bonn, hatte die große Freundlichkeit, das Manuskript durchzusehen; seine sachkundigen Ratschläge, Ergänzungen und kritischen Hinweise waren für mich von hohem Wert.

Dank schulde ich ferner den Damen und Herren der Württembergischen Landesbibliothek Stuttgart, der Bayerischen Staatsbibliothek München, der Burgerbibliothek Bern, der Bibliothèque Nationale Paris und der Bibliothèque Municipale Orléans für alle zuvorkommend erwiesenen Hilfen, Frau Doris Weyer, Köln, für die Reinschrift des Manuskripts, den Herausgebern der Kölner Historischen Abhandlungen für die Aufnahme der Arbeit in diese Reihe, dem Ministerium für Wissenschaft und Forschung des Landes Nordrhein-Westfalen für die zur Drucklegung gewährte finanzielle Unterstützung.

Doch wäre diese Untersuchung nie bis zur vorliegenden Form gediehen ohne die unermüdliche Hilfe meines lieben Mannes; ihm sei daher das Buch gewidmet.

*Finis adest operi: his, quibus est peragentibus actum,*
*Sit pax, vita, salus et tibi, lector, ave!*

Theodulf, Carmen XLI, 4

Köln, im Dezember 1974 Elisabeth Dahlhaus-Berg

INHALT

## EINLEITUNG

Die Kräfte, mit deren Hilfe Karl der Große die durch Bonifatius und Pippin begonnene Reorganisation der fränkischen Kirche zur Vollendung führte und zu einer allgemeinen Reform des Bildungswesens erweiterte, zog er aus den damals in der lateinisch-westlichen Kulturwelt führenden und dem Frankenreich überlegenen Randstaaten an seinen Hof: aus England, Italien und Spanien. Damit setzte, nachdem die Eroberungen der Franken eine neue politische Integration Westeuropas heraufgeführt hatten, auch im geistig-literarischen Leben ein Integrationsprozeß ein, durch den die kulturellen Sonderentwicklungen der einzelnen Staaten der Völkerwanderungszeit miteinander in Verbindung und Austausch traten und im Rahmen der durch das fränkische Großreich gegebenen politischen Einheit auch die Einheit der Literatur und des Geisteslebens für das Mittelalter grundgelegt wurde[1].

In diesem Zusammenhang ist nach der Bedeutung Theodulfs zu fragen, der als Westgote neben dem Angelsachsen Alcuin und dem Langobarden Paulus Diaconus dem karolingischen Hof die Früchte jener Bildungswelt vermittelte, die in Spanien nach der Herstellung der Einheit von Religion und Recht zwischen Romanen und Goten aufgeblüht war und durch Gestalt und Werk Isidors von Sevilla auf ihrem Höhepunkt repräsentiert wird.

### 1. Biographische Notizen

Verglichen mit Alcuin, für den vor allem die bereits von seinen Zeitgenossen gesammelten Briefe eine Quelle ersten Ranges sind[2], zu der

---

[1]) Vgl. E. R. Curtius, Europäische Literatur und lateinisches Mittelalter ([8]1973), S. 57 f.

[2]) Ed. E. Dümmler, MGH. Epp. IV, S. 1–481; Wattenbach-Levison, Deutschlands Geschichtsquellen im Mittelalter. Vorzeit und Karolinger. H. 2 bearb. v. W. Levison u. H. Löwe (1953), S. 235; L. Wallach, Charlemagne and Alcuin: Traditio 9 (1953), S. 127–154, S. 149 ff. führt Alcuins Briefsammlung auf ein Konzeptbuch des Autors zurück.

sich ergänzend die bald nach seinem Tod geschriebene – freilich hagiographisch stilisierte – Vita[3] stellt, sind die Nachrichten über Theodulf spärlich und lassen seine Anfänge, den Zeitpunkt und die Umstände seiner Aufnahme am Hofe Karls und das Jahr seiner Erhebung zum Bischof von Orléans ebenso im ungewissen wie die Beweggründe, die 818 im Zusammenhang mit dem Aufstand Bernhards von Italien zu seiner Absetzung führten. Sie gehören vornehmlich zwei Überlieferungskreisen an. Eine Gruppe von Nachrichten vermittelt der karolingische Hof: zu ihr gehören die Erwähnungen Theodulfs in den Reichsannalen[4], in den Kaiserviten[5] sowie in Briefen und Gedichten von Personen, die in engem oder weiterem Sinn zur Hofgesellschaft zu zählen sind[6]; sie beleuchten Theodulfs Stellung am Hof, seine Reputation als Dichter und Gelehrter, seine Beteiligung an kirchlichen und politischen Entscheidungen, sind aber nicht frei von tendenziöser Färbung, indem die Rivalitäten der am Hof um Einfluß ringenden Parteien in ihnen mitsprechen oder, wie es besonders auf die Berichte über die Absetzung zutrifft, der offizielle Standpunkt der karolingischen Politik vorgetragen wird.

Eine weitere Gruppe von Quellenzeugnissen verdanken wir der historiographischen Tradition der Klöster Fleury / St. Benoît-sur-Loire und St. Mesmin de Micy im Bistum Orléans. Die Abtei Fleury, in merowingischer und frühkarolingischer Zeit Reichskloster, war von Karl dem Großen Theodulf *ad personam* übertragen worden: nicht dem Bischof von Orléans, sondern dem verdienten Hofmann zur zusätzlichen Ausstattung; das Kloster Micy hatte Theodulf durch seine faktisch einer Neugründung gleichkommende Reform nach den monastischen Satzungen Benedikts von Aniane reorganisiert. Sein Name und seine Verdienste werden in den Abtskatalogen, Klostergeschichten und Libri miraculorum beider Abteien an verschiedenen Stellen er-

---

[3]) Vita Alcuini, ed. W. Arndt, MGH. SS. XV, S. 182–197.

[4]) Annales regni Francorum ad a. 817, ed. F. Kurze, MGH. SS. rer. Germ., S. 148.

[5]) Einhard, Vita Karoli c. 33, ed. O. Holder-Egger, MGH. SS. rer. Germ., S. 41; Thegan, Vita Hludowici c. 22, MGH. SS. II, S. 596; Astronomus, Vita Hludowici c. 21, c. 26, c. 29, MGH. SS. II, S. 618, 620, 623.

[6]) Alcuin, Briefe Nr. 149, 164, 192, 225, 245–249, MGH. Epp. IV, S. 243 f., 266, 318 f., 368 f., 393 ff.; Versus Fiduciae ad Angelramnum presulem V. 16, MGH. Poetae I, S. 77; Modoin, Ecloga I, V. 89 f., MGH. Poetae I, S. 387; ders., Rescriptum ad Theodulfum, MGH. Poetae I, S. 569–573; unbekannter Dichter an Prudentius (v. Troyes), Theodulfi carminum appendix Nr. LXXIX, V. 33 f., MGH. Poetae I, S. 580.

wähnt[7]. Keine der Klosterquellen ist jedoch zeitgenössisch: es fällt vielmehr auf, daß die im 9. Jahrhundert in Fleury und Micy entstandenen historiographischen Werke, die Annales Floriacenses[8] und Bertolds Vita S. Maximini[9], sich über Theodulf ausschweigen, während im 10. Jahrhundert plötzlich ausführliche Berichte einsetzen, die ihn in gutem Andenken und hohem Ansehen zeigen, seine Absetzung als ungerecht verurteilen und sein Ende durch legendenhafte Ausschmückung beschönigen. Dieser Befund bleibt an späterer Stelle zu interpretieren[10]; zur Quellenlage ist zunächst festzuhalten, daß die Nachrichten aus Fleury und Micy aus größerem zeitlichen Abstand geschrieben sind mit der deutlichen Tendenz, Theodulf vor der Nachwelt zu rehabilitieren.

Damit bleiben wir für unmittelbare Zeugnisse weitgehend angewiesen auf Theodulfs eigene Äußerungen in seinem literarischen Werk, zu dem als erhaltene und gesicherte Schriften die beiden Diözesanstatuten, eine Florilegiensammlung zur Verteidigung des *filioque*, eine Erklärung des Taufordo und vor allem die zusammen annähernd 4600 Verse umfassenden Gedichte gehören. Gerade im poetischen Werk Theodulfs finden sich verschiedentlich Anspielungen oder direkte Aussagen zur eigenen Person und Lebensgeschichte, zu Herkunft, Ausbildung und persönlichen Erfahrungen, Reflexionen über die politischen Ereignisse, über die Verwaltungsstruktur und die Rechtsordnung des fränkischen Staatswesens, engagierte Zustimmung und besorgte Kritik gegenüber königlichen Entscheidungen und eine ebenso entschiedene wie bewegende Stellungnahme zur eigenen Absetzung in

---

7) Catalogus abbatum Floriacensium, ed. O. Holder-Egger, MGH. SS. XV, S. 500 f.; zur Entstehungszeit: A. Vidier, L'historiographie à Saint-Benoît-sur-Loire (1965), S. 242. Andreas von Fleury, Miracula S. Benedicti lib. VI c. 13, ed. E. de Certain (1858), S. 237 mit Verweis auf die verlorene Historia abbatum Floriacensium des Aimoin als seine Quelle; zur Entstehungszeit vgl. A. Vidier, L'historiographie, S. 197 ff. Hugo von Fleury, Historia ecclesiastica lib. VI, ed. G. Waitz, MGH. SS. IX, S. 363 f. Vita S. Maximini abbatis Miciacensis auctore anonymo perantiquo (BHL. 5814) c. 37, AA. SS. OSB. Saec. I (1668), S. 590; zur Entstehungszeit: A. Poncelet, Les saints de Micy: Analecta Bollandiana 24 (1905), S. 5–104, S. 10 f., 44 ff. Liber miraculorum S. Maximini abbatis Miciacensis auctore Letaldo (BHL. 5820) c. 13, AA. SS. OSB. Saec. I, S. 601; zur Entstehungszeit: A. Poncelet, Les saints, S. 10 f., 45 f.

8) Ed. MGH. SS. II, S. 254 f.; vgl. A. Vidier, L'historiographie, S. 86 f.

9) BHL. 5817; ed. AA. SS. OSB. Saec. I, S. 591–597; vgl. A. Poncelet, La bibliothèque de l'abbaye de Micy au IX^e^ et au X^e^ siècle: Analecta Bollandiana 23 (1904), S. 76–84, S. 81 f.; ders., Les saints, S. 10.

10) Vgl. unten S. 19.

den Briefgedichten aus der Haft. Über diese direkten Äußerungen hinaus geben Theodulfs Schriften durch ihre Thematik, durch Anlehnung an Vorbilder sowie Zitate älterer Autoren und durch die Überlieferungsgeschichte Aufschluß über Bildung, Denkweise und Wirkung ihres Autors. In diesem Sinne sind auch die nicht-literarischen Werke Theodulfs Zeugnisse für seine Vita: die Bibelcodices, die in seinem Scriptorium unter seinen genauen Anweisungen entstanden und unter denen die Prachthandschriften in der Pariser Nationalbibliothek[11] und in der Schatzkammer der Kathedrale von Le Puy zu den höchsten Leistungen karolingischer Buchkunst gezählt werden, sowie der Kirchenbau in Germigny-des-Prés unweit des Klosters St. Benoît-sur-Loire. Die Bibeln verraten in ihrer Textrezension Theodulfs Fähigkeiten als Philologe und weisen nach den Eigentümlichkeiten ihrer kodikologischen Disposition, der Orthographie und des ornamentalen Schmuckes auf die ihn bestimmenden geistigen und kulturellen Traditionen hin; die Kirche von Germigny ist zwar seit ihrer Wiederentdeckung zu Beginn des vorigen Jahrhunderts und ihrer Klassifizierung als „monument historique" mehrmals restauriert worden, so daß der heute bestehende Bau als Rekonstruktion bezeichnet werden muß, doch sind die Bildmotive der teils aus Stukkaturen bestehenden, teils musivischen Ausschmückung des Inneren, von der das Apsismosaik in situ erhalten ist, durch ältere Beschreibungen und Zeichnungen gesichert: hinter dem ikonographischen Programm stehen die gleichen typologisch-heilsgeschichtlichen Konzeptionen, von denen auch das literarische Werk Theodulfs entscheidend geprägt ist.

Die Kombination der verschiedenen Überlieferungen und Quellenzeugnisse ergibt für die Jahre 795–817 eine ziemlich lückenlose und vielseitige Information über Theodulfs literarische Tätigkeit, über sein Wirken als theologischer und politischer Berater am Hof und als Reformator der kirchlichen Organisation im Bistum Orléans sowie des monastischen Lebens und des Bildungswesens in seinen Klöstern. Auf die Ereignisse von 817, die zu seiner Absetzung führten, fällt durch die Äußerungen der verschiedenen Seiten – der Hofquellen, der Klosterquellen und der Stellungnahmen Theodulfs selbst – immerhin so viel Licht, daß die zweifelhafte Rechtmäßigkeit des Verfahrens und die zwiespältige Beurteilung bereits durch die Zeitgenossen erkennbar sind. Nahezu im dunkeln liegen die Anfänge Theodulfs: seine

[11]) Cod. Paris. lat. 9380.

Herkunft und der Zeitpunkt, zu dem seine ersten Beziehungen zum Frankenreich und zum karolingischen Hof sich herstellten.

Während die westgotische Abstammung Theodulfs ein gesichertes und unbestrittenes Ergebnis der Forschungen des 19. Jahrhunderts ist, kann die Frage nach seiner regionalen Herkunft nicht mit der gleichen Eindeutigkeit beantwortet werden: bis in die jüngste Literatur stehen die Meinungen gegeneinander, ob seine Heimat jenseits der Pyrenäen, in Spanien[12], oder in der diesseits der Pyrenäen längs der Mittelmeerküste bis zur Rhônemündung sich erstreckenden *Gothia*, in Septimanien, zu suchen sei[13]. Von den in den Quellen als Herkunftsangabe begegnenden Begriffen *Hesperia*[14] und *Hispania (Hispanicus)*[15] bleibt bei dem meist in poetischem Zusammenhang verwendeten *Hesperia* die nähere geographische Fixierung völlig im ungewissen; *Hispania* weist im karolingischen Sprachgebrauch nicht eindeutig auf Spanien. Denn seit sich die Grenzen der fränkischen Herrschaft über die Pyrenäen hinweg nach Süden vorgeschoben hatten, wurde in der Sprache der Schriftsteller wie der Urkunden das gesamte ehemals westgotische Gebiet, das innerhalb des fränkischen Reiches durch das Fortleben westgotischen Rechts, westgotischer Liturgie und theologischer Tradition eine Sonderstellung einnahm, unter einem Begriff zusammengefaßt und bald als – erweiterte – *Septimania*, bald unter gentilizischem Aspekt als *Gothia* oder *Hispania* bezeichnet[16].

Theodulf selbst betont in seiner Auseinandersetzung mit den iroschottischen Grammatikern und Dichterlingen an Karls Hof mit Stolz

---

12) So zuletzt A. Freeman, Further studies in the Libri Carolini: Speculum 40 (1965), S. 203–289, S. 274 ff.; B. Fischer, Bibeltext und Bibelreform unter Karl dem Großen: Karl der Große II. Das geistige Leben (1965), S. 156–216, S. 178 Anm. 32.

13) So L. Wallach, The unknown author of the Libri Carolini: Didascaliae. Studies in honor of A. M. Albareda (1961), S. 469–515, S. 508 ff.; P. Bloch, Das Apsismosaik von Germigny-des-Prés: Karl der Große III. Karolingische Kunst (1965), S. 234–261, S. 238; M. Vieillard-Troiekouroff, Les Bibles de Théodulphe et la Bible wisigothique de la Cava dei Tirreni: Synthronon (1968), S. 153–166, S. 153 Anm. 2.

14) In den beiden Epitaphien auf Theodulf: MGH. Poetae I, S. 443 f. sowie im Catalogus abbatum Floriacensium, MGH. SS. XV, S. 500.

15) Alcuin, Brief Nr. 164, MGH. Epp. IV, S. 266.

16) Vgl. R. de Abadal, Nota sobre la locución „Marca Hispánica“: Boletin de la Real Academia de Buenas Letras de Barcelona 27 (1957/58), S. 157–164; O. Engels, Schutzgedanke und Landesherrschaft im östlichen Pyrenäenraum (1970), S. 12 f.

seine gotische Stammeszugehörigkeit[17]; woher und unter welchen Umständen er jedoch ins Frankenreich kam, verbirgt er hinter der Bemerkung *qui sum inmensis casibus exul*[18].

Der Bericht über seinen Empfang als *missus dominicus* in Narbonne, wo er von der dort ansässigen Bevölkerung als Blutsverwandter begrüßt wurde[19], ist fraglos zu eng interpretiert worden, wenn man aus ihm entnehmen wollte, Theodulf habe vor seiner Karriere am Hof in Narbonne gelebt[20]; auch die in der *Paraenesis ad iudices* unmittelbar folgende Bemerkung *revisentes te, Carcasona*[21] kann nicht als Hinweis auf Theodulfs Vaterstadt gedeutet werden[22]. Wenn Theodulf bei der Aufzählung der Schriftsteller und Dichter, an denen er seine Studien gemacht hat, den spanischen Römer Prudentius als *parens* bezeichnet[23], so ist unter dieser Verwandtschaft ein literarisches und geistiges Traditionsbewußtsein zu verstehen, das in der für das Westgotenreich charakteristischen volksmäßigen, staatlichen und kulturellen Verschmelzung von Romanen und Goten gründet; im Sinne einer biographischen Herkunftsangabe kann auch diese Stelle nicht herangezogen werden[24].

Überlegungen, die von Theodulfs Gelehrsamkeit ausgehen, von seiner Kenntnis der Literatur und seiner Schulung in den *septem artes*, von seinem schriftstellerischen Vermögen und den zahlreichen Symptomen westgotischer Bildungstradition in seinem Werk, lassen die

---

17) Carmen XXV, V. 163–165, MGH. Poetae I, S. 487:
*Ante canis lepores alet aut lupus improbus agnos,*
*Aut timido muri musio terga dabit,*
*Quam Geta cum Scotto pia pacis foedera iungat.*

18) Carmen XXIII, V. 28, MGH. Poetae I, S. 481.

19) Carmen XXVIII, V. 137–140, MGH. Poetae I, S. 497:
*Mox sedes, Narbona, tuas urbemque decoram*
*Tangimus, occurrit quo mihi laeta cohors,*
*Reliquiae Getici populi, simul Hespera turba*
*Me consanguineo fit duce laeta sibi.*

20) W. Wattenbach, Deutschlands Geschichtsquellen im Mittelalter I (⁴1877), S. 124 Anm. 5; K. Liersch, Die Gedichte Theodulfs, Bischofs von Orléans (Diss. Halle 1880), S. 16.

21) Carmen XXVIII, V. 141, a. a. O.

22) So S. Berger, Histoire de la Vulgate (1893; ND. 1958), S. 147, der aus dieser Stelle „(le) retour d'un exilé dans sa patrie" herauslesen will.

23) Carmen XLV, V. 15 f., MGH. Poetae I, S. 543:
*Diversoque potens prudenter promere plura*
*Metro, o Prudenti, noster et ipse parens.*

24) So Ch. Cuissard, Théodulfe, évêque d'Orléans. Sa vie et ses œuvres (1892), S. 45.

Folgerung zu, daß er in einer Umgebung aufgewachsen und erzogen sein muß, in der die kulturelle Blüte des 7. Jahrhunderts ungebrochen fortwirkte. Dies Argument scheint eher auf Spanien zu weisen, und hier auf jene Räume, wo die maurische Herrschaft sich seit längerem konsolidiert hatte und der westgotischen Hierarchie Toleranz entgegenbrachte; in Septimanien und im Pyrenäenraum dagegen gab es kaum einen Bischofssitz, der in den Kämpfen des 8. Jahrhunderts ohne Unterbrechung überlebte[25].

Durch Kombination der aus der literarischen Bildung Theodulfs zu gewinnenden Anhaltspunkte einerseits mit den politischen Vorgängen im Pyrenäenraum 778 und Theodulfs Bemerkung *qui sum inmensis casibus exul* anderseits hat Ann Freeman[26] die bereits von Charles Cuissard[27] vertretene These, daß Theodulf in Saragossa aufgewachsen sei, auf eine festere Grundlage zu stellen versucht. Nach ihren Ausführungen, die bei Bonifatius Fischer[28] vorsichtige Zustimmung gefunden haben, gehörte Theodulf zu den Flüchtlingen, die nach dem vor Saragossa gescheiterten Feldzug Karls über die Pyrenäen nach Aquitanien kamen. Der Höhepunkt der Flüchtlingsbewegung lag um 782. Setzt man – ausgehend von einer Bemerkung Alcuins aus dem Jahre 801 über Theodulfs *aetas florida*[29] – sein Geburtsjahr um 760 an, so war er zu diesem Zeitpunkt 20 bis 22 Jahre alt[30].

Die frühesten Nachrichten über Theodulfs Zugehörigkeit zum Hofkreis Karls fallen in die Jahre 790/791[31]. Damals war die Kirchen- und Bildungsreform bereits in Angriff genommen, und am Hof hatte sich eine feste Gruppe theologischer Berater konstituiert, deren Haupt Alcuin war. Die erste Aufgabe, die Karl dem Neuling übertrug, war der Entwurf der *Libri Carolini*, der fränkischen Stellungnahme zu den Konzilsakten von Nicäa (787). Theodulfs Konzept wurde in mehreren Stufen korrigiert und überarbeitet; an der Schlußredaktion war Alcuin beteiligt, der gerade von einem längeren Aufenthalt in

[25]) Vgl. P. B. Gams, Die Kirchengeschichte von Spanien II, 2 (1874), S. 300 f.; C. M. Aherne, Late Visigothic bishops, their schools and the transmission of culture: Traditio 22 (1966), S. 435–444; Ph. Wolff, L'Aquitaine et ses marges: Karl der Große I. Persönlichkeit und Geschichte (1965), S. 269–306, S. 295 ff.

[26]) Speculum 40 (1965), S. 274 ff.

[27]) S. 45 ff.

[28]) Bibeltext und Bibelreform, S. 178 Anm. 32.

[29]) Brief Nr. 225, MGH. Epp. IV, S. 369.

[30]) Vgl. auch R. de Abadal, La expedición de Carlomagno a Zaragoza en 778: Coloquios de Roncesvalles 1955 (1956), S. 39–71; Ph. Wolff S. 274.

[31]) Vgl. unten S. 182.

England zurückkehrte und auch an den Entscheidungen der Frankfurter Synode (794) maßgeblich mitwirkte[32]. Im Streit um den Adoptianismus, der bereits in Frankfurt gegenüber dem Bilderkult zum beherrschenden Thema der Beratungen wurde[33], übernahm Theodulf sowohl theologisch-literarische Arbeiten wie politische Funktionen. Zwei Briefe Alcuins vom Sommer 798 können vielleicht dahin gedeutet werden, daß Theodulf gegen Felix von Urgel eine eigene Lehrschrift verfaßte[34]; zumindest stellte er zur Widerlegung der adoptianistischen Doktrin Florilegien und Zitate aus der Patristik zusammen, wozu er als Kenner der Literatur von Alcuin aufgefordert wurde[35]. Als *missus dominicus* bereiste er noch im gleichen Jahr 798 zusammen mit Leidrad von Lyon das Rhônegebiet und Septimanien, die spanischer Infiltration vornehmlich zugänglichen südwestlichen Randzonen des Reiches[36]; die Visitation galt ihrer festeren Eingliederung in die staatliche und kirchliche Organisation der fränkischen Herrschaft. Auf diese Missus-Reise gehen wahrscheinlich die persönlichen Beziehungen Theodulfs zu Benedikt von Aniane und seinem Kreis zurück[37]: Benedikts Klostergründungen stützten die fränkische Integrationspolitik, und das von ihm reformierte Mönchtum war gegenüber dem Einfluß des spanischen Adoptianismus eine bedeutsame und planvoll eingesetzte Gegenkraft[38].

---

[32]) Vgl. unten S. 206 ff.

[33]) Vgl. unten S. 214.

[34]) Vgl. Alcuins Briefe Nr. 149, 160, MGH. Epp. IV, S. 241 ff., 258 f.; R. de Abadal, La batalla del Adopcionismo en la desintegración de la Iglesia visigoda (1949), S. 130–136; W. Heil, Der Adoptianismus, Alkuin und Spanien: Karl der Große II. Das geistige Leben (1965), S. 95–155, S. 106 f.

[35]) Vgl. Brief Nr. 160, MGH. Epp. IV, S. 259: *Tua vero caritas se testimoniorum telis, quae in sanctorum patrum scriptis invenias, confortare et armare satagat ...*

[36]) Die Visitationsreise führte über Lyon, Vienne, Valence, Orange, Avignon, Nîmes, Agde, Béziers, Narbonne und Carcassonne nach Arles und Marseille, vgl. Theodulfs *Paraenesis ad iudices,* Carmen XXVIII, V. 123 ff., MGH. Poetae I, S. 497. Das Gedicht ist ein aus Gregor- und Isidorflorilegien kompilierter Tugendspiegel für die *iudices,* nimmt auf die aktuellen Ziele der Mission jedoch nicht Bezug. Diese vermutet – trotz der Skepsis Heils – wohl zu Recht R. de Abadal, La batalla, S. 135; vgl. auch Ph. Wolff S. 276; E. Ewig, Das Zeitalter Karls des Großen: Handbuch der Kirchengeschichte III, 1 (1966), S. 62–118, S. 97.

[37]) Vgl. Theodulfs Carmen XXX, MGH. Poetae I, S. 520–522, vor allem die Grußliste V. 65 ff.

[38]) Vgl. Alcuins Briefe Nr. 137, 138, 187, 200, 205, MGH. Epp. IV, S. 210 ff., 216 ff., 313 ff., 330 ff., 340 ff. Für die zweite Visitationsreise Leidrads nach Septimanien im Sommer 800 ist die Mitwirkung Benedikts von Aniane und seines Schülers Nebridius – als Erzbischof von Narbonne der zuständige Metropolit – direkt bezeugt. Alcuin, Brief Nr. 207, MGH. Epp. IV, S. 345: *Et ille* (sc. Laidradus) *cum*

Als einziger der fremden Gelehrten erhielt Theodulf von Karl ein fränkisches Bistum[39]. Der Beginn seines Episkopates ist nicht sicher zu bestimmen: in den genannten Briefen Alcuins vom Sommer 798 erscheint sein Name zuerst mit dem Bischofstitel[40]. Über das Bistum Orléans gibt es, seit Karl Martell nach seinem aquitanischen Feldzug (735) die Bischöfe Ainmar von Auxerre und Eucherius von Orléans abgesetzt und damit den „Kirchenstaat" der Familie des Savarich an der Loire zerschlagen hatte[41], keine Nachrichten mehr in den Quellen. Das Aussetzen der Überlieferung ist Symptom kirchlicher Mißstände, so daß die Vergabe an Theodulf nicht so sehr eine Auszeichnung als vielmehr die Übertragung einer besonders schwierigen Aufgabe bedeutete: die kirchliche Organisation war von Grund auf wiederherzustellen. Die Bestimmungen seines ersten Diözesanstatuts[42], die die Einrichtung der regelmäßigen Diözesansynode und den Aufbau eines Unterrichtssystems vorsehen, die Aufgaben der Landpriester in Kultus, Seelsorge, Lehre und Verwaltung regeln und die Pflichten der Gläubigen vom täglichen Gebet bis zur Leistung des Zehnten festlegen, übertragen die allgemeine kirchliche Gesetzgebung der Kapitularien Karls auf die lokale Ebene des Bistums; bis in die untersten Verwaltungsinstitutionen seiner Diözese hinein brachte Theodulf das Reformprogramm des Hofes beispielhaft zur Geltung. Als persönliche Ausstattung verlieh ihm Karl die im Bistum gelegenen Reichsabteien Fleury / St. Benoît-sur-Loire, St. Aignan und St. Liphard de Meung[43];

---

*abbate Benedicto Nifridio missus est in illas partes occidentales ad extinguendas et evacuandas huius pravissime adsertionis infidelitates.*

39) Vgl. A. Hauck, Kirchengeschichte Deutschlands II (3+4 1912), S. 173; H. Wieruszowski, Die Zusammensetzung des gallischen und fränkischen Episkopats bis zum Vertrag von Verdun: Bonner Jahrbücher 127 (1922), S. 1–83, S. 42.

40) Briefe Nr. 149, 160, MGH. Epp. IV, S. 244, 258.

41) Gesta episcoporum Autisiodorensium c. 26–27, MGH. SS. XIII, S. 394; Vita Eucherii episcopi Aurelianensis c. 8–9, ed. W. Levison, MGH. SS. rer. Merov. VII, S. 50; E. Ewig, „Milo et eiusmodi similes": Sankt Bonifatius. Gedenkgabe zum zwölfhundertsten Todestag (1954), S. 412–440, S. 427 f.

42) PL. 105, col. 191–206.

43) Theodulf bezeichnet die genannten Klöster in seinem ersten Statut, c. 19, PL. 105, col. 196 C als *nobis ad regendum concessa.* Karl strebte systematisch die Kumulation der wichtigsten Reichsklöster in den Händen seiner führenden Berater an, eine Politik, die zugleich der wirtschaftlichen Ausstattung der Hofgelehrten und der einheitlichen Durchführung der Bildungsreform diente. Vgl. K. Voigt, Die karolingische Klosterpolitik und der Niedergang des westfränkischen Königtums (1917), S. 59; J. Semmler, Karl der Große und das fränkische Mönchtum: Karl der Große II. Das geistige Leben (1965), S. 255–289, S. 277.

Theodulf selbst leitete bald nach seinem Episkopatsantritt die Wiedergründung der Abtei St. Mesmin de Micy ein, die er mit gotischen Mönchen aus dem Reformkreis Benedikts von Aniane besetzte[44]; Micy war bischöfliches Kloster[45]. Er erhob Anspruch auf das Eigentumsrecht des Bistums an dem in weltlichen Besitz gelangten Kirchengut und suchte mit königlicher Unterstützung das Neunt- und Zehntgebot für die Kirchenlehen durchzusetzen[46]. Karl stattete das Bistum außerdem mit der Hälfte aller Wege-, Wasser- und Marktzölle der Grafschaft aus[47], eine Maßnahme, die bei der Wiederherstellung der Kirchenorganisation in Orléans möglicherweise auf ein Vorgehen nach dem Grundsatz der Divisio zwischen Komitat und Bistum schließen läßt[48]. Sicherheit ist auf der Grundlage der spärlichen Quellen nicht zu gewinnen: wie Theodulfs Anteil an den *Libri Carolini* und an der Abwehr des Adoptianismus muß auch die Reorganisation des Bistums Orléans anhand punktueller, vielfach späterer Einzelnachrichten erschlossen werden.

Theodulfs Verbindungen zum Hof lockerten sich durch die Ernennung zum Bischof von Orléans nicht: er wurde weiterhin zu reichskirchlichen Aufgaben herangezogen und in politischen Fragen konsultiert. Im Sommer des Jahres 800, wenige Monate vor dem Romzug und der Entscheidung über die Wiedereinsetzung Papst Leos, besuchte Karl nacheinander Tours und Orléans; in Orléans befand sich Alcuin in seinem Gefolge, der ihn zurück nach Aachen begleitete[49]. Die Beratungen zwischen Karl, Theodulf und Alcuin müssen sowohl der römischen Frage als auch der dogmatischen Disputation Alcuins mit

---

44) Vgl. unten S. 64 f.

45) Vgl. BM² 825; J. Thillier – E. Jarry, Cartulaire de Sainte-Croix d'Orléans (1906), Nr. 38 S. 75 ff.

46) Vgl. BM² 544 = Form. imp. Nr. 21, ed. K. Zeumer, MGH. Form., S. 301 f.: Ludwig der Fromme wiederholt die Aufforderung seines Vorgängers, von allen Gütern der Bischofskirche und der Abtei St. Aignan, die in weltlichem Besitz sind, *nona* und *decima* zu geben.

47) Vgl. die Bestätigung Ludwigs des Frommen BM² 542 = Form. imp. Nr. 19, MGH. Form., S. 300.

48) Die Verleihung wird in doppelter Formulierung gegen Eingriffe des Grafen abgesichert: *... et nullam contrarietatem aut impedimentum vel calumniam de eadem medietate telonei contra ipsam ecclesiam eiusque rectores ulla facere audeat iudiciaria potestas. – ... remota totius iudiciariae potestatis inquietudine.* Form. imp. Nr. 19, a. a. O.

49) S. Abel – B. Simson, Jahrbücher des fränkischen Reiches unter Karl dem Großen II (1883; ND. 1969), S. 216.

Felix von Urgel gegolten haben, die unmittelbar bevorstand[50]; ihr poetischer Niederschlag ist Theodulfs Carmen XXXII[51], das einen Ordo der Gewalten entwickelt, in dem Petrus über die Schlüssel des Himmels verfügt, Karl in seiner Stellvertretung die Schlüssel der Kirche verwaltet und Klerus und Volk regiert[52] – eine Konzeption, die Karls jurisdiktionelle Hoheit über die Kirche einschließlich der römischen bekräftigt und von Helmut Beumann[53]) mit der Darstellung der Ämterfiliation auf dem Mosaik im Triclinium des Laterans verglichen wird. Daß Theodulf am Romzug teilnahm, wissen wir wiederum nur aus einer Briefstelle Alcuins[54]: er muß in den Synodalversammlungen in St. Peter, die die Anklagen der Römer gegen Leo prüften, für die Sache des Papstes eingetreten sein[55]; wahrscheinlich förderte er die Entscheidung für den Grundsatz, daß der Papst nicht gerichtet werden könne, die dann zum Reinigungseid Leos führte. Die Auszeichnung mit dem Pallium, das ihm, obwohl er kein Metropolit war, von Leo als persönliches Ehrenzeichen verliehen wurde[56], läßt auf eine maßgebliche Beteiligung Theodulfs an den römischen Ereignissen schließen – mehr geben die Quellen auch in diesem Fall nicht zu erkennen.

In den Jahren nach 800 erreicht Theodulfs Karriere ihren Höhepunkt. Alcuin beschreibt ihn als *vir clarissim(us), cui est aetas florida et vividae virtus sapientiae et sancti honoris sublimitas*[57] und

---

[50]) Sie fand im Juni in Aachen statt und zog sich über sechs Tage hin: vgl. Alcuins Brief Nr. 207, MGH. Epp. IV, S. 344; E. Ewig, Zeitalter Karls des Großen, S. 106.

[51]) MGH. Poetae I, S. 523 f.

[52]) Ebd. V. 8, 31–33, 28:

*Per te pontifices iura sacrata tenent.*
....
*Caeli habet hic* (sc. S. Petrus) *claves, proprias te iussit habere,*
*Tu regis ecclesiae, nam regit ille poli.*
*Tu regis eius opes, clerum populumque gubernas,*
....
*Teque sua voluit fungier ille vice.*

[53]) Das Paderborner Epos und die Kaiseridee Karls des Großen: Karolus Magnus et Leo papa (1966), S. 1–54, S. 8 f., 39 ff.

[54]) Brief Nr. 225, MGH. Epp. IV, S. 368.

[55]) Vgl. Alcuin, ebd.: *... quam libera voce in conventu publico veritatis testimonia protulisses ...*

[56]) Vgl. Alcuin, ebd.: *Gaudens gaudebo de augmento honoris vestri et de sigillo sacerdotalis dignitatis, quod apostolica vobis superaddidit auctoritas.*

[57]) Ebd. S. 369.

zeichnet die Gebrechlichkeit seines eigenen Alters als Gegenbild[58]. Daß er sich gegenüber dem jüngeren Rivalen, dessen Einfluß und Ansehen sich jetzt voll entfalteten, zurückgesetzt fühlte, spricht er in einem Schreiben an den Hof mit einer Anspielung auf Vergils Aeneis aus: er wünsche sich, dem alten Entellus, die Genugtuung, über den spanischen Dares zu triumphieren[59]. Das gespanntere Verhältnis zwischen den Nachbarn in Tours und Orléans führte im Jahre 802 zu einem offenen Konflikt um das Asylrecht der Martinskirche: der Streitfall wurde vor den Kaiser gebracht[60]. Alcuin mußte das Urteil Karls, der zugunsten Theodulfs entschied[61], anerkennen, verhinderte aber seine Durchführung, indem er den flüchtigen Kleriker, dessen Auslieferung von ihm verlangt wurde, heimlich zu Arn von Salzburg schickte[62].

In der Frage der Herrschernachfolge trat Theodulf zu der am fränkischen Erbteilungsrecht orientierten Auffassung Karls in Opposition: seine Stellungnahme zum Plan der *Divisio regnorum*, die er dem Kaiser sicher nicht nur in der poetischen Form des überlieferten Gedichts[63] vorgetragen hat, ist ein frühes Zeugnis dafür, daß die auf die Einheit in Glauben und Kultus zielende Kirchen- und Bildungsreform in den politischen Gedanken der Einheit des Reiches mündete[64]. Seiner Forderung *Unus ut e fratrum corpore sceptra gerat*[65] gibt ein weite-

---

58) Ebd.: *Nam me tacito pede curva senectus festinare cogit ad praesentiam iudicis mei.*

59) Brief Nr. 164, MGH. Epp. IV, S. 266: *Tunc habet Flaccus omni laetitia gaudere et more senis Entelli saltare ... et Daretem Hispanicum vincere, qui gloriatur in fortitudine iuvenilis aetatis.* Vgl. Vergil, Aeneis V, V. 369–384; E. Dümmler, Alchvin-Studien: Sitzungsberichte der preußischen Akademie der Wissenschaften (Berlin 1891), S. 495–523, S. 517 Anm. 2.

60) Vgl. Alcuins Briefe Nr. 245, 246, 247, 249, MGH. Epp. IV, S. 393 ff., 401 ff. Der Verlauf des Streits ist bei E. Rzehulka, Theodulf, Bischof von Orléans (Diss. Breslau 1875), S. 41 ff. ausführlich geschildert. Seine persönlichen Hintergründe – die zunehmende Spannung zwischen Alcuin und Theodulf – untersucht G. Monod, La renaissance carolingienne: Séances et travaux de l'Académie des Sciences Morales et Politiques 59 (1899), S. 137–166, S. 153 ff.

61) Karls Gesetzgebung tendierte generell zur Einschränkung des Asylrechts, da es das weltliche und kirchliche Gerichtssystem aushöhlte. Vgl. Kapitular von Herstal (779) c. 8, MGH. Capit. I, Nr. 20 S. 48; Capitulare legibus additum (803) c. 3, ebd. Nr. 39 S. 113; Ch. de Clercq, La législation religieuse franque I (1936), S. 159, 204 f.

62) Alcuin, Brief Nr. 248, MGH. Epp. IV, S. 401.

63) Carmen XXXIV, MGH. Poetae I, S. 526.

64) Vgl. R. Faulhaber, Der Reichseinheitsgedanke in der Literatur der Karolingerzeit bis zum Vertrag von Verdun (Diss. Berlin 1931), S. 21 f.

65) Carmen XXXIV, V. 10, a. a. O.

res Carmen konkreten Inhalt, das den jungen König Karl als Hoffnung und Ruhm des Reiches und als Nachfolger auf dem väterlichen Thron begrüßt[66]. Hier tritt die Idee einer unitarischen Regelung der Nachfolge hervor, die wahrscheinlich über Theodulf hinaus im hohen Klerus weitere Anhänger hatte[67]: die Argumente der Diskussion des Jahres 817 klingen bereits auf.

Als sich im Jahre 809 die dogmatische Kontroverse um die *processio Spiritus* und das *filioque* erneut zuspitzte[68], übernahm Theodulf die theologische Vorbereitung der Aachener Synode. Er stellte eine umfangreiche Sammlung patristischer Testimonien her, die den fränkischen Standpunkt erläuterten und stützten[69]; dabei ging er von jenem Material aus, das er bereits in den *Libri Carolini* gegen die griechische Formel *ex Patre per Filium* ausgebreitet hatte[70]. Im Jahre 813, als im Zeichen einer neuen Intensivierung der kirchlichen Reformgesetzgebung fünf regionale Synoden in Tours, Chalon, Arles, Reims und Mainz gleichzeitig zusammentraten, nahm Theodulf als Mitglied des Metropolitanverbandes Sens an der Synode von Chalon teil: der Text der Canones von Chalon[71] bietet inhaltlich und stilistisch so vielfache und deutliche Übereinstimmungen mit seinen Gedichten und Diözesanstatuten, daß Theodulf mit ausreichender Sicherheit als ihr Redaktor erschlossen werden kann[72]. Seine führende Rolle in Chalon geht wahrscheinlich auf direkte Anordnung Karls zurück, der die Tagungsorte der Synoden, die Beratungsthemen sowie die vorsitzenden und für die Übermittlung der Beschlüsse nach Aachen verantwort-

---

66) Carmen XXXV, MGH. Poetae I, S. 526 f.

67) Vgl. R. Faulhaber, a. a. O.

68) Zu Anlaß und Verlauf des Streites vgl. A. Hauck II, S. 343–349.

69) *De Spiritu sancto. Veterum Patrum sententiae, quod a Patre Filioque procedat.* PL. 105, col. 239–276. Das Widmungsgedicht ist kritisch ediert von E. Dümmler: Theodulfs Carmen XXXVI, MGH. Poetae I, S. 527 f. Ein weiteres Gutachten über die Frage verfaßte Smaragdus von St. Mihiel: MGH. Conc. II, 1, Nr. 33 A S. 236–239; außerdem ist ein anonymer *Libellus de processione sancti Spiritus* erhalten, PL. 101, col. 64–84, den Froben Forster irrtümlich zu den Werken Alcuins zählte (Widmungsbrief ed. E. Dümmler, MGH. Epp. IV, S. 490 f.; vgl. ebd. S. 482).

70) LC. III, 3: *Utrum Tarasius recte sentiat, qui Spiritum sanctum non ex Patre et Filio secundum verissimam sanctae fidei regulam, sed ex Patre per Filium procedentem in suae credulitatis lectione profiteatur?* Ed. H. Bastgen, MGH. Conc. II Suppl., S. 110–113. Vgl. unten S. 175, 212 Anm. 121.

71) MGH. Conc. II, 1, Nr. 37 S. 273–285.

72) Vgl. den Exkurs: Theodulf von Orléans und die Beschlüsse der Synode von Chalon 813, unten S. 221 ff.

lichen Bischöfe selbst bestimmte. Die in Chalon getroffenen Entscheidungen galten wie die der anderen Regionalsynoden vornehmlich der Neuordnung des Bußwesens, das sich durch den Verfall der öffentlichen Kirchenbuße, das Vordringen der privaten Beichte und die Flut der irokeltischen und angelsächsischen Poenitentialbücher in einem völligen Umbruch befand. Dem Beschluß von Chalon, die Poenitentialbücher, *quorum sunt certi errores, incerti auctores*[73], aus dem kirchlichen Bußverfahren auszuschalten und sich statt dessen nach der Schrift, den Canones und den Vätern zu richten[74], versuchte Theodulf durch sein zweites Diözesanstatut[75] im Bistum Orléans praktische Wirkung zu verschaffen; da die Kleriker an die Benutzung der Bußbücher gewöhnt waren und zur Bemessung der auf die einzelnen Fälle anzuwendenden kirchlichen Strafen ein Hilfsmittel brauchten, stellte er aus den altkirchlichen Konzilsbeschlüssen und der Patristik ad hoc die nötigen Bestimmungen zusammen[76]. Sein zweites Statut, dessen erste elf Canones den aus seinen früheren Capitula bekannten Ton der Synodalexhortation an die Diözesankleriker wiederaufnehmen, kann in seinem Hauptteil (c. 12–64) als ein Poenitentiale gelten; an das Verzeichnis der Strafen schloß er Ordines für die Beichte (c. 65–71) und die Krankenbuße (c. 72–84) an. Josef Andreas Jungmann hat nachgewiesen, daß der Beichtordo des zweiten Statuts, dessen wesentliche Stücke in dem Ordo für die Krankenbuße wiederkehren, eine selbständige Neuschöpfung Theodulfs ist, mit der er – in der allgemeinen Unsicherheit, da die liturgischen Formen der Beichte sich eben erst zu bilden begannen – seinem Klerus eine klare Richtschnur geben wollte[77].

Beim Regierungswechsel von 814 war Orléans als das erste nördlich an Aquitanien grenzende fränkische Bistum Schauplatz des festlichen

---

[73]) Chalon, c. 38, MGH. Conc. II, 1, S. 281.

[74]) Chalon, c. 1, MGH. Conc. II, 1, S. 274.

[75]) Ed. Ch. de Clercq, La législation religieuse franque I (1936), S. 321–351.

[76]) Zu seinen Quellen: Ch. de Clercq S. 267 ff. Bezeichnend für den Westgoten Theodulf ist die vorwiegende Benutzung der Hispana antiqua.

[77]) J. A. Jungmann, Die lateinischen Bußriten in ihrer geschichtlichen Entwicklung (1932), S. 169 ff. Ebd. S. 171: „Dieser einfache und ganz durchsichtige Beichtordo macht dem selbständigen und schöpferischen Geist Theodulfs alle Ehre." Zur Bedeutung des 2. Statuts für die Entstehung des Rituals der Krankensalbung vgl. F. Lehr, Die sakramentale Krankenölung im ausgehenden Altertum und im Frühmittelalter (Diss. Freiburg 1934), bes. S. 31 ff.; B. Poschmann, Buße und Letzte Ölung: Handbuch der Dogmengeschichte IV, 3 (1951), S. 73 ff., 130 ff.

Einzugs des neuen Herrschers in sein Reich[78]. Als Rampo, der die Nachricht vom Tode Karls aus Aachen nach Doué brachte, durch Orléans kam, erriet Theodulf, wie die Vita Hludowici des Astronomus berichtet, den Grund seiner eiligen Reise und schickte sofort Boten an Ludwig mit der Anfrage, ob er ihm entgegenziehen oder ihn in der Stadt empfangen solle[79]. Seine prompte Huldigung und die Rolle, die ihm beim Empfang Ludwigs in Orléans zufiel[80], bewahrten ihn möglicherweise vor dem Schicksal Adalhards, Walas und anderer Ratgeber Karls; im September 814 stellte die kaiserliche Kanzlei ihm eine zusammenhängende Folge von Bestätigungsdiplomen aus[81], die zwar in Hinsicht auf die planmäßige Erneuerung der kirchlichen Privilegien nach dem Herrscherwechsel nicht als besondere Gunsterweise interpretiert werden können, aber auf ein konfliktloses Verhältnis zum Hof schließen lassen. Daß es für seine Anwesenheit in Aachen während der Reformsynode vom Sommer 816 keine Anhaltspunkte gibt, muß der mangelhaften Überlieferung zugeschrieben werden, aus deren sporadischen Hinweisen nur einzelne der Synodalen namhaft gemacht werden können[82]; wenige Monate später finden wir Theodulf in der Delegation des fränkischen Episkopats, die dem Papst Stephan V. von Reims aus entgegenzieht[83]. Für das folgende Jahr berichten die Reichsannalen[84], die Chronik von Moissac[85] und die beiden Biographen Ludwigs[86] dann unvermittelt von seiner Teilnahme am Aufstand Bernhards von Italien, die zu seiner Absetzung führte.

---

78) 33 Jahre zuvor war Ludwig von Orléans aus in sein Unterkönigreich Aquitanien eingewiesen worden; hier hatte man den Vierjährigen aus dem Kinderstuhl aufs Pferd gesetzt und ihm Waffen angelegt: Astronomus, Vita Hludowici c. 4, MGH. SS. II, S. 609.

79) Ebd. c. 21, S. 618.

80) Vgl. die ausführliche Schilderung des Ermoldus Nigellus, In honorem Hludowici II, V. 119–143, MGH. Poetae II, S. 27 f., der jedoch über den Namen Theodulfs wie über einen dunklen Punkt hinweggeht: zur Abfassungszeit des Gedichts (826–828) stand er am Hof unter einer *damnatio memoriae.*

81) BM² 541, 542, 543, 544 und Form. imp. Nr. 21, MGH. Form., S. 301 f.

82) Vgl. J. Semmler, Die Beschlüsse des Aachener Konzils im Jahre 816: ZKG. 74 (1963), S. 15–82, S. 60 ff.

83) Vgl. Astronomus, Vita Hludowici c. 26, MGH. SS. II, S. 620; B. Simson, Jahrbücher des fränkischen Reiches unter Ludwig dem Frommen I (1874; ND. 1969), S. 68.

84) Annales regni Francorum ad a. 817, MGH. SS. rer. Germ., S. 148.

85) Chronicon Moissiacense ad a. 817, MGH. SS. I, S. 312 f.

86) Astronomus, Vita Hludowici c. 29, MGH. SS. II, S. 623; Thegan, Vita Hludowici c. 22, MGH. SS. II, S. 596.

Bernhards Erhebung war eine Folge der im Juli 817 erlassenen *Ordinatio imperii,* deren 17. Kapitel das *regnum Italiae* nur in seiner sachlichen Abhängigkeit vom Kaiser erwähnte, die Person seines augenblicklichen Herrschers aber völlig ignorierte[87]. Bernhard mußte den Ausschluß seiner Nachkommen von der Erbfolge, wenn nicht gar seine eigene Absetzung befürchten; seine militärischen Aktionen, denen die offiziösen Hofquellen, um das grausame Vorgehen Ludwigs gegen den Neffen zu rechtfertigen, hochverräterische, auf den Sturz des Kaisers zielende Absichten unterstellen, waren defensive Maßnahmen und galten der Behauptung und Sicherung seiner italischen Herrschaft[88]. Lassen bereits die Darstellungen über den Aufstand Bernhards in den Reichsannalen und den Kaiserviten Widersprüche und Spuren einer nachträglichen Diskussion erkennen[89], so bleiben Art und Ausmaß der Verwicklung Theodulfs in die Ereignisse völlig im unklaren.

In der Aufzählung der am Aufstand Beteiligten stimmen die Quellen überein: sie trennen die engere Gruppe der Ratgeber Bernhards, die Grafen Eggideo und Reginar und den Kämmerer Reginhard[90], die als *huius coniurationis principes*[91], *exhortatores*[92] und *conspirationis auctores*[93] bezeichnet werden, von einem weiteren Kreis geistlicher und weltlicher Großer, deren Anteil an der Empörung nur in unbestimmten Formulierungen zum Ausdruck kommt.

Reichsannalen:

*Erant praeterea et alii multi praeclari et nobiles viri, qui in eodem scelere deprehensi sunt*[91].

---

87) MGH. Capit. I, Nr. 136, c. 17, S. 273.

88) Vgl. E. Mühlbacher, Zur Geschichte König Bernhards von Italien: MIÖG. 2 (1881), S. 296–302; G. Eiten, Das Unterkönigtum im Reiche der Merovinger und Karolinger (1907), S. 69 ff.; W. Mohr, Die kirchliche Einheitspartei und die Durchführung der Reichsordnung von 817: ZKG. 72 (1961), S. 1–45, S. 4 ff.

89) Ebd. S. 7 f.

90) Zu diesen Hauptvertretern der Reichsaristokratie am italischen Königshof vgl. G. Tellenbach, Der großfränkische Adel und die Regierung Italiens in der Blütezeit des Karolingerreiches: Studien und Vorarbeiten zur Geschichte des großfränkischen und frühdeutschen Adels (1957), S. 40–70, S. 51; E. Hlawitschka, Franken, Alemannen, Bayern und Burgunder in Oberitalien (1960), S. 50 f.

91) Annales regni Francorum ad a. 817, MGH. SS. rer. Germ., S. 148.

92) Thegan, Vita Hludowici c. 22, MGH. SS. II, S. 596.

93) Astronomus, Vita Hludowici c. 29, MGH. SS. II, S. 623.

Thegan:

*Inventi sunt autem nonnulli in hac sedicione esse lapsos ex utrisque Francorum et Langobardorum*[92].

Astronomus:

*Erant autem huius sceleris conscii quamplures clerici seu laici, inter quos aliquos episcoporum huius procella tempestatis involvit*[93].

Direkt genannt werden lediglich Anselm von Mailand, Wolfhold von Cremona und Theodulf; die Verbindung seines Namens mit dem der italischen Bischöfe ist der Forschung von jeher ein Rätsel gewesen.

Die Ursachen des Konflikts, der zum Zeitpunkt des Aufstandes und des Gerichts über Bernhard zwischen Theodulf und dem Hof offen zutage tritt, in der politischen Auseinandersetzung um Erbteilungsprinzip und Reichseinheitsgedanken zu suchen, wie es zuletzt Walter Mohr unternommen hat[94], halten wir vom Ansatz her für verfehlt: mit den in der *Ordinatio* gestellten Weichen der Reichsorganisation und Nachfolgeordnung stimmte Theodulf nach seinem bereits anläßlich der *Divisio* von 806 entworfenen Einheitsprogramm grundsätzlich überein. Der Aufstand Bernhards bot nur den Vorwand zu seiner Absetzung, wobei man über die äußeren Umstände, die der Hof zum Anlaß der Anklage nahm, nur Vermutungen anstellen kann[95]. Die eigentliche Ursache seines Sturzes sehen wir in einem persönlichen Gegensatz, in dem Interessenkonflikt zwischen ihm und dem einflußreichen Höfling Ludwigs, Matfrid, der als Mitglied der Reichsaristokratie ebenso zu den Befürwortern der *Ordinatio* gehörte wie Theodulf selbst[96], aber als Graf von Orléans in dem Bischof, der den Kirchenbesitz des Bistums straff reorganisiert hatte und die reichen

---

[94]) Einheitspartei, S. 6 ff.; Mohr interpretiert die *Ordinatio* stärker als Kompromiß zwischen Einheitsgedanken und Teilungsprinzip und vermutet, daß Theodulf wegen der „besonders radikalen Ideen, die er bezüglich der Reichseinheit vertrat", mit der Regelung von 817 nicht einverstanden war. Er habe möglicherweise gehofft, bei einem Erfolg des italischen Aufstandes werde die ganze *Ordinatio* fallen, oder die Empörung Bernhards als einen Beweis dafür begrüßt, daß nur seine Ansicht von der unbedingten Einheit des Reiches vor solchen Ereignissen bewahren könne.

[95]) G. Monod, Les mœurs judiciaires au VIIIe siècle. D'après la Paraenesis ad iudices de Théodulf: Revue historique 35 (1887), S. 1–20, S. 12 vermutet, daß Theodulf, der in Carmen XXIX, V. 27 ff., MGH. Poetae I, S. 518 jegliche Verstümmelungsstrafen ablehnt, gegen die Blendung Bernhards Einspruch erhoben hat.

[96]) Vgl. G. Tellenbach, Königtum und Stämme in der Werdezeit des Deutschen Reiches (1939), S. 46, 62 mit Anm. 2.

Klöster des Grafschaftsbezirks als Abt verwaltete, einen unbequemen Rivalen sah.

Seit 815 begegnet Matfrid in den Diplomen Ludwigs als Intervenient[97] und gewinnt am Hof rasch eine führende Stellung: Agobard von Lyon vergleicht ihn mit einer Mauer, die zwischen Ludwig und den übrigen Großen stand[98]. Wenn er seine Günstlinge vor dem Gericht des Kaisers abschirmen konnte, so wird anderseits sein Einfluß groß genug gewesen sein, Gegner zu Fall zu bringen; und in der Tat hat Matfrid aus Theodulfs Sturz territorialen Gewinn gezogen. In einer Gerichtsurkunde, deren Ausstellung in die Jahre 822/823 fällt[99], tritt er als Laienabt von St. Liphard de Meung auf: die Abtei wird eingeführt als *monasterium . . ., quod inluster vir ille comes in regimine habere videtur* und später mehrfach als *monasterium suum* bezeichnet[100]. Der Name Matfrids fällt auch in der Verskorrespondenz Theodulfs mit Modoin von Autun, die er während seiner Haft führte. Die Verse Modoins

*Mahtfridum crebris appellat epistola dictis*
*Lectaque sint vestra verba frequenter ei*[101]

beziehen sich entweder auf ein verlorenes Gedicht Theodulfs an Modoin[102], das dieser Matfrid zur Kenntnis brachte, oder auf ein – ebenfalls nicht erhaltenes – direktes Schreiben Theodulfs an den Hof; sie bezeugen, daß bei der Entscheidung über Theodulfs Forderung nach Einleitung eines ordentlichen kirchlichen Verfahrens in seiner Sache[103], die vom Kaiser mit dem Versprechen der Begnadigung bei Ablegung

---

[97]) Vgl. BM² 579, 648, 760, 770, 773, 775, 813; E. Kimpen, Rheinische Anfänge des Hauses Habsburg-Lothringen V. Die Matfridinger: AHVNRh. 123 (1933), S. 45–49.

[98]) Agobardi epistolae Nr. 10, MGH. Epp. V, S. 202: *Multi talium putant vos esse murum inter se et imperatorem, per quem defendantur a correctione.* Vgl. E. Boshof, Erzbischof Agobard von Lyon (1969), S. 132 u. Anm. 118; B. Simson S. 289 f.

[99]) BM² 760; sie ist nur als Formel überliefert, doch blieb im Text mehrmals der Name Matfrid stehen: Form. imp. Nr. 46, MGH. Form., S. 321 f.

[100]) Ebd. Vgl. K. Voigt, Klosterpolitik, S. 74, 75 mit Anm. 1.

[101]) Carmen LXXIII, V. 109 f., MGH. Poetae I, S. 572.

[102]) Daß der poetische Briefwechsel Theodulf–Modoin nicht allein aus dem erhaltenen Briefpaar Carmina LXXII / LXXIII bestanden hat, geht aus dem Eintrag *Versus Theodulfi ad Moduinum et Moduinus ad Theodulfum in quaternionibus V* in einem Lorscher Bibliothekskatalog des 9. Jahrhunderts hervor. Vgl. D. Schaller, Geraldus und St. Gallen: Mittellateinisches Jahrbuch 2 (1965), S. 74–84, S. 77.

[103]) Vgl. Carmen LXXII, V. 59–66, MGH. Poetae I, S. 564 f.

eines Schuldbekenntnisses beantwortet wurde[104], Matfrid eine Schlüsselposition zukam[105]. Beim Sturz Theodulfs mag auch eine seit 814 latent vorhandene Spannung zwischen ihm und dem neuen Herrscher zur Entladung gekommen sein; die treibende Kraft war jedoch Matfrid, und die entscheidende Rolle spielte jene Auseinandersetzung zwischen Graf und Bischof, die sich in den meisten Städten des Loiregebietes während des 9. Jahrhunderts verfolgen läßt und in deren Verlauf sich der Graf, nicht der Bischof als die dominierende Macht durchsetzte[106]. In der Grafschaft Orléans finden wir Matfrids Nachfolger Odo[107] auch im Besitz der Klöster St. Aignan und Fleury[108], ein Ziel, das gewiß bereits Matfrid angestrebt hat.

Unter diesem Gesichtspunkt ist das Schweigen der im Orléanais im 9. Jahrhundert entstandenen Quellen über Theodulf verständlich: wie am Hof verfiel er in der Grafschaft Orléans unter dem Druck Matfrids der *damnatio memoriae*. Eine Darstellung Theodulfs und seiner Verdienste hätte ein Votum für seine Rehabilitierung bedeutet, die der Graf mit allen Mitteln zu verhindern suchte. In den späten legendär gefärbten Berichten des Catalogus abbatum Floriacensium und Letalds im Liber miraculorum S. Maximini klingt das Motiv des Interessenkonflikts und der Machtrivalität als Ursache für Theodulfs Sturz deutlich auf.

Catalogus abbatum Floriacensium:

> *Sed quia semper sapientibus invidetur difficileque est in prosperis invidia carere, apud imperatorem Ludovicum ab emulis accusatus coniuracionis adversus eum facte conscius fuisse, Andegavis exiliatus . . . est*[109].

---

104) Vgl. Carmen LXXIII, V. 89–104, MGH. Poetae I, S. 572.

105) Dies vermutet im Anschluß an Carmen LXXIII bereits E. Rzehulka S. 55 ff.

106) Vgl. H. Büttner, Studien zum frühmittelalterlichen Städtewesen in Frankreich, vornehmlich im Loire- und Rhonegebiet: Vorträge und Forschungen IV (1958), S. 151–189, der die Entwicklung in Poitiers, Tours und Bourges im einzelnen nachzeichnet.

107) Odo, dem Ludwig der Fromme 828 nach dem Sturz Matfrids und Hugos von Tours die Grafschaft Orléans übertrug, war ein Vetter des Grafen Bernhard von Barcelona. Vgl. B. Simson S. 290 u. Anm. 6.

108) Adrevald von Fleury, Miracula S. Benedicti c. 20, ed. O. Holder-Egger, MGH. SS. XV, S. 487: *Siquidem Matfrido comite quondam Aurelianensi ob culpam inerciae propriis honoribus privato, Odo in locum eius substituitur. Qui . . . cuncta quae iuri subiacebant ecclesiae Aurelianensis, matricula excepta, sed et abbatiam Sancti Aniani necnon Sancti Benedicti in propriam molitur redigere potestatem.* Vgl. B. Simson, a. a. O.; K. Voigt, Klosterpolitik, S. 60.

109) MGH. SS. XV, S. 501.

Letald:

*Fertur enim vi veneni ab his exstinctus, qui dum exsularet, libertate potiti, bona ejus invadendi jam hauserant cupiditatem*[110].

Theodulf wurde nach seiner Verurteilung, die ohne Synodalverfahren vor dem Hofgericht erfolgte, im Kloster St. Aubin in Angers in Haft gehalten, dessen Abt Ludwigs Kanzler Helisachar war[111]. Als der Kaiser im August 818 auf dem Zug in die Bretagne in St. Aubin Quartier nahm[112], dichtete er ein *susceptaculum* in sapphischen Oden-

---

110) AA. SS. OSB. Saec. I, S. 601.

111) Angers als Ort seines Exils nennen der Catalogus abbatum Floriacensium, a. a. O., und Hugo von Fleury, Historia ecclesiastica lib. VI, MGH. SS. IX, S. 363; er geht auch aus Theodulfs Carmen LXIX, MGH. Poetae I, S. 558 f. eindeutig hervor. In Carmen LXX, 6 und Carmen LXXVIII, V. 2, MGH. Poetae I, S. 560, 579 wird der heilige Albinus erwähnt.

D. Schaller, Philologische Untersuchungen zu den Gedichten Theodulfs (Diss. masch. Heidelberg 1956), S. 205 nimmt zwischen 818 und 820 einen Wechsel von Theodulfs Haftort an: Theodulf sei von Angers nach Le Mans gebracht worden. Grundlage seiner These, die er im Mittellateinischen Jahrbuch 2 (1965), S. 78 wiederholt, ist die Schilderung des Austrocknens der Sarthe vor Le Mans in Theodulfs Carmen LXXII, V. 71–130, MGH. Poetae I, S. 565 f. Dasselbe Argument brachte bereits früher A. Ledru, Théodulphe, évêque d'Orléans, et l'hymne Gloria, laus: La Province du Maine, 2e sér. T. VI (1926), S. 60–72 vor. Theodulf erklärt jedoch nirgends, daß er Augenzeuge dieses Vorfalls war; er beruft sich wie in der folgenden Schilderung zweier Vogelkämpfe, die sich bei Toulouse und an der Rhône zugetragen haben (vgl. V. 131–224), auf Mittelsmänner, die ihm die Geschichte erzählten; V. 109 f.:

*Nomina non ideo narrantum scripsimus istic;*
*Sunt quoniam plures, qui cecinere mihi.*

Auch die Korrektur des Verses 122 zu

*hac quod ab urbe fluens sat prope Sarta bibit,*

die D. Schaller: DA. 18 (1962), S. 47 im Anschluß an den Druck Sirmonds vornimmt, scheint mir zur Abstützung seiner These wenig geeignet. Schaller meint, Theodulf könne nur seinen eigenen Standort als Beobachter, die Stadt, in der er sich zur Zeit des Vorfalls aufhielt, mit *haec urbs* bezeichnet haben; daß eine so strenge Auffassung vom Demonstrativum bei Theodulf nicht vorliegt, beweisen jedoch die Verse 137–138 desselben Gedichts, wo er ein Feld an der Grenze der *pagi* von Toulouse und Cahors mit *hic locus* beschreibt:

*Nempe Tolosani locus est rurisque Caturci*
*Extimus, hoc finit pagus uterque loco.*

Im Carmen L heißt es in bezug auf Charroux *hunc locum* (V. 17 f.), nachdem das Kloster dem Leser durch eine Erzählung der Gründungsgeschichte vertraut gemacht ist. Anderseits heißt Le Mans im Carmen LXXII, V. 74, ganz am Beginn des Wunderberichts über das Austrocknen der Sarthe, noch *urbs illa*.

112) Vgl. BM² 667b; C. Brühl, Königspfalz und Bischofsstadt in fränkischer Zeit: RhVjBll. 23 (1958), S. 161–274, S. 167.

strophen[113], um ihm seine loyale Gesinnung zu beweisen, die er auch in seinen Gedichten aus der Haft stets beteuerte.

*Non regi aut proli, non eius, crede, iugali*
*Peccavi, ut meritis haec mala tanta veham.*
...
*Perderet ut sceptrum, vitam, propriumque nepotem:*
*Haec tria sum numquam consiliatus ego*[114].

Das von ihm geforderte Schuldbekenntnis lehnte er ab; er verlangte ein rein kirchliches Verfahren vor der Bischofssynode und appellierte an den Papst[115]. In seinen Forderungen kündigt sich der später im Streit um die Absetzung Ebbos von Reims grundsätzlich erhobene Anspruch des fränkischen Episkopats auf Unabhängigkeit von der königlichen Rechtsprechung an[116]. Nach dem 8. Februar 820, einer seinem Carmen LXXII zu entnehmenden Datierung[117], und vor dem Oktober 821, als in Diedenhofen eine allgemeine Amnestie für die Teilnehmer am Aufstand Bernhards erlassen wurde[118], die er nicht mehr erlebte, starb er zu einem unbekannten Zeitpunkt in der Haft.

## 2. Zum Forschungsstand

Mit der Veröffentlichung einzelner Gedichte in den Sammlungen der Humanisten[1] tritt der Name Theodulfs im 16. Jahrhundert zum

[113]) Carmen LXX, MGH. Poetae I, S. 560; vgl. D. Schaller, Diss. masch., S. 147.

[114]) Carmen LXXI, V. 71 f., 75 f., MGH. Poetae I, S. 562.

[115]) Carmen LXXII, V. 59–66, MGH. Poetae I, S. 564 f.

[116]) Vgl. A. Hauck II, S. 505 f.; zum Prozeß gegen Ebbo von Reims vgl. E. Boshof S. 257 u. Anm. 17.

[117]) V. 111–120, MGH. Poetae I, S. 566.

[118]) Vgl. B. Simson S. 168–171.

[1]) Carmen LXIX *Gloria laus et honor* in: Poetarum veterum ecclesiasticorum opera christiana ... diligentia et studio Georgii Fabricii (Basileae 1564), S. 796; Carmen LI *Saepe dat ingenium* in: Pierre Pithou, Epigrammata et poematia vetera ... (Parisiis 1590), S. 486; Carmina LXXII *Hoc, Moduine, tibi* und LXXI *Hoc, Aiulfe, tibi* in: Antiquae lectionis T. V. Vetera monumenta ... primum ex manuscriptis codicibus edita ab Henrico Canisio (Ingolstadii 1604), S. 877 ff.; Carmen LXXVI *Inclite Caesar ave* ebd. T. VI, S. 504 f.; Carmen XLI *Quicquid ab Hebraeo* in: Melchior Goldast, Manuale Biblicum sive Enchiridion S. Scripturae (Francofurti 1610), S. 34–42. Vgl. E. Dümmler, Prooemium ad Theodulfi carmina, MGH. Poetae I, S. 440–445; D. Schaller, Philologische Untersuchungen zu den Gedichten Theodulfs von Orléans: DA. 18 (1962), S. 13–91, Tabelle nach S. 16.

erstenmal in den Gesichtskreis der gelehrten Forschung. In den Annales ecclesiastici[2] edierte Caesar Baronius das erste Diözesanstatut, dem er als Einführung eine kurze Notiz über Theodulfs Leben voranstellte. Dieser nachweislich früheste biographische Abriß ist von Sigebert von Gembloux[3] und Johannes Trithemius[4] abhängig und bezeugt die ungebrochene Traditionskette von den mittelalterlichen Schriftstellerkatalogen nach dem Muster des Liber de viris illustribus des Hieronymus bis zu den gelehrten Werken der frühen Neuzeit.

Auf die genannten Stellen hatte kurz zuvor schon Pierre Daniel verwiesen, ein Advokat und Büchersammler aus Orléans[5], der bei der Plünderung Fleurys durch die Protestanten im Jahr 1562 einen großen Teil der Bibliothek des Klosters an sich brachte und 1598 aus einem der Codices Floriacenses[6] Theodulfs *Paraenesis ad iudices* edierte[7]. Er stellte unter der Überschrift *Theodulphi elogia* seinem Text eine Sammlung von Zitaten aus der mittelalterlichen Historiographie voran, in der außer Sigebert und Trithemius die Vita Hludowici des Astronomus[8], Letalds Liber miraculorum S. Maximini[9] und die Historia ecclesiastica Hugos von Fleury[10] angeführt werden. Geverhartus Elmenhorst, der 1618 auf der gleichen handschriftlichen Grundlage einen zweiten verbesserten Druck der *Paraenesis ad iudices* herausgab[11], fügte der Liste noch eine Stelle aus Hinkmar von Reims hinzu, der in seiner Streitschrift De divortio Hlotharii einige Verse aus der

---

[2]) Novissima editio, postremum ab auctore aucta et recognita, T. IX (Antverpiae 1612), S. 833 ff.

[3]) Chronica, Auctarium Ursicampinum ad a. 843, ed. L. C. Bethmann, MGH. SS. VI, S. 470. Der Verfasser der erweiterten Abschrift und Fortsetzung von Sigeberts Chronik aus dem Zisterzienserkloster Ourscamp entnahm den Passus über Theodulf der Historia ecclesiastica Hugos von Fleury. Die Ourscamper Handschrift (nach Bethmanns Filiation D 1*) gehört zu dem Überlieferungszweig, auf dem die Editio princeps durch Guilelmus Parvus (1513) beruht. Nach dieser Sigebert-Edition zitiert Baronius.

[4]) Liber de scriptoribus ecclesiasticis (1494), fol. 42v.

[5]) A. Vidier, L'historiographie, S. 30 ff.

[6]) Heute Cod. Paris. lat. 18 557, Dümmlers Handschrift P, vgl. MGH. Poetae I, S. 441.

[7]) Theodulphi antistitis Floriacensis, postea episcopi Aurelianensis, viri suo seculo undecunque doctissimi Paraenesis ad iudices, pia lectuque digna (1598).

[8]) c. 21, MGH. SS. II, S. 618.

[9]) c. 13, AA. SS. OSB. Saec. I, S. 601.

[10]) lib. VI, MGH. SS. IX, S. 363 f.

[11]) Theodulphi episcopi Aurelianensis Paraenesis ad iudices, nunc secundo edita et locis plurimis emendata opera Geverharti Elmenhorst (Lugduni Batavorum 1618).

*Paraenesis* Theodulfs zitiert[12]. So waren bis zur Mitte des 17. Jahrhunderts, als der Jesuit Jacques Sirmond die erste – und bis heute einzige – Gesamtausgabe der „Opera Theodulfi" durchführte, bereits einige der bedeutendsten Gedichte: die *Paraenesis ad iudices*, die *Praefatio Bibliothecae*, die Briefgedichte an Modoin von Autun und Ajulf von Bourges aus der Haft, der Palmsonntagshymnus *Gloria laus et honor*, eines der Diözesanstatuten und der größte Teil der späteren mittelalterlichen Überlieferung über Theodulf durch Drucke bekannt.

Die Ausgabe Sirmonds von 1646[13] beginnt mit dem bereits von Baronius gedruckten ersten Diözesanstatut[14]; es folgen der Traktat *De ordine baptismi*[15] und die Florilegiensammlung *De Spiritu Sancto*[16], beide bisher noch nicht ediert, und schließlich eine umfangreiche Gedichtsammlung, die der Herausgeber in sechs Bücher gliedert[17]. Leider sind die Angaben Sirmonds über die von ihm benutzten Handschriften sehr ungenau oder fehlen ganz. Als Vorlage für die Gedichte, deren größter Teil uns nur durch seinen Druck überliefert ist, nennt er in den Anmerkungen einen *vetus codex*, über den er mitteilt, daß ein Quaternio in ihm fehlte[18]; wegen dieser Lücke ist Theodulfs geistliches Lehrgedicht *Ad episcopos*[19] nur als Fragment erhalten[20]. Zur *Paraenesis ad iudices* führt Sirmond außerdem den Codex Petavianus[21] und einen Codex Altae Sylvae an[22], der ebenfalls verloren, möglicherweise gar mit dem *vetus codex*, seiner Hauptquelle, identisch ist[23].

Sirmond kommentierte die von ihm herausgegebenen Texte in einem umfangreichen Anmerkungsapparat[24], den er mit einer *Vita Theodulphi* einleitete. Im Zusammenhang mit den auf den Hof oder

---

12) PL. 125, col. 663: *Et hinc ex sanctis Scripturis et catholicorum dictis quidam orthodoxus et insignis poeta inter alia scripserit dicens* ... Hinkmar zitiert V. 833–844, vgl. MGH. Poetae I, S. 514.

13) Theodulfi Aurelianensis episcopi opera, Jacobi Sirmondi Societatis Jesu Presbyteri cura et studio edita notisque illustrata (Parisiis 1646).

14) S. 1–28.

15) S. 28–60.

16) S. 61–130.

17) S. 131–272.

18) Notae, S. 302.

19) Dümmler Carmina I und II, MGH. Poetae I, S. 445–458.

20) Vgl. D. Schaller: DA. 18 (1962), S. 17 f.

21) Heute Leyden, Bibliotheek der Rijksuniversiteit, Voss. lat. 15.

22) Notae, S. 278.

23) D. Schaller: DA. 18 (1962), S. 19.

24) Notae ad Theodulfum, S. 273–305.

auf politische Ereignisse bezogenen Gedichten erläuterte er Theodulfs Teilnahme an den Aufgaben der kirchlichen und weltlichen Verwaltung, etwa seine Tätigkeit als Missus in Aquitanien; er wies auf die Pariser Bibel hin, die sich damals noch im Besitz der Familie de Mesmes befand[25], und druckte außer der Verspraefatio und dem Schlußgedicht[26] auch die Prosaeinleitung und die nach Ordines gegliederte Bucheinteilung der Bibelausgabe Theodulfs ab[27]. Das Material, das er zusammentrug, bildete wie seine Texte die Grundlage für die Untersuchungen des 18. und 19. Jahrhunderts. Noch die Anmerkungen Dümmlers in MGH. Poetae I wiederholen in vielen Einzelheiten die Notae Sirmondi.

Eine Erweiterung erfuhr das Sirmondsche Corpus der Werke Theodulfs zunächst durch Luc d'Achéry, der in einer vatikanischen Handschrift – dem heutigen Cod. Vat. lat. 1146[28] – zwei Predigten unter dem Namen des Bischofs von Orléans eingetragen fand und sie 1661 im 5. Band seines Spicilegium veröffentlichte[29]. Fünf Jahre später edierte Pierre Delalande[30] zwei Zusätze zu Theodulfs Kapiteln: *Dilectissimi fratres*, eine einleitende Ansprache an die versammelte Diözesansynode, mit der Herkunftsangabe *ex bibliotheca Bigotiana*[31], sowie *ex codice Suessonico*[32] die Kapitel *Sancitum ut missae* und *Simul et hoc statutum est*, die er wegen ihrer sachlichen Zugehörigkeit

---

25) Ebd. S. 279: *Perstat hodieque in Memmiana Bibliotheca egregii operis illustre monumentum, idem ipse Bibliorum codex, quem Theodulfus olim exarandum curarat.*

26) Sirmond, Carminum lib. II, Nr. 1–2; Dümmler Carmen XLI, MGH. Poetae I, S. 532–540.

27) Notae, S. 279–283.

28) Vgl. P. Ewald, Reise nach Spanien im Winter von 1878 auf 1879: NA. 6 (1881), S. 217–398, S. 358; M. Andrieu, Les Ordines Romani du haut Moyen Age I. Les manuscrits (1931), S. 294 ff.

29) Veterum aliquot scriptorum ... spicilegium ... opera et studio Lucae Dacherii ... T. V (Parisiis 1661), S. 117: ... *binos sermones seu verius pericopas sermonum, quos habuit Theodulfus Aurelianensis cum ad clerum, tum ad populum.* In der Nova editio (Spicilegium sive collectio veterum aliquot scriptorum) ... expurgata per Ludovicum-Franciscum-Joseph de la Barre ... T. I (Parisiis 1723), S. 254 ist hinzugefügt: *Et ista certe fragmenta nequaquam a genio aut eruditione scriptisque illius episcopi abhorrere mihi videntur; continent enim paraeneses ad mores christianos instituendos perutiles et quae Theodulfi stilum redolent omnino.*

30) Conciliorum antiquorum Galliae ... supplementa ... opera et studio Petri Delalande (Lutetiae Parisiorum 1666), S. 86 ff.

31) Heute Cod. Paris. lat. 3182; vgl. F. Maassen, Geschichte der Quellen und der Literatur des canonischen Rechts I (1870), S. 784 ff.

32) Heute Ost-Berlin, Deutsche Staatsbibliothek, Ms. Phillipps 1764; vgl. P. W. Finsterwalder, Zwei Bischofskapitularien der Karolingerzeit: ZRG. KA. 14 (1925), S. 336–383, S. 336 Anm. 1.

zu den Schlußkapiteln Theodulfs *sub finem* hinzuzusetzen vorschlug. Im Jahre 1675 veröffentlichte Jean Mabillon im ersten Band der Vetera analecta[33] als Ergänzung der Gedichtsammlung Sirmonds zehn weitere Gedichte Theodulfs[34] aus einem *pervetustus codex ... ex bibliotheca monasterii S. Vitoni*[35], der nach seinen Angaben über die von ihm mitgeteilten Stücke hinaus noch eine Anzahl Gedichte moralisch-didaktischen Inhalts enthielt, von denen er nur die Überschriften aufführt[36]. Als 45 Jahre nach Sirmonds Tod im Rahmen einer Gesamtausgabe seines historischen und editorischen Werks die Theodulf-Ausgabe von 1646 neu gedruckt wurde[37], wurden die inzwischen durch d'Achéry, Delalande und Mabillon bekannt gewordenen Stücke in sie aufgenommen. In dieser erweiterten Form und ergänzt durch das zweite Diözesanstatut, das Etienne Baluze in einer Handschrift des Klosters St. Martial de Limoges entdeckte[38] und 1715 edierte[39], ist die Ausgabe Sirmonds von Migne im 105. Band der Patrologia Latina nachgedruckt worden[40]. Nur von den Gedichten[41] und vom zweiten Diözesanstatut[42] gibt es moderne kritische Editionen. Das Bild von Umfang und Charakter des literarischen Werks Theodulfs wird durch die Sammlung bei Migne bestimmt, die durch unkritische Aufnahme von Neuentdeckungen verschiedenster Herkunft in das Corpus Sirmondi entstanden ist und deren Texte nach Gestalt und Zuweisung an Theodulf dringend einer Überprüfung bedürfen[43].

[33]) Veterum analectorum T. I ... cum adnotationibus et aliquot disquisitionibus Joannis Mabillonii (Parisiis 1675), S. 384 f.

[34]) Dümmler Carmina XXXVII, LII–LIX, LXX.

[35]) Vetera analecta I, S. 384. Die Handschrift ist heute verschollen.

[36]) *Ex iis quae Theodulfi esse visa sunt, ea tantum selegi, quae rei litterariae prodesse possunt: alia vero, quae de rebus moralibus tractant, hic solum notare satis esse duxi.* Ebd.

[37]) Jacobi Sirmondi ... opera varia T. II (Parisiis 1696), col. 917–1128; (² Venetiis 1728), col. 665–892.

[38]) Heute Ost-Berlin, Deutsche Staatsbibliothek, Ms. Phillipps 1664; vgl. L. Delisle, Notice sur les manuscrits originaux d'Adémar de Chabannes: Notices et extraits des manuscrits de la Bibliothèque Nationale et autres bibliothèques 35 (1896), S. 241–358, S. 248 f.

[39]) Stephani Baluzii miscellaneorum liber VII (Lutetiae Parisiorum 1715), S. 21–47.

[40]) PL. 105, col. 187–380.

[41]) Theodulfi carmina, ed. E. Dümmler, MGH. Poetae I (1881), S. 437–581.

[42]) Le second statut diocésain de Théodulphe, évêque d'Orléans, ed. Ch. de Clercq, La législation religieuse franque I (1936), S. 321–351.

[43]) Die Predigten wie die Zusätze zum ersten Diözesanstatut wären bei einer kritischen Edition aus dem Corpus der Werke Theodulfs zu entfernen.

Die erste Monographie über Theodulf ist ein Werk Louis Baunards[44], Professeur au Petit Séminaire de la Chapelle St. Mesmin de

Die Predigten sind im Zusammenhang mit Theodulfs erstem Statut in den Handschriften Cod. Vat. lat. 1146, 1147, 1148, Cod. Vindobonensis lat. 914 und Cod. Sangallensis 446 überliefert, die in ihrem Inhalt weitgehend übereinstimmen und entstehungsgeschichtlich eine geschlossene Gruppe bilden; vgl. M. Andrieu I, S. 294–300, 336–343.

Die erste Predigt *Ad virtutes difficile consurgimus*, PL. 105, col. 275–280, die außer in den genannten Handschriften und ohne die Verknüpfung mit Theodulfs erstem Statut auch in dem Homiliar Bamberg, Staatliche Bibliothek, Patr. 156 (B. I. 4) (9./10. Jh.), fol. 105r–107v überliefert ist, ist eine Kompilation aus Isidors Sententiae, aus denen der Verfasser – mit geringfügigen Textänderungen und einigen eigenen Formulierungen zur Überleitung an den Nahtstellen – die Kapitel II, 36, II, 38–43, III, 18, II, 37, III, 20, III, 19, II, 7, II, 13 zu einer moralisierenden Exhortation aneinanderreihte.

Die zweite Predigt *Quoniam peccatum quodcunque delectat*, PL. 105, col. 280–282, ist der Schluß des pseudo-augustinischen Sermo 117, PL. 39, col. 1979 ff. Es handelt sich um den zweiten Teil einer Weihnachtspredigt, die sich nach der dogmatischen Erklärung des Festgedankens mit moralischen Ermahnungen an die einzelnen Stände richtet. Der Sermo imitiert Schema und Stil echter Predigten des Augustinus und wird dem Sedatus von Nîmes zugeschrieben; vgl. E. Dekkers – A. Gaar, Clavis Patrum Latinorum (² 1961), Nr. 1006; C. Lambot, La tradition manuscrite des sermons de Saint Augustin pour la Noël et l'Epiphanie: Revue bénédictine 77 (1967), S. 217–245. Ihr erster Teil läuft auch unter dem Namen des Hrabanus Maurus; vgl. PL. 110, col. 14–16.

Mit der Klärung der Echtheitsfrage erledigen sich die bei L. Baunard, Théodulfe, évêque d'Orléans et abbé de Fleury-sur-Loire (1860), S. 113 ff., Ch. Cuissard S. 197 ff., H. Fredericks, Die Gelehrten um Karl den Großen in ihren Schriften, Briefen und Gedichten (Diss. Berlin 1931), S. 16, und K. Bosl, Potens und Pauper: Alteuropa und die moderne Gesellschaft. Festschrift für O. Brunner (1963), S. 60–87, S. 83 aus den Predigten gezogenen Folgerungen.

Zusätze zum 1. Statut:

Der von Delalande im Cod. Paris. lat. 3182 (12. Jh.) entdeckte und als die Capitula Theodulfs einleitende Rede an die Synodalen aufgefaßte Text *Dilectissimi fratres*, PL. 105, col. 206–208, ist auch im Ms. Cambrai 576 (9. Jh.) überliefert; vgl. A. Werminghoff, Verzeichnis der Akten fränkischer Synoden von 843–918. Anhang: Capitula episcoporum saec. VIII. et IX.: NA. 26 (1901), S. 665–670, S. 667. Wir sehen in dem Text, der den Inhalt des ersten Statuts Theodulfs unter Beibehaltung der Reihenfolge und Anlehnung an die Formulierungen der Kapitel in gedrängter Zusammenfassung in der Form einer Synodalrede bietet, keine Ergänzung, sondern eine Überlieferungsform des Statuts: eine Bearbeitung, die in den Zusammenhang der ungewöhnlich breiten Überlieferung des ersten Statuts Theodulfs (33 Handschriften, vgl. A. Werminghoff, a. a. O., und Ergänzungen bei Ch. de Clercq S. 259 Anm. 2) und seiner bis ins 12. Jahrhundert zu verfolgenden Wirkungsgeschichte in den kirchlichen Rechtssammlungen zu stellen ist. Bei den Zusätzen *Sancitum ut missae* und *Simul et hoc statutum est*, PL. 105, col. 208, aus Ms. Phillipps 1764 handelt es sich um textlich aufgeschwemmte Fassungen der cc. 45 und 46 Theodulfs. Die von Delalande mitgeteilten Zusätze zum ersten Statut sind also abweichende, stark überarbeitete Versionen der Überlieferung.

[44]) L. Baunard, Théodulfe, évêque d'Orléans et abbé de Fleury-sur-Loire (1860).

Micy. Sein umfangreiches Buch ist in einem hagiographisch-verklärenden Ton geschrieben. Abgesehen von Irrtümern in Einzelheiten ist der lokale und persönliche Aspekt zu kritisieren, unter dem Theodulfs Werk hier gesehen wird: so werden z. B. die Vorschriften der Diözesanstatuten einerseits als Spiegel der kulturellen Zustände im Orléanais, anderseits als persönliche Initiativen Theodulfs verstanden, ohne daß ihre Abhängigkeit von altkirchlichen Quellen aufgezeigt und der Zusammenhang mit den Kapitularien Karls auf der Reichsebene und den *capitula episcoporum* in anderen Bistümern hergestellt wird. Ernst Rzehulka, der 1875 in Breslau mit einer Arbeit über Theodulf promoviert wurde[45], legte das Schwergewicht auf die Klärung der biographischen Fragen: er hat aus den Quellen Theodulfs westgotische Abstammung bewiesen und gab mit seinem Hinweis auf Matfrid[46] einen wichtigen Anstoß zur Klärung der Hintergründe seiner Absetzung. Die knapp vor der Jahrhundertwende entstandene Biographie Theodulfs von Charles Cuissard[47], Sous-Bibliothécaire in Orléans, nimmt die lokalgeschichtlich orientierte Darstellungsweise Baunards wieder auf. Die methodische Unbekümmertheit des Verfassers führte zu zahlreichen Mißverständnissen und haltlosen Behauptungen[48]; seine mangelhafte wissenschaftliche Genauigkeit ist jedoch auch eine Folge seines Programms einer umfassenden Synthese. Intensive text- und quellenkritische Untersuchungen forderten eine thematische Beschränkung. Fruchtbare neue Erkenntnisse waren nur von Einzelstudien aus den verschiedenen Fachdisziplinen zu erwarten, denen Theodulfs vielseitiges Werk sich zuordnet: aus den Forschungen zur kirchlichen Rechtsgeschichte und Liturgiegeschichte, zur Archäologie und Kunstgeschichte, zur Überlieferung der Bibel und aus philologischen Untersuchungen.

Während die kritische Edition der Diözesanstatuten in dem geplanten dritten Concilia-Band der MGH., dessen Vorbereitung zunächst Albert Werminghoff, dann Paul Willem Finsterwalder und zuletzt Gerhard Laehr und Ernst Perels leiteten, im Stadium der Vor-

---

[45]) E. Rzehulka, Theodulf, Bischof von Orléans, Abt der Klöster St. Benoît zu Fleury und St. Aignan in Orléans (Diss. Breslau 1875).

[46]) Vgl. oben S. 18 f. mit Anm. 105.

[47]) Ch. Cuissard, Théodulfe, évêque d'Orléans. Sa vie et ses œuvres = Mémoires de la Société archéologique et historique de l'Orléanais 24 (1892).

[48]) Zur Kritik vgl. E. Dümmler: NA. 20 (1895), S. 504 f.; D. Schaller: DA. 18 (1962), S. 32.

arbeiten steckenblieb[49], hatte Ernst Dümmler 1881 in MGH. Poetae I die Gedichte herausgegeben, die seitdem in den Mittelpunkt des Interesses rückten und das Bild Theodulfs bei Philologen und Historikern bestimmten. Dümmlers Edition verzeichnet die für Theodulfs Bildung und literarische Vermittlerrolle so aufschlußreichen Entlehnungen aus klassischen und antiken Dichtern und erweitert die literaturgeschichtliche und historische Kommentation – vielfach im Anschluß an die Notae Sirmondi – zu möglichster Vollständigkeit[50]. Sie unterscheidet sich zudem von der Gedichtsammlung Sirmonds durch eine völlig umgestellte Reihenfolge, die als chronologische Anordnung nach der Entstehungszeit gemeint ist. Dümmlers Schüler Karl Liersch hatte in seiner Dissertation[51] eine Reihe kleinerer Gedichte theologischen und moralischen Inhalts, die in sich keinerlei Anhaltspunkte für eine Datierung bieten, zeitlich und entstehungsgeschichtlich an das nur fragmentarisch erhaltene geistliche Lehrgedicht *Ad episcopos* herangerückt, in dem er aufgrund einer wörtlich-biographischen Interpretation der Verse

*Parva sed in magna cum sim levitide turba*
*Pars, placet ut patres qua queo sorte iuvem*[52].

ein Jugendwerk des Dichters sah[53]. Die Thesen Lierschs bestimmten die von Dümmler getroffene Anordnung und prägten in der Folgezeit die Vorstellung aus, daß Theodulf von einem moralisierenden, theologisch-strengen „Jugendstil" zu der thematisch vielseitigen, lebendig schildernden, persönlichen Art des Dichtens seiner späteren „höfischen" Zeit gefunden habe, der dann natürlich vor allem das Interesse der

[49]) Zu den Vorarbeiten gehört die Zusammenstellung sämtlicher bekannter Handschriften und Drucke der beiden Statuten Theodulfs durch A. Werminghoff: NA. 26 (1901), S. 666 f.; Nachtrag: NA. 27 (1902), S. 576 f. Neuerdings wird in Tübingen auf der Grundlage der Nachlässe Finsterwalders und Perels' eine Edition der Capitula episcoporum vorbereitet, für die Herr Peter Brommer die Bearbeitung der Statuten Theodulfs übernommen hat; vgl. DA. 29 (1973), S. V.

[50]) E. Dümmler, Die handschriftliche Überlieferung der lateinischen Dichtungen aus der Zeit der Karolinger II: NA. 4 (1879), S. 239–322, S. 241 ff., Nachträge S. 579 f.; ders., Gedichte an Prudentius: ZfdA. 21 (1877), S. 76–86. Zu den Zitaten älterer Autoren Nachträge von M. Manitius in MGH. Poetae II, S. 694–697 und NA. 11 (1886), S. 553 ff.; 17 (1892), S. 616.

[51]) K. Liersch, Die Gedichte Theodulfs, Bischofs von Orléans (Diss. Halle 1880), S. 18 f. und chronologische Tabelle S. 75 f.

[52]) Carmen II, V. 31 f., MGH. Poetae I, S. 453.

[53]) Zur Kritik vgl. unten S. 183.

Interpreten galt[54]. Die vereinzelten textkritischen Beiträge zu den Gedichten seit der Edition Dümmlers hat Dieter Schaller[55] zusammengestellt; sie beeinträchtigten nicht das uneingeschränkte Vertrauen, mit dem drei Generationen von Historikern und Philologen Dümmler benutzten[56].

Das Bild, das sie in ihren Interpretationen von Theodulf als Dichter entwarfen, legte sich in der Richtung fest, die Manitius gewiesen hatte: man ließ die schulmeisterlichen Lehrstücke, „die den ganzen Ballast antiker Mythologie und christlicher Allegorie mit sich führen"[57], beiseite und stellte die Gedichte in den Mittelpunkt, wo sich in erlebter Unmittelbarkeit persönliche Erfahrung ausdrückte[58], wo man „poetischen Schwung"[59] und spontane Originalität[60] fand. Das waren, abgesehen von gewissen Partien aus Carmen XXVIII – das gern als „Erlebnisbericht" über die Reise als Missus durch Aquitanien dargestellt wurde[61], während es seinem eigentlichen Inhalt nach eine *Paraenesis ad iudices* ist –, vor allem das Glückwunschgedicht an Karl nach dem Awarensieg (Carmen XXV) und das thematisch verwandte Carmen XXVII, eine bissige Satire auf die Dichterlinge am Hof. In beiden Gedichten schildert Theodulf die königliche Familie und die Personen der Umgebung Karls bei einem gemeinsamen Mahl und gibt unter den antiken oder biblischen Decknamen, die als eine Art höfi-

---

[54]) M. Manitius, Geschichte der lateinischen Literatur des Mittelalters I (1911), S. 540 f.: „In der früheren Zeit scheint Theodulf ausschließlich Gedichte ernsten Inhalts verfaßt zu haben ... In späterer Zeit scheint Theodulfs Freude an der Dichtung zu wachsen, er behandelt jetzt den Hof, die Gesellschaft, die königliche Familie ... Und dies persönliche Element, das sich seiner Dichtung jetzt zugesellt, macht diese tatsächlich interessant, zumal der Dichter über subjektive Töne verfügt ..."

[55]) DA. 18 (1962), S. 14 ff.; der wichtigste betrifft Carmen LXVI, das Epitaph für Papst Damasus, von dem J. B. de Rossi, Inscriptiones Christianae Urbis Romae II, 1 (1888), S. LV feststellte, daß es nicht von Theodulf verfaßt sei.

[56]) D. Schaller, Diss. masch., S. 5.

[57]) E. Rieber, Die Bedeutung alttestamentlicher Vorstellungen für das Herrscherbild Karls des Großen und seines Hofkreises (Diss. masch. Tübingen 1949), S. 90.

[58]) H. Liebeschütz, Theodulf of Orleans and the problem of the Carolingian Renaissance: Fritz Saxl memorial essays (1957), S. 77–92, S. 87, 91; vgl. auch F. J. E. Raby, A history of Christian-Latin poetry ($^2$1953), S. 177: „He chose his subjects from his everyday experience ..."

[59]) J. Ch. F. Baehr, Geschichte der Römischen Literatur im karolingischen Zeitalter (1840), S. 93.

[60]) J. de Ghellinck, Littérature latine au moyen âge I (1939), S. 91.

[61]) K. Liersch S. 20; M. Manitius, Geschichte I, S. 541; H. Liebeschütz S. 83.

sches Gesellschaftsspiel untereinander geführt wurden, ein individuelles, bisweilen ins Karikaturistische gleitendes Portrait so bekannter Persönlichkeiten wie Alcuin[62], Einhard[63], Angilbert[64], Erchambald[65], Richulf[66]. Die älteren Literaturhistoriker[67] sahen hier das Genrebild einer karolingischen „Akademiesitzung" gezeichnet, bei der die Gelehrten sich gegenseitig Rätselfragen stellten und im Wettstreit miteinander Gedichte vortrugen, während Karl die Speisen reichlich verteilte[68]. Es erübrigt sich, die Kritik an solchen Vorstellungen, die seit längerem als unhaltbar erwiesen sind[69], zu wiederholen; aber es muß einmal gefragt werden, ob die Bevorzugung dieser Gedichte, die immer wieder, sei es in Anthologien[70], sei es in Darstellungen der mittellateinischen Literatur[71], als für Theodulf repräsentativ vorgestellt werden, in jeder Hinsicht gerechtfertigt ist. Unbestritten sind sie wertvolle Quellen für unsere Kenntnis von der Hofgesellschaft, zu deren engerem Kreis auch die Theologen und Literaten gehörten, und in der Rivalität der Dichter, wie sie in Theodulfs Angriffen auf den *Scottus* zutage tritt[72], zeigt sich über das Persönliche hinaus der Zusammen-

---

[62]) Carmen XXV, V. 131 ff.; Carmen XXVII, V. 35 ff.

[63]) Carmen XXV, V. 155 ff., 177 f.; Carmen XXVII, V. 45.

[64]) Carmen XXV, V. 145 f.; Carmen XXVII, V. 6.

[65]) Carmen XXV, V. 147 ff., 177 f.

[66]) Carmen XXV, V. 141 ff.; Carmen XXVII, V. 57 ff. Zur Identität des im Carmen XXVII angeredeten *Corvulus* mit Hrabanus Maurus vgl. D. Schaller, Der junge „Rabe" am Hof Karls des Großen: Festschrift B. Bischoff (1971), S. 123–141.

[67]) So M. Manitius, Geschichte I, S. 249.

[68]) Vgl. Carmen XXVII, V. 73 f.

[69]) Endgültig durch J. Fleckenstein, Die Bildungsreform Karls des Großen (1953), S. 24 ff.

[70]) H. Kusch, Einführung in das lateinische Mittelalter I (1957), S. 60–73 und K. Langosch, Lyrische Anthologie des lateinischen Mittelalters (1968), S. 78–93 wählen Carmen XXV aus.

[71]) K. Langosch, Profile des lateinischen Mittelalters (1965), S. 96 ff.; W. v. d. Steinen, Karl und die Dichter: Karl der Große II. Das geistige Leben (1965), S. 63–94, S. 82 ff.; J. Szövérffy, Weltliche Dichtungen des lateinischen Mittelalters I (1970), S. 482 ff. Auch A. Borst, Lebensformen im Mittelalter (1973), S. 538 ff. stellt Theodulf ausschließlich als Hofpoeten vor.

[72]) Seit Bernhard Bischoff im Cod. Paris. lat. 7490 fol. 8v das Gedicht eines Theodulf-Schülers entdeckte, der seinen Meister gegen den Iren verteidigt, kennen wir ihn mit Namen: Cadac-Andreas. Er ist vielleicht identisch mit dem in der Handschrift Leyden, B.P.L. 114 bezeugten Bischof (?) Andreas von Bourges (MGH. Form., S. 167 f.) oder mit jenem Gefährten des Clemens, von dem Notker in den Gesta Karoli erzählt, Karl habe ihm das Kloster San Agostino in Pavia geschenkt. Vgl. H. F. Haefele, MGH. SS. rer. Germ. N. S. XII (1959), S. 2 f. und S. 3 Anm. 1. B. Bischoff, Theodulf und der Ire Cadac-Andreas: HJb. 74 (1955), S. 92–98.

stoß der unterschiedlichen kulturellen Traditionen, die in der karolingischen Bildungsreform zum Ausgleich kamen[73]. Richtet man aber den Blick auf die Gesamtheit der von Theodulf erhaltenen Gedichte, so herrscht durchaus die Paraenese vor, und die übliche Herausstellung der Gelegenheitsgedichte für den Hof, von denen ausführliche Interpretationen in keiner Arbeit über Theodulf fehlen[74], steht in krassem Gegensatz zur mittelalterlichen Überlieferung[75]: wir kennen von ihnen keine Handschrift außer dem von Sirmond benutzten verschollenen Codex, während etwa die *Praefatio Bibliothecae*[76], eine erklärende Einleitung zur Bibel, mehr als ein dutzendmal, teils in Bibelcodices, teils in mittelalterlichen Gedichtanthologien, handschriftlich bezeugt ist.

Freilich sind hier auch die besonderen Bedingungen zu berücksichtigen, unter denen die gesamte Überlieferung von Theodulfs Gedichten steht und die sich aus seiner Absetzung und seinem Tod in der Verbannung ergeben. Wie Dieter Schaller in seiner maschinenschriftlichen Dissertation[77], die in gedrängter Fassung im Deutschen Archiv veröffentlicht wurde[78], eingehend erörtert, waren im Mittelalter nur die Gedichte Theodulfs bekannt, die bereits zu seinen Lebzeiten eine vom Autor unabhängige Überlieferung gewonnen hatten wie die Briefgedichte, die Widmungsgedichte zu theologischen Schriften, der in die Liturgie aufgenommene Palmsonntagshymnus und die durch seine Bibelcodices verbreitete *Praefatio Bibliothecae*. Auf beim Autor aufbewahrten Niederschriften – Verfasserüberlieferung – beruht allein das Gedichtcorpus Sirmonds, das auf eine Sammlung zurückgeht, die wahrscheinlich ein Schüler oder Verehrer kurz nach dem Tod des Dichters aus dessen Nachlaß zusammengestellt hat und die bis ins 17. Jahrhundert so gut wie unbekannt blieb. Der Beweis der Authentizität des Sirmondschen Corpus als einer dem 9. Jahrhundert angehörenden Sammlung von Gedichten Theodulfs ist das wichtigste Ergebnis der Untersuchungen Schallers. Die Gedichtgruppierungen, die sich

---

73) Ebd. S. 97.

74) E. Rzehulka S. 27 ff.; K. Liersch S. 32 ff.; D. Schaller, Diss. masch., S. 177 ff.

75) Vgl. ebd. S. 177.

76) Carmen XLI.

77) D. Schaller, Philologische Untersuchungen zu den Gedichten Theodulfs (Diss. masch. Heidelberg 1956).

78) DA. 18 (1962), S. 13–91.

in dieser Sammlung beobachten lassen[79] und die Dümmler zugunsten seiner chronologischen Konstruktion auseinanderriß, gewinnen damit ihre Bedeutung zurück, und Schaller zeigt im einzelnen, wie die irrige Chronologie Dümmler–Lierschs die Interpreten zu falschen geistesgeschichtlichen Folgerungen führte.

An den Anfang der Sammlung stellte ihr Urheber die Gedichte Theodulfs, die er für die bedeutendsten und repräsentativsten hielt: die *Paraenesis ad iudices* (Carmen XXVIII), die *Praefatio Bibliothecae* (Carmen XLI), die Palmsonntagsverse *Gloria laus et honor* (Carmen LXIX) und ein Lehrgedicht über die typologische Bibelexegese: *Temporis ergo status* (Carmen XIX). Vergleicht man diese Auswahl eines „Philologen" des 9. Jahrhunderts, der Theodulf zeitlich, vielleicht sogar persönlich nahestand, mit der heute gängigen Vorstellung von Theodulfs Dichtung, so tritt erneut zutage, wie sehr sich die Akzente verschoben haben.

Der Weg, auf dem Schaller zu den eben zusammengefaßten Ergebnissen gelangte, erforderte die genaue echtheitskritische Untersuchung eines jeden einzelnen Gedichts, da ja zunächst einmal erwiesen werden mußte, ob die von Sirmond überlieferten Gedichte tatsächlich Theodulf zum Verfasser hatten. So stellte Schaller aus einem Stamm gesicherter Gedichte, für die die Frage der Verfasserschaft wegen Selbstnennung des Dichters im Text oder ähnlicher Kriterien entschieden war, einen vollständigen Index des Wortschatzes zusammen, der dann

---

[79]) Sirmond I–II, 4 = Dümmler Carmina XXVIII, XLI, LXIX, XIX: die vom Urheber der Sammlung wegen ihrer Bedeutung und Beliebtheit an den Anfang gestellten Gedichte.

Sirmond II, 5–16 = Dümmler Carmina LXV, XXX, XXXVIII, 1–3, XLIX, XXIV, LX, XLIV, LXVI, LXII, XX: Epigramme und Gelegenheitsgedichte aus der Zeit vor dem Exil.

Sirmond III, 1–6 = Dümmler Carmina XXV–XXVII, XLIII, XXXI, XXXII: Gedichte an Personen des Hofes oder im Auftrag des Hofes.

Sirmond III, 7–10 = Dümmler Carmina XXII, L, LI, XXXIV: Gedichte aus der Zeit vor dem Exil.

Sirmond III, 11–V, 1 = Dümmler Carmina LXI, XLVIII, XLV–XLVII, LXXI–LXXIII, XXI: Gedichte verschiedener Gattungen aus der Zeit des Exils.

Sirmond V, 2–3 = Dümmler Carmina I, II: Fragment des frühen geistlichen Lehrgedichts in vier Büchern.

Sirmond V, 4–VI, 18 = Dümmler Carmina LXVII, III–XVII: Kürzere Gedichte theologisch-moralischen Inhalts (aus der Zeit des Exils?).

Sirmond VI, 19–30 = Dümmler Carmina XL, XXXIII, 1–3, XVIII, LXVIII, XXXV, XXXIX, XLII, 1–2, LXIII, LXIV: Gelegenheitsgedichte aus der Zeit vor dem Exil.

Vgl. D. Schaller, Diss. masch., S. 72 ff.; DA. 18 (1962), S. 22 ff.

für die ungesicherten Gedichte die Grundlage zum Stilvergleich bildete. Dabei ergab sich, daß es bei Theodulf eine Fülle geprägter Wortverbindungen und Formeln gibt, die dem Dichter als feste Versatzstücke dienten [80] und die er – meist an den gleichen Versstellen im Distichon – in den verschiedensten Gedichten wiederverwandte. Zu diesem eigenen Formelschatz kommen die häufigen Bibelzitate, die Zitate aus den antiken Dichtern, von denen Schaller in seinen „Beiträgen zur Emendation und Interpretation" [81] noch eine beträchtliche Anzahl neu erschloß, und in weit stärkerem Maß als bisher angenommen hat Theodulf auch patristische Prosa in Verse umgesetzt [82]. Das Wiederverwenden und Verdichten geprägter Formeln und Inhalte, das den Stil seiner Dichtung entscheidend bestimmt, hat seine Parallelen in der karolingischen Baukunst und Malerei: es sei hier nur daran erinnert, wie klassische und spätantike Kapitelle und Säulen im Aachener Münster zusammengefügt sind – fremdes Gut, in einen neuen Zusammenhang gezwungen [83]. Die letztlich an der Lyrik der Goethezeit orientierten Vorstellungen von der Unmittelbarkeit dichterischer Aussage, von Originalität und persönlichem Erfahrungsstil treffen hier nicht zu, und wenn Karl Langosch über Theodulf schreibt: „Er brachte die Anklänge selten wörtlich und nicht gehäuft; dadurch nahm er unter den Poeten die erste Stelle ein" [84], so ist das eine liebenswürdige Entschuldigung des Dichters, widerspricht aber dem Befund: Theodulfs Gedichte sind Kompositionen aus Spolien, und ihr hoher künstlerischer Rang liegt darin beschlossen, wie mit dem Spolienhaften von Sprachformeln, Topoi und Inhalten im einzelnen eine beziehungsreiche, lebendige Einheit des Ganzen zusammengeht.

Außerdem sind manche Gedichte als spontane Erlebnisschilderungen mißverstanden worden, in denen es Theodulf um die zeichenhafte Bedeutung der dargestellten Ereignisse geht und die nach ihren Motiven in weiteren literarischen Traditionszusammenhängen stehen. So sind die Verserzählungen *De siccitate cuiusdam fluvii* und *De pugna avium*, die Theodulf in sein aus der Haft an Modoin von Autun gerichtetes Brief-

[80]) Schaller spricht von Selbstzitaten.

[81]) Diss. masch., S. 162 ff.; DA. 18 (1962), S. 68 ff.

[82]) Vgl. unten S. 78 ff., 83 ff., 217 f. Anm. 1 u. 2, S. 229.

[83]) Vgl. W. Messerer, Der Stil in der karolingischen Kunst: DVLG. 41 (1967), S. 117–166, bes. S. 148 f.

[84]) K. Langosch, Die mutter- und die vatersprachige Literatur des Mittelalters in der Entwicklung der Künste in Deutschland: Mittellateinisches Jahrbuch 1 (1964), S. 9–33, S. 22.

gedicht einfügte[85], trotz der genauen Datierung und Quellenberufung[86] weder als „récit de menus faits journaliers“[87] noch als Naturbeschreibung[88] zutreffend charakterisiert; sie beziehen sich vielmehr thematisch auf das Rahmengedicht, in dem Theodulf das rechtswidrige, gegen die Canones verstoßende Verfahren bei seiner Absetzung angreift und den Verfall der politischen Ordnung des Reiches beklagt. Das plötzliche Austrocknen der Sarthe vor Le Mans, das durch den Verweis auf das Ausbleiben der Wasser des Jordan vor Jericho (Jos. 3, 13 ff.)[89] in eine typologisch-heilsgeschichtliche Perspektive gerückt wird, hat wie die nachfolgende Schilderung der Vogelkämpfe, deren tropologischen Sinn ein Vergleich mit den römischen Bürgerkriegen erhellt[90], zeichenhafte Funktion[91]: die Aufhebung der Gesetzmäßigkeiten der Natur manifestiert den Bruch der Rechtsordnung, und die tödlichen Konflikte im Tierreich kündigen die Zwietracht im Königshaus und unter den Großen an[92]. Ähnlich ist Theodulfs Carmen XLIX *Martyr amoene*[93], ein Gedicht auf den heiligen Nazarius, als Erlebnisbericht über eine „Wallfahrt nach Lorsch“[94], über „the atmosphere of a landscape“[95] verstanden worden, während es in Wirklichkeit eine metaphernreiche, durch sprachliche Parallelführung inhaltlich gegensätzlicher Verse kunstvoll stilisierte Gegenüberstellung von Wirkungs- und Ruhestätte des Heiligen ist. Der Schneefall, in dem Dieter Schaller die Schilderung eines „dem Südländer ungewohnten Erlebnisses“ sieht[96], hat die Funktion eines Topos: Theodulf gibt

[85]) Carmen LXXII, MGH. Poetae I, S. 563–569; D. Schaller: DA. 18 (1962), S. 43–51.

[86]) Vgl. V. 113–116, 135 f., 195 f.

[87]) J. de Ghellinck, Littérature, S. 99.

[88]) K. Langosch, Die mutter- und die vatersprachige Literatur, S. 22: „Er beschrieb aber auch die Natur, für die er einen offenen Blick hatte, in ihrer Schönheit und Seltsamkeit ...“

[89]) V. 105 f.

[90]) V. 213–216.

[91]) V. 224: *Monstrata haec crebro tempore signa patent.*

[92]) Vgl. R. Faulhaber S. 36 f.; D. Schaller, Lateinische Tierdichtung in frühkarolingischer Zeit: Das Tier in der Dichtung. Hg. v. U. Schwab (1970), S. 91–113, S. 104: „Die Austrocknung der Flüsse und die Vogelschlachten haben den Rang von Prodigien, von Omina.“

[93]) MGH. Poetae I, S. 549 f.

[94]) Vgl. K. Derstroff, Der Heilige Nazarius: Laurissa jubilans. Festschrift zur 1200-Jahrfeier von Lorsch (1964), S. 77–90, S. 87.

[95]) H. Liebeschütz S. 86.

[96]) Diss. masch., S. 132. Spanien hat übrigens ausgezeichnete Wintersportgebiete nicht nur in den katalonischen und aragonesischen Pyrenäen, sondern auch in der Sierra de Guadarrama bei Madrid und in der Sierra Nevada (!). Nach H. Lau-

für den Namen Nazarius die Etymologie und Bedeutung „Blüte" an[97], und die Blüte im Schnee setzt die vorangegangenen Gegensatzpaare Tiber und Rhein[98], Rom und Germania[99], strahlendes Haus und waldreiche Wildnis[100] fort.

Im Gegensatz zu den Gedichten ist Theodulfs Werk als Theologe bisher kaum erschlossen. Die Überlieferungsverhältnisse sind hier freilich ungünstiger: außer dem *Liber de ordine baptismi* ist keine theologische Schrift unter seinem Namen erhalten, während Zeugnisse wie die Bibeln und andere in seinem Scriptorium hergestellte Codices oder das Apsismosaik von Germigny einerseits viel später als die Ausgabe Sirmonds genauere Untersuchungen fanden, anderseits in ihrer Bedeutung und in ihrem wechselseitigen Zusammenhang sich erst erhellen, seit Ann Freeman Theodulfs Autorschaft an den *Libri Carolini* bewiesen hat[101] und damit ein Text gegeben ist, in dem man Theodulf als Exegeten von Grund auf kennenlernt. Hier wendet er seine Methode der mehrfachen Schriftauslegung und seine Lehre vom spirituellen Sinn des Bibelworts, in deren Dienst auch die *Praefatio Bibliothecae* und die seinen Bibelpandekten beigegebenen patristischen Glossare stehen, als Waffe gegen die Schriftargumente der Nicäner zugunsten des Bilderkults, indem er jede auf dem östlichen Konzil zitierte Bibelstelle nach ihrer spirituellen Bedeutung befragt, die den Literalsinn aufhebt, und den Griechen ihr Verharren in der wörtlichen Exegese als Häresie vorwirft, vergleichbar dem Götzendienst des abtrünnigen Israel, das Silber und Gold des Herrn zum Baalskult mißbrauchte[102]. Hier entwickelt er, ausgehend von der in Altes und Neues

---

tensach, Iberische Halbinsel (1964), S. 52 erhalten die höheren Gebirge „durchschnittlich an mehr als 50 Tagen des Jahres Schneefall", der sich, wie die Frankfurter Allgemeine Zeitung vom 23. Juni 1973 meldete, in den nordspanischen Provinzen Santander und Lérida sogar zum Sommerbeginn einstellte.

97) Vgl. V. 10: *Nam nazar Hebraea flos bene lingua vocat.* Theodulf überträgt die von Hieronymus, Liber interpretationis Hebraicorum nominum, CC. 72, S. 137, 142 für Nazareth gegebene Etymologie auf den Heiligennamen.

98) V. 3 f.

99) V. 5 f.

100) V. 7 f.

101) Theodulf of Orléans and the Libri Carolini: Speculum 32 (1957), S. 663–705; vgl. unten S. 173 ff.

102) LC. I, 5, MGH. Conc. II Suppl., S. 18: *De talibus Dominus ita queritur per prophetam: Dedi eis argentum et aurum, et illi fecerunt Bahal* (Os. 2, 8), *id est spiritalis intelligentiae dignitatem ... ad pravorum sensuum et inanis gloriae verterunt inmanitatem.* Zu *aurum* und *argentum* als Metaphern für den spirituellen Sinn der Schrift in Theodulfs Bibelgedicht und in der Clavis Melitonis vgl. unten S. 89.

Testament zweigeteilten Heilsgeschichte, ein Zeit- und Geschichtssystem, das Christi Erscheinen in den Mittelpunkt rückt wie eine Achse, um die sich die Zeiträume symmetrisch lagern. Die vorchristliche Zeit umschließt die Geschichte des *antiquus populus Israel,* des auserwählten Volks des Alten Testaments, und die Geschichte der *regna orbis* von Babylon bis Rom, deren Reihe durch die Ankunft Christi beendet wurde: sie alle werden als *antiquitas* der mit Christus angebrochenen *novitas,* die das Alte aufhebt und steigert, gegenübergestellt. Der *novus populus* ist der *populus christianus,* der sich im Ablauf der Zeit und in räumlicher Ausbreitung ständig vermehrt. In Übertragung der exegetischen Methode, zwischen Altem und Neuem Testament Sinnbezüge und typologische Entsprechungen aufzudecken, auf die Geschichtsinterpretation sieht Theodulf die in *antiquitas* und *novitas* geteilte Geschichte von Analogien durchwaltet, begreift die nachchristliche Zeit als Steigerung und antithetische Entsprechung der *antiquitas,* deren Gestalten und Ereignisse, in ihre christliche Erfüllung gewendet, in der *novitas* gegenwärtig sind [103].

Dies Geschichtsbild ist in den *Libri Carolini* Grundlage für die Legitimierung des fränkischen Universalismus gegenüber dem römisch-byzantinischen Imperium, wirkt aber auch bis in den Alltag der karolingischen Hofgesellschaft, denn jene Decknamen David [104], Aaron [105], Beseleel [106], Homer [107], Flaccus [108], Damoetas [109], deren teils alttestamentlicher, teils antik-heidnischer Herkunft vielfach ein falscher Gegensatz unterstellt wurde [110], besagen nichts anderes, als daß ihre

[103]) Theodulf bezeichnet sein heilsgeschichtliches Konzept der Analogie aller geschichtlichen Erscheinungen, der praefigurativen Gegenwart des Neuen im Alten und der postfigurativen Steigerung des Alten im Neuen, in LC. II, 27, MGH. Conc. II Suppl., S. 88 mit der Formel: *nova antiquitas et antiqua novitas.* In den tironischen Marginalnotizen Cod. Vat. lat. 7207, in denen wir seit A. Freeman, Further studies in the Libri Carolini: Speculum 46 (1971), S. 597–612 nun doch einen offiziellen Kommentar Karls und seiner theologischen Berater bei der abschließenden Lektüre und Diskussion der LC. sehen dürfen (vgl. unten S. 213 f.), wurde zu dieser Formulierung ein *acute* angemerkt: fol. 97r.

[104]) Für Karl den Großen.

[105]) Für Hildebold von Köln als Erzkaplan.

[106]) Für Einhard.

[107]) Für Angilbert.

[108]) Für Alcuin.

[109]) Für Richulf von Mainz. Vollständige Aufzählungen bei K. Liersch S. 11 f.; A. Kleinclausz, Alcuin (1948), S. 65; R. R. Bezzola, Les origines et la formation de la littérature courtoise en Occident I (1958), S. 89 f.

[110]) Vgl. M. Manitius, Geschichte I, S. 249; H. Liebeschütz S. 78 f.

Träger die der *antiquitas* zugehörenden Gestalten in ihren Antitypus wenden, erfüllen und in der christlichen Steigerung aufheben wollen[111]. Es eröffnet auch ein besseres Verständnis dessen, was man als „karolingische Renaissance" zu bezeichnen gewohnt ist. Die bekannten Stellen aus der karolingischen Literatur, in denen von einem Erneuern, ja Wiedergeborenwerden Athens und Roms die Rede ist[112], erweisen allein durch ihre Terminologie – *renovatus, novus, secundus* – ihren Zusammenhang mit der heilsgeschichtlich-typologischen Exegese und zielen auf die Aneignung antiker Bildung im Sinne antitypischer Erfüllung und Steigerung einer vorchristlichen Praefigura. Wie die Exegese Ereignis- und Zahlenentsprechungen zwischen Altem und Neuem Testament hervorkehrt, so erläutert Alcuin Entsprechung und Gegensatz zwischen altem und neuem Athen:

> *Illa, tantummodo Platonicis erudita disciplinis, septenis informata claruit artibus; haec etiam insuper septiformi sancti Spiritus plenitudine ditata omnem saecularis sapientiae excellit dignitatem*[113].

Theodulf empfiehlt, die Fabeln der römischen Dichter geistlich auszulegen wie die Geschichten des Alten Testaments, die seit dem Erscheinen Christi ihre verborgene Wahrheit und ihren spirituellen Sinn enthüllen[114].

Das Wort „Renaissance" zur Kennzeichnung des Verhältnisses karolingischer Bildung und Kultur gegenüber der Antike, um dessen Berechtigung so heftig gestritten wurde[115], ist durchaus zutreffend,

---

[111]) So bereits J. Fleckenstein, Bildungsreform, S. 35: „Alcuin wollte nicht mit Horaz ein antiker Heide, sondern Horaz – ein neuer Horaz – sollte in ihm ein christlicher Flaccus sein."

[112]) Modoin, Ecloga I, V. 27, MGH. Poetae I, S. 385: *Aurea Roma iterum renovata renascitur orbi.* Karolus Magnus et Leo papa, V. 94 f., ed. F. Brunhölzl (1966), S. 66: ... *ubi Roma secunda flore novo* ... *consurgit ad alta.* Alcuin, Brief Nr. 170, MGH. Epp. IV, S. 279: ... *Athenae nova perficeretur in Francia, immo multo excellentior.*

[113]) Ebd.

[114]) Carmen XLV, V. 9 f., 19 f., MGH. Poetae I, S. 543:

*Legimus et crebro gentilia scripta sophorum,*
*Rebus qui in variis eminuere satis.*
....
*In quorum dictis quamquam sint frivola multa,*
*Plurima sub falso tegmine vera latent.*

[115]) Literatur bei P. Lehmann, Das Problem der karolingischen Renaissance: I problemi della civiltà carolingia. Settimane di studio del centro italiano di studi sull' alto medioevo I (1954), S. 309–358; ND.: Erforschung des Mittelalters II (1959), S. 109–138. Vgl. ferner P. E. Schramm, Karl der Große: HZ. 198 (1964), S. 306–345; ND.: Kaiser, Könige und Päpste I (1968), S. 302–341, der die Bezeichnung „karolingische Correctio" vorschlägt.

wenn man es nur von seiner geläufigen, durch die sog. italienische Renaissance bestimmten Bedeutung löst und in das theologisch-heilsgeschichtliche Denken und Sprechen der Zeit selbst hineinstellt, in dem *renasci, renatus* – man denke an Joh. 3, 5, 1 Petr. 1, 23 und die Taufliturgie – die Aufhebung der vorchristlichen *antiquitas* durch ihre gesteigerte Wiedergeburt in der mit Christus angebrochenen *novitas* ausdrücken.

Bei der Konzentration unserer Untersuchungen auf die Bibeln, den *Liber de ordine baptismi* und die *Libri Carolini* war der Gesichtspunkt maßgebend, gegenüber dem Dichter Theodulf[116] den Exegeten hervorzukehren, für den das Wort der Schrift Grundlage des politischen Denkens und des Geschichtsbildes, des Reformwerks im Bistum Orléans und im Reich und Mittelpunkt aller Lebensäußerungen war.

---

[116]) Vgl. die Charakteristik bei K. Langosch, Die mutter- und die vatersprachige Literatur, S. 22: „... der Dichter der karolingischen Renaissance, Theodulf ...“ F. J. E. Raby S. 159: „Theodulf the Goth, the builder of churches, the lover of the arts and the best poet of them all.“

# I. THEODULFS BIBELN, SEIN SCRIPTORIUM UND SEINE EXEGETISCHE METHODE

## 1. Theodulfs Rezension des Bibeltextes

Der Bibelcodex, auf den Sirmond in seiner Editio princeps der Werke Theodulfs aufmerksam gemacht hatte[1], wurde im 17. Jahrhundert von Philippe Labbe[2], Jérôme Vignier[3] und Jean Martianay[4] in der Bibliothek der Grafen de Mesmes eingesehen und gelangte Ende des 18. Jahrhunderts in die Pariser Nationalbibliothek[5]. Seit dem 18. Jahrhundert war bekannt, daß in der Kathedrale von Le Puy eine zweite Bibel mit den Widmungsversen Theodulfs aufbewahrt wird[6], die in der Reihenfolge der biblischen Bücher und in ihrer Gliederung nach Ordines, in dem Anhang mit kommentierender patristischer Literatur, in Format und Einzelheiten des Buchschmucks sowie in der zierlich-eleganten, mikroskopisch kleinen Minuskel mit dem Memmianus-Parisinus wie ein Zwilling übereinstimmt[7].

---

1) Vgl. oben S. 24.

2) Ph. Labbe, Nova bibliotheca manuscriptorum librorum (Paris 1653), S. 21: *Biblia vere aurea Theodulfi Aurelianensis Episcopi, quae quantivis pretii extant in Bibliotheca Memmiana ante octingentos, et quod excurrit, annos descripta elegantissimo charactere.*

3) J. Vignier, Sancti Aurelii Augustini Hipponensis episcopi operum ... supplementum (Paris 1654), Praefatio: ... *gratia referenda est egregio codice Memmiano, qui manu Theodulfi Aurelianensis episcopi, ante annos octingentos solide exaratus, et cum bibliis quae ipse iam exscripserat, compactus est.* Vignier edierte erstmals das pseudo-augustinische Speculum, das Theodulf zusammen mit der Chronik des Isidor, dem 2. Buch der Instructiones des Eucherius von Lyon und der sogenannten Clavis Melitonis dem Bibeltext als Hilfsmittel für den Leser anhängte; vgl. unten S. 89.

4) J. Martianay, Sancti Eusebii Hieronymi Divina Bibliotheca (Paris 1693), Prolegomena feuillet m, col. 1.

5) Cod. Paris. lat. 9380.

6) Vgl. Gallia Christiana II (1720), col. 692; Histoire literaire de la France IV (1738), S. 467 Anm. 1.

7) In der lokalen Tradition hat sich die Legende gebildet, daß Theodulf sie in der Haft von Angers als Votum an die Madonna von Le Puy geschrieben und nach seiner Befreiung aus Dankbarkeit der Bischofskirche gestiftet habe. Vgl. Ph. Hedde, Notice sur le manuscrit de Théodulfe: Annales de la Société d'agri-

*Adeo rara avis in terris est tanta duorum codicum a mille annis scriptorum similitudo, ut, quamvis dignissimum locum huic secundo Theodulfi codici Illustrissimus ac Reverendissimus Dominus de Bonald, quum Anicianam Ecclesiam regeret, in museo dioecesano et thesauro Ecclesiae Beatae Virginis Podiensis, assignaverit, ignoscar nihilominus dum optaverim fore ut gemelli codices Theodulfiani in eodem museo thesaurove, sub publica custodia, commune domicilium et individuum nanciscantur,*

meinte im Jahre 1855 Jean Baptiste Pitra, der für seine Vorarbeiten zur kritischen Edition der Clavis Melitonis die Texte im Anhang beider Theodulf-Bibeln verglich[8]. Der von ihm geäußerte Wunsch verwirklichte sich vorübergehend im Jahre 1878, als anläßlich der Weltausstellung in Paris die beiden Prachtcodices zusammen im Trocadéro-Museum gezeigt wurden. Damals hatte Léopold Delisle Gelegenheit, die Handschriften einem sorgfältigen textlichen und paläographischen Vergleich zu unterziehen: seine Studie in der Bibliothèque de l'Ecole des Chartes[9] legte den Grund für die wissenschaftlichen Untersuchungen über Theodulfs Bibeln.

Der wichtigste Schritt Delisles war, daß er die textliche und paläographische Zugehörigkeit weiterer Bibelhandschriften zu den Codices von Paris und Le Puy erkannte: er wies nach, daß es sich bei dem aus St. Germain-des-Prés stammenden Cod. Paris. lat. 11 937 und dem Codex London, British Museum, Additional Ms. 24 142 aus dem Kloster St. Hubert in den Ardennen ebenfalls um Bibeln Theodulfs handelt, die jedoch weniger prächtig ausgestattet und nur unvollständig erhalten sind. In den Vorstudien Martianays zur kritischen Edition des Psalterium iuxta Hebraeos fand er die Spur einer weiteren Theodulf-Bibel, die sich im 17. Jahrhundert in der Bibliothek des Kapitels von Carcassonne befunden hatte; Martianay hatte von dort noch eine Abschrift des Psalters erhalten, mußte aber bei Rückfragen wenige Jahre später erfahren, daß die Handschrift inzwischen verschwunden sei[10]. Über die beiden Prunkhandschriften von Paris und Le Puy hinaus hatte Delisle damit eine geschlossene Gruppe von Theodulf-Bibeln ermittelt, die in ihrem Text eine eigene Bibelrezen-

culture, sciences, arts et commerce du Puy (1838), S. 168–224; A. Faux, Le trésor de la Cathédrale de Notre Dame du Puy (o. J.); doch ist die Handschrift erst seit 1511 in Le Puy nachweisbar (Widmungseintrag des Kanonikers Pierre Rostaing fol. 344r).

8) Spicilegium Solesmense II (1855; ND. 1963), S. XIX u. S. 547.

9) Les Bibles de Théodulfe: BECh. 40 (1879), S. 5–47.

10) J. Martianay, Divi Hieronymi prodromus (Paris 1690), S. 93; vgl. L. Delisle, Les Bibles, S. 31.

sion aufwies und nach Schrift und Ausstattung aus einem gemeinsamen Scriptorium hergeleitet werden konnte. Delisle zog daraus die Folgerung, daß nun nicht mehr das ganze Verdienst der karolingischen Bibeltextreform Alcuin zugeschrieben werden könne, daß zu Beginn des 9. Jahrhunderts vielmehr auch Theodulf an einer Emendation des Bibeltextes gearbeitet habe[11]. Für die Bibeln Cod. Paris. lat. 9380, Cod. Paris. lat. 11 937 und Le Puy versuchte Delisle durch die genaue Kollation von 80 Stellen aus den ersten beiden Königsbüchern die chronologische Reihenfolge zu bestimmen: er schloß aus den Lesarten, daß der Parisinus 11 937 später sei als der Memmianus und der Codex aus Le Puy. Diese beiden Zwillingshandschriften ließen sich durch verschiedene Einzelbeobachtungen ebenfalls zeitlich differenzieren: Delisle erwies die Bibel von Le Puy als die ältere der beiden Handschriften[12].

Hatten sich Delisles Untersuchungen in gleicher Weise auf den Text der Bibeln wie auf die Gesamtheit ihrer Ausstattung bezogen – ein Blickpunkt, der in erstaunlicher Weise den Methoden der modernen Kodikologie entspricht –, so gabelte sich der weitere Weg der Forschung in zwei Richtungen: Theodulfs Textrezension wurde in die philologischen und historischen Untersuchungen über den Vulgatatext einbezogen, die durch den Auftrag Pius' X. zur Revision der Bibelausgaben an die Benediktiner einen neuen Anstoß erhielten; Schrift und Buchschmuck wurden zur Domäne der Paläographen und Kunsthistoriker.

Samuel Berger erklärte in seiner „Histoire de la Vulgate“[13] den Parisinus 9380 zum Archetypus, von dem die anderen Handschriften der Theodulfgruppe unmittelbar oder über verlorene Zwischenglieder abgeleitet seien[14]. Theodulfs Ausgangstext war nach Berger

[11]) Ebd. S. 28: „On est généralement enclin à rapporter à Alcuin tout l'honneur de l'entreprise. Une étude plus approfondie conduirait, je n'en doute pas, à distinguer deux récensions bibliques accomplies en France vers le commencement du IX$^{e}$ siècle: l'une, œuvre d'Alcuin ... la seconde, préparée par Théodulfe.“

[12]) Delisles wichtigstes Argument betraf dabei das den Bibeln angehängte pseudoaugustinische Speculum, dessen Bibelzitate in der Handschrift von Le Puy noch in den Versionen der Vetus Latina gegeben werden, während sie im Parisinus 9380 auf den Vulgatatext umgestellt sind. In der Pariser Handschrift hat das Speculum zudem Eingangstafel und Eingangsrubrik. Vgl. Les Bibles, S. 43–46.

[13]) (1893; ND. 1958), S. 145 ff.

[14]) „Le manuscrit de Mesmes ... nous semble, jusqu'à preuve du contraire, être l'original établi sous les yeux de Théodulfe et conformément à ses directions.“ Ebd. S. 176.

ein spanischer Bibeltext, der durch Aufnahme von Lesarten aus anderen Überlieferungszweigen der Vulgata und aus den Alcuinbibeln, zum Teil in der Form von Marginalvermerken, korrigiert wurde.

Stemma nach Berger:

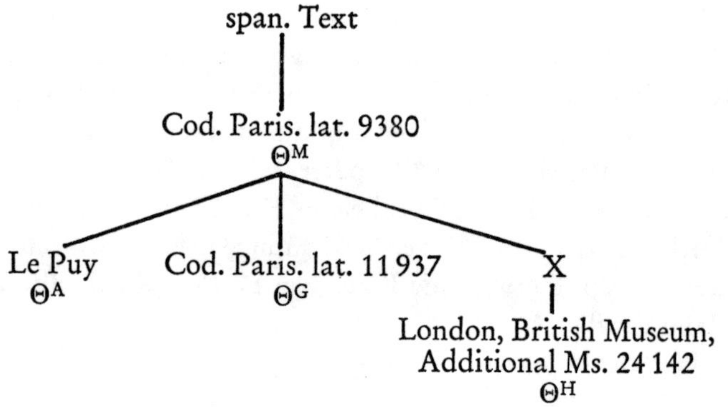


Henri Quentins „Mémoire sur l'établissement du texte de la Vulgate“ [15] stellte die Ergebnisse Bergers buchstäblich auf den Kopf: Quentin erarbeitete ein Stemma, in dem die Bibel aus St. Hubert ($\Theta^H$) die oberste Stelle einnahm, während der Memmianus ($\Theta^M$) chronologisch an den Schluß der Gruppe rückte. Mit der Bibelhandschrift Bern, Burgerbibliothek A. 9 ordnete Quentin der Theodulfgruppe eine weitere Handschrift zu, die zwar paläographisch und ihrer Entstehung nach nichts mit Theodulfs Scriptorium zu tun hat [16], aber in ihrem Text über eine verlorene Vorlage mit seiner Bibelrezension zusammenhängt. Als Ausgangstext und Hauptquelle Theodulfs ermittelte Quentin eine italische Bibelversion, den Text des aus Oberitalien stammenden Cod. Vat. Ottobon. lat. 66.

---

[15]) Collectanea Biblica Latina VI (1922). Seit Quentin sind in der Literatur für die Theodulf-Bibeln die Siglen der römischen Vulgata geläufig:
$\Theta^H$ = Hubertinus = London, British Museum, Additional Ms. 24 142;
$\Theta^A$ = Anicianus = Bibel von Le Puy;
$\Theta^M$ = Memmianus = Cod. Paris. lat. 9380;
$\Theta^G$ = Sangermanensis = Cod. Paris. lat. 11 937.

[16]) Sie wurde im 10. Jahrhundert in Vienne geschrieben; vgl. H. Quentin S. 251.

Stemma nach Quentin:

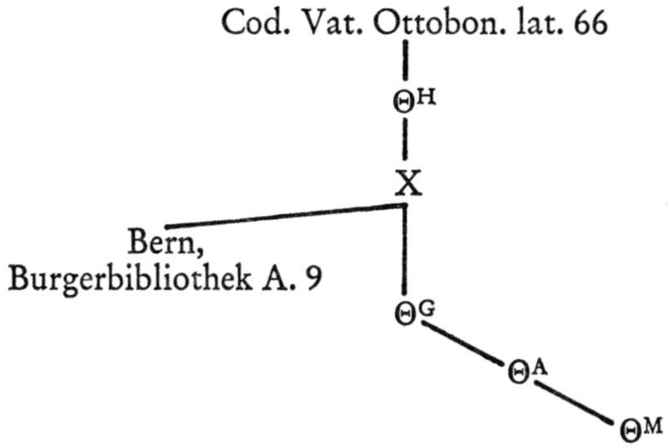


In der Edition der römischen Vulgata[17] hat Quentin sein Stemma in bezug auf $\Theta^G$ berichtigt, das hinter $\Theta^M$ den letzten Platz in der chronologischen Reihenfolge erhielt. Während seine mathematisch-statistische Methode des Handschriftenvergleichs in Dreiergruppen, die die Varianten zählte, statt sie zu wägen[18], vielfach kritisiert[19] und seine Ableitung der Ausgangshandschrift Theodulfs vom Cod. Vat. Ottobon. lat. 66 bereits zwei Jahre später von Edward Kennard Rand widerlegt wurde[20], hat sich die von ihm erschlossene zeitliche Abfolge $\Theta^{H\,A\,M\,G}$ als richtig erwiesen. Sie darf jedoch nicht im Sinne einer Filiation verstanden werden. $\Theta^H$ steht nicht an der Spitze eines Stemmas, was implizieren würde, daß alle weiteren Theodulf-Bibeln aus $\Theta^H$ hervorgegangen wären; doch steht $\Theta^H$ sehr wohl am Anfang einer chronologischen Reihenfolge, bezeichnet ein erstes Stadium der Textrezension, die vom Autor durch Hinzuziehung immer neuer Vorlagen von Exemplar zu Exemplar weiter vorangetrieben wurde[21].

---

[17]) Biblia Sacra iuxta Latinam Vulgatam versionem ad codicum fidem I ff (1926 ff.).

[18]) Quentin untersuchte jeweils für drei Handschriften, wie oft A von B und C, A und B von C, A und C von B abwichen. Gab es in einer Konstellation keine Abweichung, ergab sich z. B. der Fall $A > BC = O$, so war in A die übergeordnete Handschrift gefunden.

[19]) E. K. Rand, Dom Quentin's memoir on the text of the Vulgate: Harvard Theological Review 17 (1924), S. 197–264, umschreibt S. 214 Quentins Methode mit: „to catch the lucky zero". Zur Kritik an Quentin vgl. auch B. Fischer, Bibeltext und Bibelreform, S. 164 Anm. 16.

[20]) A. a. O., S. 219 f., 229 ff.

[21]) Vgl. B. Fischer, Bibeltext und Bibelreform, S. 177: „Man darf nicht ... ein einzelnes Stadium dieser Arbeit ... herausgreifen, es absolut zum Originaltext Theodulfs erklären und die andern Handschriften als Vorstufen dazu oder als

Lesarten aus den Vorlagen, die Theodulf für gute Überlieferungen hielt, arbeitete er in seinen Bibeltext hinein; andere Lesarten hat er als Varianten am Rande eingetragen. Dabei benutzte er ein Zeichensystem, dessen Auflösung wir ebenfalls Henri Quentin verdanken: indem er die unter den Zeichen *ā*, *s̄*, *ij* und *al* angegebenen Marginalvarianten auf ihre Überlieferungsherkunft untersuchte, konnte er *ā* als Abkürzung für *alcuinus* (Version aus der Alcuinbibel), *s̄* als Abkürzung für *spanicus* (Version aus der spanischen Vulgataüberlieferung), *ij* = *II* als Zeichen für eine von Alcuin und der spanischen Überlieferung in Übereinstimmung gebotene Lesart, *al* = *aliter* als Zeichen für eine schlechte, zu verwerfende Lesart erweisen[22]. In $\Theta^G$ tritt als neues Zeichen *h* = *hebraeus* hinzu und damit „der kühne, für die damalige Zeit unerhörte Versuch, das Werk des Hieronymus nach dem hebräischen Text zu korrigieren“[23]. Die unter dem Zeichen *h* am Rande eingetragenen Varianten wurden von E. Power[24] und Henri de Sainte-Marie[25] analysiert, wobei sich ergab, daß sie zum Teil eine dem Hebräischen genauer entsprechende Übersetzung einzelner Wörter bieten, zum Teil syntaktische Änderungen in Anlehnung an die hebräische Syntax vorschlagen[26]. Für die Wortübersetzungen benutzte Theodulf wahrscheinlich ein hebräisch-lateinisches Glossar, während die syntaktischen Emendationen möglicherweise auf einen getauften Juden oder einen auf den hebräischen Bibeltext spezialisierten karolingischen Gelehrten zurückgehen. Sie begegnen nämlich auch in den Quaestiones hebraicae in libros Regum et Paralipomenon[27], die Hrabanus Maurus im Jahre 829 als das Werk eines *Ebrei cuiusdam, modernis temporibus in legis scientia non ignobiliter eruditi* bezeichnet[28].

Weiterentwicklungen oder auch nur schlechte Überlieferung davon betrachten ... Theodulf arbeitete am Bibeltext ständig weiter, bald an diesem, bald an jenem Teil, wozu er immer wieder neue Handschriften heranzog ... Daher gleicht kein Exemplar seines Pandekten völlig einem anderen.“

[22]) A. a. O., S. 290 ff.

[23]) B. Fischer, Bibeltext und Bibelreform, S. 178.

[24]) Corrections from the Hebrew in the Theodulfian mss. of the Vulgate: Biblica 5 (1924), S. 233–258.

[25]) Sancti Hieronymi Psalterium iuxta Hebraeos. Collectanea Biblica Latina XI (1954).

[26]) Vgl. H. de Sainte-Marie S. XXXI f.

[27]) PL. 23, col. 1329–1402.

[28]) Hrabani Mauri epistolae Nr. 14, MGH. Epp. V, S. 403; vgl. H. de Sainte-Marie, a. a. O.; B. Fischer, Bibeltext und Bibelreform, S. 179 mit Anm. 37. J. B. Hablitzel, Der „Hebraeus quidam“ bei Paschasius Radbertus: HJb. 47 (1927), S. 340 f. hält allerdings die Existenz dieses jüdischen Bibelexperten für höchst zweifelhaft.

Marginalvarianten unter der Sigle *h* finden sich auch in dem Bibelfragment Kopenhagen, Königliche Bibliothek, Ny Kgl. S. Nr. 1, das noch von Léopold Delisle der Gruppe der Theodulf-Bibeln zugeordnet worden war[29] und von E. Power als die verlorene Bibel von Carcassonne identifiziert wurde[30]. Als $\Theta^{K}$ wurde sie von de Sainte-Marie in den kritischen Apparat der römischen Vulgata eingeführt und hinter $\Theta^{G}$ eingereiht, da sie ein noch jüngeres Stadium der Textrezension bezeugt. Auch die Bibelhandschrift Stuttgart, Württembergische Landesbibliothek HB. II, 16 wurde erst spät in ihrer paläographischen und textlichen Zugehörigkeit zu den Theodulf-Bibeln erkannt[31]. Sie hängt besonders eng mit $\Theta^{H}$, dem frühesten Stand der Textbearbeitung, zusammen und wurde in der römischen Vulgata[32] nach $\Theta^{H}$ in der zeitlichen Folge der Bibeln an die zweite Stelle gerückt, während Bonifatius Fischer die Reihenfolge $\Theta^{S\,H}$ vertritt[33]. Seine Übersicht bestimmt die relative Chronologie der Theodulf-Bibeln als $\Theta^{S\,H\,A\,M\,G\,K}$[34].

Theodulf ging bei der Textherstellung der einzelnen biblischen Bücher von Vorlagen verschiedener Überlieferungsherkunft aus: gegen Berger, der den gesamten Text der Theodulf-Bibel von einer spanischen Quelle ableitete, und Quentin, der die italische Version des Cod. Vat. Ottobon. lat. 66 als Theodulfs Ausgangstext, zumindest für den Oktateuch, rekonstruierte, betont Fischer, daß die Vorlage für jedes Buch gesondert bestimmt werden muß. Fischers Untersuchungen führen bald auf spanische, bald auf italische, bald auf lokal-gallische Texte zurück[35]. Auch bei der Bearbeitung bevorzugte Theodulf keinen bestimmten Überlieferungszweig: in manchen Büchern tritt bei den späteren Exemplaren seiner Bibel der italische, in anderen der spanische Einfluß stärker hervor. Gelegentlich hat Theodulf den Text verschlechtert, da er zur Vollständigkeit tendierte und dabei alle Interpolationen sammelte, auf die er stieß[36]. Beim Handschriftenvergleich

[29]) L. Delisle, Rez. „Catalogue of ancient manuscripts in the British Museum. Part II. Latin. London 1884": BECh. 46 (1885), S. 315–329, S. 322.

[30]) E. Power, The lost ninth century Bible of Carcassonne: Biblica 5 (1924), S. 197–201.

[31]) Sigle in der römischen Vulgata: $\Theta^{S}$.

[32]) Biblia Sacra XII (1964), S. XX.

[33]) Bibeltext und Bibelreform, S. 176, 180; vgl. ders., Bibelausgaben des frühen Mittelalters: La Bibbia nell'alto medioevo. Settimane di studio del centro italiano di studi sull'alto medioevo X (1963), S. 519–600, S. 594.

[34]) Bibeltext und Bibelreform, S. 176 f.

[35]) Ebd. S. 179–182.

[36]) Ebd. S. 180.

trug er die begegnenden Textvarianten wahrscheinlich laufend in ein ungebundenes Werkstattexemplar ein, aus dem dann zu verschiedenen Zeitpunkten die einzelnen Bibelpandekten abgeschrieben wurden: jeder von ihnen bezeugt somit ein neues Stadium der Textrezension. Vergleichstexte besorgte sich Theodulf unter anderem aus der Bibliothek von Fleury, wo sich italische Bibelhandschriften aus dem 6. Jahrhundert befanden, die möglicherweise zur Zeit des Abtes Mommulus (658–679) zusammen mit den Gebeinen des heiligen Benedikt in das Kloster gelangt waren[37]. In erhaltenen Fragmenten aus den Samuel- und Königsbüchern, die aus Einbänden der Handschriften von Fleury abgelöst wurden und heute in die Sammelhandschrift Orléans, Bibliothèque Municipale, Ms. 19 (16) eingebunden sind[38], finden sich am Rande und zwischen den Zeilen der in Unziale geschriebenen Textkolumnen von einer Hand des frühen 9. Jahrhunderts Korrekturen und Interpolationen eingetragen, die mit der Textrezension der Theodulf-Bibeln in Zusammenhang stehen[39].

Bereits in den *Libri Carolini* hatten die Argumente gegen die Synode von Nicäa, die im wesentlichen exegetischer Natur sind[40], Theodulf auf die Frage nach dem rechten, unverfälschten Bibeltext geführt, dessen Feststellung für jede Erörterung über die Auslegung unabdingbare Voraussetzung ist. Seine verschiedenen Äußerungen zu strittigen Versionen[41] zeigen, daß er nach historisch-textkritischer Methode die

---

37) Vgl. F. Denis, Les anciens manuscrits de Fleury: Bulletin trimestriel de la Société archéologique et historique de l'Orléanais, Nouv. sér. T. II Nr. 16 (1962), S. 266–281, S. 273 Anm. 67. Auf die Quellen zur Translation kann hier nicht eingegangen werden, ebensowenig auf die seit den Grabungen in Montecassino nach dem Krieg erneut diskutierte Frage, ob sich die echten Reliquien noch in Montecassino oder tatsächlich in Fleury befinden. Gesichert ist, daß 672/74 eine Gruppe Floriacenser Mönche nach Montecassino reiste (JE. 2290, dazu G. Tangl, Die Sendung des ehemaligen Hausmeiers Karlmann in das Frankenreich im Jahre 754 und der Konflikt der Brüder. Exkurs 1: Das Schreiben des Papstes Zacharias an die fränkische Geistlichkeit vom Jahr 750/51: QFIAB. 40 (1960), S. 28–36; JE. 3182; Paulus Diaconus, Historia Langobardorum VI, 2, edd. L. C. Bethmann–G. Waitz, MGH. SS. rer. Langob., S. 165), die bei ihrer Rückkehr auch Handschriften aus Italien mitgebracht haben kann.

38) Fol. 1–10, 11–18; vgl. E. A. Lowe, Codices Latini Antiquiores VI (1953), Nr. 797, 798. Auf fol. 7r zwischen den beiden Textkolumnen das Exlibris der Abtei Fleury.

39) B. Fischer, Bibelausgaben, S. 529 f.; ders., Bibeltext und Bibelreform, S. 180.

40) Vgl. unten S. 190 ff.

41) LC. I, 6, MGH. Conc. II Suppl., S. 20; I, 9, S. 27; I, 12, S. 31; I, 13, S. 32 f.; I, 15, S. 37; II, 30, S. 92 ff.; IV, 17, S. 206; vgl. unten S. 193.

authentische Überlieferung aufzufinden sucht: so geht er in der Geschichte des Bibeltextes über Hieronymus, Theodotion, Symmachus und Aquila bis auf Esdras[42] und die *Hebraica veritas* zurück, *cui potissimum fides adhibenda est*[43]. Auch Karl dringt im Zusammenhang mit den liturgischen Reformen schon früh auf einen korrigierten Bibeltext: seit der *Admonitio generalis*[44] ist die Emendation der Schrift eine Hauptforderung seiner Bildungsgesetze[45]. Karl meint jedoch mit *emendare* und *corrigere* die Herstellung sorgfältig geschriebener Handschriften mit einem grammatisch und orthographisch einwandfreien Text. Es hat keinen offiziellen Auftrag des Königs an Alcuin gegeben, eine Musterbibel zu schaffen, die gleich dem Sakramentar, der Canonessammlung und dem Homiliar des Paulus Diaconus vom Hofe aus als Norm verbreitet worden wäre[46]; Karl wollte vielmehr in den Scriptorien aller Klöster und Bischofskirchen die Herstellung guter Handschriften anregen. Daß seine Reformbestrebungen auf breiter Ebene wirksam wurden, bezeugen zahlreiche Bibelcodices, die seit dem Ende des 8. Jahrhunderts in den kirchlichen Zentren sämtlicher Regionen des Reiches entstanden[47]. Die Bibeln, die Alcuin während seiner Jahre in Tours (796–804) schreiben ließ – eine davon auf

---

[42]) LC. I, 13, S. 33 Z. 24–26: *Nova post Ezram legis reperiatur restauratio, nova post Septuaginta interpretes, Theodotionem et Simmachum et Aquilam sive etiam beatum Hieronimum legis quęratur translatio.* Grundlage seiner Kenntnis der biblischen Textüberlieferung ist Isidor, Etymologiae VI, 3, 2, ed. W. M. Lindsay (1911; ND. 1966): *Bibliothecam Veteris Testamenti Esdras . . . reparavit cunctaque Legis ac Prophetarum volumina quae fuerant a gentibus corrupta correxit totumque Vetus Testamentum in viginti duos libros constituit.* VI, 4, 3: *Fuerunt et . . . interpretes, qui ex Hebraea lingua in Graecum sacra eloquia transtulerunt, sicut Aquila, Symmachus et Theodotion.* VI, 4, 5: *Presbyter quoque Hieronymus trium linguarum peritus ex Hebraeo in Latinum eloquium easdem Scripturas convertit.*

[43]) LC. I, 13, S. 32 Z. 29. Mit *Hebraica veritas* greift Theodulf die Terminologie des Hieronymus auf, in dessen Praefatio zur Vulgata auch die Formulierung *fides est adhibenda* erscheint, worauf L. Wallach, The unknown author of the Libri Carolini: Didascaliae. Studies in honor of A. M. Albareda (1961), S. 480 hingewiesen hat.

[44]) c. 72, MGH. Capit. I, Nr. 22 S. 60.

[45]) Die Stellen sind bei J. Fleckenstein, Bildungsreform, S. 49 ff. verzeichnet.

[46]) Dies war lange die herrschende Meinung der Forschung; vgl. zuletzt F. L. Ganshof, La révision de la Bible par Alcuin: Bibliothèque d'Humanisme et Renaissance 9 (1947), S. 7–20. Richtigstellung durch B. Fischer, Die Alkuin-Bibel (1957); ders., Bibeltext und Bibelreform.

[47]) Vgl. die regional geordnete Übersicht ebd. S. 163 ff.

Bestellung des Hofes[48], eine weitere als Geschenk für Karl[49] – unterscheiden sich nicht wesentlich von den allerorts sichtbaren Bemühungen: sie sind korrigierte Texte im Sinne Karls, d. h. die Bücher der Schrift sind zu einer Ganzbibel zusammengestellt, der Text ist grammatisch gereinigt, Sinnfehler sind beseitigt, Rechtschreibung und Satzzeichen den Regeln angepaßt. Nur in den Bibeln Theodulfs, die ebenfalls durch die königlichen Reformerlasse angeregt sind, wächst sich das *emendare* zu einer historisch-kritischen Textrezension aus, wie sie in der Theorie bereits in den *Libri Carolini* entwickelt ist: durch den Vergleich von Handschriften und Lesarten sucht Theodulf die beste Überlieferung zu ermitteln. Aus seiner Arbeitsmethode spricht ein „Wissen von verschiedenen Überlieferungen des Vulgatatextes", ein „Verständnis für Textvarianten" und ein „Bemühen, daraus eine Textrezension zu machen", das Alcuin an keiner Stelle verrät[50]. Bereits Quentin betonte, daß – im Gegensatz zu Alcuin, der den Bibeltext vielfach nach eigenem Ermessen grammatisch und stilistisch verbesserte – die von Theodulf vorgenommenen Korrekturen durchweg Lesarten einführen, die in der Überlieferung belegt sind: „Elles ne révèlent aucune spontanéité: la leçon choisie est toujours attestée auparavant[51]." Die Marginalvermerke, die weitere, in den Text nicht aufgenommene Versionen unter Bezeichnung ihrer Überlieferungsherkunft anführen, entsprechen dem kritischen Anmerkungsapparat einer modernen Edition[52]. Ein vergleichbarer Ansatz zu philologischer Textbearbeitung findet sich in der Karolingerzeit nur bei Lupus von Ferrières[53].

---

[48]) So deutet B. Fischer, Bibeltext und Bibelreform, S. 159 f. das *praeceptum domni regis,* von dem Alcuin im Brief Nr. 195, MGH. Epp. IV, S. 323 spricht: ... *si me non occupasset domni regis praeceptum in emendatione veteris novique testamenti.* Die frühere Forschung sah in dieser Stelle den Beleg für einen offiziellen Auftrag Karls an Alcuin zur Bibelrevision.

[49]) Vgl. Brief Nr. 261, MGH. Epp. IV, S. 418 f.; B. Fischer, Bibeltext und Bibelreform, S. 161.

[50]) Ebd. S. 160.

[51]) H. Quentin S. 290.

[52]) E. K. Rand S. 220: „This is the medieval equivalent of a modern edition with an apparatus criticus."

[53]) Vgl. ebd.; zu den von Lupus korrigierten Handschriften klassischer Autoren vgl. E. v. Severus, Lupus von Ferrières (Diss. Bonn 1940).

## 2. Beschreibung der erhaltenen Handschriften

### a) $\Theta^S$ Stuttgart, Württembergische Landesbibliothek HB. II, 16

Provenienz: Konstanzer Dombibliothek
Ganzbibel
Es fehlen der Anfang bis Lev. 23, 32; Jos. 2, 11–7, 23; Bar. 6, 1–Ende; Lam.; Iob; Ps. bis 144, 21; 2 Par. 32, 26–35, 20; Eccli. 31, 33–37, 17; 1 Mac. 1, 27–3, 56; 2 Mac. 15, 30–Ende; alle Evangelien.
Die Handschrift bricht ab mit 1 Petr. 4, 3; der Rest der katholischen Briefe sowie Act. und Apoc. sind verloren.
187 Bll., Pergament
Format: 34 × 24 cm
Aufteilung der Seite in drei Textkolumnen, je Spalte 60–62 Zeilen.
Ps., Prov., Eccl., Cant., Sap. per cola et commata geschrieben.
Schrift: Feingliedrige, sehr reine karolingische Minuskel; winzige, doch klar lesbare Buchstaben; Mittellängen durchschnittlich 1 mm. Prologe und Capitula durch noch kleinere Schrift vom Bibeltext abgehoben. Explicit- und Incipit-Vermerke der einzelnen biblischen Bücher in roter Unziale.
Orthographie: Vorherrschend die spanischen Schreibweisen *quur, quum.*
Der Text ist durchgehend von einem Corrector verbessert.
Abweichende Lesarten sind als Marginalvermerke unter dem Zeichen *al (aliter)* eingetragen.
Beschreibungen des Codex:
B. Fischer, Bibeltext und Bibelreform, S. 176
Katalog der Aachener Ausstellung: Karl der Große. Werk und Wirkung (1965), Nr. 361 a S. 203 f.
Vgl. Abb. 1: fol. 11r

### b) $\Theta^H$ London, British Museum, Additional Ms. 24 142

Provenienz: St. Hubert, Ardennen
Ganzbibel
Verloren sind der Anfang bis Gen. 49, 6; Os. 6, 8 bis zum Ende der kleinen Propheten; der Schluß ab 1 Petr. 4, 3.
248 Bll., Pergament
Format: 32 × 24 cm
Aufteilung der Seite in drei Textkolumnen, je Spalte durchschnittlich 62 Zeilen.
Iob, Ps., Prov., Eccl., Cant., Sap. per cola et commata geschrieben.
Schrift nach Charakter und Größe mit $\Theta^S$ übereinstimmend. Schriftprobe bei H. Quentin S. 254 Abb. 8
Orthographie: Durchweg die spanischen Schreibungen *quur, quum.*
Abweichende Lesarten sind unter dem Zeichen *al (aliter)* am Rand vermerkt.
Buchschmuck: Arkadenrahmungen der Kanontafeln; dazu M. Vieillard-Troiekouroff, Tables de canons et stucs carolingiens: Atti dell'ottavo congresso di studi sull'arte dell'alto medioevo I (1962), S. 154–178, S. 161–164 mit Fig. 15; dies., Les Bibles de Théodulphe et la

Bible wisigothique de la Cava dei Tirreni: Synthronon (1968), S. 153–166, S. 157 ff. Vgl. Abb. 11: fol. 201r (aus M. Vieillard-Troiekouroff, Les Bibles, Fig.7)

## c) $\Theta^A$ Le Puy, Trésor de la Cathédrale

Provenienz: Stiftung des Kanonikers Pierre Rostaing an das Kapitel von Le Puy; Widmungseintrag fol. 344r, datiert 1511
Ganzbibel, vollständig erhalten
Der Codex enthält außer dem Bibeltext die Bibelgedichte Theodulfs: Dümmler Carmina XLI, 1–2; als Vorwort: Isidor, Etymologiae VI, 1–11; als Anhang: Isidor, Chronica minora; Eucherius von Lyon, Instructiones II; Ps.-Melito, Clavis; Ps.-Augustinus, Speculum.
348 Bll., Pergament
Format: 33 × 23,5 cm
Aufteilung der Seite in zwei Textkolumnen, je Spalte 62 Zeilen.
Iob, Ps., Prov., Eccl., Cant., Sap. per cola et commata geschrieben.
Schrift: Noch sorgfältiger als in $\Theta^{S\,H}$: zierlich-elegante, winzige Minuskel mit feingliedrigen, regelmäßigen Buchstaben. Vgl. Abb. 2: fol. 105v, Abb. 3: fol. 339r. Praefationes und Kapitelverzeichnisse zu den einzelnen biblischen Büchern durch kleinere Schrift vom Bibeltext abgehoben. Die Gedichte, das Vorwort aus Isidor und die Buchüberschriften in Unziale. Breves ordinum sowie Explicit- und Incipit-Vermerke der Ordines in einer mit unzialen Elementen durchsetzten Kapitale, ebenso das große Explicit am Schluß mit den Widmungsversen Theodulfs.
Orthographie: Spanische Schreibweisen *quur* und *quum*; hebraisierende Kürzungen vom Typ *isrl, epsla.*
Lesarten als Marginalvermerke unter dem Zeichen *al (aliter)* eingetragen.
Buchschmuck:

| | | |
|---|---|---|
| Purpurpergament: | fol. 1–3 | Einleitungsgedicht, Vorwort Isidors, Breves ordinum |
| | fol. 146–169 | Psalter |
| | fol. 249 | Prolog zu den Evangelien |
| | fol. 256–285 | Evangelien |
| | fol. 347–348 | Schlußgedicht und Explicit Liber |

Auf den Purpurseiten Schrift in Gold- und Silbertinte.
Figurale Schriftflächen: Das Vorwort Isidors fol. 3r in Kreuzform geschrieben.
Dazu P. Lehmann, Figurale Schriftflächen: Zeitschrift für Buchkunde 1 (1924), S. 74–77; ND.: Erforschung des Mittelalters III (1960), S. 60–66; B. Bischoff, Kreuz und Buch im Frühmittelalter und in den ersten Jahrhunderten der spanischen Reconquista: Bibliotheca docet. Festgabe für C. Wehmer (1963), S. 19–34; ND.: Mittelalterliche Studien II (1967), S. 284–303; M. Vieillard-Troiekouroff, Les Bibles, S. 160.
Arkadenrahmungen der Kanontafeln: Vgl. C. Nordenfalk, Die spätantiken Kanontafeln (1938), S. 180 ff.; M. Vieillard-Troiekouroff in den zu $\Theta^H$ angeführten Untersuchungen. Unter Arkadenrahmungen außerdem fol. 3v die Breves ordinum und fol. 347v die Schlußverse.

Medaillons als Titeleinrahmungen: Explicit- und Incipit-Vermerke der sechs Ordines (fol. $48^r$, $136^v$, $211^v$, $248^v$, $249^v$, $285^v$) sowie das große Explicit Liber fol. $348^r$ sind kreisförmig gerahmt. Dazu M. Vieillard-Troiekouroff, Les Bibles, S. 161 f.
Vgl. Abb. 20: fol. $136^v$, Abb. 21: fol. $211^v$
Stoffe: Zum Schutz der Gold- und Silberschrift waren zwischen den Purpurblättern farbige Woll- und Seidenstoffe in den Codex mit eingebunden, die nach der Ausstellung im Trocadéro-Museum 1878 auf den Rat Delisles herausgetrennt wurden. Von ursprünglich 66 Stücken sind heute noch 47 erhalten (davon 13 unterschiedliche Stoffarten) und werden in einem eigenen Album im Kathedralschatz aufbewahrt. Dokumentarischen Wert haben die Beschreibungen von P. Eymard, La Bible de Saint Théodulfe du Puy en Velay et les étoffes qu'elle contient (1877) und I. Hedde, Paléographie des tissus. Bible de Théodulfe: Moniteur des soies Nr. 875 (1879), S. 1–32, da damals die Stoffe noch vollzählig waren. R. Pfister, Les tissus orientaux de la Bible de Théodulfe: Coptic studies in honor of W. E. Crum (1950), S. 501–530 bestimmt die Textilien als Erzeugnisse aus dem persischen Khorasan um 800.
Beschreibungen des Codex:
L. Delisle, Les Bibles de Théodulfe: BECh. 40 (1879), S. 5–47, S. 6 ff.
E. A. Lowe, CLA. VI, Nr. 768

## d) $\Theta^M$ Paris, Bibliothèque Nationale, cod. lat. 9380

Provenienz: Bischofskirche von Orléans. Fol. $346^r$ Eintragung einer Urkunde des Bischofs Odolrich über Besitzrestitutionen an das Bistum, um 1025. Seit dem 17. Jh. in der Bibliothek der Comtes de Mesmes.
Ganzbibel, vollständig erhalten
Der Codex enthält die gleichen außerbiblischen Texte wie $\Theta^A$, s. o.
349 Bll., Pergament
Format: 32 × 23 cm
Aufteilung der Seite in zwei Textkolumnen, je Spalte 62 Zeilen.
Iob, Ps., Prov., Eccl., Cant., Sap. per cola et commata geschrieben.
Schrift nach Charakter und Größe mit $\Theta^A$ übereinstimmend, s. o.
Orthographie: Westgotische Schreibweisen *quur* und *quum*. Westgotisches Verweisungszeichen *s̄r̄ (sursum)* für Nachträge am unteren Rand. Hebraisierende Kürzungen.
Abweichende Lesarten als Marginalvermerke eingetragen, nach ihrer Überlieferungsherkunft differenziert durch die Zeichen *s (spanicus)*, *a (alcuinus)*, *ij (alcuinus* und *spanicus)*, *al (aliter)*. Vgl. Abb. 4: fol. $35^v$.
Buchschmuck:

| | | |
|---|---|---|
| Purpurpergament: | fol. 1–3 | Einleitungsgedicht, Vorwort Isidors, Ordo Librorum |
| | fol. 146–169 | Psalter |
| | fol. 247 | Prolog zu den Evangelien |
| | fol. 254–286 | Evangelien |
| | fol. 347–348 | Explicit Liber und Schlußgedicht |

Auf den Purpurseiten Schrift in Gold- und Silbertinte.
Figurale Schriftflächen: Das Vorwort Isidors fol. 3r ist in Kreuzform geschrieben. Abb. 16. Lit.: Vgl. unter ΘA.
Kanontafeln: Abb. 13; Lit.: Vgl. die zu ΘA angeführten Untersuchungen; J. Porcher, La peinture provinciale: Karl der Große III. Karolingische Kunst (1965), S. 54–73, S. 63 f. und Taf. 28 (farbig). Unter Arkadenrahmungen außerdem fol. 3v der Ordo Librorum und fol. 348v die Schlußverse. Abb. 14.
Medaillons als Titeleinrahmungen: Explicit- und Incipit-Vermerke der sechs Ordines (fol. 46v, 136v, 210r, 246v, 247v, 286v) sowie das große Explicit Liber fol. 347r kreisförmig gerahmt. Abb. 22.
Beschreibungen des Codex:
L. Delisle, Les Bibles, S. 10 ff.
E. A. Lowe, CLA. V, Nr. 576
Katalog der Aachener Ausstellung: Karl der Große (1965), Nr. 424 S. 260 f.

## e) ΘG Paris, Bibliothèque Nationale, cod. lat. 11 937

Provenienz: St. Germain-des-Prés
Ganzbibel
Erhalten ist nur ein Bruchstück aus dem Alten Testament: Gen. 18, 20 – Ps. 92, 5.
179 Bll., Pergament
Format: 28 × 22 cm
Aufteilung der Seite in zwei Textkolumnen, je Spalte 60 bis 62 Zeilen.
Iob, Ps. per cola et commata geschrieben.
Schrift: Reine, gleichmäßige karolingische Minuskel, nach Charakter und Duktus dem gleichen Scriptorium zugehörig wie ΘS H A M; jedoch etwas gröber, die Buchstaben dickstrichiger und weniger minutiös: Mittellängen durchschnittlich 1,2 mm. Prologe und Kapitelverzeichnisse durch kleinere Schrift vom Bibeltext abgehoben; Mittellängen der Buchstaben hier durchschnittlich 1 mm, was der Normalschrift in den bisherigen Codices entspricht. Vgl. Abb. 5: fol. 34r, Abb. 6: fol. 154v.
Orthographie: spanische Schreibweisen *quur, quum.*
Zahlreiche Marginalvermerke über Lesarten nach dem Hebräischen unter dem Zeichen *h (hebraeus)*, vgl. Abb. 5.
Buchschmuck: Medaillons als Titeleinrahmungen. In das erhaltene Bruchstück fallen die Übergänge Ordo Legis/Ordo Prophetarum und Ordo Prophetarum/Ordo Hagiographorum. Kreisförmige Einrahmung der entsprechenden Explicit- und Incipit-Vermerke war wohl geplant, ist aber nicht konsequent durchgeführt. Das Incipit zum Ordo Prophetarum fol. 49r hat keinerlei ornamentalen Schmuck; zu Beginn des Ordo Hagiographorum fol. 154v ist das Medaillon zwar gezeichnet, es fehlt jedoch die Titelinschrift. Vgl. M. Vieillard-Troiekouroff, Les Bibles, S. 161.
Beschreibung des Codex:
L. Delisle, Les Bibles, S. 28 ff.

f) $\Theta^K$ Kopenhagen, Königliche Bibliothek, Ny Kgl. S. Nr. 1

Provenienz: Bibliothek des Kapitels von Carcassonne
Ganzbibel
Erhalten ist nur ein Bruchstück aus dem Alten Testament: Ps., Prov., Eccl., Cant., Dan. bis 6, 5.
40 Bll., Pergament
Format: 32 × 25 cm
Aufteilung der Seite in zwei Textkolumnen, je Spalte 60 Zeilen.
Ps., Prov., Eccl., Cant. per cola et commata geschrieben.
Schrift: Gleichmäßige karolingische Minuskel, die den kräftigeren, gröberen Typ von $\Theta^G$ vertritt.
Orthographie: spanische Schreibweisen *quur, quum.*
Zahlreiche Marginalvermerke über Lesarten nach dem Hebräischen unter dem Zeichen *h (hebraeus).*
Beschreibungen des Codex:
E. Power, The lost ninth century Bible of Carcassonne: Biblica 5 (1924), S. 197–201
H. de Sainte-Marie, Sancti Hieronymi Psalterium iuxta Hebraeos. Collectanea Biblica Latina XI (1954), S. IX

Alle erhaltenen Bibelhandschriften aus Theodulfs Scriptorium sind Ganzbibeln und fügen sich damit in eine seit Beginn der Karolingerzeit zu beobachtende Entwicklung, die gegenüber der Einzelhandschrift dem Pandekten, der Zusammenfassung der biblischen Bücher in einem Band, den Vorzug gibt[1]. Theodulf hält in sämtlichen Exemplaren seines Pandekten eine feste Reihenfolge der biblischen Bücher ein und faßt sie gruppenweise zu sechs Ordines zusammen.

I. Ordo Legis
Gen. / Ex. / Lev. / Num. / Deut.

II. Ordo Prophetarum
Jos. / Jud. / Ruth / 1–4 Reg. / Is. / Jer. / Bar.[2] / Lam. / Ez. /

[1]) Alcuin betont im Widmungsschreiben zu seiner Karl dem Großen überreichten Bibel, Brief Nr. 261, MGH. Epp. IV, S. 419, daß er die Bücher der Schrift zu einem Codex vereinigt habe: ... *divinorum munera librorum ... quos, in unius clarissimi corporis sanctitatem conexos atque diligenter emendatos, vestrae altissimae auctoritati ... dirigere curavi.* Eine Übersicht über die frühkarolingischen Gesamtbibeln gibt K. Holter, Das Alte und das Neue Testament in der Buchmalerei nördlich der Alpen: La Bibbia nell'alto medioevo. Settimane di studio del centro italiano di studi sull'alto medioevo X (1963), S. 413–471, S. 417 ff.

[2]) Theodulf nimmt in seine Pandekten das Buch Baruch auf, das „in den meisten karolingischen Handschriften einschließlich der Alkuinbibel fehlt" (B. Fischer, Bibeltext und Bibelreform, S. 178); es folgt bei ihm auf Jeremias wie in den spanischen Bibelausgaben; vgl. S. Berger S. 154.

Os. / Joel / Am. / Abd. / Ion. / Mich. / Nah. / Hab. / Soph. / Ag. / Zach. / Mal.

III. Ordo Hagiographorum
Iob / Ps. / Prov. / Eccl. / Cant. / Dan. / 1–2 Par. / Esdr. / Esth.

IV. Ordo eorum librorum qui in canone hebraico non sunt
Sap. / Eccli. / Tob. / Jdt. / 1–2 Mac.

V. Ordo Evangelicus
Mt. / Mc. / Lc. / Joh.

VI. Ordo Apostolicus
Paul. / Cath. / Act. / Apoc.

Dieses Gliederungssystem hat bei Isidor, Etymologiae VI, 1 seine literarische Vorlage, wurzelt aber auch in der praktischen Tradition westgotischer Bibelausgaben: völlig übereinstimmend im Aufbau sind die spanischen Pandekten vom Typ des Toletanus[3]. Die Bibel des Johannes von Saragossa, deren Einteilung wir durch das unter den Carmina des Eugenius von Toledo überlieferte Versprooemium kennen[4], weicht nur in der Stellung des Buches Daniel ab, das hier zu den übrigen Prophetenbüchern gerückt wird[5]. Bonifatius Fischer vermutet[6], daß für die Gliederung der Theodulf-Bibeln außer der literarischen Abhängigkeit von Isidor und der Erinnerung Theodulfs an die Bibelausgaben seiner spanischen Heimat auch die unmittelbare Vorlage eines Codex von der Art des Toletanus entscheidend wurde, der aus Aniane in das von Theodulf reformierte Kloster Micy bei Orléans gelangte.

Auch für die äußere Gestalt der Codices, das handliche Format und die kleine Schrift, ist zugleich auf literarische Quellen und praktische Vorlagen zu verweisen. Literarische Anregungen fand Theodulf bei Cassiodor, nach dessen Institutiones die in Vivarium hergestellten Pandekten *minutiore manu* geschrieben wurden: *ut quod lectio*

[3]) Hauptvertreter: Codex Toletanus, Madrid, Biblioteca Nacional, Vitr. 13, 1, um die Mitte des 10. Jahrhunderts in Sevilla geschrieben. Vgl. B. Fischer, Bibelausgaben, S. 562 f. mit Zusammenstellung sämtlicher dem Toletanus-Typ zugehöriger Handschriften.

[4]) Eugenii Toletani carmen VIII, ed. F. Vollmer, MGH. AA. XIV, S. 238 f.

[5]) Vgl. B. Fischer, Bibeltext und Bibelreform, S. 178 Anm. 32.

[6]) Ebd. S. 178 Anm. 35.

*copiosa tetendit, scripturae densitas adunata contraheret*[7]. Durch Codices wie den Amiatinus, die in Nachahmung der Pandekten Cassiodors entstanden[8], konnte dessen Einfluß auch direkt auf Theodulfs Scriptorium wirken. Sicher haben auch spanische Vorbilder eine Rolle gespielt; der älteste erhaltene spanische Pandekt, der Codex Cavensis, nach 850 wahrscheinlich in Asturien entstanden und von dem Schreiber Danila signiert[9], ist in verschiedenen Einzelheiten seiner Ausstattung vergleichbar.

Besonders eng schließen sich die frühesten Exemplare der Theodulf-Bibel, $\Theta^S$ und $\Theta^H$, an den Cavensis an: nicht nur im Format[10] und in der feinen, winzigen Schrift[11], sondern auch in der Aufteilung der Seite in drei Textkolumnen[12]. Weitgehende Übereinstimmung herrscht zwischen Cavensis und Hubertinus in der Ausgestaltung der Kanontafeln; die Bibel von Stuttgart fällt für den Vergleich aus, da die Evangelien in ihr fehlen. Die Kanontafeln des Cavensis vertreten nach der Klassifizierung Carl Nordenfalks[13] den syrischen Typ, bei dem die Arkadenrahmung der Konkordanztabellen in einem unplastischen, zeichnerisch-eindimensionalen Stil gehalten ist: hufeisenförmige Verbindungsbögen ruhen auf dünnen, lattenähnlichen Säulen. In den Bibelhandschriften des arabischen Spanien setzte sich der syrische Typ auf breiter Linie durch: die Kanontafeln des Toletanus, des Codex Gothicus Legionensis und des Complutensis, der berühmtesten spanischen Pandekten des 10. Jahrhunderts, zeigen die charakteristischen

---

7) Cassiodor, Institutiones I, 12, 3, ed. R. A. B. Mynors (1937), S. 37. Zu den Pandekten Cassiodors vgl. B. Fischer, Bibelausgaben, S. 557 f.

8) Abt Ceolfrid von Wearmouth/Jarrow (689–716) ließ nach dem Muster der Bibel Cassiodors drei Handschriften erstellen, vgl. Beda, Vitae abbatum Wiremuthensium II, 15, ed. C. Plummer (1896), S. 379 f. Ein Exemplar ist erhalten: der Amiatinus, heute in der Laurenziana in Florenz. Vgl. B. Fischer, Codex Amiatinus und Cassiodor: Biblische Zeitschrift NF. 6 (1962), S. 57–79.

9) E. A. Lowe, The Codex Cavensis: Quantulacumque. Studies presented to K. Lake (1937), S. 325–331; T. Ayuso Marazuela, La Biblia visigótica de la Cava dei Tirreni: Estudios bíblicos 14 (1955), S. 49–65, 137–190, 355–414; 15 (1956), S. 5–62. Name der Handschrift nach dem heutigen Aufbewahrungsort, dem Kloster La Cava dei Tirreni bei Salerno.

10) Cavensis: 32 × 26 cm; $\Theta^S$: 34 × 24 cm; $\Theta^H$: 32 × 24 cm.

11) Dem Schrifttyp nach vertritt der Cavensis die Wisigothica; vergleichbar ist die minutiöse, trotz der Winzigkeit der Buchstaben bestechend akkurate Art des Schreibens.

12) Vgl. M. Vieillard-Troiekouroff, Les Bibles, S. 157.

13) S. 223 ff. Vgl. Abb. 10.

syrischen Formen[14]. Zeichnerisch, nicht tektonisch ist auch im Hubertinus die Arkadenrahmung der Kanontafeln aufgefaßt. Die extrem hufeisenförmigen, sich fast zu vollen Kreisen schließenden Bogenstellungen werden von Säulen gestützt, deren Schäfte, mit Flächenornamenten ausgefüllt, eher zwischen die Ziffernspalten gesetzte Schmuckbänder als körperlich empfundene Bauelemente tragender Funktion sind[15]. Diese Formensprache knüpft offensichtlich an westgotische Traditionen an.

Auf die einfacheren, spanischen Vorbildern verpflichteten Formen der Buchgestaltung in $\Theta^{S\,H}$ folgt mit den Bibeln von Le Puy und Paris ein bedeutsamer künstlerischer Aufschwung: das Scriptorium Theodulfs entwickelt unter Aufnahme von Motiven verschiedener Herkunft ein eigenes, auf den inhaltlichen Aufbau der Bibeln abgestimmtes Ausstattungsprogramm. Beim Vergleich von $\Theta^{A\,M}$ mit den vorangegangenen Pandekten muß jedoch berücksichtigt werden, daß $\Theta^{S\,H}$ nur fragmentarisch erhalten sind und mit Anfang und Schluß gerade für den Buchschmuck besonders wichtige Blätter fehlen. Außerdem sind $\Theta^{A\,M}$ als Prachtcodices konzipiert und gehören damit einer anderen Kategorie von Handschriften an, bei der an die Kostbarkeit der Ausstattung und die Sorgfalt der Ausführung von vornherein besondere Anforderungen gestellt sind. Da der Codex Cavensis gleichfalls eine Prachthandschrift ist, ergeben sich zwischen ihm und $\Theta^{A\,M}$ manche gattungsspezifische Berührungspunkte, die nicht generell als Abhängigkeit erklärt werden dürfen. Mit dem Übergang zur zweispaltig beschriebenen Seite rücken $\Theta^{A\,M}$ vielmehr vom Cavensis ab, ebenso in der Ausgestaltung der Kanontafeln: an die Stelle des syrischen Typs tritt die normale zwölfteilige kleinere Kanonfolge der lateinischen Handschriften[16]. $\Theta^{A\,M}$ bieten übereinstimmend die von Nordenfalk als mn-Form des Bogentypus bezeichnete Anlage, die eine fortlaufende Reihe kleinerer Bögen unter einer großen übergreifenden Arkade zusammenfaßt[17]; die vierteiligen Tafeln zeigen eine individuelle Erweiterung dieses Bogensystems, indem hier noch eine zweite Reihe von Verbindungsbögen eingefügt ist, die je zwei Interkolumnien über-

---

[14]) Vgl. M. Vieillard-Troiekouroff, Les Bibles, S. 157; A. Grabar, Eléments sassanides et islamiques dans les enluminures des manuscrits espagnols du haut Moyen Age: Arte del primo millennio (1954), S. 312–319.

[15]) Vgl. Abb. 11.

[16]) Vgl. C. Nordenfalk S. 169 ff.

[17]) Ebd. S. 178 ff.

spannen[18]. Die Säulen, durchweg mit marmorierten Schäften, erwecken den Eindruck tektonischer Bildungen von plastischer Massivität; im Gegensatz zu den Kanontafeln von $\Theta^H$ haben die Arkadenstellungen körperhafte Dichte und Festigkeit. Dichte Massenformen zeigt auch die ornamentale Binnenfüllung der großen Umfassungsbögen; Quelle für die einzelnen Motive ist der Formenschatz der spätantiken Ornamentik[19]. Das System der Besatzornamente – nach unten gekehrte Halbpalmetten, auf deren glattem Rand verschiedene Arten von Vögeln aufsitzen – leitet Nordenfalk ebenfalls aus spätantiken Vorlagen ab[20]: er vermutet als Muster eine in der Loiregegend vorhandene Evangelienhandschrift, deren Spuren auch in der Gestaltung der Kanontafeln des Londoner Harleianus 2795 (aus Ferrières) zutage treten[21]. Es ist in diesem Zusammenhang an die Bestände alter italischer Bibelhandschriften in Fleury zu erinnern, die Theodulf zum Textvergleich herangezogen hat[22].

Außer den Konkordanztabellen zu den Evangelien haben in den Bibeln von Le Puy und Paris das Verzeichnis der Ordines und deren Titel im laufenden Text ornamentalen Schmuck: so wird die inhaltliche Gliederung des Pandekten mit Hilfe der Ausstattung durchsichtig gemacht. Das tabellenartige Verzeichnis der Ordines und der zugehörigen Buchtitel vor dem Text[23] ist auf Purpurpergament unter einer den Kanonbögen nachgebildeten Rahmenarkade festlich angeordnet; eine mittlere Säule trennt die Bogenöffnung in zwei Interkolumnien, in denen sich die vier Ordines des Alten und die zwei Ordines des Neuen Testaments links und rechts gegenüberstehen. Im Text werden Anfangs- und Schlußtitel der Ordines, nach lateinischer Gewohnheit zum kombinierten Explicit-Incipit-Titel zusammengefaßt, in große Kreisrahmen eingeschlossen, deren wechselnde ornamentale Füllung die Motive aus den Bogenfüllungen der Kanontafeln variierend wiederholt[24]. Die kreisförmigen Ornamentrahmen für Titel sind eine Schöpfung der byzantinischen Buchkunst, die über

[18]) Ebd. S. 180 Anm. 1; vgl. Abb. 13.
[19]) Vgl. ebd. S. 184 ff.
[20]) Ebd. S. 187 ff.
[21]) Ebd. S. 191 Anm. 1; vgl. Abb. 12.
[22]) Vgl. oben S. 46 .
[23]) $\Theta^A$: *Breves ordinum*, fol. 3v; $\Theta^M$: *Ordo Librorum*, fol. 3v.
[24]) Vgl. Abb. 20, 21 ($\Theta^A$). Eine Tabelle der ornamentalen Motive in $\Theta^M$ gibt M. Vieillard-Troiekouroff, Les Bibles, S. 161 Anm. 33.

Ravenna seit dem 6. Jahrhundert auch in Italien Verbreitung fand[25]. Die frühesten Belege für Spanien finden sich in zwei Handschriften der Lex Wisigothorum: im Cod. Vat. Reg. lat. 1024 (um 700) und im Cod. Paris. lat. 4667 (827), wo die einzelnen Gesetzestitel von Kreisrahmen eingeschlossen sind[26]. Im Codex Cavensis haben die Explicit-Incipit-Titel der einzelnen Bibelbücher ornamentale Rahmen: dabei begegnen Kreise und Rechtecke nebeneinander[27]. Auch in der Buchmalerei der Hofschule wird das Motiv der medaillonförmigen Titelrahmung verwendet[28]; es konnte also auf verschiedenen Wegen in das Scriptorium Theodulfs gelangen. Am Schluß der Bibeln von Le Puy und Paris bildet es das beherrschende, eine ganze Zierseite ausfüllende Ornament für das Explicit Liber[29]. Hier erscheinen in der Rahmenfüllung des Kreises kleine, in Gold aufgetragene Kreuze; die in Goldtinte geschriebenen Majuskeln des Explicit sind gleichfalls kreuzförmig gesetzt. Offensichtlich wird damit eine Beziehung zu der in Kreuzform auf Purpurgrund geschriebenen Praefatio hergestellt[30], die nach den Einleitungsversen Theodulfs den Bibeltext eröffnet: am Anfang und am Ende des Codex begegnet mit dem Kreuz das einzige über das Ornamentale hinausgehende religiöse Zeichen. Das Kreuz als figurale Schriftfläche verbindet die Codices Θ^A ^M mit dem Cavensis, wo verschiedene Buchprologe und der Anfang der Evangelien kreuzförmig geschrieben sind[31]; anderseits läßt sich das Motiv über den Amiatinus auch auf Cassiodor zurückführen[32].

Bestimmend für den Gesamteindruck der Bibeln von Le Puy und

---

25) C. Nordenfalk S. 157 ff.; vgl. Abb. 17, 18.

26) Zeumers Handschriften R 1 und E 2; vgl. K. Zeumer, MGH. Leges nationum Germanicarum I, Praefatio S. XIX, XXI; M. Vieillard-Troiekouroff, Les Bibles, S. 162.

27) Vgl. Abb. 19: Titel zum Buch der Richter, fol. 51v.

28) Ein berühmtes Beispiel ist die Titelseite des Evangeliars British Museum, Harleianus 2788 (Ada-Gruppe). Vgl. A. Boeckler, Formgeschichtliche Studien zur Adagruppe: Abhandlungen der bayerischen Akademie der Wissenschaften, phil.-hist. Kl., N. F. 42 (1956), S. 25 f. u. Taf. 16, 17; F. Mütherich, Die Buchmalerei am Hofe Karls des Großen: Karl der Große III. Karolingische Kunst (1965), S. 9–53, S. 14 f. mit Taf. VI.

29) Θ^A: fol. 348r; Θ^M: fol. 347r; vgl. Abb. 22.

30) Θ^A: fol. 3r; Θ^M: fol. 3r; vgl. Abb. 16.

31) Codex Cavensis fol. 194r, 220r, 220v, 224v, 225r; vgl. M. Vieillard-Troiekouroff, Les Bibles, S. 164 f.; Abb. 15.

32) Kreuzförmig gesetzte Schriftflächen im Codex Amiatinus: fol. 6r, 7r, 7v; vgl. P. Lehmann, Figurale Schriftflächen: Erforschung des Mittelalters III (1960), S. 64; H. Quentin S. 443 mit Abb. 76.

Paris ist die vornehme Verhaltenheit der Ausstattung: bei aller Kostbarkeit des Materials und höchster Sorgfalt in der Ausführung werden die Schmuckformen sparsam eingesetzt, und zwar da, wo sie die Gliederung des Textes stützen. Auf das Fehlen jeglicher Bilder ist in der Literatur wiederholt hingewiesen worden[33]; Arkaden- und Kreisrahmen wie figurale Schriftflächen sind ornamentale Motive, die sich dem Text unterordnen und die Aufmerksamkeit des Betrachters und Lesers auf das geschriebene Wort lenken, das die *Libri Carolini* in scharfen Antithesen den Bildern gegenüberstellen.

*Quia in libris, non in imaginibus doctrinae spiritalis eruditionem discimus. ... Moyses originem mundi non pingendo, sed scribendo edocuit, et omnia ... in quinque libris adnotans non pingendo, sed scribendo saeculis ... mandavit. ... Iosue etiam ... cuncta, quae tempore suo sibi vel populo ... contigerunt, scribendo potius quam pingendo memorię posteritatis mandavit. Samuel quoque ... historias iudicum sive Ruth vel etiam regum usque ad David non imaginibus, sed apicibus praenotavit. ... Prophetę etiam singuli ... prophetias suas ... non in picturis, sed in scripturis constituere. ... David quoque sanctissimus prophetarum ... in persona Christi dixisse legitur: „In capite libri scriptum est de me."* (Ps. 39, 8) *Non enim ait „pictum", sed: „scriptum", nec „in capite parietum" sive „tabularum", sed: „in capite libri." ... Veniamus nunc ad evangelia! Videamus utrum evangelistę an ipse Dominus imaginum an Scripturarum fecerint mentionem? Ait enim evangelista: „Sicut scriptum est in libro sermonum Esaiae prophetae."* (Lc. 3, 4) *„Scriptum" dixit, non „pictum", et „in libro", non „in quadam materia". Et idem Dominus ac Redemptor noster ... digito in terra non pinxisse, sed scripsisse perhibetur* (Joh. 8, 6). *... Apostoli denique ... non imagines, sed epistolas ad diversas mundi partes destinasse leguntur. ... Iohannes quoque, ... dum ... in Pathmos insula ... caelestibus plenus mysteriis secreta quaedam Domino revelante audiret seu cerneret, scribere ea in libro, non pingere iussus est. ... Unde datur intellegi, non picturas, sed scripturas ad nostrę fidei eruditionem esse concessas*[34]."

Das durch Buch und Schrift tradierte Wort ist Medium der Offenbarung und des Glaubens: dieser zentrale Gedanke der *Libri Carolini*[35] bestimmt auch das Ausstattungsprogramm der Bibeln. Der bilderlose, auf Rahmenfunktionen beschränkte Schmuck verweist den Leser auf die Schrift und die Spiritualität des in ihr mitgeteilten Wor-

---

[33]) A. Freeman, Theodulf of Orléans and the Libri Carolini: Speculum 32 (1957), S. 692 f.; K. Holter S. 420 f.; H. Schnitzler, Das Kuppelmosaik der Aachener Pfalzkapelle: Aachener Kunstblätter 29 (1964), S. 17–44; W. Braunfels, Die Welt der Karolinger und ihre Kunst (1968), S. 184; M. Vieillard-Troiekouroff, Les Bibles, S. 153, 165.

[34]) LC. II, 30, MGH. Conc. II Suppl., S. 92–95.

[35]) Vgl. unten S. 190 ff.

tes. Das Kreuz, das die *Libri Carolini* von den Bildern trennen und an die Seite des Schriftwortes rücken, indem sie seinen Heilssinn nach der Methode der dreifachen Exegese historisch, allegorisch und tropologisch auslegen[36], erscheint auch in den Bibeln neben den Buchstaben als einziges sinnbildliches Zeichen. Alle Konzentration gilt dem Text, der sich in klarer, feingliedriger Schrift und in ausgewogener Komposition der Seiten dem Leser darbietet. Welche Sorgfalt dabei an Details gewendet wurde, hat Fischers Vergleich der beiden Codices gezeigt[37]. Auf der Purpurseite mit dem Psalmenprolog z. B.[38] waren in $\Theta^A$ die letzten vier Zeilen der zweiten Spalte leer geblieben. Der Schreiber von $\Theta^M$ berechnete den Text und seine Schrift von vornherein so, daß er in jeder Spalte oben und unten je eine Zeile freiließ: dadurch erreichte er eine gleichmäßige Füllung der Seite.

Zur kostbaren Ausstattung gehörten Einbände in Goldschmiedearbeit, die nicht erhalten sind; wir kennen nur die im Gedichtcorpus Sirmonds überlieferten Verse[39]. Auf beiden Buchdeckeln befanden sich Inschriften von je vier Distichen, in denen Theodulf wie auf dem Widmungsblatt im Codex selbst seinen Namen nennt und die Anfertigung des äußeren Schmucks seiner philologischen Arbeit als Korrektor des Textes zur Seite stellt:

*Me quicumque vides, Theodulfi sis memor, oro,*
*Cuius me studium condidit, aptat, amat,*
*Et foris argento, gemmis ornavit et auro,*
*Cuius et interius lima polivit, ave*[40].

Der auf das Wort gerichteten Konzeption der Ausstattung entsprechend waren auch die Einbände bilderlos; bereits beim Ergreifen des Buches sollten dem Leser statt einer bildlichen Darstellung Schrift und Text entgegentreten.

Die Bruchstücke der Bibeln aus St. Germain-des-Prés und Carcassonne vertreten gegenüber den Prachtcodices $\Theta^{A\ M}$ wieder den einfacher ausgestatteten Handschriftentyp. Ein vereinzeltes Schmuck-

---

[36]) LC. II, 28, S. 89–91: *Quanta ratione mysterium Dominicę crucis ab imaginibus distet,...* Zur Interpretation vgl. W. v. d. Steinen, Karl der Große und die Libri Carolini: NA. 49 (1932), S. 207–280, S. 247 ff.

[37]) Bibeltext und Bibelreform, S. 179.

[38]) $\Theta^A$: fol. 146r; $\Theta^M$: fol. 146r

[39]) Carmina XLII, 1–2, MGH. Poetae I, S. 540 f.

[40]) Ebd., *In prima tabula,* V. 5–8. Zum Motiv der Korrespondenz von Einband und Inhalt vgl. E. R. Curtius S. 306 ff.

medaillon in $\Theta^G$ zu Beginn des Ordo Hagiographorum[41] läßt möglicherweise die Absicht erkennen, auch in den bescheideneren Exemplaren zur Rahmung der Ordines-Titel überzugehen; der schlechte Überlieferungszustand erlaubt jedoch über ihre Durchführung kein sicheres Urteil. Auffallend ist die Vergröberung der Schrift[42], die Berger[43] und Rand[44] veranlaßte, $\Theta^{G\,K}$ ins Ende des 9. oder gar erst ins 10. Jahrhundert zu datieren: sie sahen in den beiden Bibeln Abschriften aus $\Theta^M$ durch spätere Kopisten, die die Schrift ihrer Vorlage nachgeahmt hätten. Dieser Interpretation widerspricht jedoch der textliche Befund: die Textrezension Theodulfs findet in $\Theta^{G\,K}$ mit dem Rückgriff auf die hebräische Überlieferung erst ihren Höhepunkt[45]. Die größere, dickstrichige, aber immer noch regelmäßige und im Duktus den vorangegangenen Bibeln engstens verwandte Schrift erklärt sich vielmehr dadurch, daß dieselben Schreiber je nach Zweck und Bestimmung des Pandekten sorgfältig und weniger sorgfältig gearbeitet haben. Wie in ihrem Text bilden die Bibeln Theodulfs auch ausstattungsmäßig und paläographisch eine geschlossene Gruppe; sie entstanden während seiner Amtszeit als Bischof von Orléans innerhalb einer kurzen Zeitspanne alle in demselben Scriptorium.

## 3. Theodulfs Scriptorium

Lange herrschte die Auffassung vor, Theodulfs Bibeln seien in Fleury / St. Benoît-sur-Loire entstanden[1], der größten und reichsten der Abteien, mit denen der König Theodulf ausgestattet hatte, um ihm für die Reorganisation des Bistums und seine Mitwirkung an der Kirchen- und Bildungsreform des Reiches eine ausreichende wirtschaftliche Grundlage zu geben[2]. Die Prosperität des Klosters infolge der seit der Translation der Benediktsreliquien[3] vermehrten Schen-

---

[41]) Fol. 154v. Abb. 6.

[42]) Vgl. Abb. 5, 6.

[43]) S. 178 f.

[44]) S. 213, 222 f.

[45]) Vgl. B. Fischer, Bibeltext und Bibelreform, S. 176.

[1]) Vgl. Ch. Cuissard S. 179; L. Delisle, Les Bibles, S. 26; H. Leclercq, Art. „Fleury-sur-Loire“: DACL. V, 2 (1923), col. 1709–1760, col. 1744; E. K. Rand S. 222.

[2]) Vgl. oben S. 9.

[3]) Zu dem berühmten Streit um die Translatio S. Benedicti vgl. F. Prinz, Frühes Mönchtum im Frankenreich (1965), S. 276 u. Anm. 49 (mit Literatur).

kungen, die Fleury in der Krisenzeit des frühen 8. Jahrhunderts vor einem wirtschaftlichen und organisatorischen Rückschlag bewahrten[4], hatte auch einen ungestörten Studienbetrieb und das kontinuierliche Wachsen der Bibliothek ermöglicht, die seit dem 7. Jahrhundert bezeugt ist[5] und zur Zeit Theodulfs bereits ansehnliche Bestände aufwies[6]. Seit dem Ende des 8. Jahrhunderts tritt Fleury auch mit einem eigenen Scriptorium hervor, das in seinen Anfängen eine Fülle unterschiedlicher Schrift- und Stilarten nebeneinander zeigt: neben insular beeinflußten Schriften begegnen verschiedene frühe und fortgeschrittenere Minuskeltypen von eiligen und sorgfältigen, bewegten und „kalligraphisch abgeklärten Händen" [7]. Keine der in der ersten Hälfte des 9. Jahrhunderts in Fleury gepflegten Richtungen läßt jedoch Beziehungen zum Stil der Minuskel aus den Theodulfbibeln erkennen. Da die Überlieferung in Fleury entstandener Handschriften des 9. Jahrhunderts reichlich und ziemlich lückenlos ist, läßt sich aufgrund des paläographischen Vergleichs die sichere Entscheidung treffen, daß Theodulfs Bibelcodices nicht in Fleury geschrieben sind[8].

Die Entstehung der Bibeln, deren Anlage und Ausstattung von spanischen Traditionen her entwickelt ist und die von Theodulfs exegetischem Programm und seinen Anschauungen über Wort und Bild entscheidend geprägt sind, ist nicht denkbar ohne einen geistig

---

4) Vgl. G. Chenesseau, L'Abbaye de Fleury (1931), S. 10 ff., 100 ff. auf der Quellengrundlage der frühen Urkunden des Chartulars; M. Prou – A. Vidier, Recueil des chartes de l'abbaye de Saint-Benoît-sur-Loire I (1900–07).

5) G. Chenesseau S. 77 ff.; H. Leclercq col. 1744; A. Vidier, L'historiographie, S. 27 f.

6) Vgl. H. Leclercq col. 1744.

7) B. Bischoff, Panorama der Handschriftenüberlieferung aus der Zeit Karls des Großen: Karl der Große II. Das geistige Leben (1965), S. 233–254, S. 240. Vgl. E. A. Lowe, CLA. VI, S. XIX f.; F. Denis S. 271 ff.

8) Vgl. E. Lesne, Histoire de la propriété ecclésiastique en France IV. Les livres, „scriptoria" et bibliothèques (1938), S. 130–132; E. A. Lowe, CLA. VI, S. XX; B. Bischoff, Panorama, S. 240; B. Fischer, Bibeltext und Bibelreform, S. 176. Von der Untersuchung der Buchdekoration her kommt zu demselben Ergebnis: J. Porcher S. 64, 73. W. Braunfels S. 184 nimmt das einstimmige Urteil der Fachwelt nicht zur Kenntnis. Sein schön bebilderter Band, der auf die Verkaufschancen besser abgestimmt ist als auf den Stand der Forschung, enthält im darstellenden Text über Theodulf weitere Unstimmigkeiten. Denkwürdig ist die Information, Theodulf sei „bis 798 Kanzler Karls in Aachen gewesen" (S. 184); zur Datierung der Kirche in Germigny-des-Prés wird unbekümmert die bei den Restaurierungsarbeiten des vorigen Jahrhunderts gefälschte Pfeilerinschrift mit dem Weihedatum 806 zitiert (ebd.). Es ist bedauerlich, daß gerade in einem Buch für einen weiteren, interessierten Leserkreis, der sich auf das Urteil des Kunsthistorikers verläßt, solche Irrtümer verbreitet werden.

wie formal bestimmenden Einfluß Theodulfs auf das beauftragte Scriptorium; die ausführenden Schreiber müssen unter seiner persönlichen Leitung und andauernden Beratung gearbeitet haben. Diese Voraussetzungen waren in Fleury nicht gegeben: Wissenschaftspflege, Bibliothek und Scriptorium der Abtei hatten ihre eigene, gefestigte Tradition, was sie von den Wirkungen der kulturellen Reformbestrebungen Theodulfs weitgehend ausschloß[9].

Anders war die Lage an der Bischofskirche, wo Theodulf mit der Organisation der Verwaltung und des Bildungswesens völlig von vorn beginnen mußte[10]. Hier konnte er eine Schule aufbauen, die sein Reformprogramm beispielhaft verwirklichte. Zu ihrem Magister bestellte er Wulfinus, den späteren Bischof von Die[11], an dessen Arbeit

[9]) Die Mönche mußten in der Übertragung ihres bisher königsunmittelbaren Klosters an Theodulf, da dieser zugleich der Bischof von Orléans war, eine Minderung ihres Status sehen; es ist anzunehmen, daß sie sich seinen Versuchen, in die innere Verwaltung einzugreifen, widersetzten, wobei der in jeder Hinsicht konsolidierte, eine Reform erübrigende Zustand des Klosters ihre Position stärkte. In Theodulfs Gedichten, die nach Anlässen, Empfängern und Themen seine Tätigkeiten, seine persönlichen Beziehungen und amtlich-offiziellen Verbindungen unmittelbar spiegeln, wird Fleury nirgends erwähnt; vgl. dagegen für St. Aignan: Carmen LXV, MGH. Poetae I, S. 556; für St. Mesmin de Micy: Carmen XXX, S. 520–522. Theodulf nennt Fleury lediglich im ersten Diözesanstatut (c. 19, PL. 105, col. 196) als eines der Klöster des Bistums, denen die Pfarrer ihre Neffen oder andere Verwandte zur Klerikerausbildung übergeben können.

[10]) Vgl. oben S. 9.

[11]) An Wulfinus und die Schüler von Ste. Croix ist Theodulfs Carmen XLIV, MGH. Poetae I, S. 542 gerichtet. Im Jahre 1900 entdeckte G. Kirner im Cod. 1232 der Universitätsbibliothek zu Bologna eine Versvita des Bischofs Marcellus von Die, als deren Autor sich V. 395 f. der *praesul Diae Vulfinus* nennt. G. Kirner, Due vite inedite di S. Marcello vescovo di Die: Studi storici 9 (1900), S. 289–327. Karl Strecker, der das Carmen de Marcello episcopo Diensi 1923 in MGH. Poetae IV, 3, S. 963–976 edierte, stellte in den Versen auffällige Textentlehnungen aus verschiedenen Gedichten Theodulfs fest und identifizierte den Dichter, den Bischof Wulfin von Die, mit Theodulfs Adressaten in Carmen XLIV, der hier vor allem wegen seiner Dichtkunst gelobt wird: K. Strecker, Studien zu karolingischen Dichtern: NA. 43 (1922), S. 477–511, S. 487–490. Es ist jedoch nicht einsichtig, weshalb er gleichzeitig die bisher stets vertretene Identität Wulfins mit dem von Florus von Lyon in einem Briefgedicht angeredeten *Vulfinus grammaticus Aurelianensis* (Flori Lugdunensis carmen XXIII, MGH. Poetae II, S. 550 f.) ausschloß. Seine chronologischen Bedenken wegen des zeitlichen Abstands zwischen Florus und Theodulf sind weitgehend unbegründet, denn Wulfin kann auch nach Theodulfs Absetzung noch in Orléans gewirkt haben und später Bischof von Die geworden sein. Die Grenzdaten seines Episkopats sind nicht bekannt; urkundliche Zeugnisse fehlen. Sein Nachfolger Remigius ist zu 859 bezeugt. Vgl. L. Duchesne, Fastes épiscopaux de l'ancienne Gaule I ([2]1907), S. 235 u. Anm. 3. Die Autoren der Histoire literaire de la France IV (1738), S. 499 f. identifizieren den von Theodulf in Carmen XLIV genannten Wulfinus, den sie als „professeur de

und Erfolgen er persönlich Anteil nahm[12]; er überwachte auch die Fortschritte der Schüler[13] und tauschte gelegentlich mit ihnen Verse aus[14]. Die Einrichtung eines Scriptoriums, das er ähnlich wie die Schule betreut hat, würde sich hier in die Situation gut fügen. So verlegen Lesne[15] und Lowe[16] die Entstehung der Bibelhandschriften an die Bischofskirche Ste. Croix in Orléans, und auch Bischoff vermutet, daß sich der Sitz des Scriptoriums „offenbar in der Stadt selbst" befand[17].

Ähnliche Voraussetzungen wie an der Bischofskirche waren in St. Mesmin de Micy[18] gegeben, einem der ältesten Klöster des Loiregebietes, für das authentische Quellen jedoch erst mit dem Episkopat Theodulfs einsetzen, der das Klosterleben in einer faktisch einer Neugründung gleichkommenden Reform wiederherstellte[19]. Dabei suchte

---

Belles-Lettres à Orléans" bezeichnen (Table des matières), mit Wulfinus Boethius, der für den Abt Godolin von Mairé die Vita des Klostergründers Junianus schrieb. Vgl. BHL. 4562; ed. AA. SS. Augusti T. III (1737), S. 38–46. Dieser Wulfin stellt sich im Prolog als Gote vor, was vielleicht trotz der Topik des Kontexts (Herkunftsangabe als Erklärung für mangelhafte Eloquenz; Unfähigkeitstopos) biographisch zutrifft. *At vero ego homo ab stirpe Romana penitus alienus et Geticae Sarmatum gentis originem trahens ... quamvis ab ipsis infantiae rudimentis inter grammaticos rhetoricosque non minime meritus fuerim, sed ingenii tarditas et naturalis quodammodo segnities nequaquam eloquentem creavit.* Ebd. S. 38. Die Anspielung auf Sarmatien ist sicher eine Frucht literarischer Bildung, wahrscheinlich der Ovidlektüre. So begegnet der Name Wulfinus in der ersten Hälfte des 9. Jahrhunderts in verschiedenen literarischen Zusammenhängen. Zwischen den stets nur punktuellen Belegen lassen sich keine sicheren Verbindungslinien ziehen. Vgl. auch M. Manitius, Geschichte I, S. 458 f.

12) Vgl. Theodulfs Carmen XLIV, bes. V. 27–30.

13) Ebd. V. 3–6, 19 f.

14) Ebd. V. 1 f.

15) Les livres, S. 130: „L'atelier qui a produit ces ouvrages ne pouvait être que le scriptorium d'une église, auprès de laquelle l'évêque résidait habituellement. Il semble bien que ce soit l'église mère d'Orléans."

16) CLA. VI, S. XX: „If these two codices were written under the Bishop's supervision at Orléans, then the scribes in his episcopal school were well ahead of those in the abbey at Fleury."

17) Panorama, S. 240.

18) Die Abtei lag einige Kilometer südwestlich von Orléans auf der Landzunge am Zusammenfluß von Loiret und Loire. Wiederholte Zerstörungen seit dem 15. Jahrhundert, die letzte während der Revolution von 1789, führten zu ihrem Untergang. Sie ist heute völlig vom Erdboden verschwunden.

19) Die im 9. Jahrhundert einsetzenden hagiographischen Quellen aus Micy, BHL. 5814–5820, schreiben die Gründung Chlodwig zu. Zur Entstehung und historischen Glaubwürdigkeit vgl. A. Poncelet, Les saints de Micy: Analecta Bollandiana 24 (1905), S. 5–104. Die Gründungsurkunde, angeblich aus dem Jahre 502 (MGH. DD. Merov., Spuria Nr. 4, S. 120 f.), und sämtliche Merowingerurkunden

er den Anschluß an die Reformbewegung Benedikts von Aniane, der ihm zuerst zwei, danach auf seine Bitte zwanzig weitere Mönche als personalen Kern für den neuzugründenden Konvent sandte[20]. Ihren *magister*, den ersten Abt Druclesind[21], weist bereits sein Name als Goten aus. Im Rahmen der Klosterorganisation entstand auch ein neues Bildungszentrum, dessen Wirkungen jedoch erst nach Theodulfs Absetzung unter seinem Nachfolger Jonas (818–843) sichtbar werden: die erste Frucht literarischen Lebens und der jetzt in Micy aufblühenden Historiographie ist Bertolds Vita S. Maximini[22].

Bertold widmet sein Werk dem Bischof Jonas und fordert ihn in einem Versprolog auf, den Text zu überprüfen und die Schreibfehler des Codex zu korrigieren.

*Hoc, reverende sacer Jona, percurre volumen*
*Et male scripta tuo corrige iudicio,*
*Nec votum aspernere pium studiumve refutes,*
*Pelle sed errorem, littera quemque gerit.*
...
*Tu vacuare vales cunctas hoc codice sordes,*
*Quas ibi mendose scripsit arundo rudis*[23].

Die zitierten Verse belegen, daß in Micy im frühen 9. Jahrhundert Handschriften hergestellt wurden und daß das Scriptorium eng mit

---

für Micy sind Fälschungen. Vgl. M.-M. Lemarignier, Les cartulaires de Saint-Mesmin de Micy. Etude critique et essai de restitution: Ecole nationale des chartes. Position des thèses (1937), S. 109–113. Das erste erhaltene echte Diplom ist ein Zollprivileg Ludwigs des Frommen (815) für den Abt Druclesind: BM² 568. Zu wenig kritisch gegenüber der Überlieferung ist E. Jarossay, Histoire de l'abbaye de Micy-Saint-Mesmin (1902); vgl. C. Brühl, Diplomatische Miszellen zur Geschichte des ausgehenden 9. Jahrhunderts III: AfD. 3 (1957), S. 13–19, S. 14.

[20]) Vgl. Theodulfs Carmen XXX, MGH. Poetae I, S. 520–522, ein Briefgedicht an Benedikt von Aniane, in dem er für das Eintreffen der ersten beiden Mönche dankt (V. 11 ff.), aber dem Adressaten deutlich und dringend darstellt, daß der Aufbau des Klosters weitere Kräfte erfordert.
V. 21 f. *Semina tu nostros misisti parva per agros,*
*Plurima mitte: seges hinc tibi grandis erit.*
Über die Entsendung von 20 Mönchen unter einem *magister* aus Aniane nach Micy berichtet Ardo, Vita Benedicti abbatis Anianensis c. 21, ed. G. Waitz, MGH. SS. XV, S. 209: *Theodulfus quoque Aurelianensium presul, cum monasterium Sancti Maximini construere vellet, a iam prefato viro* (sc. Benedicto) *postulat regularis disciplinae peritos. Cui mox adsensum prebuit et bis denos illi monachos prefecto magistro misit.*

[21]) BM² 568.

[22]) BHL. 5817; ed. AA. SS. OSB. Saec. I, S. 591–597; Widmungsgedicht: MGH. Poetae IV, 3, Versus libris adiecti Nr. 9, S. 1060.

[23]) Ebd. V. 1–4, 11 f.

dem Bischof, dem Eigenklosterherrn, zusammenarbeitete. Letald von Micy, der Ende des 10. Jahrhunderts den Liber miraculorum Sancti Maximini[24] schrieb und im Vorwort seine Arbeit mit den historiographischen Traditionen des Klosters verknüpft, nennt neben Ductesind, Bertold und einigen sonst unbekannten Namen unter den um das literarische Leben in Micy verdienten *patres* den Abt Petrus, den wir als Empfänger eines Diploms Karls des Kahlen kennen[25]. Petrus hat nach dem Zeugnis Letalds dem Kloster Bücher verschafft und sie eigenhändig verbessert und interpungiert.

*Quoniam nobiles et industrios patres in hoc eodem floruisse loco cognovi, Haymonem videlicet, Stenogaudum et Ductesindum, Bertoldum quoque virum eruditissimum, qui vitam veterem Patris Maximini dicitur edidisse, Petrum etiam, cuius eruditio et studium hodieque claret. Nam inter ceteros bonorum suorum diversarum historiarum libros huic loco contulit et proprio labore correctos et distinctos die Coenae Domini, ut ipsi libri testantur, super altare S. Stephani protomartyris posuit*[26].

Die Nachrichten der hagiographischen Quellen werden durch erhaltene Handschriften aus Micy bestätigt, die zwar nur einen Bruchteil der alten Bestände repräsentieren, aber bereits für das 9. Jahrhundert auf eine gut ausgestattete Bibliothek schließen lassen[27]. Die Bücher aus Micy erlitten im 16. Jahrhundert das gleiche Schicksal wie die Bibliothek von St. Benoît[28]: sie gelangten teils nach Paris und Orléans, teils über die Sammlungen Petau, Vossius und Bongars in die Vaticana (Reginenses), nach Leyden und nach Bern. Ludwig Traube[29] stellte einen Katalog von 28 Handschriften auf, davon 16 aus dem 9. Jahrhundert, die das Exlibris von Micy tragen[30]. Wenn auch die

---

[24]) BHL. 5820; ed. AA. SS. OSB. Saec. I, S. 598–613. Letald benutzte als Quellen vor allem Bertold und die anonyme Vita S. Maximini (BHL. 5814); vgl. A. Poncelet, Les saints, S. 45; M. Manitius, Geschichte der lateinischen Literatur des Mittelalters II (1923), S. 426–432.

[25]) G. Tessier, Recueil des actes de Charles II le Chauve I (1943), Nr. 1 (840) S. 1–3.

[26]) A. a. O., S. 598.

[27]) Vgl. E. Lesne, Les livres, S. 558; A. Poncelet, La bibliothèque de l'abbaye de Micy au IX$^{e}$ et au X$^{e}$ siècle: Analecta Bollandiana 23 (1904), S. 76–84.

[28]) Vgl. A. Vidier, L'historiographie, S. 30–35, 215.

[29]) Hieronymi chronicorum codicis Floriacensis fragmenta Leidensia, Parisina, Vaticana (Leyden 1902), S. XII–XIX.

[30]) Die Besitzvermerke lauten einheitlich: *Hic est liber sancti Maximini Miciacensis monasterii.* Häufig erscheint der Zusatz: *quem si quis de isto loco aliquo ingenio non redditurus abstulerit cum Iuda proditore, Anna et Caipha atque Pilato damnationem accipiat amen.* Vgl. L. Traube, a. a. O., S. XVI f. Nach einer auch

Besitzvermerke nach der Datierung Bernhard Bischoffs[31] erst aus dem 10. Jahrhundert stammen und die Abtei natürlich Bücher von anderen Orten erworben haben kann, so ist doch anzunehmen, daß ein Teil der Codices in ihrem Scriptorium entstand[32]. Mit Sicherheit in Micy geschrieben wurden die Handschriften Leyden, Voss. lat. Q. 110, Cod. Paris. lat. 1862 und Cod. Vat. Reg. lat. 95, in denen wir jene Bücher vor uns haben, die der Abt Petrus nach dem Zeugnis Letalds am Gründonnerstag auf dem Stephansaltar des Klosters niederlegte; ihre Widmungseinträge zeigen, daß Letald die Codices eingesehen hat und im Prolog seiner Miracula wörtlich aus ihnen zitiert[33].

Leyden, Voss. lat. Q. 110, fol. 2$^{r}$

*Hic est liber sancti Maximini Miciacensis monasterii quem Helias monachus rogante Petro abbate scripsit et Petrus cum salutari hostia die caene Domini super sanctum altare sancti Stephani martyris Deo et sancto Maximino habendum obtulit.*

Cod. Paris. lat. 1862, fol. 82$^{v}$

*Hic est liber sancti Maximini Miciacensis monasterii quem Petrus abba scribere iussit et die sancto caenae Domini cum salutari hostia super sanctum altare sancti Stephani primi in Christo martyris Deo et sancto Maximino habendum obtulit.*

Cod. Vat. Reg. lat. 95, fol. 229$^{r}$

*Hic est liber sancti Maximini Miciacensis monasterii quem Petrus abbas scribere iussit et proprio labore providit et distinxit et diae caenae Domini super sacrum altare sancti Stephani Deo et sancto Maximino habendum obtulit.*

Im Gegensatz zur Bischofskirche von Orléans, wo es für die Existenz eines Scriptoriums im 9. Jahrhundert keine sicheren Spuren gibt[34], ist

---

in Fleury verbreiteten Methode wurde das Exlibris in Majuskeln über die Ränder zweier Seiten des geöffneten Buches hinweg eingetragen, und zwar in der Folge: oberer Rand, linker äußerer Rand, unterer Rand, rechter äußerer Rand. Mit Vorliebe wählte man für die Eintragungen die Quaternionengrenzen, so daß der Besitzvermerk Rückseite des letzten Blattes im alten Quaternio und Vorderseite des ersten Blattes im neuen Quaternio verband.

[31]) Panorama, S. 241 Anm. 54.

[32]) Vgl. E. Lesne, Les livres, S. 138 f.: „Bien que (les scribes) aient pu orner de cet exlibris des manuscrits venus d'ailleurs, il est probable que ... la plupart des livres de l'époque carolingienne, que possédait le monastère et dont un certain nombre subsistent, ont été exécutés à Saint-Mesmin."

[33]) Vgl. A. Poncelet, La bibliothèque, S. 82.

[34]) Vgl. E. Lesne, Les livres, S. 549.

die Schreibschule des Klosters Micy durch erzählende Quellen sowie durch erhaltene Handschriften sicher bezeugt. Ein paläographischer Vergleich zwischen den unter dem Abt Petrus geschriebenen Codices[35] und den Theodulfbibeln, vor allem den späteren Exemplaren $\Theta^G$ und $\Theta^K$, liefert freilich keine zwingenden Beweise: in einem Zeitraum von 30 Jahren kann der Wechsel der Äbte und Schreiber neuen Einflüssen und Schriftmustern die Tür geöffnet haben. Die Minuskelschrift, die unter Petrus in Micy gepflegt wurde, knüpft zwar in Duktus und Stil durchaus an die Bibeln an, ist jedoch größer, gröber und weniger regelmäßig; in den Buchstabenformen sind Abweichungen festzustellen, z. B. begegnet in den Codices des Abtes Petrus neben dem nun völlig aufgerichteten unzialen a auch der halbunziale Typ.

Bonifatius Fischer zog als erster die Möglichkeit in Betracht, daß Theodulfs Scriptorium sich im wiedergegründeten St. Mesmin befunden haben könnte[36]: die Symptome spanischer Orthographie in den Bibeln erklären sich seiner Meinung nach eher, wenn nicht nur der Auftraggeber, sondern auch die Schreiber mit den Traditionen des westgotischen Buchwesens vertraut waren, wie es für die aus Septimanien kommenden Mönche von St. Mesmin vorausgesetzt werden kann[37]. Auch die am Vorbild des Toletanus orientierte Reihenfolge der Bücher geht nach seiner Vermutung auf eine aus Aniane nach Micy gebrachte Bibel zurück[38]. Die gerade in den frühen Bibelcodices Theodulfs – vor allem in $\Theta^H$ mit den erhaltenen Kanontafeln – stärker hervortretenden spanischen Stilelemente der Buchausstattung sind vielleicht ebenfalls auf die gotischen Schreiber zurückzuführen, die nach ihren Gewohnheiten, eventuell nach mitgebrachten Mustern, arbeiteten. Der Umschwung, der seit $\Theta^{A\ M}$ zu beobachten ist und zur zweispaltig beschriebenen Buchseite sowie zur plastisch-tektonischen, italischen Vorbildern verpflichteten Gestaltung der Kanontafeln führt, könnte als Anpassungsprozeß des Scriptoriums interpretiert werden; es ist zudem wahrscheinlich, daß die für die Textrezension herangezogenen Handschriften, darunter nachweislich die Alcuinbibel und

---

35) Vgl. Abb. 9: Cod. Paris. lat. 1862, fol. 16r. Abbildung aus Cod. Vat. Reg. lat. 95, fol. 214v bei F. Ehrle – P. Liebaert, Specimina Codicum Latinorum Vaticanorum (1912), Taf. 30 mit Erläuterungen S. XXIII.

36) Bibeltext und Bibelreform, S. 176.

37) Ebd. S. 176.

38) Ebd. S. 178 Anm. 35.

italische Bibelcodices aus Fleury, auch für die Ausstattung neue Anregungen gaben.

Außer den im Text revidierten Pandekten gehörte zu Theodulfs Programm einer philologisch-kritischen Bibelausgabe ein Vademecum der biblischen Kommentare, das im Cod. Paris. lat. 15 679 erhalten ist[39]. Dieser Codex, in dem zu den einzelnen biblischen Büchern exegetische Werke vor allem von Hieronymus, Isidor und Beda zusammengestellt sind, wird von Ludwig Traube zu den frühen Handschriften aus Micy gezählt[40]: er trägt das bekannte Exlibris der Abtei[41]. Im Format[42], in der zweispaltigen Anordnung des Textes[43] und im Charakter der zierlichen, regelmäßigen Schrift[44] stimmt er so genau mit Theodulfs Bibeln überein, daß er ziemlich gleichzeitig in demselben Scriptorium entstanden sein muß. Durch seine gesicherte Provenienz liefert er ein entscheidendes Argument dafür, daß Theodulfs Scriptorium sich in St. Mesmin de Micy befand. Die Möglichkeit, daß der Parisinus 15 679 erst später in die Bibliothek von Micy gelangte, schließen wir aus: denn er ist paläographisch auch ein Bindeglied zwischen Theodulfs Bibeln und den Handschriften des Abtes Petrus.

Auf eine weitere Handschrift, die mit ausreichender Sicherheit dem Scriptorium Theodulfs zugewiesen werden kann, hat Otto Homburger[45] aufmerksam gemacht. Es handelt sich um den Cod. Bern. 224, in dem die wichtigsten Werke Isidors von Sevilla zusammengestellt sind: Etymologiae (fol. $3^r$–$150^v$), Prooemia (fol. $150^v$–$154^r$), De ortu vel obitu patrum (fol. $154^r$–$160^v$), Allegoriae (fol. $160^v$–$164^v$), De natura rerum (fol. $164^v$–$174^r$) und Differentiae (fol. $174^r$–$186^r$). Bernhard Bischoff bezeichnet diese Handschrift als einen sehr beachtlichen Schritt zu einer mittelalterlichen Gesamtausgabe der Werke Isidors und betont, daß sie „trotz des reichen Inhalts ... ein handliches Buch

---

39) Vgl. ebd. S. 177.

40) Hieronymi chronicorum codicis Floriacensis fragmenta, S. XV.

41) Vgl. Abb. 7: pag. 352.

42) 29 × 21 cm; vgl. ΘG: 28 × 22 cm.

43) Spaltenlänge 26 cm, -breite 8 cm, je Spalte 57/59 Zeilen; vgl. ΘG: Spaltenlänge 23,3 cm, -breite 8 cm, je Spalte 60 Zeilen.

44) Mittellängen in der Größe schwankend 1–2 mm; vgl. ΘG: durchschnittlich 1,2 mm. Die einander ablösenden Schreiber arbeiten mit unterschiedlicher Sorgfalt: streckenweise wird die Schrift unregelmäßig und nachlässig, andere Partien halten dem Vergleich mit den Bibeln, vor allem ΘG K, stand. In den Bibeln fällt der Wechsel der Hände kaum auf. – Vgl. Abb. 7.

45) Die illustrierten Handschriften der Burgerbibliothek Bern. Die vorkarolingischen und karolingischen Handschriften (1962), S. 65–69.

geblieben" sei, „was durch Verwendung einer zierlichen Schrift erreicht wurde" [46]. Diese Schrift weist er dem Anfang des 9. Jahrhunderts und einem französischen Scriptorium zu [47]. Wir erkennen hier die Bemühungen Theodulfs wieder, den auch bei seinen Bibelpandekten und der Sammelhandschrift mit den patristischen Kommentaren die Absicht leitete, durch kleine Schrift und ein nicht zu großes Format handliche Nachschlagewerke zu schaffen. Daß Isidor für Theodulf in allen Wissensgebieten die maßgebliche Autorität war, beweisen die vielfachen Zitate und Entlehnungen in seinen Gedichten [48] und in seinen theologischen Schriften [49]; die Zusammenfassung der Werke Isidors in einem Codex zu Schul- und Studienzwecken steht in Einklang mit seinem Bildungsprogramm. Am Schluß enthält der Cod. Bern. 224 den Liber ecclesiasticorum dogmatum des Gennadius von Marseille [50], aus dem Theodulf in seinem zweiten Diözesanstatut einen längeren Passus zitiert [51], und die Glossae spiritales nach Eucherius von Lyon [52], die Theodulf als Hilfsmittel für den Leser in seine Bibeln aufnahm [53]. Entscheidend für die Zuweisung an Theodulfs Scriptorium ist jedoch Homburgers Klassifizierung der Schrift: „Durch die Anordnung der zierlichen, feingliedrigen, leicht nach rechts geneigten Minuskel und der eingestreuten Kapitalen wird ein in seltenem Maß ausgewogenes Bild gestaltet; man wird an die ‚Perlschrift' der ... Bibeln des Theodulph

---

46) B. Bischoff, Die europäische Verbreitung der Werke Isidors von Sevilla: Isidoriana. Estudios sobre San Isidoro de Sevilla en el XIV centenario de su nacimiento (1961), S. 317–344; ND.: Mittelalterliche Studien I (1966), S. 171–194, S. 190.

47) Ebd.

48) Isidorzitate in den Gedichten: Zu Carmen XXXIV vgl. E. Dümmler, MGH. Poetae I, S. 526 Anm. 2; zu Carmen XLI vgl. unten S. 78 ff.; zu Carmen XLVI vgl. S. Mähl, Theodulf von Orléans, Der Baum der Philosophie: Quadriga virtutum (1969), S. 64–72, S. 67; zu Carmen XLVII vgl. Dümmler, MGH. Poetae I, S. 547 Anm. 2; zu Carmen LXVII vgl. Isidor, Sententiae II, 14, 1, PL. 83, col. 617 A. Auch in seinen beiden großen Lehrgedichten *Ad episcopos* (Carmina I–II) und *Ad iudices* (Carmen XXVIII) hat Theodulf auf weite Strecken Isidor versifiziert, worauf ich später zurückzukommen hoffe.

49) Vgl. *De Spiritu sancto* c. 56–59, PL. 105, col. 271–272; zu den Isidor-Zitaten im *Liber de ordine baptismi* vgl. unten S. 116 ff.

50) Fol. 186$^{v}$–189$^{r}$; ed. C. H. Turner: The Journal of Theological Studies 7 (1905/06), S. 78–99. Die Zuweisung an Gennadius ist unsicher.

51) Canones 17, 18; vgl. Ch. de Clercq S. 328 ff.

52) Fol. 189$^{v}$–191$^{v}$; ed. K. Wotke: Sitzungsberichte der kaiserlichen Akademie der Wissenschaften, phil.-hist. Kl., 115 (Wien 1888), S. 425–439.

53) Vgl. unten S. 87.

erinnert.“[54] Auch im Format[55] und in der Anordnung des Textes in zwei Kolumnen entspricht der Codex den in Theodulfs Scriptorium in der späteren Phase beobachteten Regeln; die Minuskel vergleicht sich nach Größe[56] und Sorgfältigkeitsgrad vor allem den späten Bibeln $\Theta^{G\ K}$. Mit dem Cod. Paris. lat. 15 679 verbindet ihn das Fehlen der für die Bibeln charakteristischen westgotischen Symptome in der Orthographie: es begegnen weder die Schreibungen *quur* und *quum* noch die hebraisierenden, auf Elimination der Vokale beruhenden Kürzungen. Anderseits erscheinen im Cod. Paris. lat. 15 679 und im Cod. Bern. 224 durchweg die geläufigen Kürzungen für *-bus, -que, prae, pro, per, -us* usw., während für die Bibeln charakteristisch ist, daß sie diese Abkürzungen kaum verwenden[57]. So scheint das Scriptorium von Micy allmählich von den westgotischen Eigentümlichkeiten abgerückt zu sein, was sowohl als Anpassung an die fränkischen Gepflogenheiten als auch durch das allmähliche Zurücktreten der ersten, aus Aniane kommenden Generation der Gründungszeit erklärt werden kann.

Auch in bezug auf die Interpunktion läßt sich eine Entwicklung beobachten. Die Bibeln $\Theta^{S\ H\ A\ M}$ haben keine Satzzeichen; in $\Theta^{G}$ und im Cod. Paris. lat. 15 679 beginnt die Kennzeichnung von Sinnabschnitten durch Punkte; im Cod. Bern. 224 werden zwei Interpunktionszeichen unterschieden: · als Pausenzeichen, ¡ als Satzschlußzeichen, und die Satzanfänge sind durch Kapitalen kenntlich gemacht. Die Handschriften des Abtes Petrus, der in seinen Widmungseinträgen die Interpungierung der Codices eigens hervorhebt[58], zeigen ein noch weiter differenziertes System: sie unterscheiden · als Pausenzeichen, ! als Zeichen für kleine Sinnabschnitte, ¡ als Satzschlußzeichen. Der Cod. Bern. 224 befand sich bereits im 10. Jh. in einem deutschsprachigen Gebiet, wahrscheinlich in Straßburg: damals wurden fol. 73r–75r Urkundenformeln, lateinisch-deutsche Kräuternamen und medizini-

---

54) Die illustrierten Handschriften, S. 67; vgl. Abb. 8: fol. 76r.

55) 29,9 × 21,1 cm; vgl. Cod. Paris. lat. 15 679: 29 × 21 cm; $\Theta^{G}$: 28 × 22 cm.

56) Mittellängen: 1,2 mm.

57) Vgl. E. A. Lowe, CLA. V, Nr. 576; VI, Nr. 768.

58) Cod. Vat. Reg. lat. 95, fol. 229r: *proprio labore providit et distinxit.* Vgl. Letalds Prolog zu seinem Liber miraculorum, AA. SS. OSB. Saec. I, S. 598: . . . *proprio labore correctos et distinctos . . ., ut ipsi libri testantur.* L. Traube, Hieronymi chronicorum codicis Floriacensis fragmenta, S. XIX mit Anm. 2: „. . . et corrigebat et interpungebat; . . . Hoc significat: *proprio labore providit et distinxit.*“

sche Rezepte eingetragen[59]. So erklärt sich, daß er kein Exlibris von Micy hat.

Außer den erhaltenen Pandekten entstanden in Theodulfs Scriptorium weitere Bibelhandschriften, die durch die frühen Wirkungen seiner Textrezension in St. Gallen, im Kloster Reichenau und in Vienne erschlossen werden können[60]. Durch Theodulfs Carmen XLIII[61] ist ein Doppelpsalterium (*iuxta Hebraeos* und *Gallicanum*) bezeugt, eine Prachthandschrift[62], die er als Hochzeitsgeschenk einer Gisla überreichte[63]. Einige Anhaltspunkte sprechen dafür, daß in Theodulfs Scriptorium auch seine eigenen Werke abgeschrieben wurden. Die für die Bibeln charakteristischen Symptome westgotischer Orthographie begegnen in mehreren Handschriften des *Liber de ordine baptismi*[64], wo der Zusammenhang mit dem Autor nur noch mittel-

59) Vgl. E. Steinmeyer – E. Sievers, Die althochdeutschen Glossen IV (1898), S. 386; O. Homburger, Die illustrierten Handschriften, S. 66.

60) Vgl. B. Fischer, Bibeltext und Bibelreform, S. 176 f.; zur Wirkungsgeschichte der Theodulf-Bibel vgl. ebd. S. 182 f.; H. Quentin S. 401 ff.; für den Psalter: H. de Sainte-Marie S. XXXI.

61) MGH. Poetae I, S. 541 f.

62) V. 3 f.: *Nam tibi psalterium praecepi scribier istud,*
*Argento atque auro quod radiare vides.*

Der Gold- und Silberglanz kann sich auf den Einband, aber auch auf die Schrift beziehen; in letzterem Fall wäre an eine Purpurhandschrift zu denken.

63) An Carmen XLIII knüpfte die ältere Literatur (A. Dupré, Quelle est l'importance des œuvres de Théodulphe...?: Congrès scientifique de France, XVIIIe session, T. II (1852), S. 136–175, S. 138; B. Hauréau, Theodulphe, évêque d'Orléans: Singularités historiques et littéraires (1861), S. 37–99, S. 47 ff.; Ch. Cuissard S. 55 ff.) die abenteuerliche Theorie über Theodulfs frühere Verheiratung und seine Tochter Gisla, die noch in den Handbüchern von Manitius (I, S. 537 ff.) und Hauck (II, S. 170) vertreten wird. Hauck vermutet sogar, „daß Gisla nicht sein einziges Kind war". Der Irrtum beruht auf einer zu wörtlichen Interpretation der Anrede

*Gisla, favente Deo venerabile suscipe donum,*
*Quod tibi Theudulfus dat pater ecce tuus.* (V. 1 f.)

Die Anredeformen *pater-filia* sind jedoch im Umgang eines Geistlichen mit einem Laien ganz normal; die angesprochene Gisla ist eine adlige Dame der Hofgesellschaft, vielleicht die Tochter Karls des Großen. So vermutet bereits E. Rzehulka S. 11 ff.; dazu stimmt, daß Carmen XLIII im Sirmondschen Corpus (Sirmond III, 4) innerhalb einer Gruppe von Hofgedichten erscheint: unmittelbar nach dem Hadriansepitaph (Carmen XXVI) und den beiden berühmten Hofschilderungen Carmina XXV, XXVII und vor einem Gedicht an die Königin Liutgard (Carmen XXXI).

64) In den Überlieferungen Cod. Vat. Reg. lat. 284 (9. Jahrhundert), Ms. Troyes 804 (9. Jahrhundert), Cod. Paris. lat. 12 279 (9. Jahrhundert) und Clm 14 532 (10. Jahrhundert) sind *quur-* und *quum*-Schreibungen die Regel, besonders augenfällig bei den stereotyp mit *quur* beginnenden Kapitelüberschriften. Sie begegnen jeweils nur in der Schrift Theodulfs, nicht in den weiteren Texten der Handschrift.

bar ist und man annehmen muß, daß die Kopisten sie aus ihrer Vorlage übernahmen. Sie finden sich ebenso in den beiden als Formeln in der Collectio S. Dionysii überlieferten Briefen Theodulfs[65]. Bernhard Bischoff weist dem Scriptorium Theodulfs außerdem den Cod. Vat. Barberin. lat. 492 (XI. 135) zu, die älteste Handschrift der Clavis Melitonis[66]. Dagegen kann der Cod. Bern. 348, eine Evangelienhandschrift des frühen 9. Jahrhunderts aus Fleury, wohl kaum an den Namen Theodulfs geknüpft werden. Ihre seit der Veröffentlichung durch Otto Homburger[67] von den Kunsthistorikern vielbeachtete Miniatur, die unter einer rahmenden Doppelarkade die vier Evangelistensymbole und darüber die Hand Gottes zeigt[68], wird auf den Einfluß der bilderfeindlichen Richtung in Theodulfs Scriptorium zurückgeführt[69]; doch hat Kurt Holter zu Recht darauf hingewiesen, daß der Verzicht auf die bildliche Darstellung Christi in den Malschulen der frühen Karolingerzeit eine weit allgemeinere Erscheinung ist[70]. Textlich steht die Evangelienhandschrift der Rezension Alcuins nahe[71]; in ihrer ungelenken, wenig ausgeglichenen Schrift und der Unsicherheit der ‹mise en page› weicht sie erheblich von der kalligraphischen Ausstattung der Handschriften Theodulfs ab.

Unsicherheit besteht in der Datierung der Bibeln, sofern über die relative Chronologie hinaus bestimmte Entstehungsjahre genannt werden sollen. Den einzigen festen Anhaltspunkt gibt die Alcuinbibel,

---

65) Coll. S. Dion. Nr. 19, Cod. Paris. lat. 2777 (9. Jahrhundert), fol. 59r–59v: *quum*-Schreibungen; Nr. 22, ebd. fol. 60r: westgotische Kürzung *isrl*; vgl. K. Zeumer, MGH. Form., S. 506 Z. 25, 31; S. 508 Z. 12.

66) Vgl. unten S. 88.

67) Eine unveröffentlichte Evangelienhandschrift aus der Zeit Karls des Großen (Codex Bernensis 348): Zeitschrift für schweizerische Archäologie und Kunstgeschichte 5 (1943), S. 149–164; ders., Die illustrierten Handschriften, S. 50–55.

68) Die Handschrift war 1965 in Aachen ausgestellt. Katalog: Karl der Große. Werk und Wirkung, Nr. 426 S. 261. Abbildungen der Miniatur fol. 8v in: O. Homburger, Die illustrierten Handschriften, Farbtafel Nr. 4; W. Braunfels Abb. 244 mit Erläuterung S. 386; J. Hubert – J. Porcher, Die Kunst der Karolinger (1969), Abb. 179, S. 199. Den ausgeprägt malerisch-illusionistischen Stil der Miniatur führt Homburger auf eine italische Vorlage des 5. Jahrhunderts zurück und verweist in diesem Zusammenhang auf die in Fleury vorhandenen italischen Bibelhandschriften: Eine unveröffentlichte Evangelienhandschrift, S. 160.

69) Ebd. S. 161 ff.; M. Vieillard-Troiekouroff, Tables de canons, S. 161.

70) K. Holter S. 420, 456. Dies gibt Homburger selbst zu bedenken: Eine unveröffentlichte Evangelienhandschrift, S. 163.

71) Ebd. S. 150 f.; vgl. B. Fischer, Bibeltext und Bibelreform, S. 183.

die um die Wende 800/801 fertiggestellt war[72] und deren Benutzung zuerst in den Randnoten von $\Theta^{M}$ nachweisbar ist[73]. Bonifatius Fischer datiert daher die ältere Gruppe der Bibeln $\Theta^{S\,H\,A\,M}$ in die Jahre 799–801, die jüngere Gruppe $\Theta^{G\,K}$ entsprechend später[74]. Alle Bibeln entstanden jedoch noch zu Theodulfs Amtszeit als Bischof von Orléans (vor 818).

Wie die Entstehungsjahre der Bibeln kann auch der Zeitpunkt der Neugründung von St. Mesmin de Micy nur annähernd erschlossen werden. Zum Jahre 798 ist Theodulf zuerst als Bischof bezeugt[75]; sein erstes Diözesanstatut, in dem wohl das zu Beginn seines Episkopates erlassene Programm zur Reform der Bistumsverwaltung zu sehen ist (um 798?), nennt unter den in c. 19 aufgezählten Stifts- und Klosterschulen für die Ausbildung der Kleriker St. Mesmin nicht. Anderseits stellt Ardo, dessen Vita S. Benedicti streng chronologisch aufgebaut ist, seinen Bericht über die Entsendung von Mönchen aus Aniane nach Micy und über einen Besuch Benedikts in der jungen Tochtergründung[76] vor das Kapitel über die Reform des Klosters Cormery bei Tours[77], die durch Alcuins Brief Nr. 184[78] ins Jahr 799 datiert werden kann[79]. Carlrichard Brühl nimmt bereits für den Juni 800 einen Besuch Karls in Micy *orationis causa* an[80]. Da die genannten Datie-

[72]) Vgl. S. Berger S. 148; M. Vieillard-Troiekouroff, Les Bibles, S. 158.

[73]) B. Fischer, Bibeltext und Bibelreform, S. 182.

[74]) Ebd.

[75]) Alcuin, Brief Nr. 149, MGH. Epp. IV, S. 243 f.

[76]) c. 24, MGH. SS. XV, S. 209.

[77]) c. 24, S. 210.

[78]) MGH. Epp. IV, S. 309: *Noviter congregationem quandam feci, quasi octavo miliario a monasterio sancti Martini, ... ex fratribus de Gothia.*

[79]) Vgl. A. Poncelet, Les saints, S. 9 mit Anm. 2. D. Schaller: DA. 18 (1962), S. 78 f. datiert das Briefgedicht Carmen XXX, in dem Theodulf nach der Ankunft der ersten beiden Mönche aus Aniane Benedikt um weitere Hilfe bittet, wegen stilistischer Abhängigkeiten von Angilbert (vgl. Angilberti Ecloga ad Carolum, MGH. Poetae I, S. 360–363) nach 796.

[80]) Königspfalz und Bischofsstadt in fränkischer Zeit: RhVjBll. 23 (1958), S. 161–274, S. 181 Anm. 93–95; ders., Fodrum, gistum, servitium regis (1968), S. 28 Anm. 95. Quellengrundlage ist der in den Reichsannalen (ad a. 800, MGH. SS. rer. Germ., S. 110) erwähnte und durch das Itinerar in den Juni datierbare kurze Aufenthalt Karls in Orléans auf der Rückreise von Tours nach Aachen, $BM^2$ 357 a. Theodulf schrieb anläßlich dieses Besuchs sein Carmen XXXII, MGH. Poetae I, S. 523 f., das einiges Licht auf die politischen Gespräche wirft, die Karl damals kurz vor seinem Italienzug nacheinander mit zweien seiner engsten Berater führte. Vgl. P. Classen, Karl der Große, das Papsttum und Byzanz: Karl der Große I. Persönlichkeit und Geschichte (1965), S. 537–608, S. 577.

rungen durchweg sehr ungenau sind und die Entstehung der Bibeln sich wie die Reform von Micy ohne Bedenken 1 bis 2 Jahre nach oben oder unten verschieben läßt, ergeben sich aus der Chronologie keine neuen Gesichtspunkte für die Bestimmung des Scriptoriums. Alle Anzeichen sprechen dafür, daß Theodulf unmittelbar nach seinem Episkopatsantritt zugleich mit der Reorganisation des Bistums und der ihm übertragenen Abteien auch die Wiedergründung von St. Mesmin als eines Musterklosters nach der Regel Benedikts einleitete; hier vermuten wir den Sitz der von ihm gegründeten Schreibschule.

Die Emendation und Herstellung von Handschriften und der Aufbau einer Bibliothek gehörten zu den Forderungen der kirchlichen Reformgesetzgebung Karls, die Theodulf im Bistum Orléans beispielhaft verwirklichte. Nach dem Muster der Hofbibliothek, deren Bestände man sich nach den erhaltenen direkten und indirekten Zeugnissen nicht umfangreich genug vorstellen kann[81], wurden in den Klöstern und an den Bischofssitzen des Reiches, vornehmlich von Persönlichkeiten, die zum Hof in enger Bindung standen oder dort erzogen waren, Bibliotheken aufgebaut und Scriptorien eingerichtet[82], mit deren Abschreibetätigkeit wiederum die Herausbildung der neuen einheitlichen Schrift, der karolingischen Minuskel, zusammenhängt. So ist die karolingische Schriftreform ein Bestandteil der Bildungs- und Kirchenreform, eine Begleiterscheinung der Korrektur und Vereinheitlichung der Texte, der Reform der Liturgie, der Klosterregel und des gesamten geistigen Lebens[83].

Unter den *libri catholici*, die Karl 789 zu emendieren vorschrieb[84], nahmen die Bibelcodices in der Arbeit der Scriptorien den ersten Platz ein: Wilhelm Köhler hat in der Herstellung von Bibeln diejenige Aufgabe gesehen, die die Entwicklung der Schrift und des Buchwesens am stärksten vorwärts trieb[85]. Theodulf, dessen Bibeln zu den hervor-

[81]) Vgl. B. Bischoff, Die Hofbibliothek Karls des Großen: Karl der Große II. Das geistige Leben (1965), S. 42–62.

[82]) B. Bischoff nennt a. a. O., S. 47 Arn von Salzburg, der nach einem Salzburger Nekrolog (MGH. SS. IX, S. 770 Anm. 54) über 150 Bücher schreiben ließ; Angilbert, der 200 Bände an St. Riquier schenkte, vgl. Angilberti abbatis de ecclesia Centulensi libellus, ed. G. Waitz, MGH. SS. XV, S. 177; Leidrad, der in seinem Bericht an Karl über die Erneuerung des Bildungswesens in Lyon, MGH. Epp. IV, S. 543, erwähnt: *In libris quoque conscribendis ... in quantum potui laboravi.*

[83]) Vgl. H. Fichtenau, Mensch und Schrift im Mittelalter (1946), S. 149 ff.

[84]) Admonitio generalis c. 72, MGH. Capit. I, Nr. 22 S. 60.

[85]) Die karolingischen Miniaturen I. Die Schule von Tours, Text Tl. 1 (1930), S. 310.

ragendsten Zeugnissen der Schriftreform gehören[86], verknüpft in seinem Scriptorium die Traditionen westgotischer Kalligraphie – Feingliedrigkeit und Regelmäßigkeit der Buchstaben, kleine Schriftgröße und ausgewogene Eleganz des Schriftbildes – mit dem vom Hof her propagierten neuen Minuskeltyp[87], der vom ersten Exemplar $\Theta^S$ an in seinen Bibelhandschriften besonders reine, fortgeschrittene Formen zeigt.

## 4. Die Codices von Le Puy ($\Theta^A$) und Paris ($\Theta^M$) als Quellen für Theodulfs exegetische Methode

Die beiden vollständigen Codices $\Theta^A$ und $\Theta^M$ enthalten zugleich mit dem gereinigten, auf die authentische Überlieferung zurückgeführten Bibeltext eine Anleitung zu seinem richtigen Verständnis: in der Vers- und Prosapraefatio, in dem Schlußgedicht und den in einem Anhang beigefügten Hilfsmitteln zur Interpretation ist ein einheitliches exegetisches Programm erkennbar, in dessen Mittelpunkt die Lehre vom dreifachen Sinn des Schriftwortes steht.

Zum Vorwort, das er in Kreuzform auf Purpurpergament schreiben ließ[1], wählte Theodulf jenen Passus aus Isidor, der ihm bei der inhaltlichen Gliederung seines Bibelpandekten als Richtschnur diente[2]: Etymologiae VI, 1, 1–11. Isidor entwickelt hier im Anschluß an Hieronymus das System der sechs biblischen Ordines; er führt die einzelnen Bibelbücher mit ihren hebräischen und lateinischen Namen nacheinander auf[3] und verknüpft ihre Zahl – 22 im hebräischen Kanon, 72 kanonische Bücher im gesamten – mit den 22 Buchstaben des hebräischen Alphabets[4] und den 72 Sprachen, in die beim Turmbau zu Babel

---

86) Vgl. A. Hessel, Zur Entstehung der karolingischen Minuskel: AUF. 8 (1923), S. 201–214, S. 211; J. Fleckenstein, Bildungsreform, S. 78.

87) Vgl. E. Lesne, Les livres, S. 130: „La finesse, la netteté de la microscopique écriture ... apparentent ces Bibles aux manuscrits wisigoths." E. A. Lowe, CLA. VI, S. XX: „Their exceptionally small minuscule recalls at once the Codex Cavensis, though the latter is in Visigothic and they are in perfectly formed Caroline minuscule." Vgl. auch M. Vieillard-Troiekouroff, Les Bibles, S. 157.

1) $\Theta^A$: fol. 3r; $\Theta^M$: fol. 3r; vgl. Abb. 16.

2) Vgl. oben S. 54.

3) Ebd.; vgl. auch De ecclesiasticis officiis I, 11, 1–7, PL. 83, col. 745–747.

4) Etymologiae VI, 1, 3: *Hebraei autem Vetus Testamentum, Esdra auctore, iuxta numerum litterarum suarum in viginti duos libros accipiunt.* Vgl. De eccle-

(Gen. 11) die Menschheit gespalten wurde und derentwegen Christus 72 Jünger zur Predigt aussandte (Luc. 10, 1)[5]. Die Zahlenspekulation erhellt, daß die Bücher der von Gott inspirierten Schrift nach denselben Zahlen geordnet sind wie die nach seinem Heilsplan ablaufende Geschichte der Menschheit und ihrer Sprachen. Über die Zahlenordnung der Bücher und die inhaltliche Gruppierung der Bücher zu Ordines stellt Isidor die heilsgeschichtliche Trennung der Schrift in Altes und Neues Testament, deren Beziehung als Verheißung und Erfüllung durch die Exegese aufgedeckt wird. Diese erklärt den geistigen Sinn des Bibelwortes dreifach durch historische, moralische und allegorische Interpretation:

*Summa autem utriusque Testamenti trifarie distinguitur: id est in historia, in moribus, in allegoria*[6].

Das die Codices eröffnende Gedicht Theodulfs, die *Praefatio Bibliothecae*[7], wie das Vorwort aus den Etymologiae in Goldunzialen auf Purpurpergament geschrieben[8], wiederholt und erweitert die isidorianischen Gedanken. Sie gibt ebenfalls zunächst (V. 1–136) eine Übersicht über die Folge der biblischen Bücher, deren Inhalt – jeweils auf dem begrenzten Raume eines Distichons[9] – knapp umrissen wird.

---

siasticis officiis I, 12, 3, PL. 83, col. 747: *Ut tot libri essent in lege, quot habentur et litterae.* Vgl. auch Clavis Melitonis V (De numeris), 51, ed. J. B. Pitra, S. 26: *Viginti duo, ad sacramentum divinorum voluminum, secundum Hebraeorum litteras.*

[5]) De ecclesiasticis officiis I, 11, 7, PL. 83, col. 746 f.: *Et quoniam septuaginta duae linguae in hoc mundo erant diffusae, congrue providit Spiritus sanctus, ut tot libri essent quot nationes, quibus populi ad percipiendam fidei gratiam aedificarentur. ... Ob hoc et Jesus Dominus noster septuaginta duos discipulos praedicare mandavit.* Vgl. A. Borst, Das Bild der Geschichte in der Enzyklopädie Isidors von Sevilla: DA. 22 (1966), S. 1–62, S. 15, 22.

[6]) Etymologiae VI, 1, 11.

[7]) Carmen XLI, 1, MGH. Poetae I, S. 532–538. Neuedition von H. Quentin, Biblia Sacra I (1926), S. 52–60. Die *Praefatio Bibliothecae* ist nach dem Prozessionshymnus *Gloria laus et honor* (Carmen LXIX), dessen Wirkungsgeschichte als Gesangsstück der römischen Palmsonntagsliturgie unmittelbar bis in die Gegenwart hineinreicht, das am häufigsten überlieferte Gedicht Theodulfs. Es hatte eine nachhaltigere Wirkung als Theodulfs Textrezension und eröffnet zahlreiche Bibelcodices des 9.–13. Jahrhunderts. Vgl. die Verzeichnisse von E. Dümmler, NA. 4 (1879), S. 244 und MGH. Poetae I, S. 440; D. Schaller: DA. 18 (1962), Tabelle nach S. 16.

[8]) ΘA: fol. 1–2; ΘM: fol. 1–2.

[9]) Die Doppelbücher 1–2 Reg. (Sam.), 3–4 Reg., 1–2 Par., 1–2 Mac. werden jeweils wie ein Buch behandelt, die sieben katholischen Briefe in zwei Distichen nur aufgezählt.

Theodulf benutzte dabei die Prooemia in libros Veteris ac Novi Testamenti Isidors[10], die er in seinen Versen aufs äußerste kürzt und zusammendrängt. Zwar ließ ihm das Thema wenig Freiheit, und vergleichbare Gedichte wie die Einleitungsverse zur Bibel des Johannes von Saragossa[11] oder die Bibelverse Alcuins[12] zeigen zwangsläufig ähnliche Inhaltsbestimmungen; doch gehen die Beziehungen der *Praefatio Bibliothecae* Theodulfs zu den Prooemia Isidors über zufällige Übereinstimmungen hinaus. Selbst sprachliche Wendungen seines Vorbildes griff Theodulf auf, sofern sie sich dem Metrum nicht widersetzten. Einige Formulierungen bezog er auch aus Etymologiae VI, 2 *De scriptoribus et vocabulis sanctorum librorum*, dem unmittelbar auf den von ihm zum Vorwort ausgewählten Passus folgenden Kapitel. Wir führen die inhaltlichen und sprachlichen Parallelen an:

| THEODULF | ISIDOR |
|---|---|
| V. 3<br>*Quo loca prima tenet Genesis primordia mundi* | Etymologiae VI, 2, 3<br>*Genesis liber inde appellatur eo quod exordium mundi . . . in eo contineatur.* |
| V. 4<br>*gestaque magna patrum* | Prooemia 18, PL. 83, col. 159 B<br>*gestaque omnium patriarcharum . . .* |
| V. 5 f.<br>*Exodus Aegyptum spoliat, secat aequora rubra,*<br>*Pandit iter heremi, lympha ibi lexque datur.* | ebd. 19, col. 159 C<br>*Exodus continet . . . transitum . . . Rubri maris, mersumque cum curribus Pharaonem, . . . ingressum quoque eremi, . . . percussionem . . . rupis et fluenta in dulcedinem versa, . . . mandata etiam Decalogi.* |
| V. 11 f. (Deut.)<br>*Post repetit legem, populo benedicit, et alma*<br>*Iura dat, ac dicto carmine victor obit.* | Etymologiae VI, 2, 7<br>*Deuteronomium . . ., id est repetitio . . . legis.*<br>Prooemia 22, PL. 83, col. 160 C<br>*Ibi canit canticum Moyses. Ibi dat benedictionem filiis Israel ibique . . . moritur.* |

---

[10]) PL. 83, col. 155–180.

[11]) Eugenii Toletani carmen VIII, ed. F. Vollmer, MGH. AA. XIV, S. 238 f.

[12]) Alcuini carmina LXV, LXVI, LXVIII, LXIX, MGH. Poetae I, S. 283–292.

| | |
|---|---|
| V. 13 f.<br>*Dividit hinc proprio terram Nauegius heros*<br>*Libro . . .* | Etymologiae VI, 2, 8<br>*Iosue liber . . . in cuius textu . . . terra populo dividitur.* |
| V. 17 f.<br>*Moxque sedent quae Ruth Moabitis femina gessit,*<br>*Clara piis meritis, clara nepote pio.* | Prooemia 26, PL. 83, col. 161 B<br>*Liber Ruth eiusdem Moabitidis texit historiam de cuius stirpe familia David descendit.* |
| V. 23 f.<br>*Hinc sedet Esaias Christum de virgine nasci*<br>*Qui canit, et gentes ad pia iura vocat.* | ebd. 47, col. 167 B<br>*(De Isaia) Reliqua vero eius vel de Christo vel de ecclesia gentium sunt.* |
| V. 25 f.<br>*Hunc prope Hieremias, qui virgam ollamque tuetur,*<br>*Ordine quadruplici flebile texit opus.* | ebd. 49, col. 167 C<br>*(De Ieremia) Inter haec autem videt virgam vigilantem . . . ollam quoque succensam.*<br>Etymologiae VI, 2, 23<br>*Lamenta . . . in quibus quadruplicem diverso metro conposuit alphabetum.* |
| V. 27<br>*Partibus Ezechiel summis obscurus et imis* | ebd. VI, 2, 25<br>*Ezechiel principia et fines multis habet obscuritatibus involuta.* |
| V. 33 f.<br>*Hinc Iohel eversum prius atris cladibus orbem,*<br>*Flaminis adventum concinit inde pii.* | Prooemia 64, PL. 83, col. 170 B<br>*Ioel . . . excidiumque eius pronuntiat. Praedicat quoque . . . superventurum Spiritum sanctum.* |
| V. 39 f.<br>*Naufragio Ionae signatur passio Christi,*<br>*Ninivis et vitam nomine mundus habet.* | ebd. 68, col. 171 B<br>*Ionas . . . tam sermone quam naufragio suo passionem Christi . . . figurat . . . vel quod in figura Ninive poenitentiam mundo praedixerit.* |
| V. 45 f.<br>*Abbacuc interno in cruce Christum spectat ocello:*<br>*Cornibus his vis est, eius operta tonat.* | Isidor, Allegoriae 116, PL. 83, col. 115 B<br>*Habacuc . . . in cruce Dominum contemplatur dicens: Cornua in manibus eius* (Hab. 3, 4) |
| V. 49 f.<br>*Aggeus instaurat templum, celsumque tonantem*<br>*Moturum recinit aequora, rura, polum.* | Prooemia 75, PL. 83, col. 173 A<br>*Aggaeus . . . templum Domini restaurandum praecepit, . . . vel commotionem totius mundi praedicit.* |
| V. 53 f.<br>*Munera Malachias populi inquid abacta prioris,*<br>*Agmina cumque suis gentium amata deo.* | ebd. 81, col. 174 A<br>*Malachias . . . demonstrat odium Iudaeorum in Esau et dilectionem junioris populi in Iacob.* |

V. 57 f.
*Mox dulcis dulcem depromit cantio Christum*
*Psalmorum, lyrici quos statuere pedes.*

ebd. 34, col. 163 B–C
*(De Psalterio) Est autem hic liber allegoricis ac typicis sacramentis signatus, specialiter autem, quod natus, quod passus, quod resurrexit Christus, pene hoc omnium psalmorum resonat organum.*
Etymologiae VI, 2, 17
*Omnes autem psalmi apud Hebraeos metrico carmine constant esse conpositi.*

V. 59–66
*Protinus Ididiae resident tres ordine libri,*
*Cui nomen Salomon sive Cohelet inest.*
*Alloquitur primus sub prolis nomine cunctos,*
*Corrigit et mores, ethica, lege tua.*
*Omnia vana canit rutilo sub sole secundus,*
*Cui res est phisicas enumerare labor.*
*Tertius ecclesiae thalamum Christique perornat,*
*Rebus et in logicis vertitur eius opus.*

Prooemia 36, PL. 83, col. 164 A–B
*Salomon tria volumina edidit ... In quibus quidem tribus libris trium generum disciplinas composuit, quibus ad rerum scientiam pervenitur. In primis namque ethicam, id est moralem; post haec physicam, quae qualitatem naturae comprehendit; ad ultimum theoricam, id est contemplativam.*

V. 71 f.
*Ponitur hinc Hesdras legem templumque reformans,*
*Et reditum Israhel ad sua rura canens.*

ebd. 84, col. 174 C
*Esdras scribit populum expleto captivitatis tempore ... in Jerusalem fuisse reversum ... templumque et altare renovatum, ius quoque sacerdotum restitutum.*

V. 73 f.
*Ecclesiaeque typum referens mox scribitur Hester,*
*Quae plebi extorri lausque decusque fuit.*

Etymologiae VI, 2, 29
*Hester librum ... in quo eadem regina sub figura Ecclesiae Dei populum a servitute ... eripuisse scribitur.*

V. 75 f.
*Post liber est positus, cui dat Sapientia nomen,*
*Quod Christi adventus morsque patescit ibi.*

ebd. VI, 2, 30
*Liber ... qui proinde Sapientiae nominatur, quia in eo Christi adventus, qui est sapientia Patris, et passio eius evidenter exprimitur.*

V. 87 f.
*Mattheus, Marcus, Lucas, sanctusque Iohannes,*
*Vox tonat hunc horum quattuor una simul.*

Eugenius v. Toledo, Versus in Bibliotheca, Carmen VIII, V. 15, MGH. AA. XIV, S. 238
*Matthaeus, Marcus, Lucas sanctusque Iohannes ...*
Prooemia 86, PL. 83, col. 175 A
*Evangeliorum praedicatio, quamvis quadrifaria sit, una est tamen.*

| | |
|---|---|
| V. 89 (Matth.) | Etymologiae VI, 2, 35 |
| *Primus ab humana quia coepit promere gente*[13] | *Primus Matthaeus... initians evangelizare ab humana Christi nativitate...* |

Theodulf zählt die biblischen Bücher von vornherein unter einem bestimmten exegetischen Gesichtspunkt auf: er macht in seinen Inhaltsangaben die vielfachen Beziehungen und Entsprechungen sichtbar, in denen die Schriften des Alten und des Neuen Testaments inneren Zusammenhang gewinnen und Worte, Personen und Ereignisse sich gegenseitig erhellen als *imago* und *veritas*, *typus* und *antitypus*, *praefiguratio* und *revelatio*[14]. Kompositorisch vermeidet er auf diesem Wege die eintönige Reihung: durch den leitmotivisch wiederholten Hinweis auf die vorausdeutende Funktion der Gestalten und Ereignisse des Alten Testaments streben die Verse einem Höhepunkt entgegen, der mit dem Distichon erreicht wird:

*Promit aperta novae Christum hinc hinc bucina legis,*
*Tegmine quem typico prompsit operta vetus*[15].

Verstechnisch variiert Theodulf hier die Form der Versus echoici (epanaleptische Distichen), bei denen der Anfang des Hexameters am Ende des Pentameters wiederholt wird[16]. An die Stelle der Wiederholung setzt er die Kontrafaktur, die bei syntaktischer Parallelität den Sinn ins Gegenteil verkehrt, und bildet damit das typologische System der Entsprechung in der Zeit getrennter Gestalten sprachlich im Verse nach. Die Gegensatzpaare *vetus – novus*, hier unterstrichen durch Praeterital- und Praesensform des Verbs, *opertus – apertus* gehören zum Grundvokabular der Typologie[17]. Im Gedicht markiert das Distichon die Grenze zwischen den Büchern des Alten und des Neuen Testaments. Zusammen mit den Versen

*Hoc testamenti veterisque novique sub uno*
*Calle patens bivium ducit ad alta poli*[18],

---

[13]) Die Inhaltsangaben der Paulusbriefe V. 97–126 stimmen mit Isidor, Prooemia 92–94, PL. 83, col. 176 B–177 A lediglich sinngemäß überein. Die kurzen Bemerkungen Isidors zu den einzelnen Briefen werden sprachlich aufgeschwemmt, um jeweils ein Distichon zu füllen.

[14]) Vgl. V. 7 f., 23 f., 30, 39 f., 45 f., 51 f., 57 f., 65, 73, 76.

[15]) V. 85 f.

[16]) Reine Versus echoici bietet Theodulf in den Carmina XXXIX, MGH. Poetae I, S. 531 und LV, S. 553.

[17]) F. Ohly, Synagoge und Ecclesia. Typologisches in mittelalterlicher Dichtung: Miscellanea mediaevalia 4 (1966), S. 350–369, S. 364 f.

[18]) V. 137 f.

die die Übersicht über die neutestamentlichen Schriften beschließen, definiert es die heilsgeschichtliche Zweiteilung des biblischen Lehrgebäudes und bildet es die haltgebende thematische Klammer um den ersten Teil der *Versus in Bibliotheca.*

In ihren als Verheißung und Erfüllung einander zugeordneten *leges* des Alten und Neuen Testaments umschließt die Bibel die Gesamtheit der dem Menschen möglichen Erkenntnis und die Normen zum praktischen Handeln in allen Bereichen des Lebens. Das wird im zweiten Abschnitt des Gedichts (V. 139–204) zunächst am Beispiel der freien Künste hervorgehoben, deren System in der Bibel grundgelegt ist und deren einzelne Erkenntnisse in ihr vollständig enthalten sind.

*Est doctrina potens, superansque scientia cunctas,*
*Cui valet aequari nulla sub axe poli.*
. . .
*Quicquid in ingenuis mundana discitur arte*
*Artibus, hic currit liberiore via.*
*Quod ratione viget, vel quicquid amatur in illis,*
*Hoc a fonte meat, huius ab amne fluit*[19].

Der Gedanke, daß die *septem artes* ihre Wurzel in der Schrift haben und ihr gesamter Stoff aus der Bibel abgeleitet werden kann, hat eine feste patristische Tradition, die über Cassiodor und Ambrosius bis auf Clemens und Origenes zurückgeht[20]; die *Libri Carolini* erläutern ihn in Buch II, Kap. 30[21] ausführlich anhand der einzelnen Disziplinen. Die Bibel ist Muster für rhetorische Figuren wie für dialektische Schlußfolgen, sie unterrichtet über das Universum und die Natur, über Länder und Völker, sie ist Rechtslehre und Gesetzbuch. Sie gibt darüber hinaus auch Anweisungen zum praktischen Handeln[22]: die Grundzüge der Staatskunst und der Soziallehre, ja selbst des Kriegswesens veranschaulicht sie in einer Fülle normativer Beispiele. So ist sie ein universaler „Stoffspeicher"[23], „das eigentliche Staats- und Lebensbuch"[24],

---

[19]) V. 153–154, 157–160.

[20]) Clemens von Alexandrien: Stromata I, 28, GCS. 52, S. 108–110; Origenes: Commentarium in Cant. Cant. Prologus (Übersetzung des Rufinus), GCS. 33, S. 75–78; Ambrosius: Explanatio psalmi 36, CSEL. 64, S. 70 ff.; Cassiodor: Expositio Psalmorum, Praef. c. 15, CC. 97, S. 19 f. Vgl. H. de Lubac, Exégèse médiévale I (1959): Regina artium, S. 74 ff.

[21]) MGH. Conc. II Suppl., S. 92–100.

[22]) V. 197 ff.: *Adde quod exemplis mundanos instruit actus . . .*

[23]) E. Rieber, Die Bedeutung alttestamentlicher Vorstellungen für das Herrscherbild Karls des Großen und seines Hofkreises (Diss. masch. Tübingen 1949), S. 68.

[24]) W. v. d. Steinen, Der Neubeginn: Karl der Große II. Das geistige Leben (1965), S. 9–27, S. 17.

und das Corpus ihrer Schriften wird als *bibliotheca* schlechthin bezeichnet[25]. Ihr allumfassender Gehalt gründet darauf, daß Gott, der die Welt geschaffen hat, auch ihr Wort inspirierte. Dieses ist Träger eines mehrfachen geistigen Sinns, der sich dem Kundigen durch die mehrfache Exegese stets neu und tiefer erschließt, während der einfache Hörer, ohne über sein Maß gefordert zu werden, ihn verhüllt aufnimmt.

*Quumque has* (sc. ingenuas artes) *in cunctis vincat, fandi ordine vincit,*
*Quod sermone uno multa notanda docet.*
*Verborum atque unum non mutans tramite callem*
*Sic plures unus res bene sermo tonat.*
*Sic narrat textum, tamen ut mysteria prodat,*
*Maiora insinuat, dum modo magna canit.*
...
*Quae non clausa metum, fastidia non dat aperta,*
*Non hic deterret, non ibi vilis inest.*
...
*Fortium in obscuris exercet proelia dictis,*
*Te sermone humili, parvula turba, fovet*[26].

Auch im zweiten Teil des Gedichts schloß sich Theodulf eng an eine patristische Quelle an: ihm lag das erste Kapitel des 20. Buches der Moralia Gregors des Großen vor[27], dessen Text er vollständig und so wörtlich, wie das Versmaß es erlaubte, in Disticha übertrug.

| GREGOR DER GROSSE | THEODULF |
|---|---|
| Moralia XX, 1 | Carmen XLI |
| *Scriptura sacra ceteris libris anteponenda* = Taius von Saragossa, Sententiae II, 11, PL. 80, col. 790. | |
| | V. 153 f. |
| *Quamvis omnem scientiam atque doctrinam Scriptura sacra sine aliqua comparatione transcendat,* | *Est doctrina potens, superansque scientia cunctas,*<br>*Cui valet aequari nulla sub axe poli.* |

---

25) Carmen XLII, V. 1 f., MGH. Poetae I, S. 540: *Qui sim nosse volens, scito, Bibliotheca dicor, et veteris legis ius veho sive novae.* Vgl. Alcuin, Carmen LXV, V. 2 f., a. a. O., S. 283: *Hoc corpus sacrum ..., quod nunc a multis constat bibliotheca dicta.* LC. I, 13, S. 33 Z. 12 f.: *Ecce Hebraica veritas ... Ecce Latinorum bibliotheca.* A. Mundó, Bibliotheca. Bible et lecture du carême d'après Saint Benoît: Revue bénédictine 60 (1950), S. 65–92 untersucht S. 71 ff. die Bedeutungsgeschichte des Wortes in der christlichen Spätantike und im frühen Mittelalter.

26) V. 161–166, 175 f., 179 f. Zahlreiche Vergleichsstellen aus der exegetischen Literatur von Origenes bis zu den Victorinern bei H. de Lubac, Exégèse médiévale I: Mira profunditas, S. 119 ff., Sens multiples, S. 129 ff.

27) *Scriptura sacra ceteris libris anteponenda:* PL. 76, col. 135.

| | |
|---|---|
| *ut taceam quod vera praedicat, quod ad coelestem patriam vocat,* | |
| *quod a terrenis desideriis ad superna amplectenda cor legentis immutat,* | V. 195 f.<br>*Qua mundanus amor refugit, crescitque supernus,*<br>*Vertit et ad melius corda legentis opus.* |
| *quod dictis obscurioribus exercet fortes, et parvulis humili sermone blanditur,* | V. 179 f.<br>*Fortium in obscuris exercet proelia dictis,*<br>*Te sermone humili, parvula turba, fovet.* |
| *quod nec sic clausa est ut pavesci debeat, nec sic patet ut vilescat, quod usu fastidium tollit,* | V. 175 f.<br>*Quae non clausa metum, fastidia non dat aperta,*<br>*Non hic deterret, non ibi vilis inest.* |
| *et tanto amplius diligitur quanto amplius meditatur;* | V. 188<br>*Huius amor quo plus haec meditatur adest.* |
| *quod legentis animum humilibus verbis adiuvat, sublimibus sensibus levat, quod aliquo modo cum legentibus crescit,* | V. 189 f.<br>*Adiuvat haec animum humili sermone legentis,*<br>*Sensibus et celsis ad potiora levat.* |
| *quod a rudibus lectoribus quasi recognoscitur, et tamen doctis semper nova reperitur;* | V. 191 f.<br>*Nam se lectorum rudium bene nosse caterva*<br>*Hanc ratur, at doctis haec nova semper inest.* |
| *ut ergo de rerum pondere taceam,* | V. 173<br>*Pondere de rerum taceo . . .* |
| *scientias tamen omnes atque doctrinas ipso etiam locutionis suae more transscendit,* | V. 153 f.<br>(siehe oben) |
| *quia uno eodemque sermone dum narrat textum, prodit mysterium,* | V. 162<br>*Quod sermone uno multa notanda docet.* |
| | V. 165<br>*Sic narrat textum, tamen ut mysteria prodat.* |

| | |
|---|---|
| *et sic scit praeterita dicere, ut eo ipso noverit futura praedicare,* | V. 169<br>*In re praeterita monstrat narrando futuram.* |
| *et non immutato dicendi ordine* | V. 163<br>*Verborum atque unum non mutans tramite callem* |
| *eisdem ipsis sermonibus novit et anteacta describere, et agenda nuntiare, sicut haec eadem beati Iob verba sunt . . .* | V. 171<br>*Acta ita describit, ut agendi conferat artem.* |

Der Schlußteil der *Versus in Bibliotheca* (V. 205–250) befaßt sich mit dem Leser der Bibel: er gibt ihm Anweisung zur inneren Vorbereitung auf die Lektüre (V. 205–226) und beschreibt ihre Wirkungen (V. 227–244). Im Mittelpunkt steht der Gedanke, daß die Schriftmeditation sich im praktischen Handeln nach außen wenden muß und zugleich mit der tieferen Einsicht in den geistigen Sinn des Bibelwortes die Verpflichtung zu seiner Verwirklichung im Leben wächst.

*Nec solum ut doctus, sed et ut sis iustus amato,*
*Eminet unum alio, cum sit utrumque bonum.*
*Nam tibi cunctipotens actus non verba requiret,*
*Illi in utroque tamen ipse placere vales*[28].

Die angesprochenen Leser sind, wie aus den Versen

*Tuque aliorum actus, corrigat illa tuos*[29]
. . .
*Sancta ferant sanctis verbis exempla vigorem*[30]

deutlich wird, Kleriker (Prediger): Theodulfs Gedicht überschneidet

[28]) V. 227–230; vgl. Isidor von Sevilla, Sententiae III, 8: *De lectione*, PL. 83, col. 679–680: *Geminum confert donum lectio sanctarum Scripturarum: sive quia intellectum mentis erudit seu quod a mundi vanitatibus abstractum hominem ad amorem Dei perducit. ... Lector strenuus potius ad implendum quae legit quam ad sciendum erit promptissimus.* Vgl. auch Gregor d. Gr., Homiliae in Hiezechihelem I, 7, 8–14, CC. 142, S. 87–92, bes. S. 87: *... sancti viri in Scriptura sacra intellegunt quemadmodum moraliter vivant ... unusquisque Sanctorum quanto ipse in Scriptura sacra profecerit, tanto haec eadem Scriptura sacra proficit apud ipsum.* Es ist zu vermuten, daß Theodulf auch in diesem Teil des Gedichts unmittelbar eine patristische Quelle versifizierte, doch ist es mir nicht gelungen, die Stelle ausfindig zu machen.

[29]) V. 222.

[30]) V. 239.

sich hier thematisch mit seinen Diözesanstatuten, in denen er ebenfalls die Übereinstimmung von Rede und Beispiel fordert[31].

Die Dreigliederung der *Praefatio Bibliothecae*, die zuerst die Reihenfolge der biblischen Bücher und ihren Inhalt aufzählt, danach die Fülle und Tiefe der aus der Schrift zu gewinnenden Erkenntnis preist, zuletzt jedoch die Lebensforderung des Bibelwortes über alle lehrhafte Interpretation stellt, ist in Analogie zur dreifachen Auslegung getroffen, die den Literalsinn, den spirituellen Sinn und den tropologischen Sinn der Schrift unterscheidet. Bei der Bestimmung der drei salomonischen Bücher in V. 61 ff. ordnet Theodulf den Sprüchen die Ethik, dem Prediger die *res physicae* und dem Hohen Lied die *res logicae* als Gegenstand zu[32] und weist damit auf die Entsprechung zwischen der *triplex sapientia Salomonis* und der „platonischen" Einteilung der Wissenschaften in Physik, Logik und Ethik, die er im Carmen XLVI im Bilde eines sich in drei Äste verzweigenden Baumes der Philosophie dargestellt hat[33]. Beider Verhältnis zum dreifachen Sinn der Schrift ist heilsgeschichtlich in den typologischen Denkkategorien *vetus – novus, figuratio – revelatio* zu erfassen: die *triplex intelligentia* der Schrift ist die Erfüllung und Steigerung der dreifachen Weisheit Salomos und der dreigeteilten griechischen Philosophie.

Die Nachschlagewerke, die Theodulf als Anhang zum Bibeltext in seine Codices mit aufnahm, sind auf das Programm der dreifachen Exegese abgestimmt. Dem Verständnis des Literalsinns (*sensus historicus*) dienen die Chronica minora Isidors[34], die, gegliedert nach den

---

[31]) 1. Statut, c. 3, PL. 105, col. 193: *Per usum namque lectionis discetis qualiter et vos vivatis et alios doceatis.* 2. Statut, c. 14, ed. Ch. de Clercq, S. 327 f.: *... plebibus sibi subiectis et verbis praedicent et exemplum ostendant.*

[32]) Seine Vorlage ist Isidor, vgl. oben S. 80; doch geht der Gedanke auf Origenes zurück, vgl. Commentarium in Cant. Cant. Prologus, GCS. 33, S. 77 f.: *Oportet igitur secundum hanc eandem sapientissimi Solomonis doctrinam ... incipere ab eruditione morali ... Ob hoc ergo magister hic, qui primus homines divinam philosophiam docet, operis sui exordium Proverbiorum posuit libellum, in quo ... moralis traditur locus, ut, cum intellectu quis moribusque profecerit, veniat etiam ad naturalis intelligentiae disciplinam ... et ideo post Proverbia ad Ecclesiasten venitur, qui docet ... visibilia omnia et corporea caduca esse ac fragilia, quae utique cum ita esse deprehenderit is, qui sapientiae studet, sine dubio contemnet ea ac despiciet et universo ... saeculo renuntians tendet ad invisibilia et aeterna, quae spiritalibus quidem sensibus ... docentur in Cantico Canticorum.*

[33]) MGH. Poetae I, S. 544–547; S. Mähl, Theodulf von Orléans, Der Baum der Philosophie: Quadriga virtutum (1969), S. 64–72.

[34]) Aus Etymologiae V, 39 (Kurzfassung seiner großen Chronik); vgl. Th. Mommsen, MGH. AA. XI, S. 393. Bei seiner Edition ebd. S. 424–488 hat Mommsen aus Chronica maiora und minora einen Text zusammengestellt.

sechs Weltaltern[35], tabellenartig eine Übersicht über die Lebensjahre der Patriarchen und die Dauer der Reiche bis zum fünften Jahr des Heraklius und dem vierten des Sisibut (615) geben[36]; ferner die Erklärungen der in der Bibel begegnenden hebräischen und griechischen Wörter nach dem zweiten Buch der Instructiones des Eucherius von Lyon[37]. Beide Werke werden von Theodulf in den Schlußversen angekündigt[38].

*Quo post catholicae veneranda volumina legis*
*Parva tenet modicum scriptio, cerne, locum.*
*Scilicet initio sumens exordia ab ipso*
*Per patrum et regum nomina texit opus.*
*Et notat annorum numerum, notat ordine regna,*
*Eracli princeps, tempus ad usque tuum.*
...
*Hinc adaperta sedent Hebreae nomina linguae,*
*Quae sacrae legis inclitus usus habet.*
*Attica post resident, fidei quae prisca vetustas*
*Contulit, ecclesiae quis vocitantur opes*[39].

Den geistigen Sinn des Wortes (*sensus allegoricus*) soll die Clavis aufschließen, ein allegorisch-mystisches Wörterbuch, in dem der Wortschatz der Bibel nach Dinggruppen geordnet in seiner zeichenhaften Sinnbildlichkeit erläutert wird[40]. Die vierzehn Kapitel der Clavis beginnen mit den sprachlichen Bildern für das Wesen Gottes[41], erklären den zeichenhaften Sinn der Erscheinungen zwischen Himmel und Erde: der Engel, Gestirne und Witterungen, deuten die sozialen Beziehungen und die Tätigkeiten des Menschen, die allegorische Funktion der Tier- und Pflanzenwelt sowie der leblosen Welt der Steine und Metalle. Zwei eigene Kapitel gelten der Symbolik der Zeit und der Zahlen[42]. Das Glossar, das außer im Anhang der Theodulfbibeln[43] in sechs weiteren Handschriften überliefert ist, wurde von seinem

---

35) Zur isidorianischen Sechs-Weltalter-Lehre vgl. unten S. 198 f.

36) ΘA: fol. 319r–321v; ΘM: fol. 319v–321v.

37) Ed. K. Wotke, CSEL. 31 (1894), S. 140–161; ΘA: fol. 321v–325v; ΘM: fol. 321v–325v.

38) Carmen XLI, 2, MGH. Poetae I, S. 538–540; ΘA: fol. 347v; ΘM: fol. 348v; Abb. 14.

39) V. 5–10, 13–16.

40) Ed. J. B. Pitra: Analecta sacra Spicilegio Solesmensi parata II (1884), S. 6–154.

41) Kap. I–II, ebd. S. 6–12. Inc.: *Caput Domini, ipsa Divinitas.*

42) Kap. IV: *De diebus, annis et temporibus*, ebd. S. 17–21; Kap. V: *De numeris*, ebd. S. 22–28.

43) ΘA: fol. 326–338; ΘM: fol. 325v–338.

Entdecker und Herausgeber Jean Baptiste Pitra als Werk des Meliton von Sardeis († vor 190) angesehen, da die älteste Überlieferung Cod. Vat. Barberin. lat. 492 (9. Jh.), ein nach Rom verschlagener Claromontanus, es diesem Autor zuschreibt. Die Eintragung *Miletus Asianus episcopus hunc librum edidit, quem et congruo nomine Clavim appellavit* stammt jedoch offensichtlich aus Hieronymus, De viris inlustribus, Kap. 24: *Melito Asianus, Sardensis episcopus ... scripsit ... et alium librum, qui Clavis inscribitur*[44] und ist nicht gleichzeitig mit der Entstehung des Claromontanus, sondern ein Zusatz des 11./12. Jahrhunderts[45]; es lag nahe, den Namen des von Hieronymus hochgeschätzten Autors, dessen Schriften dem Mittelalter nicht bekannt waren, mit dem anonymen Glossar zu verbinden. Die Abhängigkeit der Clavis von Augustinus schließt ihre Datierung – zumindest in der vorliegenden Fassung – ins zweite Jahrhundert aus. Ihre gesamte Überlieferung geht auf Theodulf zurück: seine Bibeln haben das Werk in die karolingische theologische Literatur eingeführt. Auch der Codex Claromontanus wird von Bernhard Bischoff[46] dem Scriptorium Theodulfs zugewiesen: seine Schrift zeigt die für Theodulfs Bibeln charakteristische feingliedrige, mikroskopisch kleine Minuskel[47]. Bei der besonderen Vorliebe Theodulfs für die allegorische Exegese ist nicht auszuschließen, daß er selbst einen Teil der in der Clavis zusammengestellten Allegorien gesammelt hat, möglicherweise in der Form, daß er eine ältere Fassung des Glossars ergänzte und redigierte. Das scheinen auch die Vetus-Latina-Versionen der in der Clavis enthaltenen Bibelzitate zu bestätigen, die vielfach mit den Bibelversionen in der westgotischen Liturgiesprache übereinstimmen[48].

In den Schlußversen seiner Bibel weist Theodulf den Leser auf die hinter den unscheinbaren Worten verborgenen Geheimnisse und empfiehlt ihm den Schlüssel als geringes Instrument, um sich unermeßliche Schätze aufzuschließen.

---

[44]) Ed. E. C. Richardson: Texte und Untersuchungen zur Geschichte der altchristlichen Literatur XIV, 1 (1896), S. 22.

[45]) Vgl. A. Harnack, Geschichte der altchristlichen Litteratur I, 1 (1893), S. 246 ff.

[46]) In seinem noch nicht abgeschlossenen Katalog der Handschriften des 9. Jahrhunderts.

[47]) Vgl. A. Freeman: Speculum 40 (1965), S. 258 Anm. 201–204, S. 262.

[48]) Vgl. ebd. S. 263: „The architect of the ninth-century version was Theodulf ... Theodulf's work on the Clavis ... deserves further investigation, especially in those elements of the Clavis, that have prototypes in the Visigothic liturgy."

*Corpore sub parvo mysteria magna retentant*
*Heae res, quas limes codicis huius habet.*
. . .
*Non has, lector ovans, quasi quaedam vilia tempne,*
*Vilis rem pulcram capsa tenere solet:*
*Ferrea nam clavis, de vili facta metallo,*
*Argenti atque auri dat penetrare locum*[49].

In der Clavis wird *ferrum* als *acumen mentis*[50], *argentum* als *divina Scriptura vel ipsa historia Legis*[51], *aurum* als *spiritalis sensus in Scriptura divina*[52] glossiert. Die Verse Theodulfs, die auf diese Symbolik deutlich Bezug nehmen, unterscheiden im Bilde von Silber und Gold den literalen und den spirituellen Sinn des Bibelwortes: beide erschließt sich der geschärfte Geist in der Exegese.

Als Einführung in den *sensus tropologicus* fügte Theodulf seinen Bibeln schließlich den Liber de divinis scripturis, das sog. Speculum an[53], das im Mittelalter Augustinus zugeschrieben wurde und bereits bei Cassiodor in hohem Ansehen stand.

*Liber eiusdem* (sc. Augustini) *quasi philosophiae moralis, quem pro moribus instituendis atque corrigendis ex divina auctoritate collegit Speculumque nominavit, magna intentione legendus est*[54].

Als thematisch geordnete biblische Florilegiensammlung, die einen vollständigen Sittenspiegel entwirft, weist das Werk den Weg zu der von Theodulf in der *Praefatio* nachdrücklich geforderten Übereinstimmung von Schriftkenntnis und Lebensführung. Theodulf hat in seinen Bibeln jeweils nur die Anfangs- und Schlußworte der Zitate vermerkt, die für den Leser dann leicht an ihrer Stelle aufzufinden waren.

Das exegetische System des mehrfachen Schriftsinns hat auch die künstlerische Ausstattung bestimmt. Die in den Pandekten entfaltete Pracht ist zunächst in allgemeinem Sinn ein Abglanz der Bedeutung

---

49) V. 19 f., 25–28, MGH. Poetae I, S. 539.
50) X, 1, 46, ed. J. B. Pitra, S. 79.
51) X, 1, 8, S. 77.
52) X, 1, 2, S. 77.
53) Ed. F. Weihrich, CSEL. 12 (1887), S. 287–700; ΘA: fol. 338–347; ΘM: fol. 338–348. Nach A. E. Anspach, Das Fortleben Isidors im VII. bis IX. Jahrhundert: Miscellanea Isidoriana (1936), S. 323–356, S. 329 ist das Speculum spanischen Ursprungs. Vgl. E. Dekkers – A. Gaar, Clavis Patrum Latinorum (² 1961), Nr. 384.
54) Cassiodor, Institutiones I, 16, 4, ed. R. A. B. Mynors (1937), S. 54.

ihres Inhalts[55]; doch erhellen die Mittel des Buchschmucks darüber hinaus speziellere exegetische Zusammenhänge. Indem Psalmen und Evangelien durch die Verwendung von Purpurpergament hervorgehoben und aufeinander bezogen werden, tritt die typologische Sinnentsprechung ihrer Texte augenfällig in Erscheinung. Die Psalmen nehmen – wie Theodulf in den *Libri Carolini* ausführt – unter den Büchern des Alten Testaments wegen der Fülle ihrer allegorischen und praefigurativen Aussagen eine bevorzugte Stellung ein: ihr Autor spricht als Stammvater und Prophet in doppelter Funktion *in persona Christi.*

*David ... sanctissimus prophetarum ... de Christi incarnatione, nativitate, passione, morte, resurrectione, gloria, regno, sicut ceteris patribus in eiusdem Domini secundum humanitatem genealogia praelatus est, ut videlicet idem Dominus filius David nuncupetur, ita etiam ceteris uberius apertiusque cantavit*[56].

Seine Worte werden daher wie ihre Erfüllung im Wort des Evangeliums durch die Purpurfarbe ausgezeichnet, wobei möglicherweise auch die Herrschertypologie eine Rolle spielt; die den Text der Evangelien eröffnenden Kanonbögen werden von Carl Nordenfalk formal und ihrer Bedeutung nach mit den antiken Triumphbögen verglichen[57]. Das Schreiben mit Silber- und Goldtinte kann im Anschluß an Theodulfs Verse und die zitierten Glossen der Clavis Melitonis[58] als Hinweis auf den literalen und den geistigen Sinn des Bibelwortes gedeutet werden. Den mehrfachen Sinn der Schrift veranschaulicht auch die figurale Gestaltung der Schriftfläche, bei der die Buchstaben über die

---

[55]) Dieser Gedanke wird von Dagulf in den Widmungsversen seines Psalters ausgesprochen, wo er den „goldenen Lettern" die „goldenen Worte" gegenüberstellt, die das goldene (himmlische) Reich verheißen:

*Aurea Daviticos en pingit littera cantus:*
*Ornari decuit tam bene tale melos.*
*Aurea verba sonant, promittunt aurea regna,*
*Mansurumque canunt et sine fine bonum.*

Versus libris saeculi VIII. adiecti Nr. IV, 2, V. 1–4, MGH. Poetae I, S. 92.

[56]) LC. II, 30, MGH. Conc. II Suppl., S. 94. Zum praefigurativen Sinn des Psaltertextes vgl. auch Augustinus, Enarrationes in Psalmos, In Ps. XCVI, 2, CC. 39, S. 1354: *Totum ad Christum revocemus, si volumus iter rectae intelligentiae tenere;* Cassiodor, Expositio Psalmorum, In Ps. I, CC. 97, S. 39: *Et per allegoricas similitudines paene omnia referuntur ad Dominum Salvatorem.* Zur Grundlegung der typologischen Psalmenexegese in den Evangelien vgl. Matth. 13, 35; 27, 35; Marc. 15, 28; Joh. 13, 18; 19, 36.

[57]) Die spätantiken Kanontafeln (1938), S. 125.

[58]) Vgl. oben S. 89.

Lesbarkeit der Mitteilung hinaus zeichenhafte Funktion gewinnen[59]; so illustriert die Buchdekoration, die auf Bilder verzichtet, das System der Exegese.

Bei der Ausstattung der Prachtcodices $\Theta^{AM}$, in denen das kostbare Material, die Mittel der Kalligraphie und der Formenschatz der Ornamentik mit einem sicheren Gefühl für Ausgewogenheit und Proportion eingesetzt wurden, spielten gewiß ästhetische Momente eine Rolle; den Ausschlag gab jedoch das ethische, der *norma rectitudinis* verpflichtete Motiv[60]: dem emendierten Wort der Schrift im Buch eine seiner spirituellen Bedeutung angemessene Gestalt zu geben.

---

[59]) H. Jantzen, Das Wort als Bild in der frühmittelalterlichen Buchmalerei: HJb. 60 (1940), S. 507–513.

[60]) Vgl. J. Fleckenstein, Bildungsreform, S. 79.

# II. THEODULFS LIBER DE ORDINE BAPTISMI

## 1. Der karolingische Taufordo

Die römischen Sakramentare enthielten für die Messe und andere sakramentale Handlungen wie Ordinationen, Taufe, Kirchweihe lediglich die Gebete, während für den geregelten Ablauf der äußeren Riten der Zeremonienmeister zuständig war. Als die liturgischen Formen reicher und komplizierter wurden, ging man zu ihrer schriftlichen Fixierung in den Ordines über, die als „Zeremonienbüchlein" bezeichnet werden können. Sie gaben dem Kleriker genaue Anweisungen für die von ihm zu vollziehenden rituellen Handlungen, aber von den Gebeten nur die Initien, so daß er, sei es als Zelebrant, sei es als Spender eines Sakraments, stets zwei Bücher zur Hand haben mußte: den Ordo und das Sakramentar[1].

Den erhaltenen liturgischen Handschriften aus Gallien läßt sich jedoch entnehmen, daß man – wohl aus praktischen Erwägungen – im Frankenreich schon früh die Ordines ganz oder teilweise ins Sakramentar einfügte. Was speziell die Taufe betrifft, so finden sich im Cod. Vat. Reg. lat. 316, einer um die Mitte des 8. Jahrhunderts im Kloster Chelles entstandenen und durch gallikanische Interpolationen erweiterten fränkischen Abschrift des Gelasianums[2], an den entsprechenden Stellen des liturgischen Jahreszyklus Ordines für den Eintritt ins Katechumenat, für Exorzismen und Skrutinien, für die *traditio* und *redditio symboli*, für Taufwasserweihe, Taufe und anschließende Konfirmation eingeschoben; hinzu kommt ein weiterer vollständiger Taufordo unmittelbar vor dem Palmsonntag, Andrieus Ordo XI, der gegenüber den eben genannten Ordines einen moderneren liturgischen Entwicklungsstand bietet, indem er die vorbereitenden Zeremonien auf

---

[1]) M. Andrieu, Les Ordines Romani du haut Moyen Age II (1948). Chapitre préliminaire: La liturgie romaine en pays franc et les Ordines Romani, S. XLVI ff. A. Hänggi, Art. „Ordo, Ordines Romani": LThK. VII ($^2$1962), Sp. 1224 f.

[2]) P. Salmon, Les manuscrits liturgiques latins de la Bibliothèque Vaticane II. Studi e testi 253 (1969), Nr. 29; Liber sacramentorum Romanae Aecclesiae ordinis anni circuli (Cod. Vat. Reg. lat. 316 / Paris Bibl. Nat. 7193, 41/56) (Sacramentarium Gelasianum) hg. v. L. C. Mohlberg (1960); A. Chavasse, Le sacramentaire gélasien (1958).

wenige Termine zusammendrängt und damit der Kindertaufe Rechnung trägt[3]. Auch im sogenannten „Gelasianum des VIII. Jahrhunderts“, einer umfangreichen Kompilation aus Gelasianum, Gregorianum und Elementen der gallikanischen Liturgie, die unter den Impulsen der liturgischen Reformen Pippins um 750/60 entstand[4], war ein ausführlicher Taufordo enthalten, und zwar eine überarbeitete, durch gallikanische Zusätze erweiterte Fassung des Ordo XI[5]. Deshalb war die Überraschung am karolingischen Hof groß, als das von Hadrian I. erbetene authentische römische Sakramentar eintraf und sich zeigte, daß es auf den Taufritus überhaupt nicht einging. „Un ecclésiastique n'ayant à sa disposition que le Sacramentaire grégorien, tel que nous le (fait) connaître l'Hadrianum . . ., n'y aurait trouvé ni les rubriques, ni les formules nécessaires pour préparer les catéchumènes au baptême et leur administrer le sacrement“[6]. Die einzige auf die Taufe bezogene Rubrik des Hadrianums findet sich im Anschluß an die *benedictio fontis* der Karsamstagsliturgie und lautet: *Baptizat et linit eum presbiter de chrisma in cerebro*[7]. Karl, der die feierliche römische Taufliturgie von seinem Rombesuch im Jahre 774 her aus eigener Anschauung kannte[8] und mit der Verbreitung des Gregorianums im Frankenreich die Absicht verband, ins einzelne gehende Vorschriften für die Ausübung der Liturgie nach römischer Norm zu geben[9], sah daher die Notwendigkeit, das Sakramentar durch einen Taufordo zu ergänzen[10].

---

[3]) M. Andrieu II, Ordo XI, Introduction: L'Ordo XI et les Sacramentaires romains, S. 380 ff.

[4]) K. Mohlberg, Note liturgiche. Elementi per precisare l'origine del Sacramentario Gelasiano del secolo VIII: Atti della Pontificia Accademia Romana di Archeologia. Rendiconti 7 (1929/31), S. 19–33; C. Vogel, Introduction aux sources de l'histoire du culte chrétien au Moyen Age I: Studi medievali 3 (1962), S. 1–97, S. 58 ff.

[5]) M. Andrieu III, S. 81 f. u. Stemma.

[6]) M. Andrieu II, S. 407 f.

[7]) J. Deshusses, Le sacramentaire grégorien. Ses principales formes d'après les plus anciens manuscrits. I. Le sacramentaire, le supplément d'Aniane (1971), Nr. 375 S. 188.

[8]) Hadrian hatte im Rahmen der Karsamstagsliturgie drei Kandidaten in Karls Anwesenheit getauft: Vita Hadriani c. 39: Le Liber pontificalis, ed. L. Duchesne, I (1886; ND. 1955), S. 497.

[9]) Zur Rezeption der römischen Liturgie im Frankenreich: E. Bishop – A. Wilmart, La réforme liturgique de Charlemagne: Ephemerides liturgicae 45 (1931), S. 186–207; C. Vogel, La réforme liturgique sous Charlemagne: Karl der Große II. Das geistige Leben (1965), S. 217–232.

[10]) Auch in anderen Punkten entsprach das speziell auf den päpstlichen Stations-

Der fränkische Anhang zum Gregorianum-Hadrianum, den Liturgiewissenschaftler und Alcuinbiographen bis in jüngste Zeit aufgrund einer Nachricht bei Bernold von Konstanz († 1100)[11] als ein Werk Alcuins betrachtet haben[12], ist von Jean Deshusses auf Benedikt von Aniane zurückgeführt worden[13]; dieser benutzte dabei freilich neben einem Gelasianum, westgotischen sowie gallikanischen Quellen von Alcuin entworfene Texte, vor allem Meßformulare[14]. Auch der im Supplement enthaltene Taufordo mit ausführlichen Rubriken[15] ist in seinem Aufbau und in der Ausgestaltung der einzelnen Zeremonien von Alcuin abhängig, der in zwei gleichlautenden Briefen vom Jahre 798 an Empfänger aus dem monastischen Reformkreis Benedikts[16] Abfolge und Bedeutung der Taufriten erläutert.

Die Neuordnung der Taufliturgie stellte die Hoftheologen vor Probleme, die über die Frage des Ausgleichs fränkisch-gallikanischer Traditionen und römischer *rectitudo* weit hinausführten. Hatte sich einerseits, seit in der Regel nur noch Kinder getauft wurden, der Katechumenat von einer Belehrungs- und Erziehungsinstitution zu einer

---

gottesdienst zugeschnittene Hadrianum nicht den liturgischen Bedürfnissen einer normalen Bischofs- oder Taufkirche: ihm fehlten z. B. die Messen für gewöhnliche Sonn- und Werktage außerhalb der Fastenzeit.

[11]) Micrologus, PL. 151, col. 1020: *Sciendum autem quemdam Albinum magistrum Caroli imperatoris ... missales orationes ... composuisse ... Fecit tamen idem Albinus in sancta Ecclesia non contemnendum opus, nam Gregorianas orationes in libris Sacramentorum collegisse asseritur ... Deinde alias orationes sive praefationes, etsi non Gregorianas, ecclesiasticae tamen celebritati idoneas collegit, sicut prologus testatur, quem post Gregorianas orationes in medio eiusdem libri collocavit.*

[12]) A. Kleinclausz, Alcuin (1948), S. 104 f.; G. Ellard, Master Alcuin, liturgist (1956), S. 103 ff.; C. Vogel, La réforme cultuelle sous Pépin le Bref et sous Charlemagne (1965), S. 229 ff.

[13]) J. Deshusses, Le „Supplément" au sacramentaire grégorien: Alcuin ou saint Benoît d'Aniane?: Archiv für Liturgiewissenschaft 9, 1 (1965), S. 48–71; ders., Le sacramentaire grégorien I. Introduction S. 64 ff.

[14]) Ebd. S. 69.

[15]) Im Verzeichnis der Capitula des Supplements werden unter den Ergänzungen zur Karsamstagsliturgie angezeigt: *Benedictio salis dandum catecumino, et inde sequuntur orationes qualiter baptizentur his qui baptizandi sunt.* (J. Deshusses, Le sacramentaire grégorien I, Nr. 1020 S. 353). Im Anhang selbst erscheinen eine *Oratio ad caticuminum faciendum,* ein Weihegebet über das Salz und mehrere Exorzismusformeln, die dem Gelasianum entnommen sind (ebd. Nr. 1065–1079 S. 371–376), darauf ein vollständiger *ordo baptismi* (ebd. Nr. 1080–1089 S. 377–379).

[16]) Briefe Nr. 134 u. 137, MGH. Epp. IV, S. 202 f., 210 ff.

Folge von Zeremonien rein liturgischen Charakters gewandelt[17], so lenkten anderseits die politischen Ereignisse in den letzten beiden Jahrzehnten des 8. Jahrhunderts, als infolge der Sachsen- und Awarenkämpfe Heidentaufen in großer Zahl anfielen, die Entwicklung zur altkirchlichen Praxis einer längeren, durch Katechese und asketische Übungen geprägten Vorbereitungszeit zurück. Nach dem Awarensieg des Jahres 796 setzte sich Alcuin mit seiner ganzen Überzeugungskraft dafür ein, daß die verhängnisvollen Fehler der Sachsenbekehrung nicht wiederholt würden. In einem Brief an Karl[18] verwies er auf Matthäus[19] und Augustins Schrift De catechizandis rudibus[20] und mahnte dringend, niemanden gegen seinen Willen und ohne grundlegende dogmatische Belehrung zu taufen[21]. Er wandte sich auch direkt an Arn von Salzburg, dem als bayrischem Metropoliten die Leitung der Awarenmission oblag[22]. Die Taufordnung der „Missionskonferenz“[23], zu der die nächstbeteiligten Bischöfe, darunter Arn und Paulin von Aquileja, im Herbst des Jahres 796 an der Donau zusammentraten, kann als Niederschlag seiner Bemühungen angesehen werden.

*Huic autem genti ... non convenit ... citius baptismi mysterium indulgere, priusquam inbuatur fidei sacramento per aliquas protelationis moras ... Dilatatio autem tarditatis usque ad quem dierum numerum praetendatur, in sacerdotis arbitrio aestimari debet, iuxta mores prorsus audientium, quam velocius vel serius suscipiant verbum Dei. ... Infra quadragenarium tamen numerum protelationis summa persistat. ... Per septem tamen illos dies, in quibus vespere sabbati, quae in prima lucescit sabbati, baptizandus est, indicto ieiunio catacizetur cotidie audiens unguaturque oleo sancto et in vespere, sicut diximus, sabbati sanctificetur aqua in fonte vel in tali vase, ubi in nomine sanctae trinitatis trina mersio fieri possit*[24].

In dem vierzigtägigen Glaubensunterricht und der Fastenbestimmung wird die Rückkehr zum altkirchlichen Katechumenat deutlich.

---

17) P. de Puniet, Art. „catéchuménat“: DACL. II, 2 (1925), col. 2579–2621, col. 2608 ff.; F. Wiegand, Erzbischof Odilbert von Mailand über die Taufe (1899), S. 38 ff.; H. v. Schubert, Geschichte der christlichen Kirche im Frühmittelalter (1921; ND. 1962), S. 642 ff.

18) Nr. 110, MGH. Epp. IV, S. 156 ff.

19) Mt. 28, 19–20.

20) Ed. J. B. Bauer, CC. 46, S. 115–178.

21) Vgl. H. Büttner, Mission und Kirchenorganisation des Frankenreiches bis zum Tode Karls des Großen: Karl der Große I. Persönlichkeit und Geschichte (1965), S. 454–487, S. 480.

22) Briefe Nr. 107 u. 112 f., MGH. Epp. IV, S. 153 f., 162 ff.

23) H. v. Schubert S. 647.

24) MGH. Conc. II, 1, Nr. 20 S. 174 f.

Sollten so nach den Vorstellungen Alcuins für die Erwachsenentaufe Vorbereitungszeit und Katechese wieder in ihr volles Recht treten, so war es in Hinsicht auf die Kindertaufe sinnlos, an den alten Terminen für die einzelnen Initiationsriten festzuhalten. Hier griff Alcuin die bereits in allen Zweigen der abendländischen Liturgie erkennbaren Tendenzen zur Vereinfachung auf: er faßte die Taufvorbereitung mit der Taufe selbst zu einem einzigen liturgischen Akt zusammen, bei dem der Täufling nur noch zeremoniell-symbolisch die verschiedenen Stufen des Katechumenats durchlief[25].

Für die Gestalt und Abfolge der Riten richtete er sich nach einer Quelle des frühen 6. Jahrhunderts, der Epistola Johannis diaconi ad Senarium[26], in der der römische Diakon, der möglicherweise mit dem späteren Papst Johannes I. (523–526) personengleich ist, dem *comes patrimonii* Senarius in Ravenna auf eine Anfrage bezüglich der Skrutinien antwortet und dabei eine kurze, vollständige Beschreibung des römischen Taufritus gibt. Dieser Brief ist gegenüber der erst später und nicht auf römischem Boden einsetzenden Überlieferung der Sakramentare und Ordines die wertvollste der frühen Quellen über die römische Taufliturgie[27] und kam den Absichten Alcuins auch insofern besonders entgegen, als Johannes vorwiegend die Kindertaufe im Auge hat[28] und bei seinen Erklärungen jene signifikative Bedeutung der liturgischen Zeremonien herausstellt, um die es auch Alcuin zu tun war und die in seiner Folge die liturgische Literatur der Karolingerzeit bis hin zu ihrem Höhepunkt, den Schriften Amalars von Metz, beherrschte[29]. Im Anschluß an den Diakon Johannes hat Alcuins Tauf-ordo[30] folgendes Schema:

---

[25]) Vgl. F. Wiegand, Odilbert, S. 66.

[26]) Ed. A. Wilmart: Analecta Reginensia. Studi e testi 59 (1933), S. 170–179.

[27]) Vgl. M. Andrieu II, S. 383 f.; P. de Puniet, Art. „catéchuménat", col. 2604 f.

[28]) *Illud autem ne pretermissum videatur, ante praedicimus, quod ista omnia etiam parvulis fiant, qui adhuc pro ipsius aetatis primordio nihil intellegunt. Unde scire debetis quia, dum a parentibus aut a quibuslibet aliis offeruntur, aliena eos professione salvari necesse est, qui fuerant alieno errore dampnati.* Ed. A. Wilmart S. 175. Vgl. M. Andrieu II, S. 384: „Le diacre Jean traite en effet du baptême administré à des ‚infantes'".

[29]) Epistola ad Senarium: ... *Accipit etiam cathecuminus ... sal in quo signatur, quia sicut omnis caro sale condita servatur, ita sale sapientiae ... mens ... conditur* (ed. A. Wilmart S. 172). ... *Aliud quoque in narium unctione signatur, ut ... ad spiritalem eius odorem ... ducantur ...* (S. 173). ... *Ipsam utique trinitatem trina debet mersione signari et illius se agnoscere beneficiis debitorem, qui tertia pro eo die resurrexit a mortuis* (S. 174).

[30]) Briefe Nr. 134 u. 137, MGH. Epp. IV, S. 202 f., 214 f.

1. Vorbereitungszeremonien (liturgischer Katechumenat)

| | |
|---|---|
| *Renuntiatio* | *(Primo ... caticuminus fit ..., ut renuntiet maligno spiritui et omnibus eius ... pompis)* |
| *Exsufflatio* | *(Exsufflatur etiam, ut fugato diabolo Christo ... paretur introitus)* |
| *Exorcizatio* | *(Exorcizatur, id est coniuratur malignus spiritus)* |
| *Datio salis* | *(Accipit caticuminus salem)* |
| *Traditio symboli* | *(Deinde symboli apostolici traditur ei fides)* |
| *Scrutinia* | *(Tunc fiunt scrutinia, ut exploretur sepius, an ... sacra verba ... corde defixerit)* |

2. Taufakt

*Tanguntur et nares ...*
*Pectus quoque eodem perunguitur oleo ...*
*Signantur et scapulae ...*
*Et sic in nomine sanctae Trinitatis trina submersione baptizatur.*

3. Zeremonien nach dem Taufakt

*Tunc albis induitur vestimentis ...*
*Sacro chrismate caput perunguitur et mystico tegitur velamine ...*
*Corpore et sanguine dominico confirmatur ...*
*Novissime per inpositionem manus a summo sacerdote septiformis gratiae spiritum accipit ...*

Er ist entschieden eine Neubildung im Rückgang auf frühe römische Quellen[31], wurde aber von Alcuin selbst als der gültige *mos Romanorum* ausgelegt[32] und vom Hof als römische Norm verbreitet und verbindlich vorgeschrieben. Seine breite Überlieferung unabhängig von der Briefsammlung in liturgischen Handschriften des 9. und 10. Jahrhunderts[33] beweist, daß er wie ein Zeremonienbuch in Ergänzung zum Sakramentar benutzt wurde.

Besondere Aktualität haben in Alcuins Briefen[34] wie im Anhang

---

[31]) Vgl. G. Ellard S. 75; Ch. de Clercq, La législation religieuse franque I (1936), S. 217.

[32]) Im Brief Nr. 137 an die Mönche von Septimanien schließt er an den Taufordo die Ermahnung an: *Nemo catholicus contra ecclesiae auctoritatem, nemo sobrius contra rationabilem consuetudinem ... certare audeat. Et ne scismaticus inveniatur et non catholicus, sequatur probatissimam sanctae Romanae ecclesiae auctoritatem.* MGH. Epp. IV, S. 215.

[33]) M. Andrieu I, S. 87, 136, 340.

[34]) Vgl. Nr. 137, 139, MGH. Epp. IV, S. 210 ff., 220 ff.; G. Ellard S. 75 ff.

zum Hadrianum[35] die betonten Anweisungen für das dreimalige Untertauchen, die im Zusammenhang mit dem zähen Kampf zu sehen sind, den der Hof und die monastische Reformbewegung Benedikts von Aniane gegen die in Spanien und Septimanien verbreitete Gewohnheit der einfachen *mersio* führten. Dieser Brauch war in Spanien aufgekommen, als die romanische und westgotische Bevölkerung noch getrennten Glaubens war und die Orthodoxen gegen die Lehre der Arianer die Einheit der drei göttlichen Personen durch das einmalige Untertauchen bekräftigen wollten[36]. Nach dem Übertritt Reccareds hatte Gregor der Große in einem Brief an Leander von Sevilla[37] weitherzig entschieden, daß beide Gewohnheiten, einmalige und dreimalige *mersio*, in gleicher Weise legitim seien. Alcuin jedoch, der bezüglich des Adoptianismus dogmatisch zu den Westgoten in Opposition trat, wollte ihnen auch die liturgische Abweichung nicht zugestehen[38].

Die Einheit des Kultes als Ziel der liturgischen Reform sollte die Einheit der *ecclesia* sichtbar manifestieren und war zugleich ein Mittel der staatlichen Integration. Beide Gesichtspunkte bestimmten Karl, in seiner Kirchengesetzgebung wiederholt auf die Beobachtung des römischen Ritus bei der Taufe zu dringen.

789: *Ut audiant episcopi baptisterium presbyterorum, ut secundum morem Romanum baptizent*[39].

798: *Baptismum publicum constitutis temporibus ... et hoc secundum ordinem traditionis Romanae debet facere*[40].

806: *Ut episcopi diligenter discutiant per suas parochias presbyteros, ... ut ... baptisma catholicum observent*[41].

---

[35]) Taufordo, ed. J. Deshusses, Le sacramentaire grégorien I, Nr. 1085 S. 378: *Deinde baptizet sacerdos sub trina mersione, tantum sanctam trinitatem semel inuocans ita dicendo: Et ego te baptizo in nomine patris. Et mergat semel. Et filii. Et mergat iterum. Et spiritus sancti. Et mergat tertio.*

[36]) Vgl. J. Krinke, Der spanische Taufritus im frühen Mittelalter: Gesammelte Aufsätze zur Kulturgeschichte Spaniens 9 (1954), S. 33–116, S. 97 f.

[37]) Gregorii I papae registrum I, 41, MGH. Epp. I, S. 56 ff.; JE. 1111.

[38]) Er erklärt den Brief Gregors kurzerhand für eine spanische Fälschung: *Epistolam vero, quam beati Gregorii de simpla mersione dicunt esse conscriptam, in epistolari suo libro, qui de Roma nobis adlatus est, non invenimus. ... Ideo dubii sumus, an illius sit, an ab aliquo huius sectae auctore sub eius nomine scripta sit.* Brief Nr. 137, MGH. Epp. IV, S. 215.

[39]) *Duplex legationis edictum* c. 23, MGH. Capit. I, Nr. 23 S. 64.

[40]) Synode von Rispach c. 4, MGH. Conc. II, 1, Nr. 22 S. 198.

[41]) *Capitulare missorum* c. 28, MGH. Capit. I, Nr. 35 S. 103; Datierung zu 806 nach W. A. Eckhardt, Die Kapitulariensammlung Bischof Ghaerbalds von Lüttich (1955), S. 33 f., 84.

Im Jahre 811/812 richtete er eine Umfrage an alle Metropoliten des Reiches, um zu erfahren, wie weit der von Alcuin entworfene und vom Hof durch Aufnahme ins Gregorianum-Hadrianum autorisierte Taufordo bei den Bischöfen und durch diese bei den Klerikern der Bistümer bekannt war und der Sinn seiner liturgischen Texte und Handlungen verstanden wurde.

## 2. Karls Rundschreiben, die Antworten der Metropoliten und Theodulfs Brief an Magnus von Sens

Das kaiserliche Rundschreiben, das in mehreren gleichlautenden Ausfertigungen an verschiedene Adressaten überliefert ist[1], fordert die Metropoliten auf, schriftlich ihre Lehre über die Taufe darzulegen:

*Nosse ... per tua scripta ... volumus, qualiter tu et suffraganei tui doceatis et instruatis sacerdotes Dei et plebem vobis commissam de baptismi sacramento. Id est: cur primo infans caticuminus efficitur, vel quid sit caticuminus. Deinde per ordinem omnia, que aguntur. De scrutinio: quid sit scrutinium. Et de simbolo: quid sit eius interpretacio secundum Latinos. De credulitate: quomodo credendum sit in Deum patrem omnipotentem et in Iesum Christum filium eius natum et passum et in Spiritum sanctum, sanctam ecclesiam catholicam et cetera, que secuntur in eodem simbolo. De abrenunciacione satane et de omnibus operibus eius atque pompis: quid sit abrenunciacio vel que opera diaboli et pompe. Cur exsufflatur vel cur exorcizatur. Cur caticuminus accipit salem. Quare tangantur nares; pectus ungatur oleo. Cur scapule signentur. Quare pectus et scapule linientur. Cur albis induitur vestimentis. Cur sacro chrismate caput perunguitur et mistico tegitur velamine; vel corpore et sanguine dominico confirmatur.*

Beim Vergleich des Fragenkatalogs mit dem eben umrissenen alcuinischen Taufordo fallen Übereinstimmungen und Unterschiede auf. Die einzelnen Formulierungen sind wörtlich Alcuin entnommen[2], aber die Reihenfolge der Fragen richtet sich nicht konsequent nach der Abfolge der Zeremonien im Ordo. Die mit der Glaubensbelehrung zusammenhängenden Fragen nach der Bedeutung der Skrutinien und

---

[1]) Vgl. BM² 474 mit Nachtrag S. 944 u. Ch. de Clercq S. 216. Die Datierung in die Jahre 811/812 ist eine aus den Episkopatsjahren der Adressaten gewonnene annähernde zeitliche Bestimmung. Maßgebliche Edition: MGH. Epp. V, Amalarii epistolae Nr. 1, S. 242 (Exemplar an Amalar von Trier).

[2]) Dies betonen A. Kleinclausz S. 95; G. Ellard S. 84 f.; Ch. de Clercq S. 216 f.; P. de Puniet, Art. „catéchuménat", col. 2612 f.

dem Inhalt des Symbols erscheinen nicht an ihrem liturgischen Ort nach der *datio salis*, sondern sind an den Anfang gestellt und werden mit besonderer Ausführlichkeit behandelt. Dadurch sollte den Adressaten deutlich werden, daß die ihnen gestellte Aufgabe neben der Erklärung der Taufriten auch eine Erläuterung der wichtigsten Dogmen des Glaubensbekenntnisses, praktisch eine *interpretatio symboli*, einschloß [3]. Karl erwartete von den Antworten der Metropoliten nicht nur Aufschluß darüber, ob der vom Hofe vorgeschriebene *ordo baptismi* überall eingehalten und verstanden wurde, sondern wollte im weitesten Sinne die theologische Bildung des Klerus prüfen. Die pointierten Fragen nach der Begründung der einzelnen Zeremonien [4], die dem allgemeinen frühmittelalterlichen Verständnis entsprechend nicht kausal, sondern final aufgefaßt wurden, förderten eine allegorisierende, die signifikative Bedeutung der liturgischen Vorgänge betonende Interpretation, die in den meisten der Antwortschreiben vorherrscht.

Mit Jean Michel Hanssens [5] und André Wilmart [6] ist zu bedauern, daß die Texte der erhaltenen Antworten über verschiedene Editionswerke und Zeitschriften verstreut, manche an recht entlegener Stelle, gedruckt wurden. Ihre Zusammenstellung in einem Corpus würde die Übersicht und den Vergleich erleichtern und vor allem anhand des begrenzten und doch zentralen Themas der Symbolerklärung und der Taufliturgie ein Urteil über das am Ende der Regierungszeit Karls des Großen in der fränkischen Kirche erreichte Bildungsniveau ermöglichen. Ernst Dümmler bewies in seiner Edition der karolingischen Briefe [7] in diesem Punkt keine glückliche Hand, als er von den längeren Antwortschreiben zwar den Anfang mit der persönlichen Anrede des Absenders an den Kaiser kritisch edierte, die theologischen Erörte-

---

[3]) Die entsprechenden Stellen der erzbischöflichen Antwortschreiben sind wichtige Quellen für die Symbolforschung; vgl. Bibliothek der Symbole und Glaubensregeln der Alten Kirche hg. v. A. Hahn ([3]1897; ND. 1962); F. Wiegand, Die Stellung des apostolischen Symbols im kirchlichen Leben des Mittelalters (1899), S. 331 ff.

[4]) ... *Cur exsufflatur vel cur exorcizatur. Cur ... accipit salem. Quare tangantur nares ...*

[5]) Deux documents carolingiens sur le baptême: Ephemerides liturgicae 41 (1927), S. 69–82, S. 70 Anm. 7.

[6]) Un florilège carolingien sur le symbolisme des cérémonies du baptême: Analecta Reginensia. Studi e testi 59 (1933), S. 153–179, S. 154 Anm. 3.

[7]) MGH. Epp. IV, Epistolae variorum Nr. 24 ff. S. 533 ff.

rungen jedoch beiseite ließ[8]. Prinzipiell ist zu unterscheiden zwischen jenen Abhandlungen *de ordine baptismi,* die, von den Metropoliten verfaßt oder redigiert, direkt an Karl gerichtete Antworten auf das Rundschreiben sind, und den zahlreichen Traktaten und Florilegiensammlungen über die Taufe, die, mittelbar ebenfalls auf Karls Umfrage zurückgehend, von den Suffraganbischöfen zur Belehrung des Pfarrklerus geschrieben oder in Klöstern aus Alcuins Briefen und patristischen Werken kompiliert wurden und die Breitenwirkung der kaiserlichen Initiative bis in die untersten Stufen der kirchlichen Organisation hinein eindrucksvoll bezeugen[9].

Von den direkten Antworten der Metropoliten sind zehn überliefert, die Hälfte der tatsächlich am Hof eingegangenen Schreiben, wenn man die Angaben Einhards zugrunde legt, der in seinem Bericht über das Testament Karls des Großen vom Jahre 811 bei Einbeziehung Roms 21 Metropolitansitze zählt[10]. Fünf der Schreiben tragen den Namen des Absenders, die übrigen fünf sind anonym[11]. Unter dem Namen ihres Verfassers kennen wir die Abhandlungen Odilberts von Mailand[12], Maxentius' von Aquileja[13], Amalars von Trier[14], Magnus' von Sens[15] und Leidrads von Lyon[16]. Von den anonym überlieferten Antworten kann der von A. E. Burn entdeckte und herausgegebene

[8]) Vgl. J. M. Hanssens, a. a. O.: „Cette mutilation la rend inutilisable pour les trois quarts des lecteurs."

[9]) Sie war von vornherein mit beabsichtigt, vgl. den Wortlaut des Rundschreibens: ... *qualiter tu et suffraganei tui doceatis et instruatis sacerdotes Dei et plebem vobis commissam de baptismi sacramento.*

[10]) Einhard, Vita Karoli c. 33, ed. O. Holder-Egger, MGH. SS. rer. Germ., S. 38: *quia in regno illius metropolitanae civitates XX et una esse noscuntur.*

[11]) Da die Unterscheidung zwischen den Antwortschreiben der Metropoliten und den sonstigen Traktaten über die Taufe in der Literatur nicht immer eingehalten wird, schwanken die Zahlenangaben: so zählt A. Wilmart, Un florilège, S. 154, 17 erhaltene Stücke. Eine differenzierte Übersicht gibt J. M. Hanssens, Deux documents, S. 69–72, der die folgende Aufstellung sich im wesentlichen anschließt.

[12]) Ed. F. Wiegand, Erzbischof Odilbert von Mailand über die Taufe (1899).

[13]) Ed. E. Dümmler, MGH. Epp. IV, Epistolae variorum Nr. 27, S. 537–539.

[14]) Ed. E. Dümmler, MGH. Epp. V, Amalarii epistolae Nr. 2, S. 242–244. Voller Text: J. M. Hanssens, Amalarii episcopi opera liturgica omnia I. Studi e testi 138 (1948), S. 236–251.

[15]) Ed. E. Dümmler, MGH. Epp. IV, Epistolae variorum Nr. 25, S. 534 f. Voller Text: PL. 102, col. 981–984.

[16]) Ed. E. Dümmler, MGH. Epp. IV, Epistolae variorum Nr. 28, S. 539 f. Voller Text: PL. 99, col. 853–872. In der Antwort Leidrads vermißte Karl eine nähere Erläuterung der *abrenuntiatio* und eine Erklärung des Wortes *pompae* und forderte noch einen Nachtrag an, der ebenfalls erhalten ist: ed. E. Dümmler, a. a. O., Nr. 29, S. 540 f. Voller Text: PL. 99, col. 873–884.

Traktat *Primo ergo in catechizandis rudibus apostolicum oportet intueri sermonem*[17] mit ziemlicher Sicherheit Arn von Salzburg zugeschrieben werden[18]; die übrigen bieten keine Anhaltspunkte für eine nähere Bestimmung ihrer Herkunft. Es handelt sich um die Brief-Traktate *Haec est epistola quam ad aures domni imperatoris direximus . . .*[19], *Haec sunt causae quas domnus imperator augustus nobis ad utilitatem . . .*[20], *Domino meo Karolo serenissimo imperatori . . .* (Pseudo-Amalar)[21] und *O serenissime adque piisime aguste, precepit nobis dignitas vestra . . .*[22].

Als Spiegelbild der tatsächlichen liturgischen Praxis in den einzelnen Gebieten des Reiches können die Antwortschreiben kaum gelten; denn die Metropoliten stellten nicht die faktischen Bräuche ihrer Diözesen dar, sondern kompilierten einschlägige Texte aus der Patristik und hielten sich eng an Alcuins Ordo und den ihnen vorgelegten „Fragebogen". Nur an wenigen Stellen schimmert hinter der Einförmigkeit der aus Hieronymus, Augustinus, Gregor, Isidor, Beda u. a. entnommenen Formulierungen die liturgische Vielfalt durch, die auch am Ende der Regierungszeit Karls nicht generell beseitigt war. So erwähnt Leidrad von Lyon für den Effeta-Ritus, die Berührung von Nase und Ohren, verschiedene nebeneinander bestehende Bräuche:

> *Sciendum tamen quod de hac re in diversis regionibus diversus teneatur usus. Alii namque oleo sancto tangunt catechumenorum aures et nares, alii vero sputo, alii absque sputo et oleo, alii etiam os tangunt oleo, ad exemplum Dominicum*[23].

---

17) A. E. Burn, Neue Texte zur Geschichte des apostolischen Symbols V. Ordo de catechizandis rudibus: ZKG. 25 (1904), S. 148–154.

18) Ebensoviel Gewicht wie das Argument Burns, daß die beiden den Ordo überliefernden Handschriften aus Freising stammen, dürfte für diese Zuweisung die Tatsache haben, daß der Text sehr deutliche Anklänge an Alcuins Briefe Nr. 107 und 112 f. (MGH. Epp. IV, S. 153 f., 162 ff.) an Arn und an die Formulierungen des Donaukonzils von 796 (MGH. Conc. II, 1, Nr. 20 S. 172 ff.) zeigt und durch seine gegenüber den übrigen Antworten auffällige Blickrichtung auf die Erwachsenentaufe den Missionsaufgaben des Salzburger Metropoliten Rechnung trägt.

19) Ed. E. Dümmler, MGH. Epp. IV, Epistolae variorum Nr. 26, S. 535–537.

20) Ed. E. Baluze, Capitularia regum Francorum II, App. n. 22, S. 1402 f. = PL. 98, col. 939 f.

21) Ed. E. Dümmler, MGH. Epp. V, Amalarii epistolae Nr. 14, S. 273 f. Fälschlich unter dem Namen Amalars überliefert.

22) Ed. J. M. Hanssens, Deux documents carolingiens sur le baptême: Ephemerides liturgicae 41 (1927), S. 81 f.

23) PL. 99, col. 857. Liturgiegeschichtlich ist die Berührung von Mund und Ohren mit Speichel im Anschluß an das Vorbild Christi (Mc. 7, 33 f.; Joh. 9, 6) die ursprüngliche Form. Bei Ambrosius ist erstmals die Berührung der Nase erwähnt, die aus hygienischen Rücksichten an die Stelle der Mundberührung tritt. Die Verwendung

Und da sein Metropolitansitz im Vorfeld des westgotischen Einflusses liegt, nennt er – als einziger der Antwortschreiber – unter Berufung auf den Brief Gregors des Großen an Leander von Sevilla[24] den von Rom abweichenden spanischen Ritus des einmaligen Untertauchens, dessen Gültigkeit er verteidigt.

*Quidam enim senserunt, trinam fieri mersionem propter Trinitatis venerationem. ... Sed beatus Gregorius papa cuidam se interroganti de trina et simpla mersione sic respondit: De trina vero mersione baptismatis nihil responderi verius potest, quam ipsi sensistis, quia in una fide nihil officit sanctae Ecclesiae consuetudo diversa. ... Quia dum in tribus subsistentiis una substantia est, reprehensibile esse nullatenus potest infantem in baptismate vel ter vel semel mergere, quando et in tribus mersionibus personarum trinitas et in una potest divinitatis singularitas designari*[25].

Odilbert von Mailand besteht in einem eigenen Kapitel *De pedum nuditate*[26] auf einer liturgischen Besonderheit der mailändischen Kirche, der Fußwaschung als Bestandteil des Taufzeremoniells, die ihren Platz zwischen Chrismation und Handauflegung hatte und die bereits Ambrosius gegen römische Einsprüche rechtfertigen mußte[27]. Der unbekannte Verfasser des Briefs O *serenissime adque piisime aguste* spricht von der Übergabe der vier Evangelien an die Täuflinge, verbunden mit einer Belehrung über die Evangelistensymbole,

*Debetur eis* (sc. caticuminis) ... *tradere inicia evangeliorum. Quur quatuor vel cur diversis vultibus describantur? Quur matheus homo, quur lucas vitulus vel quare iohannis aquila prefiguratur?*[28],

worin ein deutlicher Hinweis auf das Weiterleben des Ordo XI zu sehen ist[29]. In anderen Fällen ist die Erwähnung älterer, von Alcuin

von Öl statt des Speichels ist für Rom im frühen 6. Jahrhundert durch den Diakon Johannes bezeugt (Epistola ad Senarium, ed. A. Wilmart, S. 173). Vgl. P. de Puniet, Art. „apertio aurium“: DACL. I, 2 (1924), col. 2523–2537.

[24]) Gregorii I papae registrum I, 41, MGH. Epp. I, S. 56 ff.; JE. 1111.

[25]) PL. 99, col. 862 f.

[26]) Ed. F. Wiegand, Odilbert, S. 37.

[27]) Ambrosius, De sacramentis III, 1, 5, CSEL. 73, S. 40: *Non ignoramus quod ecclesia Romana hanc consuetudinem non habeat, ... ut pedes lavet. ... In omnibus cupio sequi ecclesiam Romanam, sed tamen et nos hominis sensum habemus, ideo quod alibi rectius servatur et nos rectius custodimus.* Vgl. F. Wiegand, Odilbert, S. 63 ff.

[28]) J. M. Hanssens, Deux documents, S. 81.

[29]) Vgl. Ordo XI Nr. 47–60, ed. M. Andrieu II, S. 429 ff. Bei einem der römischen Katechumenengottesdienste wurden durch vier Diakone die Anfänge der vier Evangelien verlesen; anschließend erläuterte der Presbyter ihren auf Mensch, Löwe, Stier und Adler weisenden Sinn. Vgl. Hieronymus, Commentarii in Hiezechielem I, 1, 6–8, CC. 75, S. 11.

aufgegebener Elemente der Taufliturgie wohl eher eine Frucht der patristischen Lektüre. Die von vielen der Antwortschreiben getroffene Unterscheidung zwischen Katechumenen und Kompetenten als zweier Rangstufen der Taufbewerber, die bei der Zusammenfassung des Katechumenats zu einem einzigen liturgischen Vorgang gegenstandslos wurde und deshalb bei Alcuin nicht mehr vorkommt, ist ohne Zweifel eine Übernahme aus Isidors De ecclesiasticis officiis[30]. Diese Schrift bietet im zweiten Buch eine Kapitelfolge *De catechumenis, de exorcismo et sale. De competentibus. De symbolo. De baptismo. De chrismate* usw.[31], die der Reihe der vom Kaiser gestellten Fragen genau entsprach und aus der die meisten Erzbischöfe mehr oder weniger wörtlich zitieren[32]. Neben De ecclesiasticis officiis gehören die Etymologien zum durchweg verwendeten Literaturgut: die Worterklärungen zu *baptismum, chrisma, exorcismus, symbolum* aus dem sechsten Buch[33] erscheinen in Rudimenten oder im vollen Zitat in allen Antworten[34], ein Befund, der die breite Rezeption Isidors als Schulautor bestätigt, wie sie sich in der Handschriftenüberlieferung

[30]) Isidor, De ecclesiasticis officiis II, 22, 1: *Post catechumenos secundus competentium gradus est. Competentes autem sunt, qui iam post doctrinam fidei, post continentiam vitae ad gratiam Christi percipiendam festinant. Ideoque appellantur competentes, id est, gratiam Christi petentes* ..., PL. 83, col. 815. Diese Stelle ist wörtlich übernommen bei Odilbert von Mailand, ed. F. Wiegand, Odilbert, S. 30; bei Maxentius von Aquileja, MGH. Epp. IV, S. 537; bei Leidrad von Lyon, PL. 99, col. 857 und in dem anonymen Schreiben O *serenissime adque piisime aguste*, ed. J. M. Hanssens, Deux documents, S. 82.

[31]) PL. 83, col. 814 ff.

[32]) Außer den unter Anm. 30 aufgeführten Autoren, die auch an anderen Stellen auf Isidors De ecclesiasticis officiis zurückgreifen, sind Amalar (vgl. die Belege bei J. M. Hanssens, Amalarii opera liturgica I, S. 236 ff.), Arn von Salzburg (ed. A. E. Burn S. 152) und die anonyme Antwort *Haec est epistola quam ad aures* (MGH. Epp. IV, S. 535 ff.) zu nennen.

[33]) Etymologiae VI, 19, 43–58.

[34]) Odilbert von Mailand definiert *baptismum, catechumenus, symbolum* nach den Etymologien; vgl. F. Wiegand, Odilbert, S. 28 f., 31. Leidrad von Lyon macht in seiner Erklärung der Worte *symbolum* und *baptismum* besonders ausgiebig von Isidors Definitionen Gebrauch; vgl. PL. 99, col. 859, 861. Die Entlehnungen Amalars aus den Etymologien hat J. M. Hanssens (Amalarii opera liturgica I, S. 236 ff.) in seinen Anmerkungen bezeichnet; ebenso E. Dümmler für Maxentius von Aquileja (MGH. Epp. IV, S. 537 ff.), Pseudo-Amalar (MGH. Epp. V, S. 273 f.) und das anonyme Schreiben *Haec est epistola quam ad aures* (MGH. Epp. IV, S. 535 ff.). Auch die unbekannten Verfasser der Antworten *Haec sunt causae* (PL. 98, col. 939 f.) und O *serenissime adque piisime aguste* (J. M. Hanssens, Deux documents, S. 81 f.) definieren *catechumenus, exorcismus, baptismum* nach Isidor.

des 8. und 9. Jahrhunderts abzeichnet[35]. Die theologisch anspruchsvolleren Antworten, die sich zu längeren, in Kapitel gegliederten Traktaten ausweiten, wie die Schreiben Amalars, Arns, Leidrads und Odilberts, zitieren darüber hinaus Autoren der lateinischen Patristik von Cyprian, Ambrosius und Augustin bis hin zu Beda[36]; zwei von ihnen, die Schriften Odilberts und Arns, sind reine Florilegiensammlungen, wo unter dem jeweiligen Stichwort aus dem kaiserlichen „Fragebogen" entsprechende Äußerungen aus der patristischen Literatur zusammengestellt sind. Originalität liegt allen Schreibern fern: es geht ihnen um die Entfaltung der gültigen Lehre der Väter.

Der Mehrzahl der Antworten ist schließlich eine Vorliebe für die typologische Interpretation der Riten eigen, die die am Täufling vorgenommene Handlung in den heilsgeschichtlichen Zusammenhang biblischer Ereignisse oder Worte als Vorbilder stellt und ihre zeichenhafte Bedeutung erklärt. Die Typologie, die im „engeren und ursprünglichen Sinn ... den in der Spannung zwischen alttestamentlicher Präfiguration und neutestamentlicher Erfüllung waltenden Sinnbezug gegenseitiger Bedeutsamkeit zweier oder mehrerer biblischer Geschehnisse" [37] meint, wurzelt in der spätantiken Bibelexegese[38] und ging

---

[35]) Vgl. B. Bischoff, Die europäische Verbreitung der Werke Isidors von Sevilla: Mittelalterliche Studien I, S. 187 f.; M. Reydellet, La diffusion des Origines d'Isidore de Séville au haut Moyen Age: Mélanges d'archéologie et d'histoire 78 (1966), S. 383–437.

[36]) Zusammenstellung der von Odilbert benutzten patristischen Schriften bei F. Wiegand, Odilbert, S. 13 f.; für Arn: A. E. Burn S. 149 ff.; für Amalar: J. M. Hanssens, Amalarii opera liturgica I, S. 236 ff.; für Leidrad: Hinweise F. Wiegands, Odilbert, S. 48, 53.

[37]) F. Ohly, Sage und Legende in der Kaiserchronik (1940; ND. 1968), S. 26.

[38]) Den Anstoß gab die Schule von Alexandrien, vor allem Origenes, der seinerseits an die allegorische Interpretation der homerischen Mythen durch die Stoa und den mittleren Platonismus und an Philos Pentateuch-Auslegungen anknüpft. P. Heinisch, Der Einfluß Philos auf die älteste christliche Exegese (1908); E. Stein, Die allegorische Exegese des Philo aus Alexandrien: Zeitschrift für die alttestamentliche Wissenschaft Beiheft 51 (1929); J. Pépin, Mythe et allégorie. Les origines grecques et les contestations judéo-chrétiennes (1958). Gegenüber der Tradition Stoa–Philo–Origenes betonen neuerdings Henri de Lubac und Jean Daniélou, daß bereits in den Evangelien der messianische Anspruch Christi zur typologischen Schriftauslegung führt, und verknüpfen die patristische Exegese unmittelbar mit dem Neuen Testament. H. de Lubac, Typologie et allégorisme: Recherches de science religieuse 34 (1947), S. 180–226; ders., Histoire et esprit. L'intelligence de l'Ecriture d'après Origène (1950); J. Daniélou, Sacramentum futuri (1950). H. de Lubac, Typologie et allégorisme, a. a. O., unterscheidet in den Evangelien zwei Typen allegorischer Auslegung: das Pleroma von Propheten und Psalter (Mt. 1, 22 f.; 2, 15; 2, 17 f.; 4, 14 ff.; 8,17; 13, 35; 21, 4 f.; 27, 9 f.;

unmittelbar in die sich gleichzeitig ausbildende Liturgiesprache ein, deren Texte sie – in vielen Fällen bis heute – bestimmt. Indem die Gebete der Liturgie die rituellen Vorgänge als Erfüllung des alttestamentlichen Typus und seines christologischen Antitypus am einzelnen Gläubigen deuten, erweitern sie das typologische System der zweigeteilten Zeit zu einer dreiteiligen heilsgeschichtlichen Ordnung. Die Zeit Christi rückt aus ihrer Endstellung in die Mitte und gewinnt den Charakter einer Wende, wird selbst wieder zum Typus des der Kirche und ihren Gläubigen verheißenen Heiles[39]. Heilsgeschichtliche Typologie gehört zu den festen Bestandteilen aller Taufwasserweihegebete[40]: sie weisen auf die alttestamentlichen Typoi von der Reinigung der Welt durch die Sintflut (Gen. 6–8), vom Zug Israels durch das Rote Meer (Ex. 14, 15–22) und den Wasserwundern Moses' in der Wüste hin (Ex. 15, 23–25; 17, 6–7; Num. 20, 8–13), die sich in der Taufe Christi im Jordan (Mt. 3, 13–17; Mc. 1, 9–11; Lc. 3, 21–22; Joh. 1, 31–34) und in Christi Wasserwundern (Mt. 14, 25–32; Joh. 2, 1–11) in ihre Antitypoi wenden und deren Erfüllung sich in der Taufe der Gläubigen fortsetzt[41]. Die in den Antwortschreiben benutzten Kirchenväter, vor allem auch Isidor in den genannten Schriften, deuten die einzelnen Riten der Taufliturgie unter dem gleichen heilsgeschichtlichen Blickpunkt wie die liturgischen Gebete, Lesungen und Gesänge selbst, so daß es verständlich ist, wenn auch die Metropoliten sich auf dem Feld der typologischen Beziehungen bewegen[42].

---

27, 35; Mc. 15, 28; Lc. 4, 21; Joh. 12, 38 ff.; 13, 18; 19, 36 f.) und das direkt gleichsetzende οὗτος γάρ ἐστιν (Mt. 3, 3; 11, 14; 17, 12 f.; Lc. 11, 32; Joh. 3, 14). Paulus führte die Typologie zu einem ersten Höhepunkt: er behandelt das Alte Testament als eine Galerie von Bildern, die er für die Allegorese nutzbar macht (Rom. 5, 12–21; 1 Cor. 10, 1–12; Gal. 4, 21–31; Eph. 5, 31 f.). Die Typologien des Neuen Testaments bilden nach Lubac das Skelett der späteren Kommentare. In Auseinandersetzung mit Pépin weist er nach, daß in vielen Fällen nicht Philo, sondern Paulus dem Origenes Wesen und Technik der christlichen Allegorie vermittelte.

[39]) F. Ohly, Synagoge und Ecclesia. Typologisches in mittelalterlicher Dichtung: Miscellanea mediaevalia 4 (1966), S. 350–369, S. 358 f.

[40]) Vgl. H. Scheidt, Die Taufwasserweihegebete im Sinne vergleichender Liturgieforschung untersucht (1935); Edition der griechisch-syrischen, ägyptischen und abendländischen Texte ebd. S. 12 ff., 35 ff., 57 ff.

[41]) P. Lundberg, La typologie baptismale dans l'ancienne église (1942); J. Daniélou, Traversée de la Mer Rouge et baptême aux premiers siècles: Recherches de science religieuse 33 (1946), S. 402–430.

[42]) Am ausgiebigsten Leidrad von Lyon. Er beginnt sein Schreiben mit einem Kapitel *De significationibus sacri baptismatis* (PL. 99, col. 855 f.), in dem man – um weitere Exempla bereichert – die Folge biblischer Vorbilder aus dem Wasserweihegebet wiedererkennt. Seine Formulierungen lassen mehrmals besonders deut-

Theodulf hatte im Jahr 800 von Leo III. das Pallium als persönliche Auszeichnung erhalten und führte den Titel „Erzbischof“ [43], aber er war kein Metropolit und gehörte nicht zum Kreis der von Karl angesprochenen Prälaten. Seine Schrift *De ordine baptismi* ist eine Auftragsarbeit für Magnus von Sens [44], zu dessen Metropolitanbezirk das Bistum Orléans gehörte, und steht so nur in mittelbarem Zusammenhang mit dem kaiserlichen Rundschreiben. Als Magnus den „Fragebogen“ des Hofes erhielt, gab er ihn – in Übereinstimmung mit der Empfehlung des Kaisers, die Suffragane zur Mitarbeit heranzuziehen – an Theodulf weiter und bat ihn, die passenden Antworten zusammenzustellen. Er muß ihn auch zu großer Eile aufgefordert haben, denn in dem Schreiben, das Theodulf zusammen mit seinen Ausführungen an Magnus übersandte [45], ist mehrmals vom Zeitdruck die Rede, unter dem die Arbeit entstand und der eine systematische Durchsicht der patristischen Literatur unmöglich machte: nur was von den *volumina patrum* gerade zur Hand war, konnte herangezogen werden.

*Praecepisti enim mihi . . ., ut quibusdam questionibus de ordine baptismi a domino . . . Carolo tibi transmissis . . . cito responderem. Coartante itaque me . . . temporis angustia, . . . cito . . . explevi quod iussisti . . . Quamquam ergo mihi . . . patrum volumina revolvendi . . . facultas nulla suppeteret, . . . de singulis quae mihi occurrere potuerunt celeri cursu scripsi* [46].

---

lich das heilsgeschichtliche Schema einer dreigeteilten Zeit erkennen. So heißt es über die Zeremonie der Salbung nach der Taufe: *Huius ergo unctionis . . . figura exstitit unctio illa, de qua in veteri testamento legimus ita: . . .* (Zitat 1 Reg. 16, 13) *. . . quae in Christo veraciter completa est, et in membris eius quotidie impletur* (col. 864). Ähnlich bei der Deutung der von den Getauften angelegten weißen Kleider: *Baptizati albis induuntur vestibus . . . ad exemplum Jesu non solum filii Josedech, sed et Jesu filii Dei. Nam in Jesu filio Josedech praefiguratum est, quod in Jesu filio Dei erat implendum. Ait ergo propheta Zacharias: . . .* (Zitat Zach. 3, 4–5) *. . . Quae licet in Domino Jesu Christo ex parte impleta sunt, magis tamen in membris eius quotidie implentur* (col. 865). Selbst ein so knappes und theologisch anspruchsloses Stück wie die aus den Formulierungen Alcuins und den Definitionen Isidors zusammengeschriebene anonyme Antwort *Haec est epistola quam ad aures . . .* (MGH. Epp. IV, S. 535 ff.) verzichtet nicht auf eine typologische Anspielung: *Et dominus Jesus primo catichuminum fecit, cum luto oculos caeci linivit, ut post abluendus mitteretur ad Siloe, hoc est baptismi sacramentum* (a. a. O., S. 535; vgl. Joh. 9, 11). Sämtliche einschlägigen Stellen der einzelnen Schreiben können hier nicht aufgeführt werden.

[43]) Vgl. oben S. 11.

[44]) Magnus war von 801–818 Erzbischof von Sens; vgl. L. Duchesne, Fastes épiscopaux II (² 1910), S. 419 f.

[45]) Ed. E. Dümmler, MGH. Epp. IV, Epistolae variorum Nr. 24, S. 533 f.

[46]) Ebd.

In diesem Passus des Briefes, der sich im übrigen in den bekannten Bahnen der Exordialtopik bewegt[47], ist ein deutlicher Hinweis auf die Benutzung älterer theologischer Autoren zu sehen, deren Spuren wiederaufzufinden Aufgabe der Textuntersuchung sein muß.

Theodulf schließt mit der Bemerkung, daß der Kaiser mit seinem Rundschreiben lehren, nicht etwa aus den Antworten lernen wolle[48]; er stellt die Umfrage zur Taufe in den Zusammenhang des gesamten kaiserlichen Reformwerks, dem er eine geistig-religiöse Interpretation gibt und als dessen Ziel er formuliert: *sanctae ecclesiae fastigium adcumulare* – die Christenheit erhöhen und steigern. Die Stelle ist in der Literatur vielbeachtet[49]; sie gehört zu jenen Äußerungen im letzten Jahrzehnte Karls, in denen, den Wechsel der Generationen markierend, Herrschertum bewußter als Aufgabe, als Amt innerhalb der *Ecclesia* gedeutet wird[50]. Wir zitieren die Übersetzung Wolfram von den Steinens[51]: „Denn das liegt ihm immer am Herzen: bringen will er die Bischöfe zur Erforschung der heiligen Schriften und zur gesunden, nüchternen Lehre – den ganzen Klerus zur Zucht – die Philosophen zur Erkenntnis des Göttlichen wie des Menschlichen – die Mönche zum frommen Bund – alle insgemein zur Heiligkeit; und so die Großen zur Besonnenheit, die Richter zur Gerechtigkeit, die Krieger zur Waffenübung; die Führenden zur Demut, die Untergebenen zum Gehorsam, alle insgemein zur Klugheit, Gerechtigkeit, Tapferkeit, Mäßigung – und zur Eintracht. So und solcherart erhöht und steigert dieser beste der Männer unablässig die heilige Christenheit.“[52]

---

47) Es erscheinen Unterwürfigkeitsformeln und Unfähigkeitsbeteuerungen, außerdem das Motiv „Kürze als Stilideal“: *brevi sermone res magnas expedire.* Vgl. E. R. Curtius S. 410 ff., 479 ff.

48) *Questiones interea istae ... a regali celsitudine non sunt factae necessitate discendi, sed studio docendi.* MGH. Epp. IV, S. 534.

49) Sie wird u. a. zitiert von G. Monod, La renaissance carolingienne: Séances et travaux de l'Académie des Sciences Morales et Politiques 59 (1899), S. 137–166, S. 156; J. Fleckenstein, Bildungsreform, S. 68; W. v. d. Steinen, Karl und die Dichter: Karl der Große II. Das geistige Leben (1965), S. 63–94, S. 81.

50) Vgl. Th. Schieffer, Die Krise des karolingischen Imperiums: Aus Mittelalter und Neuzeit. Festschrift G. Kallen (1957), S. 1–15, S. 3 f.

51) A. a. O.

52) MGH. Epp. IV, S. 534: *Quippe cui hoc semper familiare est, ut exerceat praesules ad sanctarum scripturarum indagationem et sanam sobriamque doctrinam, omnem clerum ad disciplinam, philosophos ad rerum divinarum humanarumque cognitionem, monachos ad religionem, omnes generaliter ad sanctitatem; primates ad consilium, iudices ad iustitiam, milites ad armorum experientiam; praelatos ad*

## 3. Philologische Untersuchungen zu Theodulfs Liber de ordine baptismi

### a) Die handschriftliche Überlieferung und der Zustand des Textes

Die einzige Zusammenstellung der Überlieferung von Theodulfs *De ordine baptismi* findet sich bei Max Manitius[1] und umfaßt sechs Handschriften: den Cod. Vat. Reg. lat. 284, den Cod. Vat. Pal. lat. 278, den Cod. Paris. lat. 12 279, die Monacenses Clm 14 532 und Clm 17 195 sowie die Überlieferung im Berliner Ms. Phillipps 1664[2]. Die Aufzählung ist jedoch nicht vollständig: sie übergeht die Hinweise Ernst Dümmlers auf die Handschriften Petersburg[3] Lat. Q. v. I. Nr. 34[4] und Montpellier, Bibliothèque de l'Université, Ms. 310[5]; hinzuzufügen sind außerdem die Überlieferungen Troyes, Bibliothèque Municipale, Ms. 804[6], Albi, Bibliothèque Municipale, Ms. 42[7] und Auszüge im Cod. Paris. lat. 242[8].

Zwei Überlieferungen, Cod. Vat. Reg. lat. 284 und Ms. Troyes 804, kommen aus Fleury[9], wo Theodulf bis zum Jahre 817 Abt war, und

---

*humilitatem, subditos ad oboedientiam, omnes generaliter ad prudentiam, iustitiam, fortitudinem, temperantiam atque concordiam. His et his similibus rebus ille virorum optimus, Deo sibi propitio, sanctae ecclesiae fastigium adcumulare non cessat.*

1) Geschichte der lateinischen Literatur des Mittelalters I (1911), S. 543, II (1923), S. 811.

2) Heute in Ost-Berlin, Deutsche Staatsbibliothek. Zu dieser Hs. vgl. die Spezialuntersuchung von L. Delisle, Notice sur les manuscrits originaux d'Adémar de Chabannes: Notices et extraits des manuscrits de la Bibliothèque Nationale et autres bibliothèques 35 (1896), S. 241–358, S. 244 ff.

3) Heute Leningrad, Öffentliche M. E. Saltykow-Schtschedrin Staatsbibliothek.

4) Vgl. NA. 4 (1879), S. 579 f.

5) Vgl. MGH. Epp. IV (1895), S. 533.

6) Vgl. A. Wilmart, Le commentaire des bénédictions de Jacob attribué à Paulin de Milan: Revue bénédictine 32 (1920), S. 57–63, S. 60 ff. und A. Vidier, L'historiographie, S. 70 und Addenda S. 240. Irrtümlich wird ebd. als Überlieferung auch Orléans, Bibliothèque Municipale, Ms. 116 (94), fol. 20v–21v genannt. Hier handelt es sich jedoch um das von J. M. Hanssens, Deux documents, S. 81 f. edierte anonyme Antwortschreiben O *serenissime adque piisime aguste.*

7) Vgl. M. Andrieu I, S. 32 f.

8) Den Hinweis auf diese Überlieferung verdanke ich Herrn Prof. D. Schaller (Bonn).

9) Vgl. A. Wilmart, Le commentaire, S. 62; A. Vidier, L'historiographie, S. 61, 70, 240.

stehen ihrem Autor auch als Handschriften des 9. Jahrhunderts besonders nahe; dem 9. Jahrhundert gehört weiter der Cod. Paris. lat. 12 279 an, dessen Bibliotheksheimat St. Germain-des-Prés ist[10]. Ins späte 9. bzw. frühe 10. Jahrhundert sind die Handschriften in Albi und Leningrad zu datieren, deren erste in ihrer Provenienz nur annähernd als südfranzösisch bestimmt werden kann, während die andere die *membra disiecta* des alten Codex 230 aus der Klosterbibliothek von Corbie umfaßt[11]. Der Cod. Vat. Pal. lat. 278[12] und der Codex Montispessulanus 310[13] stammen wie der Clm 14 532 aus dem 10. Jahrhundert; die Frage der Provenienz ist hier nur für die Münchener Handschrift geklärt, die aus St. Emmeram in Regensburg kommt[14]. Der Berliner Codex wurde im frühen 11. Jahrhundert im Kloster St. Martial zu Limoges von Ademar von Chabannes geschrieben[15]; der Clm 17 195 ist eine direkte Abschrift des 12. Jahrhunderts aus der St. Emmeramer Handschrift und stammt aus dem Kloster Schäftlarn[16].

Im Jahre 1905 edierte F. C. Conybeare Teile aus einer mit Liber S. Hieronymi de christianitate überschriebenen Tauferklärung aus der Handschrift Florenz, Biblioteca Laurenziana, Aedil. 214[17]. Conybeare erkannte, daß die Zuweisung an Hieronymus unzutreffend war, wußte den Traktat nach Herkunft und Alter aber nicht näher zu bestimmen. „The age of this tract is difficult to determine, but that it is of respectable antiquity is clear on several grounds“[18]. Bei Martin Schanz[19] und in der Clavis Patrum Latinorum[20] wird der Liber de

10) Vgl. E. Dümmler, MGH. Epp. IV, S. 533.

11) Vgl. M. Andrieu I, S. 32 f., 348 f.

12) Vgl. E. Stevenson, Codices Palatini latini Bibliothecae Vaticanae descripti I (1886), S. 71.

13) Catalogue général des manuscrits des bibliothèques publiques des départements I (1849), S. 414.

14) Catalogus codicum latinorum Bibliothecae Regiae Monacensis. Comp. C. Halm (u. a.). II, 2 (1876), S. 188.

15) Vgl. L. Delisle, a. a. O.; V. Rose, Verzeichnis der lateinischen Handschriften der Königlichen Bibliothek zu Berlin I. Die Meerman-Handschriften des Sir Thomas Phillipps (1893), S. 197 ff.

16) Catalogus codicum latinorum Bibliothecae Regiae Monacensis. Comp. C. Halm (u. a.). II, 3 (1878), S. 86.

17) F. C. Conybeare, Pseudo-Hieronymus de christianitate: Mélanges Jules Nicole (1905), S. 85–93.

18) Ebd. S. 85.

19) Geschichte der römischen Litteratur IV, 1 (² 1914), S. 498 Nr. 15.

20) E. Dekkers – A. Gaar, Clavis Patrum Latinorum (² 1961), Nr. 634 a.

christianitate unter den unechten Schriften des Hieronymus aufgeführt. Die in der Clavis zitierten Anfangssätze machten uns stutzig, und die von Conybeare gedruckten Auszüge lassen keinen Zweifel, daß es sich um Theodulfs *Liber de ordine baptismi* handelt[21]. Somit kann der Liste der Handschriften der Cod. Florent. Aedil. 214 s. XII/XIII als späteste Überlieferung hinzugefügt werden.

Ein Blick auf den Inhalt der genannten Codices gibt darüber Aufschluß, unter welchem Gesichtspunkt Theodulfs Schrift über die Taufe im 9. bis 11. Jahrhundert abgeschrieben und gelesen wurde. Im Zusammenhang mit anderen Werken Theodulfs – und zwar mit seinen Diözesanstatuten – erscheint sie lediglich im Cod. Vat. Pal. lat. 278 und in der Handschrift Ademars aus Limoges. Die Codices repräsentieren durchweg jenen Typ des Lehr-, Hilfs- und Handbuchs für den Kleriker, den Michel Andrieu als eine Frucht der karolingischen Bildungs- und Kirchenreform herausstellt[22]: in ihnen sind theologische und liturgische Lehrstücke verschiedenster Autoren sowie kirchenrechtliche Bestimmungen für den praktischen Gebrauch zusammengetragen, und ihre Inhaltsfolge – Meß- und Symbolerklärungen, Traktate *de fide, de gradibus ecclesiasticis,* Erklärungen der Taufriten, Canones und Kapitularien – entspricht den wiederholten Aufzählungen der Synoden, über welche Kenntnisse sich jeder Geistliche ausweisen müsse[23]. So finden wir Theodulfs *De ordine baptismi* in der Nachbarschaft anonymer *Expositiones de dedicatione ecclesiae, de oratione dominica, de symbolo apostolico* und der Schrift De actione

---

[21]) Conybeare druckt Kap. 1, 17 und 18 sowie die Schlußadresse an Magnus: *Ecce, vir venerabilis.*

[22]) Les Ordines Romani du haut Moyen Age I. Les manuscrits (1931), S. 476: „Cette sorte de compilations didactiques ... répondait à un besoin du temps, que mettent en évidence, dès les débuts de la période carolingienne, les prescriptions répétées des autorités politiques et religieuses"... S. 479: „Les prêtres ne pouvaient s'instruire sans ouvrages appropriés. Il leur fallait, avec le texte des *ordines,* des commentaires découvrant le sens de ces rites, et aussi des explications littérales de l'oraison dominicale et du symbole. Ainsi furent rédigées, le plus souvent par d'anonymes écrivains, les innombrables *expositiones missae, symboli, orationis dominicae,* et autres textes analogues, qui abondent dans les manuscrits dès les premiers temps carolingiens ... Dans cet ensemble de matériaux, les copistes opérèrent des sélections et réunirent les pièces choisies en un volume, où les clercs trouveraient tous les éléments de la science liturgique et théologique qu'on réclamait d'eux."

[23]) Vgl. die *Interrogationes examinationis,* MGH. Capit. I, Nr. 116 S. 234: *Interrogo vos, presbiteri, quomodo credetis ut fidem catholicam teneatis seu simbolum et orationem dominicam quomodo sciatis vel intellegitis. Canones vestras quomodo nostis vel intellegitis ... Missam vestram secundum ordinem Romanam quomodo nostis vel intellegitis ... Baptisterium quomodo nostis vel intellegitis* usw.

missarum des Florus von Lyon[24], neben dem Liber de ordine poenitentiae des Halitgar von Cambrai und einer Aufstellung der Verwandtschaftsgrade im Anschluß an Isidors Etymologien[25] oder zusammen mit einem in Fragen und Antworten gegliederten Lehrstück über die Trinität, Anweisungen zur Kalenderberechnung und Auszügen aus der Dionysio-Hadriana[26].

Es ist selbstverständlich, daß es den Schreibern derartiger didaktischer Kompilationen nicht um den Autor Theodulf ging, sondern um das von ihm gebotene Lehrmaterial, und daß sie deshalb auf eine wortgetreue Wiedergabe des Textes keinen Wert legten. In mehreren Handschriften ist das Widmungsschreiben an Magnus von Sens weggelassen, und der Autor wird nicht einmal erwähnt[27]. Wo Theodulf aus dem Rahmen der üblichen Argumentation fällt, wird gekürzt: so überspringt der Schreiber der Münchener Handschrift[28] einen längeren Passus des 12. Kapitels, in dem Theodulf zur Erklärung des Wortes *pompae* einige Prudentiusverse zitiert[29], nicht etwa aus Nachlässigkeit, sondern weil ihm dieser Exkurs in die spätantike spanische Dichtung für ein schulmäßiges Handbuch zu extravagant schien. Bei der Überlieferung des Ms. Phillipps 1664 haben wir es mit einer regelrechten Bearbeitung zu tun: Ademar von Chabannes hat den Text von Theodulfs *De ordine baptismi* durch Erweiterungen auf den annähernd dreifachen Umfang gebracht und in vier *sermones* aufgeteilt, die vor einer Synodalversammlung gehalten werden[30]. An die Stelle von Theodulfs Brief an Magnus ist ein einleitendes Wort an die versammelten Kleriker getreten, und der Satz, mit dem Theodulf am Ende seiner Arbeit die Anrede an seinen Metropoliten noch einmal aufnimmt,

*Ecce, vir venerabilis, quod prudenter iussisti, humiliter implevi ...*[31]

---

[24]) Vgl. die Inhaltsfolge Ms. Troyes 804, Catalogue général II (1855), S. 334–336; der später angebundene zweite Teil des Codex, der nach Herkunft und Entstehungszeit mit dem ersten nichts zu tun hat, braucht hier natürlich nicht berücksichtigt zu werden.

[25]) Vgl. die Inhaltsfolge des Clm 14 532.

[26]) Vgl. die Inhaltsfolge des Codex 230 aus Corbie, soweit sie sich aus den Leningrader Fragmenten rekonstruieren läßt: M. Andrieu I, S. 348 ff.

[27]) Ms. Albi 42; Clm 14 532 und 17 195.

[28]) Clm 14 532 fol. 12v; vgl. 17 195 fol. 51v.

[29]) Psychomachia, V. 439 f., CC. 126, S. 165.

[30]) Vgl. L. Delisle, Notice, S. 250–256.

[31]) Ed. J. Sirmond (1646), S. 60.

dient bei Ademar als Überleitung zur Symbolerklärung:

*Ecce, venerabiles sacerdotes Dei, quod prudenter debetis audire, humiliter disserimus de fide catholica* ...[32].

Solche Beobachtungen zeigen, daß die relativ breite Überlieferung von Theodulfs *De ordine baptismi* in elf Handschriften allein der Sache zuzuschreiben ist, die man für den Unterricht der Kleriker und in der Praxis des kirchlichen Alltags notwendig brauchte. Sie besagt – ähnlich wie im Fall des ersten Diözesanstatuts[33] – nichts über die Reputation oder den Nachruhm des Autors. Die beiden Fälle, in denen die Schrift über die Taufe und das erste Diözesanstatut zusammen überliefert sind, widersprechen diesen Beobachtungen nicht: hier liegen keineswegs Ansätze zu einer „Gesamtausgabe" Theodulfs vor, sondern es war das Bedürfnis der Kleriker, vor allem der Pfarrer, nach einem über alle in ihrem Amt anfallenden Fragen informierenden Hilfsmittel, das im Rahmen der eben charakterisierten Kompendien die Canones und die Liturgieerklärung zusammenführte. Der Zeitraum, über den sich die Überlieferung erstreckt, umfaßt die Jahrhunderte zwischen der karolingischen und der gregorianischen Reform, in denen das kirchliche Leben nach theologischer Lehre, Gesetzgebung und Liturgie den in der Karolingerzeit eingeschlagenen Bahnen folgte. Die Überlieferung von *De ordine baptismi* bricht wie die Tradition der Diözesanstatuten in dem Augenblick ab, als mit dem Beginn der Scholastik und dem Decretum Gratiani sich in Theologie und Kanonistik entscheidende Wandlungen vollzogen[34].

In seiner Theodulf-Ausgabe von 1646 hat Jacques Sirmond den *Liber de ordine baptismi* zum erstenmal gedruckt[35]. Der Text Sir-

---

[32]) Ms. Phillipps 1664, fol. 71r.

[33]) Vgl. oben S. 26 Anm. 43.

[34]) Vgl. A. M. Stickler, Historia iuris canonici latini I. Historia fontium (1950), S. 142 f. Die Abschriften Clm 17195 und Cod. Florent. Aedil. 214 im 12. Jahrhundert sind unzeitgemäße Nachzügler.

[35]) S. 28–60; er kannte vier Handschriften: *Ex quatuor huius libri exemplaribus, quae in manus meas venerunt, tria sunt, quae ad Magnum Episcopum missum docent, Virdunense, Divionense et Vaticanum, quartum Corbeiense pro Magno Joannem habet, mendose ut opinor* (ebd. S. 274). Der zuletzt genannte Codex aus Corbie ist mit der heutigen Leningrader Handschrift identisch, wo in der Tat der Name des Adressaten Johannes lautet; vgl. M. Andrieu I, S. 349. Auch Ms. Troyes 804 schreibt *Johannes* statt *Magnus;* vgl. Catalogue général II (1855), S. 335 und A. Wilmart, Le commentaire, S. 62 Anm. 3. – Mit dem vatikanischen Codex kann Sirmond wohl kaum den Reg. lat. 284 gemeint haben, wie Wilmart behauptet (Codices Reginenses latini II (1945), S. 93: *ex editione Sirmondi, qui nostro usus est*), denn die Sammlung der Christine von Schweden kam erst im

monds fand Nachdrucke in der Bibliotheca maxima veterum patrum T. XIV (1677), S. 8–14, in Sirmonds Opera varia T. II (1696), col. 943–968, ($^2$1728), col. 679–696, und bei Migne, PL. 105, col. 223–240. Bei einem Vergleich mit den Handschriften Clm 14 532 und Cod. Paris. lat. 12 279 konnte festgestellt werden, daß er recht zuverlässig ist: es gibt natürlich eine Menge kleiner Abweichungen des Drucks von den Handschriften und der Handschriften untereinander, besonders in der Wortstellung, in der Hinzufügung oder Tilgung von Konjunktionen und in den Flexionsformen, die bei einer kritischen Edition sorgfältig verzeichnet werden müßten; aber sinnentstellende Lesarten bringt Sirmond selten. Es ist zu verbessern:

Kap. 5, Sirmond S. 33:
*neque a sapore Christi decipiantur* in:
*neque a sapore Christi desipiant*
(Clm 14 532 fol. $5^r$ / Cod. Paris. lat. 12 279 fol. $127^v$)

Kap. 9, Sirmond S. 39:
*Quem odorem tunc bene habere poterit, si cum Maria, quae interpretatur domina sive luminatrix, alabastro unguenti, hoc est sacrae fidei puritate et bonae operationis exercitio, ungant pedes Jesu* in:
*Quem odorem tunc bene habere poterunt, si cum Maria, quae interpretatur domina sive luminatrix et typum tenet sanctae ecclesiae, accipiant alabastrum unguenti, hoc est sacrae fidei puritatem et bonae operationis exercitium, et unguant pedes Jesu.*
(Clm 14 532 fol. $9^v$ / Cod. Paris. lat. 12 279 fol. $128^v$) [36]

---

Jahre 1690 in die Vaticana. Dagegen befanden sich die Heidelberger Handschriften seit 1623 im Vatikan, so daß Sirmond wahrscheinlich den Pal. lat. 278 eingesehen hat. Ob die Codices aus Verdun und Dijon heute nicht mehr existieren oder mit bekannten Handschriften identisch sind, muß offenbleiben. Die Verfasser des Catalogue général I (1849), S. 414 bemerken zum Montispessulanus 310, der aus der Sammlung Bouhier stammt: „Bouhier ... remarque que Sirmond s'est servi de ce manuscrit dans son édition de Théodulfe." Diese Nachricht hat einige Wahrscheinlichkeit, denn Jean Bouhier (1673–1746), Büchersammler wie sein Großvater gleichen Namens († 1671), von dem er eine bereits ansehnliche Bibliothek erbte, gehörte dem Parlament von Dijon an, wo er das Amt eines „président à mortier" bekleidete. Der heutige Codex Montispessulanus 310 wäre demnach Sirmonds Codex Divionensis.

[36]) Der Satz ergibt auch ohne die vorgeschlagene Erweiterung einen guten Sinn; aber die Formulierung *et typum tenet sanctae ecclesiae* hat eine wörtliche Entsprechung in Kap. 5 (*Dominus ... septem gentes typum vitiorum tenentes contrivit, in quarum loco in typo virtutum Israeliticum populum collocavit.* Sirmond S. 34) und fügt sich in die Reihe der die ganze Schrift leitmotivisch durchziehenden Wendungen *typus, typice, in typo* usw., so daß an ihrer Originalität nicht zu zweifeln ist.

Kap. 10, Sirmond S. 41:
*... utrimque munitur, id est anterior et posterior, ut undique mens Christiani ... pinguedine sancti Spiritus ... exuberet* in:
*... utrimque munitur, id est anterius et posterius, ut undique* usw.
(Clm 14 532 fol. 11r / Cod. Paris. lat. 12 279 fol. 129r)

Kap. 17, Sirmond S. 57:
*Timor quoque ipse, has etiam virtutes si non habuerit, ad nullum opus ... surgit* in:
*Timor quoque ipse, nisi has etiam virtutes habuerit* usw.
(Clm 14 532 fol. 22v / Cod. Paris. lat. 12 279 fol. 131r) [37]

Kap. 18, Sirmond S. 59: Überschrift
*Cur corpore et sanguine dominico consummetur* in:
*Cur corpore et sanguine dominico confirmetur*
(Clm 14 532 fol. 24r / Cod. Paris. lat. 12 279 fol. 131v) [38]

Kap. 18, Sirmond S. 59:
*Hoc ergo mysterium sacrificii ... Ecclesia celebrat* in:
*Hoc ergo mysterium offerendi sacrificii ... ecclesia celebrat*
(Clm 14 532 fol. 24v / Cod. Paris. lat. 12 279 fol. 131v) [39]

In seiner Kommentation begnügte sich Sirmond mit Hinweisen auf die von Theodulf zitierten Bibelstellen, wobei er lediglich die Passagen kennzeichnete, die der Autor selber mit Wendungen wie *sicut Dominus ait, iuxta Apostolum, secundum Evangelium, ut cum David dicere*

---

[37]) Hier handelt es sich zwar nur um eine Variation der Konjunktion, aber die vorgeschlagene Lesart entspricht dem Text der Moralia Gregors des Großen (I, 32, PL. 75, col. 547), den Theodulf wörtlich zitiert.

[38]) Vgl. den Fragebogen Karls: ... *vel corpore et sanguine dominico confirmatur*, MGH. Epp. V, S. 242.

[39]) Die Münchner und die Pariser Handschrift stehen in keinem unmittelbaren Abhängigkeitsverhältnis zueinander; möglich ist freilich, daß sie beide eine gemeinsame Vorlage haben. Der Schreiber der Münchner Handschrift verhält sich dem Text gegenüber sehr selbständig: er läßt Stellen weg, die ihm für seine Zwecke nicht geeignet scheinen, ergänzt Bibelzitate und macht verdeutlichende Zusätze; aber nirgends gibt es grobe grammatische Fehler oder sinnentstellende, auf Unverständnis beruhende Schreibungen. Der Schreiber der Pariser Handschrift kopiert seine Vorlage schematisch, aber gedankenlos und nachlässig: er leistet sich mehrere Auslassungen durch Augensprung und fehlerhafte Schreibungen wie *crudelitas* statt *credulitas* (Kap. 8, fol. 128v) oder *misericordi locus unctionis* statt ... *misericordiae, cordis locus unctione* (Kap. 10, fol. 129r), die darauf schließen lassen, daß er den Inhalt des Textes nicht verstand.

*possint* u. dgl. als Zitate einführt. Die versteckten Übernahmen biblischer Formulierungen oder inhaltlichen Anspielungen auf die biblischen Ereignisse sind bisher ebensowenig kenntlich gemacht wie die aus der patristischen Literatur übernommenen Sätze und Abschnitte. Diese Entlehnungen herauszustellen, bedeutet eine einschneidendere Veränderung für das Verständnis von Theodulfs *Liber de ordine baptismi* als die eben vorgeschlagenen Verbesserungen des Textes selbst: es zeigt sich, daß die einzige Prosaschrift, die wir von Theodulf besitzen, wie die Gedichte ein Konglomerat aus Spolien ist; mehr als zwei Drittel des Textes sind Zitate!

### b) Zitate aus der Schrift und den Vätern

Bei der Durchsicht der patristischen Literatur in Hinsicht auf von Theodulf übernommene Stellen hatten wir zwei Orientierungshilfen: zum einen die in den Antwortschreiben der Metropoliten vorzugsweise zitierten Autoren, von denen wir – nicht zu Unrecht – vermuteten, daß sie auch von Theodulf herangezogen wurden; zum anderen Theodulfs persönlichen Lektürekanon, den er in seinem Carmen *Namque ego suetus eram hos libros legisse frequenter*[40] mitteilt:

*Saepe et Gregorium, Augustinum perlego saepe,*
*Et dicta Hilarii seu tua, papa Leo.*
*Hieronymum, Ambrosium, Isidorum, fulvo ore Johannem,*
*Inclyte seu martyr te, Cypriane pater*[41].

Die im folgenden identifizierten Übernahmen bleiben dennoch Zufallsfunde und erheben keinen Anspruch auf Vollständigkeit.

Kap. 2

| | |
|---|---|
| *Catechumenus autem audiens sive instructus interpretatur.* | Isidor, Etymologiae VII, 14, 7: *Nam κατηχούμενος Graece auditor interpretatur.* Isidor, De ecclesiasticis officiis II, 21, 1: *Catechumenus, id est audiens, nominetur* |
| *Et quod per Moysem quondam audierat: „Audi, Israel, Dominus Deus tuus Deus* | Isidor, ebd.: *Et quia primum exhortationis praecep-* |

[40]) Carmen XLV, MGH. Poetae I, S. 543.
[41]) Ebd., V. 3–6.

| | |
|---|---|
| *unus est"* (Deut. 6, 4) ... *modo per sacerdotum ministerium et audiens efficitur ...* | *tum est in lege Dei: „Audi, Israel, Dominus Deus tuus Deus unus est"* (Deut. 6, 4), *inde est ut is cui per sacerdotem quasi per Moysen Deus primum loquitur ...* |
| *... et relicto ritu quo creaturae deserviebat, soli creatori Deo deserviat.* | Vgl. Rom. 1, 25: *Et servierunt creaturae potius quam Creatori.* Sacramentarium Gregorianum, Supplementum, Oratio ad caticuminum faciendum: *... laetus tibi in ecclesia deserviat.* (ed. J. Deshusses, Le sacramentaire grégorien I, Nr. 1065 S. 371) |
| *Quicumque ergo a Joanne docebantur sive instruebantur et baptizabantur, ... catechumenorum typum praetulisse noscendi sunt.* | Isidor, De ecclesiasticis officiis II, 21, 2: *Puto autem et omnes a Johanne in poenitentiam baptizatos catechumenorum praetulisse figuram.* |

## Kap. 3

| | |
|---|---|
| *In quorum etiam facie ... signum crucis fit, ut et Diabolus fugetur et Christo via praeparetur ...* | Johannes, Epistola ad Senarium, ed. A. Wilmart, S. 172: *... ut fugato diabolo Christo domino nostro paretur introitus.* Alcuin, Brief Nr. 137, MGH. Epp. IV, S. 214: *... ut fugato diabolo Christo Deo nostro paretur introitus.* |
| *... quod in primordio sui spiraculum vitae acceperat ...* | Vgl. Gen. 2, 7: *Inspiravit in faciem eius spiraculum vitae.* |
| *... qui et in discipulos suos insufflasse et spiritus immundos increpasse legitur.* | Vgl. Joh. 20, 22; Mt. 17, 18; Lc. 9, 42. Isidor, De ecclesiasticis officiis II, 21, 3: *Hoc significat lunaticus ille, quem increpavit Jesus, et exiit ab illo daemonium.* |

## Kap. 4

| | |
|---|---|
| *Unde et exorcizatur idem malignus spiritus, ut exeat et recedat ab illo plasmate ...* | Alcuin, Brief Nr. 137, MGH. Epp. IV, S. 214: *Exorcizatur, id est coniuratur malignus spiritus, ut exeat et recedat.* Sacramentarium Gregorianum, Supple- |

mentum, Oratio super masculos (feminas):
*Exorcizo te, inmunde spiritus ..., ut exeas et recedas ab hoc famulo (hac famula) dei.*
(ed. J. Deshusses, Nr. 1077–1078 S. 376)
Exorzismusformel im westgotischen Liber ordinum:
*Omnis exercitus diaboli ... eradicare et effugare ab hoc plasmate*
(ed. M. Férotin, Monumenta ecclesiae liturgica V (1904), col. 26)

*... egrediantur tenebrae et lux vera Christus ingrediatur.*

Vgl. 1 Joh. 2, 8:
*Tenebrae transierunt, et verum lumen iam lucet.*

*Et increpans Satanam, Hierusalem elegit, sanctam videlicet Ecclesiam, quae est visio pacis, quam quotidie prole nova foecundet.*

Zach. 3, 2:
*Increpet Dominus in te, Satan, et increpet Dominus in te, qui elegit Jerusalem.*
Exorzismusformel im westgotischen Liber ordinum:
*Increpet Dominus in te, Satan, et increpet Dominus in te, qui elegit Jherusalem.*
(ed. M. Férotin, col. 74)
Ildefons von Toledo, Liber de cognitione baptismi c. 25:
*Nam quia exorcismus increpationis est sermo, bene invehendo exoritur, dum sic inchoatur: „Increpet Dominus in te, Satan, et increpet in te, qui elegit Jerusalem."*
(PL. 96, col. 122)
Isidor, Etymologiae VIII, 1, 6:
*Nam Hierusalem pacis visio interpretatur.*
Sacramentarium Gregorianum, Karfreitagsfürbitten:
*Omnipotens sempiternae deus, qui ecclesiam tuam nova semper prole fecundas ...*
(ed. J. Deshusses, Nr. 347 S. 178)

*Exorcismus praeterea est sermo increpationis sive coniurationis.*

Isidor, Etymologiae VI, 19, 55:
*Exorcismus Graece, Latine coniuratio sive sermo increpationis est.*

*Unde et in actibus Apostolorum exorcistae fuisse leguntur ...*

Vgl. Act. 19, 13 ff.

## Kap. 5

*... salem ... accipiunt, et eius gustu condimentum sapientiae percipiant neque a sapore Christi desipiant et sint insulsi et fatui.*

Isidor, De ecclesiasticis officiis II, 21, 3: *... ut eorum gustu condimentum sapientiae percipiant, neque desipiant a sapore Christi, nec sint fatui ...*

*... ne praeterita peccata iterantes respiciant retro et efficiantur statua salis et remanentes insensati exemplo poenae suae alios condiant ...*

Vgl. Gen. 19, 26: *Respiciensque uxor eius post se, versa est in statuam salis.*
Isidor, De ecclesiasticis officiis II, 21, 3: *... et retro respiciant sicut uxor Lot, ne malum exemplum dantes ipsi remaneant, ut alios condiant.*

*... et iuxta Apostolum memores sint uxoris Lot.*

Lc. 17, 32: *Memores estote uxoris Lot.*

*Et sicut Heliseus salis immissione sterilitatem aquae curavit, ita nimirum verus Heliseus Dominus noster Jesus Christus ... generis humani sterilitatem ad ... bonorum operum saporem perducit.*

Vgl. 4 Reg. 2, 19 ff.
Sacramentarium Gregorianum, Supplementum, Exorcismus salis: *Exorcizo te creatura salis ... per deum qui te per heliseum prophetam in aquam mitti iussit ut sanaretur sterilitas aquae.* (ed. J. Deshusses, Nr. 1451 S. 472)
Zur typologischen Interpretation vgl. Isidor, Quaestiones in Vetus Testamentum, In 4 Reg. c. 3, 1, PL. 83, col. 419: *Ipse quoque Eliseus figuram Christi gessit ...*

*... tradatur ei symbolum ..., ut domus prisco habitatore derelicto fide ornetur ...*

Alcuin, Brief Nr. 137, MGH. Epp. IV, S. 214: *... symboli apostolici traditur ei fides, ut vacua domus et a prisco habitatore derelicta fide ornetur.*

*Unde et Dominus ante faciem filiorum Israel septem gentes typum vitiorum tenentes contrivit, in quarum loco in typum virtutum Israeliticum populum collocavit.*

Vgl. Deut. 7, 1: *Cum introduxerit te Dominus Deus tuus in terram, quam possessurus ingrederis, et deleverit gentes multas coram te, Hethaeum et Gergezaeum et Amorrhaeum, Chananaeum et Pherezaeum et Hevaeum et Jebusaeum, septem gentes multo maioris numeri quam tu es.*

Zur tropologischen Interpretation vgl. Isidor, Quaestiones in Vetus Testamentum, In Deut. c. 16, 2 u. 7, PL. 83, col. 366 f.:
*Septem istae gentes septem sunt principalia vitia ... et ita singulis vitiis expulsis, eorum loca ... possidebunt filii Israel.*

## Kap. 6

*Quod symbolum Latine indicium vel signum vel collatio interpretatur.*

Isidor, De ecclesiasticis officiis II, 23, 3:
*Symbolum enim Graece et indicium dici potest et collatio.*

*... conlatio, quia in eo Apostoli omnem fidei integritatem contulerunt.*

Isidor, ebd.:
*Collatio, hoc est, quod plures in unum conferunt. Id enim fecerunt apostoli ... in unum conferendo unusquisque quod sensit.*

*Discessuri enim ab invicem normam futurae praedicationis in commune statuerunt, ne localiter ab invicem discedentes diversum aliquid vel dissonum praedicarent.*

Isidor, ebd., II, 23, 2:
*Discessuri itaque ab invicem, normam prius sibi futurae praedicationis in commune constituunt, ne localiter ab invicem discedentes diversum aliquid vel dissonum praedicarent*[42].

*... quibus erat anima una et cor unum in Domino ...*

Act. 4, 32:
*Multitudinis autem credentium erat cor unum et anima una.*

*Plerique interea verbum abbreviatum per Esaiam prophetam in symbolo et oratione Dominica intelligi volunt. In altero enim fidei, in altero precum continetur integritas ...*

Isidor, Sententiae I, 21, PL. 83, col. 587:
*Omnis enim latitudo Scripturarum in eadem oratione Dominica et symboli brevitate concluditur. Unde et propheta Isaias dicit: „Abbreviationem audivi a Domino Deo exercituum super universam terram.“* (Is. 10, 23)

[42]) Die Entstehungslegende des Symbols in der eben zitierten Formulierung *Discessuri itaque ab invicem* ... findet sich zuerst bei Rufinus v. Aquileja, Expositio Symboli c. 2, CC. 20, S. 134. Wörtliche Übernahme auch bei Ildefons v. Toledo, Liber de cognitione baptismi c. 32, PL. 96, col. 126; Etherius und Beatus, Ad Elipandum epistola II, 99, PL. 96, col. 1026. Vgl. H. Leclercq, Art. „symbole“: DACL. XV, 2 (1953), col. 1756–1778, col. 1757 ff.

Kap. 7

| | |
|---|---|
| *... filium, non factum aut adoptivum, sed genitum ...* | Glaubensbekenntnis der 4. Synode von Toledo (633), Mansi X, col. 615 f.; Bibliothek der Symbole und Glaubensregeln der Alten Kirche, hg. v. A. Hahn, § 179, S. 235 f.: *Filium a patre non factum, sed genitum asserimus ...* |
| *Credant etiam eum descendisse ultimo tempore pro redemptione mundi a patre, qui nunquam desiit esse cum patre ... naturae nostrae hominem susceperit ...* | ebd.: *... ipsum autem ... Jesum Christum ... descendisse ultimo tempore pro redemptione mundi a patre, qui nunquam desiit esse cum patre ... suscipiens hominem ...* |
| *Credant etiam eum pertulisse passionem et mortem non in virtute divinitatis, sed in infirmitate humanitatis ...* | ebd.: *... perferens passionem et mortem ... non in virtute divinitatis, sed in infirmitate humanitatis ...* |
| *... sicut ille tertia die resurrexit vivus*[43] *a mortuis, ita et nos in fine saeculorum resurgamus in eadem qua nunc vivimus carne ... et resuscitatis omnibus, dare aliis pro peccatis supplicii aeterni sententiam, aliis pro iustitiae meritis aeternae beatitudinis praemium.* | ebd.: *... resuscitandi ab eo in die novissima in ea qua nunc vivimus carne ... percepturi ab ipso alii pro iustitiae meritis vitam aeternam, alii pro peccatis supplicii aeterni sententiam.* |

[43]) Beobachtung von A. Hahn, Bibliothek der Symbole, S. 79 Anm. 195: „Eigenthümlich ist ihm (Theodulf) das ‚vivus' nach ‚resurrexit', welches sich auch ... in dem Spanischen Symbol findet." Vgl. Martin v. Bracara, ebd., § 54, S. 65 f.; Ildefons v. Toledo, ebd., § 55, S. 66; Etherius und Beatus, ebd., § 56, S. 66 f. Hahn versucht, aus dem Text des Kapitels durch Tilgung aller erläuternden Sätze „das muthmaßliche Symbol des Theodulph" zu rekonstruieren (§ 69, S. 79). Außerdem gibt er unter der Abteilung „Privatsymbole" (§ 242, S. 355 f.) den vollen Wortlaut des Kapitels wieder. Im Rundschreiben Karls war jedoch nicht nach dem Taufsymbol oder einer sonstigen offiziellen Symbolformel, sondern nach der *credulitas* gefragt: dem Verständnis der Grundinhalte des Glaubens, wie sie dem Täufling bzw. dem Paten gegenwärtig sein sollten. Entsprechend ist Theodulfs Kapitel *De credulitate* eine kurze Zusammenfassung der christlichen Lehre, in der zwar alle entscheidenden Symbolstichworte fallen, die aber in der Formulierung und Akzentuierung frei ist: manche Artikel werden nur gestreift oder gruppenweise zusammengefaßt, andere breit ausgeführt. Hahns Rekonstruktion einer zugrunde liegenden Symbolformel erscheint daher ebenso fragwürdig wie sein Begriff „Privatsymbol". Zutreffender urteilt F. Wiegand, Die Stellung des apostolischen Symbols im kirchlichen Leben des Mittelalters (1899), S. 340, der „des Theodulf Credulitas als die Quintessenz der von ihm gehaltenen Symbolkatechesen" bezeichnet.

*Nec immerito dignum est, ut qui aliorum peccatis obnoxii sunt, aliorum etiam confessione ... remissionem originalium percipiant peccatorum.*

Vgl. Alcuin, Brief Nr. 110, MGH. Epp. IV, S. 158:
*Igitur infantes, ratione non utentes, aliorum peccatis obnoxii, aliorum fide et confessione per baptismi sacramentum salvari possunt.*

## Kap. 8

*... ne ... tradatur sanctum canibus et mittantur margaritae inter porcos et lupi ovina pelle vestiantur.*

Mt. 7, 6:
*Nolite dare sanctum canibus, neque mittatis margaritas vestras ante porcos.*
Vgl. Mt. 7, 15:
*Qui veniunt ad vos in vestimentis ovium, intrinsecus autem sunt lupi.*

## Kap. 9

*Tanguntur ... nares et aures et dicitur: Effeta.*

Vgl. Sacramentarium Gregorianum, Supplementum:
*Inde vero tangat ei nares et aures ... et dicat ...: Effeta quod est adaperire in odorem suavitatis.*
(ed. J. Deshusses, Nr. 1081 S. 377)

*Quem odorem tunc bene habere poterunt, si cum Maria, quae interpretatur domina sive luminatrix et typum tenet sanctae ecclesiae, accipiant alabastrum unguenti, hoc est sacrae fidei puritatem et bonae operationis exercitium, et unguant pedes Jesu ...*

Vgl. Lc. 7, 37 f.:
*Et ecce mulier ... attulit alabastrum unguenti ... et osculabatur pedes eius et unguento ungebat.*
Interpretation des Namens: Isidor, Etymologiae VII, 10, 1:
*Maria inluminatrix.*
Zur typologischen Deutung auf die Kirche vgl. Isidor, Allegoriae 238, PL. 83, col. 128:
*Mulier quae unguento caput Domini unxit, Ecclesia est, quae fructus sui operis fideique odorem ad laudem Dei ... refert.*

*... ut qui expuens linguam muti tetigerat et sputo lutum fecerat et oculos caeci nati aperuerat ...*

Mc. 7, 33:
*Et expuens tetigit linguam eius.*
Joh. 9, 6:
*Expuit in terram et fecit lutum ex sputo et linivit lutum super oculos eius.*
Vgl. das Effeta-Gebet im westgotischen Liber ordinum:

*Bene omnia fecit: et surdos fecit audire et mutos loqui.*
(ed. M. Férotin, col. 27)

## Kap. 10

*... contra omnia prospera sive adversa sint circumspecti, et caelestium animalium imitatione ante et retro pleni sint oculis, id est in praeteritum et futurum respicientes salutis suae custodiam non amittant.*

Ez. 1, 18:
*Totum corpus oculis plenum in circuitu ipsarum quattuor.*
Vgl. Ez. 10, 12 u. Apoc. 4, 8.
Typologische Interpretation bei Isidor, Etymologiae VI, 2, 41:
*Nam et oculis plena erant intus et foris, quoniam praevident Evangelia quae dicta sunt a prophetis et quae promiserit in priori.*
Tropologische Interpretation bei Gregor d. Gr., Homiliae in Hiezechihelem I, 7, 2, CC. 142, S. 83:
*Corpora ... animalium idcirco plena oculis describuntur, quia Sanctorum actio ab omni parte circumspecta est, bona desiderabiliter providens, mala solerter cavens.*

*Bene autem velle et perficere ab eo nobis datur, a quo est omne datum optimum et omne donum perfectum.*

Jac. 1, 17:
*Omne datum optimum et omne donum perfectum desursum est.*

## Kap. 11

*Quam abrenuntiationem recte confessio sanctae Trinitatis sequitur, ut ubi abundavit peccatum, superabundet gratia ...*

Rom. 5, 20:
*Ubi autem abundavit delictum, superabundavit gratia.*

## Kap. 12

*Abrenuntiatur etiam operibus eius ... Et quia ille armis suis, id est vitiis, genus humanum sibi subiecit, Dominus armis suis, id est virtutibus, illum debellavit ... Septem itaque principalia vitia ... non incongrue opera Satanae*

Vgl. Gregor d. Gr., Moralia XXXI, 45, PL. 76, col. 620 f.:
*Exercitus diaboli dux superbia, cuius soboles septem principalia vitia ... Radix quippe cuncti mali superbia est, de qua, Scriptura attestante, dicitur: „Ini-*

*dicere possumus ... Quamvis ergo omne peccatum superbia dici possit ...*

*tium omnis peccati est superbia.*" (Eccli. 10, 15) [44]

## Kap. 13

*Quia igitur constat pactiones credentium esse duas, unam in qua abrenuntiatur diabolo et pompis eius et omnibus operibus eius, alteram qua se credere confitentur in patrem et filium et in Spiritum sanctum ...*

Isidor, De ecclesiasticis officiis II, 25, 5: *Duae sunt autem pactiones credentium. Prima enim pactio est, in qua renuntiatur diabolo et pompis et universae conversationi illius. Secunda pactio est qua se credere in Patrem et Filium et Spiritum sanctum profitetur.*

*... cuius mysterium et in veteri testamento per Moysem praefiguratum est, cum populus in nube et in mari baptizatus est ...*

1 Cor. 10, 2:
*Et omnes in Moyse baptizati sunt in nube et in mari.*
Isidor, De ecclesiasticis officiis II, 25, 1: *Baptismi sacramentum si prima repetens ab origine pandam, baptizavit Moyses in nube et in mari in typo et in figura; ita enim Paulus pronuntiat.*
Vgl. auch Ildefons v. Toledo, Liber de cognitione baptismi c. 102, PL. 96, col. 149:
*Figuram et typum baptismi huius bene Paulus commendans dicit: „Nolo vos ignorare, fratres, quia omnes patres nostri sub nube fuerunt et omnes per mare transierunt.*" (1 Cor. 10, 1)

*... et qui per peccatum eramus filii irae, per gratiam efficimur filii Dei.*

Vgl. Eph. 2, 3–5:
*Eramus natura filii irae ... gratia estis salvati.*

*Ex osse dormientis protoplasti mulier aedificata est; ex latere Christi in cruce dormientis Ecclesia formata est. Pro-*

Vgl. Gen. 2, 21 f.; Joh. 19, 34.
Augustinus, In Iohannis Evangelium tractatus XV, 8, CC. 36, S. 153:

---

[44]) Von Gregor d. Gr. ist Isidor von Sevilla abhängig, vgl. Sententiae II, 38, 2, PL. 83, col. 639: *Omnis peccans superbus est.* Theodulfs Tugend- und Lasterlehre, die in seinem Carmen I (V. 257 ff., MGH. Poetae I, S. 450 f.) und in seinen Diözesanstatuten (1. Statut, c. 31; 2. Statut, c. 52–64) wiederkehrt, beruht auf Gregor d. Gr.; vgl. P. Schulze, Die Entwicklung der Hauptlaster- und Haupttugendlehre von Gregor dem Großen bis Petrus Lombardus (Diss. Greifswald 1914), S. 73, 84. Unzutreffend ist die Feststellung D. Schallers, Diss. masch., S. 163, über Theodulfs Gedichte: „Paul Schulze ... nennt Theodulf nicht." Die Vorstellung vom Kampf der Laster gegen die Tugenden ist eine Übernahme aus der Psychomachie des Prudentius, aus der Theodulf die Verse 439 f. zitiert.

*fluxerunt enim ex eius latere sanguis et aqua, duo sanctae Ecclesiae praecipua sacramenta . . .*

*Adam . . . dormiens meruit accipere uxorem, et de costa eius facta est ei uxor, quoniam de Christo in cruce dormiente futura erat ecclesia de latere eius, de latere scilicet dormientis, quia et de latere in cruce pendentis lancea percusso sacramenta ecclesiae profluxerunt.*
Isidor, Quaestiones in Vetus Testamentum, In Gen. c. 3, 8, PL. 83, col. 217:
*Dormit Adam et fit illi mulier de latere. Patitur Christus in cruce, pungitur latus lancea et profluunt sacramenta sanguinis, ex quibus formetur Ecclesia.*
Ildefons v. Toledo, Liber de cognitione baptismi c. 7, PL. 96, col. 114:
*Somno Adam obdormivit. Christus morte quievit. Adae costa subtrahitur, et mulier fingitur. De Christi latere sanguis et aqua producitur, et his sacramentis Ecclesia sancta formatur.*

*Unde et populus mare rubrum transiit, quia baptismus Christi sanguine consecratur.*

Isidor, Quaestiones in Vetus Testamentum, In Ex. c. 19, 1, PL. 83, col. 296:
*Quid mare Rubrum nisi baptismus est Christi sanguine consecratus?*
Ildefons v. Toledo, Liber de cognitione baptismi c. 101, PL. 96, col. 149:
*Illic mare rubore littoris coloratum, unde et dicitur rubrum; hic est baptismus Christi sanguine consecratus.*

*Quia ergo elementum aquae in hoc mundo omnibus elementis purgandi, vivificandi, recreandi gratia aptius est . . ., cum spiritus Dei in mundi primordio super id ferebatur . . .*

Vgl. Sacramentarium Gregorianum, Benedictio fontis:
*Deus, cuius spiritus super aquas inter ipsa mundi primordia ferebatur, ut virtutem sanctificationis aquarum natura conciperet . . . Sit fons vivus, aqua regenerans, unda purificans.*
(ed. J. Deshusses, Nr. 374 S. 186 f.)

*Per hoc etenim visibile elementum res illa invisibilis signatur,*

Isidor, Etymologiae VI, 19, 47:
*Voluit enim Dominus ut res illa invisibilis per congruentem, sed profecto . . . visibilem inpenderetur elementum.*

*ut sicut aqua purgatur exterius corpus, ita latenter eius mysterio per Spiritum sanctum purificetur et animus.*

Isidor, ebd., VI, 19, 48:
*Nam sicut aqua purgatur exterius corpus, ita latenter eius mysterio per Spiritum sanctum purificatur et animus.*

| | |
|---|---|
| *Invocato namque Deo descendit Spiritus sanctus de caelis et sanctificatis aquis tribuit eis vim purgationis.* | Isidor, ebd., VI, 19, 49: *Invocato enim Deo descendit Spiritus sanctus de caelis, et medicatis aquis sanctificat eas de semetipso; et accipiunt vim purgationis.* |
| *... et spiritu gratiae in melius immutatus, longe aliud quam fuerat efficitur. Foedus enim erat deformitate peccatorum: ibi redditur pulcher dealbatione virtutum.* | Isidor, ebd., VI, 19, 43–44: *Quia ibi homo spiritu gratiae in melius inmutatur et longe aliud quam erat efficitur. Prius enim foedi eramus deformitate peccatorum, in ipsa tinctione reddimur pulchri dealbatione virtutum.* |
| *Nullatenus itaque baptismi mysterium perfici potest nisi sub invocatione sanctae Trinitatis, quia et Dominus ad Apostolos dixit: „Ite, docete ...“* (Mt. 28, 19) | Isidor, ebd., VI, 19, 45: *Cuius mysterium non aliter nisi sub Trinitatis designatione, id est Patris et Filii et Spiritus sancti cognominatione, conpletur, dicente Domino ad Apostolos: „Ite, docete ...“* (Mt. 28, 19) |
| *Et idem Dominus hoc sacramentum firmavit, cum in suo baptismate pater declaratus est in voce, filius in corpore, Spiritus sanctus in columbae ostensione.* | Isidor, De ecclesiasticis officiis II, 25, 5: *Dicente enim Deo: „Hic est Filius meus“* (Mt. 3, 17), *Pater in voce, Filius in corpore, Spiritus autem sanctus fuisse probatur in specie columbae.* |
| *... exemplum mortis Christi imitamur.* (Zitat Rom. 6, 3). *Morimur ergo peccato, quando abrenuntiamus diabolo ...; consepelimur Christo, cum sub invocatione sanctae Trinitatis sub trina mersione in fontem lavacri quasi in quoddam sepulcrum descendimus; consurgimus Christo, cum exuti omnibus peccatis de fonte quasi de sepulcro egredimur.* | Vgl. Isidor, ebd., II, 25, 6: *Ut consepeliamur Christo morientes huic mundo et ab iisdem aquis in forma resurrectionis eius emergimur.* |
| *... qui inspirat pseudoprophetas, ut dicant: Haec dicit Dominus, quos Dominus non misit.* | Ez. 13, 6: *Ait Dominus: cum Dominus non miserit eos.* |
| *Fons quoque baptismi similitudinem gerit sepulcri Christi, quod novum fuisse legitur ...* | Vgl. Mt. 27, 60 |
| *Cuius fontis septem gradus tres in descensu tres noctes et tres in ascensu tres dies significare videntur, de quibus superius dictum est. Septimus vero, qui et quartus, ille est de quo quidam ait: „Et aspectus quarti similis filio Dei.“* (Dan. | Isidor, De ecclesiasticis officiis II, 25, 4: *Fons ..., cuius septem gradus sunt, tres in descensu propter tria quibus renuntiamus, tres alii in ascensu propter tria quae confitemur; septimus vero is est, qui et quartus, similis filii hominis,* |

3, 92) *Qui fornacem ignis extinguit, qui est stabilimentum pedum, fundamentum aquae, in quo iuxta Apostolum „inhabitat omnis plenitudo divinitatis corporaliter.“* (Col. 2, 9)

*exstinguens fornacem ignis, stabilimentum pedum, fundamentum aquae, in quo omnis plenitudo divinitatis habitat corporaliter.*

*Idcirco autem baptismus non iteratur, quia et Christus non amplius quam semel moritur. Peccata enim, quae post baptismum committuntur, poenitentiae lacrimis, ... non iam baptismatis iteratione delentur.*

Isidor, ebd., II, 25, 6:
*Semel autem nos oportet in Christo lavari, quia Christus semel pro nobis mortuus est ... Quod etsi postea quisque praeventus fuerit in aliquo peccato, non iam lavacri beneficio, sed poenitentiae expiatur.*

## Kap. 14

*Angelus, qui eius resurrectionem nuntiat, in albis vestibus sedere describitur,*

Mt. 28, 3

*et qui eius reditum Apostolis nuntiant, in albis vestibus apparent ...*

Act. 1, 10 f.

*Moyses enim Aaron et filios eius prius aquis lavit et post lineis induit vestimentis, quia et noster verus Moyses ... sui nos inenarrabilis sacramenti unda purificat et bonorum operum indumentis exornat.*

Vgl. Ex. 30, 17 ff.
Zur typologischen Interpretation vgl. Isidor, Quaestiones in Vetus Testamentum, In Lev. c. 14, 1, PL. 83, col. 333:
*Praeterea quid sit illud quod iuxta praecepta Dei lavisse Aaron et filios eius legitur Moyses? Iam tunc purgationem mundi et ... baptismi sacramentum significabant.*

*Cuius facies ... in monte Ecclesiae ut sol resplendet, et vestimenta eius, id est sancti omnes, efficiuntur sicut lana alba vel sicut nix.*

Mt. 17, 2:
*Et resplenduit facies eius sicut sol, vestimenta autem eius facta sunt alba sicut nix.*
Vgl. Johannes, Epistola ad Senarium, ed. A. Wilmart, S. 174:
*Cuncti vero regenerati albis vestibus induuntur ad ministerium resurgentis ecclesiae, sicut ipse dominus ... in monte transfiguratus est ... Quo facto splendorem, ut dictum est, resurgentis in futurum figuravit aecclesiae.*

## Kap. 15

*Cuius unguenti sacramentum a Moyse*

Ex. 30, 22 ff.

| | |
|---|---|
| *primum iubente Domino in Exodo legitur compositum . . .* | Vgl. Isidor, De ecclesiasticis officiis II, 26, 1: *Chrismatis unguentum Moyses primum in Exodo iubente Domino et composuit et confecit.* |
| *. . . qui unctus est a patre oleo laetitiae prae consortibus suis,* | Ps. 44, 8: *Propterea unxit te Deus tuus oleo laetitiae prae consortibus tuis.* |
| *cui non ad mensuram dat Deus spiritum,* | Joh. 3, 34: *Non enim ad mensuram dat Deus spiritum.* |
| *quoniam in ipso habitat omnis plenitudo divinitatis corporaliter.* | Col. 2, 9: *Quia in ipso inhabitat omnis plenitudo divinitatis corporaliter.* |
| *. . . quia videlicet et a chrismate Christi . . . nomen exortum est.* | Vgl. Isidor, Etymologiae VI, 19, 50: *Chrisma Graece, Latine unctio nominatur, ex cuius nomine et Christus dicitur.* |
| *Ante adventum etenim eius reges solummodo unguebantur et sacerdotes, qui etiam Christi vocabantur.* | Vgl. Isidor, De ecclesiasticis officiis II, 26, 1: *Eratque eo tempore tantum in regibus et sacerdotibus mystica unctio . . . unde et Christi nuncupabantur.* |
| *Post adventum vero eius non iam solum reges et sacerdotes, sed omnis hac unctione consecratur Ecclesia, quia constat eam esse regnum et sacerdotium . . .* | Isidor, ebd., II, 26, 2: *Sed postquam Dominus noster verus rex et sacerdos . . . unguento est delibutus, iam non solum pontifices et reges, sed omnis Ecclesia unctione chrismatis consecratur, pro eo quod membrum est aeterni regis et sacerdotis.* |

## Kap. 16

| | |
|---|---|
| *. . . qui se Deo patri in sacrificium obtulit . . .* | Vgl. Hebr. 9, 14: *Qui . . . semetipsum obtulit immaculatum Deo . . .* |
| *Capita itaque eorum . . . mystico velamine teguntur, ut eis per Petrum dicatur: „Vos estis genus electum, regale sacerdotium . . .“* (1 Petr. 2, 9), *ut hoc velamine et diadema regium et sacerdotalis capitis velamentum significetur . . .* | Vgl. Alcuin, Brief Nr. 134, MGH. Epp. IV, S. 202 f.: *Tunc . . . mystico tegitur velamine, ut intellegat se diadema regni et sacerdotii dignitatem portare iuxta apostolum: „Vos estis genus regale et sacerdotale.“* (1 Petr. 2, 9) |

## Kap. 17

| | |
|---|---|
| *Quod ergo presbyteris baptizatos chrismate unguere licet . . .* | Isidor, De ecclesiasticis officiis II, 27, 4: *Nam presbyteris . . . chrismate baptizatos ungere licet . . .* |
| *. . . presbyteri vero, licet sint sacerdotes, pontificatus tamen apicem non habent.* | Isidor, ebd., II, 27, 3: *Presbyteri, licet sint sacerdotes, pontificatus tamen apicem non habent.* |
| *Hoc autem solis Pontificibus deberi, ut vel signent vel paracletum Spiritum tradant, non solum consuetudo Ecclesiastica demonstrat, verum etiam superior illa lectio Actuum Apostolorum, quae asserit Petrum et Joannem esse directos, qui iam baptizatis traderent Spiritum sanctum. Nam presbyteris sive absentibus sive praesentibus Episcopis baptizare et baptizatos chrismate unguere licet, sed quod ab Episcopo fuerit consecratum; non tamen frontem ex eodem oleo signare, quod solis debetur Episcopis cum tradunt spiritum paraclitum.* | Isidor, ebd., II, 27, 4: *Hoc autem solis pontificibus deberi, ut vel consignent vel ut Paracletum Spiritum tradant, quod non solum consuetudo ecclesiastica demonstrat, verum et superior illa lectio actuum apostolorum, quae asserit et Petrum et Joannem esse directos, qui iam baptizatis traderent Spiritum sanctum. Nam presbyteris seu extra episcopum sive praesente episcopo cum baptizant, chrismate baptizatos ungere licet, sed quod ab episcopo fuerit consecratum; non tamen frontem ex eodem oleo signare, quod solis debetur episcopis, cum tradunt Spiritum Paracletum.* |
| *Qui spiritus paraclitus septiformis etiam gratiae dicitur propter septenarii numeri mysterium, in quo summa perfectio intelligitur.* *Est enim compositus ex toto primo pari et ex toto primo impari: ex toto primo pari qui dividi potest, et ex toto primo impari qui dividi non potest.* | Gregor d. Gr., Moralia I, 14, PL. 75, col. 534 f.: *Quid in septenario numero nisi summa perfectionis accipitur?* *Quod idcirco perfectus sit, quia ex primo pari constat et primo impari; ex primo qui dividi potest et primo qui dividi non potest.* |
| *Sive enim tres per quatuor sive quatuor per tres multiplicentur, ad duodenarium numerum surgitur, quia mysterium sanctae Trinitatis et doctrina Evangelii per duodecim Apostolos in quatuor mundi partes . . . derivata est.* | Gregor d. Gr., ebd.: *Sive enim quatuor per tria sive per quatuor tria ducantur, septem in duodecim vertuntur. Unde sancti apostoli, qui sanctam Trinitatem in quatuor partibus mundi praedicare mittebantur, duodecim sunt electi.* |
| *Hic enim numerus in sacro eloquio pro perfectione poni consuevit. Consummatis enim Deus operibus suis septimo die requievit,* | Gregor d. Gr., ebd.: *Certissime scimus quod septenarium numerum Scriptura sacra pro perfectione ponere consuevit. Unde et septimo die* |

*Dominum requievisse ab operibus asserit.* (vgl. Gen. 2, 2)

*et Enoch, qui septimus est ab Adam, cum Domino ambulavit, et eius translatio spem nobis aeternae requiei contulit.*

Gen. 5, 22:
*Et ambulavit Henoch cum Deo.*
Zur anagogischen Interpretation vgl. Isidor, Allegoriae 11, PL. 83, col. 102:
*Henoch, qui fuit septimus ab Adam et translatus est, significat septimam requiem futurae resurrectionis, quando transferentur sancti in vitam perpetuae immortalitatis.*
Vgl. Clavis Melitonis IV, 38, ed. J. B. Pitra, S. 19:
*Septimus vero dies, qui in requiem Domini sanctificatus scribitur, requiem significat omnium sanctorum post excursum vitae praesentis.*
ebd. XIV, 5, 24, S. 121:
*Enoch ... omnium sanctorum habet imaginem, ob hoc quod septimus ab Adam translatus est.*

*Unde et Jubileus annus, in quo plenaria requies signatur, septem hebdomadibus conficitur. Septies enim septem fiunt XLIX, qui monade addita nostrae adunationis impletur.*

Vgl. Num. 36, 4:
*Iubileus, id est quinquagesimus annus remissionis.*
Gregor d. Gr., a. a. O.:
*Hinc est quod iubileus annus, in quo plenaria requies exprimitur, septem hebdomadibus consummatur, qui monade addita nostrae adunationis impletur.*

*Huius numeri perfectionem Propheta commendat cum dicit: „Septies in die laudem dixi tibi."* (Ps. 118, 164) *Quod in alio psalmo quasi exponens aperit cum dicit: „Semper laus eius in ore meo."* (Ps. 33, 2)

Vgl. Isidor, Liber numerorum c. 8, 36, PL. 83, col. 186:
*Pro universo ponitur, ut est illud: „Septies in die laudem dixi tibi"* (Ps. 118, 164), *id est, omni tempore. Idem enim propheta hoc alibi significat pro toto tempore, dum dicit: „Semper laus eius in ore meo."* (Ps. 33, 2)

*Nam et Joannes in Apocalypsi sua, quod septem scribit Ecclesiis, generaliter universae catholicae creditur scripsisse Ecclesiae.*

Apoc. 1, 4.
Vgl. Isidor, a. a. O., c. 8, 37 f., col. 187:
*Tertio igitur genere septenario numero sanctae Ecclesiae universitas figuratur ... Unde et Joannes in Apocalypsi septem scribit Ecclesiis*[45].

[45]) Zweifel an der Echtheit von Isidors Liber numerorum äußert B. Bischoff,

| | |
|---|---|
| *... quia in ipso complacuit omnem plenitudinem divinitatis habitare corporaliter.* | Col. 2, 9: *Quia in ipso inhabitat omnis plenitudo divinitatis corporaliter.* |
| *Nequaquam per partes, ut in ceteris sanctis, quibus alii datur sermo sapientiae, alii sermo scientiae, alii gratia virtutum ...* | 1 Cor. 12, 8–10: *Alii quidem per Spiritum datur sermo sapientiae, alii autem sermo scientiae secundum eundem Spiritum, ... alii operatio virtutum.* |
| *... caeli ..., qui enarrant gloriam Dei ...* | Ps. 18, 2: *Caeli enarrant gloriam Dei.* |
| *Aliud enim est sapere, aliud intelligere: quia multi aeterna quidem sapiunt, sed haec intelligere minime possunt.* | Gregor d. Gr., Moralia I, 32, PL. 75, col. 547: *Neque enim hoc est sapere quod intelligere, quia multi aeterna quidem sapiunt, sed haec intelligere nequaquam possunt.* Gregor d. Gr. legt an dieser Stelle das Gastmahl der Söhne Iobs (Iob 1, 4) tropologisch als das *convivium virtutum* aus. Theodulf läßt bei seiner Übernahme jeweils die Partien weg, wo Gregor mit seinen Formulierungen im Bild des Gastmahls bleibt. |
| *Sapientia ergo mentem, quam insederit, de aeternorum spe et certitudine replet, et intellectus, eo quod secreta penetrat, cor quod tetigerit reficiendo eius tenebras inlustrat. Consilium, dum esse aliquem praecipitem prohibet, ratione animum replet. Fortitudo vero, cum adversa non metuit, trepidanti menti confidentiam praebet. Scientia, cum ignorantiam fugat, lumine suo quem repleverit inlustrat.* | *Sapientia ergo ... mentem de aeternorum spe et certitudine reficit. Intellectus ... in eo quod audita penetrat, reficiendo cor, tenebras eius illustrat. Consilium, ... dum esse praecipitem prohibet, ratione animum replet. Fortitudo ..., dum adversa non metuit, trepidanti menti cibos confidentiae apponit. Scientia in die suo convivium parat, quia in ventre mentis ignorantiae jejunium superat.* (Diese ganz an das Bild des Gastmahls gebundene Aussage widersetzte sich der Übernahme.) |

Eine verschollene Einteilung der Wissenschaften: Archives d'histoire doctrinale et littéraire du Moyen Age 25 (1958), S. 5–20, S. 9 f. u. Anm. 19; vgl. E. Dekkers - A. Gaar, Clavis Patrum Latinorum ($^2$1961), Nr. 1193. Bischoffs Argumente, die sich vor allem auf die ungewöhnlich spät einsetzende Überlieferung beziehen, reichen jedoch für eine sichere Beweisführung nicht aus. A. Borst, Das Bild der Geschichte in der Enzyklopädie Isidors von Sevilla: DA. 22 (1966), S. 1–62, S. 14 Anm. 41, hält an der Echtheit des Liber numerorum fest.

*Pietas misericordiae operibus eum quem repleverit exuberare concedit. Timor, dum premit mentem, ne de praesentibus superbiat, de futuris illam spei refectione confortat. Sic enim quodam adminiculo suo invicem sibi succurrunt, ut dum alia aliae suffragatur, vitae ordo et status decentissime componatur. Minor quippe est sapientia si intellectu careat, et valde inutilis intellectus est si ex sapientia non subsistat: quia cum altiora sine sapientiae pondere penetrat, sua illum levitas gravius ruiturum levat. Vile est consilium, cui robur fortitudinis deest, quia quod tractando invenerit, carens viribus usque ad perfectionem operis non perducit. Et valde fortitudo destruitur, nisi per consilium fulciatur, quia quo plus se posse conspicit, eo virtus sine rationis moderamine deterius in praeceps ruit. Nulla est scientia, si utilitatem pietatis non habet: quia dum bona cognita exsequi negligit, sese ad iudicium artius stringit. Et valde inutilis est pietas, si scientiae discretione careat, quia dum nulla hanc scientia inluminat, quomodo misereatur ignorat. Timor quoque ipse, nisi has etiam virtutes habuerit, ad nullum opus procul dubio bonae actionis surgit: qui dum ad cuncta trepidat, ipsa sui formidine a bonis omnibus torpens vacat.*

*Pietas ... cordis viscera misericordiae operibus replet. Timor ..., dum premit mentem, ne de praesentibus superbiat, de futuris illam spei cibo confortat ... Valde enim singula quaelibet virtus destituitur, si non una alii virtus virtuti suffragetur. Minor quippe est sapientia, si intellectu careat, et valde inutilis intellectus est, si ex sapientia non subsistat, quia cum altiora sine sapientiae pondere penetrat, sua illum levitas gravius ruiturum levat. Vile est consilium, cui robur fortitudinis deest, quia quod tractando invenit, carens viribus usque ad perfectionem operis non perducit. Et valde fortitudo destruitur, nisi per consilium fulciatur, quia quo plus se posse conspicit, eo virtus sine rationis moderamine deterius in praeceps ruit. Nulla est scientia, si utilitatem pietatis non habet, quia dum bona cognita exsequi negligit, sese ad iudicium arctius stringit. Et valde inutilis est pietas, si scientiae discretione caret, quia dum nulla hanc scientia illuminat, quomodo misereatur ignorat. Timor quoque ipse nisi has etiam virtutes habuerit, ad nullum opus procul dubio bonae actionis surgit, quia dum ad cuncta trepidat, ipsa sua formidine a bonis omnibus torpens vacat.*

*Summopere itaque observandum est ..., ne sapientia elevet, ne intellectus, dum subtiliter currit, aberret, ne consilium, dum se multiplicat, confundat, ne fortitudo, dum fiduciam praebet, praecipitet, ne scientia, dum novit et non diligit, inflet; ne pietas, dum se extra rectitudinem inclinat, intorqueat; ne timor, dum plus iusto trepidat, in desperationis foveam mergat.*

Gregor d. Gr., ebd., I, 35, PL. 75, col. 549:

*... ne sapientia elevet; ne intellectus, dum subtiliter currit, aberret; ne consilium, dum se multiplicat, confundat; ne fortitudo, dum fiduciam praebet, praecipitet; ne scientia, dum novit et non diligit, inflet; ne pietas, dum se extra rectitudinem inclinat, intorqueat; ne timor, dum plus iusto trepidat, in desperationis foveam mergat.*

*Sapientia namque, quae et in Virginis utero sibi corpus et in mundo Ecclesiam aedificavit ...*

Vgl. Prov. 9, 1:

*Sapientia aedificavit sibi domum, excidit columnas septem.*

*Quia ergo ille ad infirma nostra descendens exinanivit semetipsum formam servi accipiens, humiliavit semetipsum usque ad mortem...*

Phil. 2, 7–8:
*Sed semetipsum exinanivit formam servi accipiens... Humiliavit semetipsum factus obediens usque ad mortem.*

*...non inconvenienter spiritus Domini, qui super eum requiescit, a sapientia incipit et per decentissimos gradus ad timorem usque descendit. Nos vero a timore, quem foras caritas mittit* (1 Joh. 4, 18), *venientes ad timorem castum qui permanet in saeculum saeculi* (1 Petr. 3, 2), *pervenimus ad pietatem, ut pietatis operibus exornati ... fortiter contra vitia dimicemus; a fortitudine ad consilium, ut ea quae fortiter agimus consilii gravitate muniamus, ut actibus nostris consilio obtemperatis ad arcana intellectus intrantes, ad eam veniamus sapientiam quae initium habet timorem Domini* (Prov. 9, 10); *ut sapienter omnia complentes et intellectum bonum faciendo habentes, illi sapientiae admitti valeamus, per quam facta sunt omnia...*

Vgl. Gregor d. Gr., Homiliae in Hiezechihelem II, 7, 7, CC. 142, S. 320–322:
*Quos gradus (Isaias), de caelestibus loquens, descendendo magis quam ascendendo numeravit... constat procul dubio quia a timore ad sapientiam ascenditur, non autem a sapientia ad timorem reditur, quia nimirum perfectam habet sapientia caritatem. Et scriptum est: „Perfecta caritas foras mittit timorem."* (1 Joh. 4, 18) *...Sed nos qui a terrenis ad caelestia tendimus, eosdem gradus ascendendo numeremus, ut a timore ad sapientiam pervenire valeamus. In mente etenim nostra primus ascensionis gradus est timor Domini, ...per timorem surgimus ad pietatem, per pietatem ad scientiam ducimur, per scientiam ad fortitudinem roboramur, per fortitudinem ad consilium tendimus, per consilium ad intellectum proficimus, per intellectum ad maturitatem sapientiae pervenimus.*

## Kap. 18

*Est enim sacrificium salutare, quod et in veteri testamento Melchisedech rex Salem in typo corporis et sanguinis Domini obtulit,*

Vgl. Gen. 14, 18.
Zur typologischen Interpretation vgl. Isidor, De fide catholica contra Iudaeos II, 27, PL. 83, col. 535:
*Huius enim sacrificii praefiguratio in sacerdotio Melchisedech antea fuit expressa. Iste enim sacerdos Dei excelsi ob mysterium futuri holocausti panem et vinum in sacrificio Domino obtulit.*

*et in novo idem mediator Dei et hominum antequam traderetur adimplevit, cum accipiens panem et calicem et benedicens eis et tradens discipulis suis haec in sui commemoratione fieri praecepit.*

Vgl. 1 Cor. 11, 23 ff.:
*Quoniam Dominus Jesus in qua nocte tradebatur, accepit panem...*
Vgl. Mt. 26, 26 ff.:
*...accepit Jesus panem et benedixit...*

| | |
|---|---|
| | *deditque discipulis suis ... Et accipiens calicem ...*<br>Vgl. Lc. 22, 19:<br>*Hoc facite in meam commemorationem.* |
| *... offerens panem propter panem vivum qui de caelo descendit ...* | Joh. 6, 51:<br>*Ego sum panis vivus qui de caelo descendi.* |
| *... ut cum ex aqua et Spiritu sancto quis renascitur, corpore Domini pascatur et sanguine eius potetur, ut in corpore Christi traiectus et ille in Christo maneat et Christus in eo:* | Joh. 3, 5:<br>*Nisi quis renatus fuerit ex aqua et Spiritu sancto ...*<br>Joh. 6, 56:<br>*Qui manducat meam carnem et bibit meum sanguinem, in me manet et ego in illo.* |
| *ut istius cibi fortitudine roboratus exemplo Heliae veniat usque ad montem Dei, Christum videlicet, qui est mons domus Domini praeparatus in vertice montium ...* | Vgl. 3 Reg. 19, 8:<br>*Et (Elias) ambulavit in fortitudine cibi illius ... usque ad montem Dei Horeb.*<br>Is. 2, 2:<br>*Et erit in novissimis diebus praeparatus mons domus Domini in vertice montium ...*<br>Clavis Melitonis VI, 1, 23, ed. J. B. Pitra, S. 29:<br>*Mons, Salvator. In Esaia: Erit mons domus Domini praeparatus in vertice montium.* |
| *... ubi satietur in bonis desiderium eius ...* | Ps. 102, 5:<br>*Qui replet in bonis desiderium tuum.* |

Aus der Gegenüberstellung des Textes Theodulfs und seiner Vorbilder wird anschaulich, wie Theodulf mit seinen Quellen verfährt: wie er Sätze und ganze Abschnitte bald in wörtlichem Zitat übernimmt, bald in ihrer gedanklichen Substanz unter Veränderung der Formulierung aufgreift, wie er Bibelstellen in Hinsicht auf seinen Zusammenhang umschreibt und innerhalb eines Satzes Spolien verschiedener Herkunft zusammenfügt. Offen zitiert Theodulf lediglich zwei Autoritäten: die Bibel und den spanischen Dichter Prudentius, den er im 12. Kapitel mit dem auszeichnenden Epitheton *disertissimus atque christianissimus poeta*[46] versieht. Abgesehen von der Schrift,

[46]) Ed. J. Sirmond (1646), S. 43.

auf die er sich am ausgiebigsten und – vom bezeichneten Zitat bis zur inhaltlichen oder sprachlichen Anspielung – in allen denkbaren Formen der Übernahme bezieht, ist Isidor von Sevilla der vorzugsweise von ihm herangezogene Autor. Wörtlich und ziemlich lückenlos schreibt er die einschlägigen Kapitel des 2. Buches De ecclesiasticis officiis aus, die auch in den Antworten der Metropoliten zum „klassischen" Repertoire gehörten; daneben vermitteln ihm die Etymologien einige Definitionen und Formulierungen. Die Übereinstimmungen mit den Quaestiones in Vetus Testamentum und den Allegoriae sind vorwiegend inhaltlicher Art und betreffen die typologische bzw. tropologische Interpretation biblischer Begebenheiten; wörtliche Anklänge sind hier seltener, doch fehlen sie nicht ganz, so daß auch für die Benutzung dieser Isidorschriften ausreichende Sicherheit besteht. Wahrscheinlich lag Theodulf eine Isidor-Sammelhandschrift von der Art vor, wie uns im Codex Bernensis 224 ein Exemplar erhalten ist, das in seinem eigenen Scriptorium im Kloster Micy entstand[47].

Zu den wenigen *volumina patrum*, die ihm in der Eile greifbar waren und aus denen er seine Antwort für Magnus *celeri cursu* kompilierte, gehörte ferner eine Handschrift der Moralia Gregors des Großen. Ihr entnahm er die Lehre von den sieben aus der Ursünde der *superbia* abzuleitenden Hauptlastern, auf die er im 12. Kapitel bei der Erklärung der *opera Satanae* zu sprechen kommt, den langen Exkurs im 17. Kapitel über die Vollkommenheit der Zahl Sieben und die Interpretation der bei Isaias 11, 2 f. genannten Gnadengaben des Geistes als eine Stufenfolge geistlicher Haltungen, die einander ergänzen und steigern: die bei Isaias von der höchsten Stufe, der *sapientia*, abwärts bis zur Unvollkommenheit des *timor Domini* gezählt werden, während der Getaufte in seiner moralisch-geistigen Entwicklung von der Furcht zur Weisheit aufsteigen soll.

Die Übernahmen von Formulierungen aus Karls „Fragebogen", aus dem in den Alcuinbriefen 134 und 137 vorliegenden offiziellen karolingischen Taufordo und damit mittelbar aus der Epistola ad Senarium des Johannes verstehen sich von selbst; interessanter sind die Anklänge an liturgische Formeln, die einerseits die Rezeption des Gregorianums einschließlich des von Benedikt von Aniane zusammengestellten Supplements belegen, anderseits – in den sporadisch auftauchenden Vokabeln aus dem mozarabischen Liber ordinum – ein eher unterschwelliges Nachwirken der westgotischen Liturgiesprache zeigen.

---

47) Vgl. oben S. 69 f.

Die Beschränkung auf wenige Vorlagen erklärt sich leicht aus der im Brief an Magnus von Sens geschilderten eiligen Niederschrift des Traktats; daß Theodulf dabei gerade auf Gregor und Isidor zurückgriff, fällt bei der allgemeinen Verbreitung beider Autoren in keiner Weise aus dem Rahmen des Üblichen, lag jedoch für den durch die westgotische Schulbildung gegangenen Kleriker besonders nahe; denn die Kenntnis und Beliebtheit der Moralia, die Gregor auf Bitten Leanders von Sevilla geschrieben und deren erste Teile er im Jahre 591 nach Spanien übersandt hatte[48], ist in der westgotischen Kirche früh bezeugt[49], und Isidor wurde in Spanien bereits auf dem 8. Konzil von Toledo, 17 Jahre nach seinem Tod, den Kirchenvätern gleichgestellt und als Autorität zitiert[50]. Deutlicher weisen das Zitat des Prudentius,

[48]) Vgl. den Brief Gregors des Großen an Leander von Sevilla vom Jahre 591, Gregorii registrum I, 41, MGH. Epp. I, S. 58; JE. 1111: *maxime quia et hoc ipsum opus ad vestram reverentiam scripsi* und den Prolog zu den Moralia PL. 75, col. 509 ff.

[49]) Licinianus von Cartagena, der durch Leander Kenntnis von den Moralia erhielt, bat seinerseits in einem Brief an Gregor den Großen um Übersendung eines Exemplars: Gregorii registrum I, 41 a, MGH. Epp. I, S. 60 f.: *Ante paucos annos episcopus Leander Spalensis ... dixit nobis habere se homelias a vestra beatitudine editas de libro sancti Iob. ... Dignetur ergo beatitudo vestra opus ipsum de libro sancti Iob, sed et alios libros morales ... exiguitati nostrae transmittere. Tui enim sumus, tua legere delectamur.* Isidor von Sevilla rühmt Gregors Moralia im 40. Kapitel seines Liber de viris illustribus, PL. 83, col. 1102: *Idem etiam, efflagitante Leandro episcopo, librum beati Iob mystico ac morali sensu disseruit ... In quibus quidem quanta mysteria sacramentorum aperiantur ... vel quanta clareant ornamenta verborum, nemo sapiens explicare valebit.* In den Jahren 646–649 unternahm Taius von Saragossa eine Reise nach Rom und besorgte dort eine Abschrift der in Spanien noch nicht bekannten letzten Bücher, vgl. seinen Brief an Eugenius von Toledo, MGH. AA. XIV, S. 288 f.: *Quis denique nostri temporis eloquentia facundus, prudentia praeditus, sapientia profundus sanctum condignis efferat laudibus Gregorium? ... Igitur cum Romae positus eius quae in Hispaniis deerant volumina sedulus vestigator perquirerem inventaque propria manu transcriberem, ... speciale quiddam in eadem sine cuiuspiam perspexi comparatione potissimum.* In seinen fünf Büchern Sententiae (ed. PL. 80, col. 727–990) stellte Taius eine nach Themen geordnete Zitatensammlung aus den Moralia zusammen. An Taius wandte sich Braulio von Saragossa mit der Bitte um einen vollständigen Text, vgl. Brief Nr. 42, ed. J. Madoz, Epistolario de San Braulio de Zaragoza (1941), S. 184 f.: *Peto ... ut mihi codices sancti papae Gregorii inexpositos, qui necdum in Hispania erant tuoque studio et sudore de Roma huc sunt delati, ad transcribendum ... mittas.* P. B. Gams, Die Kirchengeschichte von Spanien II, 2 (1874), S. 29 f., 49, 227; J. de Ghellinck, Diffusion, utilisation et transmission des écrits patristiques: Gregorianum 14 (1933), S. 356–400, S. 376.

[50]) Im 2. Kanon der 8. Synode von Toledo (653) werden zunächst Ambrosius, Augustinus und Gregor der Große genannt, an deren Namen unter deutlicher Betonung der Gleichrangigkeit der Name Isidors als Autorität geknüpft wird. Mansi X, col. 1215: *Nostri quoque saeculi doctor egregius, ecclesiae catholicae*

die Anklänge an den Liber ordinum und die Übernahmen aus dem Glaubensbekenntnis der toledanischen Synode auf Theodulfs Herkunft und seine Bildung, während unsicher bleibt, ob er Ildefons von Toledo benutzt hat, da die angeführten Stellen des Liber de cognitione baptismi ihrerseits teils auf dem Liber ordinum, teils auf Isidor beruhen. Auffällige, den Horizont karolingischer Literaturkenntnis sprengende Reminiszenzen westgotischer Bildung fehlen: Theodulf hat sich, dem Zweck der Arbeit entsprechend, den Normen und Autoritäten angepaßt, die im Frankenreich in Geltung standen, was sich bestätigt, wenn wir über die Quellenfrage hinaus auf den liturgischen und theologischen Inhalt des Werkes blicken.

### c) Der Taufritus und seine heilsgeschichtlich-typologische Interpretation

Obwohl Theodulf zur Erklärung des Begriffs *catechumenus* die traditionelle Definition Isidors zitiert: *Catechumenus autem audiens sive instructus interpretatur*[51], ist ihm bewußt, daß sich mit dem Übergang zur Kindertaufe der Charakter des Katechumenats entscheidend gewandelt hat, und klarer und nüchterner als in den übrigen Antwortschreiben wird diese Tatsache bei ihm ausgesprochen: *Infantes ergo et audientes et catechumeni fiunt, non quo in eadem aetate et instrui et doceri possint, sed ut antiquus mos servetur*[52]. Der Täufling wird zwar nach alter Sitte zuerst als *catechumenus* angesprochen, aber die überlieferte Zeit der Belehrung und Vorbereitung ist auf ihr liturgisches Zeremoniell zusammengedrängt und erscheint als erster, einleitender Bestandteil der Taufliturgie.

Dieser liturgische Katechumenat umfaßt zunächst zwei „negative" Zeremonien: die *exsufflatio*, das Anhauchen als Zeremonie der Reini-

---

*novissimum decus, praecedentibus aetate postremus, doctrinae comparatione non infimus, et quod majus est, in saeculorum fine doctissimus atque cum reverentia nominandus Isidorus.* Vgl. K. J. v. Hefele – H. Leclercq, Histoire des conciles III, 1 (1909), S. 289 f.; A. E. Anspach, Das Fortleben Isidors im VII. bis IX. Jahrhundert: Miscellanea Isidoriana (1936), S. 323 ff.; B. Bischoff, Die europäische Verbreitung der Werke Isidors von Sevilla: Mittelalterliche Studien I, S. 172 ff. untersucht die rasche Verbreitung Isidors in Spanien anhand der erhaltenen Handschriften des 7. Jahrhunderts.

[51]) Etymologiae VII, 14, 7: Sirmond S. 31.

[52]) Ebd.

gung[53], und den *exorcismus*, die Austreibung des bösen Geistes durch eine Beschwörungsformel, für deren Verbindung mit der Taufe die biblische Gleichsetzung von Heidentum mit Dämonendienst ausschlaggebend war[54]. Mit dem Salz empfängt der Täufling die erste geistliche Gabe: die *datio salis* ist Zeichen seiner Aufnahme in die kirchliche Tischgemeinschaft und Surrogat des ihm noch versagten Abendmahls[55]. Sie prädisponiert ihn zur Aufnahme des Symbols[56], dessen Bedeutung als einheitliche und für alle verbindliche Glaubensformel und dessen dogmatische Aussagen Theodulf in zwei Kapiteln eingehend erläutert[57], womit er der besonderen Betonung dieses Punktes im kaiserlichen Fragebogen Rechnung trägt. Ein Niederschlag aktueller dogmatischer Auseinandersetzungen findet sich in der Formulierung: *Jesum Christum ... verumque Dei filium, non factum aut adoptivum ...*[58] und in der *filioque*-Formel über den Ausgang des Heiligen Geistes[59], die seit der Synode von Gentilly (767) zwischen Rom und der fränkischen Kirche umstritten war[60] und deren Aufnahme in das Symbol jüngst die Aachener Reichssynode von 809 verbindlich vorgeschrieben hatte[61]. Das *scrutinium*, die anschließende Prüfung der Täuflinge über die Glaubenslehre, wird nur bei der Taufe von Erwachsenen in der alten Form beibehalten[62]; bei der Taufe kleiner Kinder werden die Glau-

---

[53]) Kap. 3: *In quorum etiam facie a sacerdote per exsufflationem signum crucis fit* ... Sirmond S. 32.

[54]) Kap. 4: *Unde et exorcizatur idem malignus spiritus, ut exeat et recedat ab illo plasmate* ... Sirmond S. 32.

[55]) Kap. 5: *Et idcirco hi qui baptizandi sunt salem in sacramento accipiunt* ... Sirmond S. 33.

[56]) ... *cum* ... *in datione salis iam habere coepit gustum divini verbi, tradatur ei symbolum* ... Sirmond S. 33.

[57]) Kap. 6: *Quae sit interpretatio symboli secundum Latinos;* Kap. 7: *De credulitate;* Sirmond S. 34–38.

[58]) Sirmond S. 36; über die Beteiligung Theodulfs an den antiadoptianistischen Schriften und Aktionen des Hofes vgl. oben S. 8.

[59]) Sirmond S. 37.

[60]) K. J. v. Hefele – H. Leclercq, Histoire des conciles III, 2 (1910), S. 725 f.

[61]) BM² 441 c; MGH. Conc. II, 1, Nr. 33 S. 235; A. Hauck II, S. 343 ff. Als Unterlagen für die Beratungen der Synode hatte Theodulf seine Florilegiensammlung *De Spiritu sancto* verfaßt; vgl. oben S. 13.

[62]) Kap. 8: *Qui vero illius sunt iam aetatis ut rationem credulitatis suae reddere possint, diligenti examine scrutandi sunt, utrum veraciter credant* ... *Hunc enim morem Ecclesia servare consuevit, ut per aliquot dierum spatium hi qui in solemnitate Paschali baptizandi sunt scrutentur* ... Sirmond S. 38.

bensfragen an die Paten gestellt[63], die wenigstens Symbol und Vaterunser auswendig rezitieren und dem Sinne nach verstehen müssen, um zu diesem Amt zugelassen zu werden[64], so daß der erzieherische Gesichtspunkt des Katechumenats, auf das Institut der Paten übertragen, auch bei der Kindertaufe fortlebt.

Der eigentliche Taufakt beginnt mit dem Effeta-Ritus, der Berührung von Nase und Ohren. Hier verwickelt sich Theodulf in einen Widerspruch[65]: seiner klaren Aussage zu Anfang des Kapitels, daß die Zeremonie mit Speichel vorgenommen werden soll[66], steht die folgende typologische und moralische Interpretation des Ritus entgegen, die wiederholt auf eine Berührung mit Öl Bezug nimmt[67]. Die Unsicherheit Theodulfs bestätigt die Nachricht Leidrads von Lyon, daß die liturgischen Gepflogenheiten in diesem Punkt unterschiedlich waren[68]. Die angestrebte karolingische Norm war die Speichelberührung[69], die

[63]) Kap. 7: *Quia ergo parvuli ... haec minime capere possunt, ... pro illis et confitentur et loquuntur qui eos de lavacro fontis suscipiunt.* Sirmond S. 37 f.

[64]) Capitula eines *missus dominicus* vom Jahre 802 (vgl. Ch. de Clercq S. 224), c. 14, MGH. Capit. I, Nr. 38 S. 110: *Ut nullus infantem vel alium ex paganis de fonte sacro suscipiat, antequam simbolum et orationem dominicam presbitero suo reddat.* Theodulf, 1. Diözesanstatut, c. 22, PL. 105, col. 198: *Constitutum namque est, ut nullus ... a lavacro fontis alium suscipiat neque coram episcopo ad confirmandum quemlibet teneat, nisi symbolum et orationem Dominicam memoriter tenuerit.* Persönlich griff Karl in Lüttich ein, wo in seiner Anwesenheit mehrere Paten bei der Prüfung versagten: er stellte sie und ihre Patenkinder bis zum nächsten Tauftermin zurück. Vgl. Karls Brief an den Bischof Ghaerbald von Lüttich, MGH. Capit. I, Nr. 122 S. 241: *Et sicut in proximo comperimus, in die apparitionis Domini multi fuerunt apud nos inventi qui volebant suscipere infantes de sacro fonte baptismatis; quod iussimus singulariter et diligenter examinare et requirere, si orationem dominicam et simbolum ... scirent aut memoriter tenerent; et plures fuerunt qui nulla exinde in memoriam habebant. Quibus praecepimus abstinere, ut antequam orationem et simbolum scirent et recitare potuissent, neque aliquem de sacro fonte baptismatis suscipere praesumerent.* J. Fleckenstein, Bildungsreform, S. 74; W. A. Eckhardt S. 40.

[65]) Vgl. J. Krinke, Der spanische Taufritus im frühen Mittelalter: Gesammelte Aufsätze zur Kulturgeschichte Spaniens 9 (1954), S. 33–116, S. 66 f.

[66]) Kap. 9: *Tanguntur itaque de sputo nares et aures, et dicitur: Effeta.* Sirmond S. 38.

[67]) Ebd. S. 38 f.: *... ut Christum in odore unguentorum sequantur et dicant: ... Christi bonus odor sumus Deo. ... Quem odorem tunc bene habere poterunt, si cum Maria ... accipiant alabastrum unguenti, hoc est sacrae fidei puritatem et bonae operationis exercitium, et unguant pedes Jesu.* Verbesserter Text nach Cod. Paris. lat. 12 279 und Clm 14 532.

[68]) PL. 99, col. 857: *Sciendum tamen quod de hac re in diversis regionibus diversus teneatur usus ...*; vgl. oben S. 102.

[69]) Vgl. die entsprechende Rubrik im Anhang zum Gregorianum: *Inde vero tangat ei nares et aures de sputo et dicat ...* J. Deshusses, Le sacramentaire grégorien I, Nr. 1081 S. 377.

bereits im römischen Ordo XI das Öl wieder verdrängt hatte[70]; ihr standen jedoch die Autorität patristischer Zeugnisse[71] und liturgische Einflüsse aus Spanien entgegen. In der westgotischen Liturgie wurden, wie der Liber ordinum der Kirche von Toledo und Ildefons im Liber de cognitione baptismi übereinstimmend überliefern, Ohren und Mund des Täuflings mit Öl berührt[72]. Theodulf spielt bei der Interpretation des Effeta-Ritus nicht nur, seiner Überschrift widersprechend, auf das Öl, sondern auch auf die Mundöffnung an: ... *ut qui expuens linguam muti tetigerat ..., nunc per ministerium sacerdotum ... recte loquendi id est fidem veram confitendi facultatem praebeat*[73]. Zweifellos sind hier westgotische Traditionen wirksam, die mit der karolingischen Form des Ritus nur oberflächlich in Einklang gebracht sind.

Die folgende Salbung an Brust und Schultern, Relikt einer älteren *unctio capitis et totius corporis* unmittelbar vor dem Taufbad[74], wurde seit Ambrosius[75] als Bereitung des Täuflings zum *athleta Christi* gedeutet: sie drückte zeichenhaft seine Bestärkung im Kampf gegen den Satan und seine Werke aus, von denen er sich durch dreimalige Abschwörung lossagen mußte. Theodulf greift diese Erklärung auf[76] und verbindet sie mit Vorstellungen aus der Psychomachie des Prudentius, indem er unter den *opera diaboli* die sieben Hauptlaster versteht, denen sich in den sieben Haupttugenden die durch die Sal-

---

[70]) Ordo XI, 85, ed. M. Andrieu II, S. 443: *Ipsa expleta, tangit eos presbiter singulorum nares et aures de sputo oris sui et dicit* ... Datierung des Ordo XI: Ausgang 6. bzw. Anfang 7. Jahrhundert, vgl. ebd. S. 409.

[71]) Die Verwendung von Öl bezeugt anscheinend Ambrosius (De sacramentis I, 1, 2 f., CSEL. 73, S. 15–17; De mysteriis I, 3, a. a. O., S. 90), sicher Johannes diaconus (Epistola ad Senarium, ed. A. Wilmart, S. 173) und der von ihm abhängige, fälschlich Maximus von Turin zugeschriebene Tractatus I de baptismo (PL. 57, col. 771–774). Vgl. P. de Puniet, Art. „apertio aurium": DACL. I, 2, col. 2531 ff.

[72]) Rubrik des Liber ordinum, ed. M. Férotin, col. 27: *Deinde tangit ei sacerdos de oleo benedicto os et aures.* Ildefons, De cognitione baptismi c. 29, PL. 96, col. 124: *Post exorcismos tanguntur auriculae oleo, ... tangitur et os.*

[73]) Sirmond S. 40.

[74]) Vgl. P. de Puniet, Art. „baptême": DACL. II, 1 (1925), col. 251–346, col. 275 ff.

[75]) De sacramentis I, 2, 4: *Unctus es quasi athleta Christi, quasi luctam huius saeculi luctaturus. Professus es luctaminis tui certamina.* CSEL. 73, S. 17.

[76]) Kap. 10: *Unde etiam his, qui baptizandi sunt, pectus de oleo et scapulae tanguntur, ut illius olei ... unctione liniti ..., ante et retro muniti ..., salutis suae custodiam non amittant.* Sirmond S. 40.

bung bekräftigten *opera salutaria* entgegenstellen[77]. Nach der dreimaligen *renuntiatio,* der Auflösung des Paktes mit dem Satan, wird mit dem dreimaligen Untertauchen unter dem Bekenntnis zu Vater, Sohn und Geist das Taufbündnis geschlossen[78].

Der Getaufte legt ein neues weißes Kleid an, das seine innere Wandlung augenfällig darstellt[79]; sein Haupt wird gesalbt, nun mit dem Chrisma, einer Mischung aus Olivenöl und Balsam, Zeichen seiner Zugehörigkeit zum Namen und zum Leibe Christi[80]. Das *linteolum,* ein Leinentuch, mit dem der Kopf nach der Salbung abgetrocknet wurde, verlor mit der Reduzierung der Chrismation auf eine Bezeichnung der Stirn seine praktische Funktion und wurde zum *velamen mysticum* umgedeutet, zur an königliche und priesterliche Kopfbedeckungen gemahnenden Stirnbinde, die eine Teilhabe des Getauften am König- und Priestertum Christi ausdrückte[81]. Die Konfirmation, die Übertragung der Gaben des Geistes durch Handauflegung, ist dem Bischof vorbehalten[82]; findet die Taufe in der Bischofskirche statt[83] oder ist der Bischof anwesend, so wird sie unmittelbar anschließend vollzogen. Allen Neugetauften wird das Abendmahl gereicht, wodurch sie im vollen Sinn Glieder am *corpus Christi* werden[84].

---

[77]) Kap. 12: *Septem itaque principalia vitia, quibus diabolus genus humanum infestat, non incongrue opera Satanae dicere possumus. Quibus opponuntur septem principales virtutes, quae opera sunt procul dubio salutaria.* Sirmond S. 42.

[78]) Kap. 13: ... *constat pactiones credentium esse duas, unam in qua abrenuntiatur diabolo et pompis eius et omnibus operibus eius, alteram qua se credere confitentur in patrem et filium et in Spiritum sanctum.* Sirmond S. 44.

[79]) Kap. 14: *Quia ergo omnia in baptismi ratione redolent mysteriis et exuberant sacramentis, opportunum erat ut novus homo nova acciperet vestimenta et purgatus veteris noxae conluvione candidarum vestium indueretur nitore.* Sirmond S. 48 f.

[80]) Kap. 15: *Baptizatorum itaque capita chrismate liniuntur, ut ... et Christiani nominis praerogativam accipiant et eius membra, qui eos redemit et eorum caput est, effici valeant.* Sirmond S. 50.

[81]) Kap. 16: *Capita itaque eorum qui regenerantur ex aqua et Spiritu sancto mystico velamine teguntur, ... ut hoc velamine et diadema regium et sacerdotalis capitis velamentum significetur.* Sirmond S. 51.

[82]) Kap. 17: *Quod ergo presbyteris baptizatos chrismate unguere licet, Spiritum vero sanctum per manus impositionem tradere non licet, antiquus iste mos ab Apostolis Ecclesiae est traditus. ... Hoc autem solis Pontificibus deberi ut vel signent vel paracletum Spiritum tradant* ... Sirmond S. 51 f.

[83]) Dies war ursprünglich der Normalfall. Erst mit der Ausbreitung des Christentums auf dem Lande und dem Vordringen der Kindertaufe wurde das Taufrecht auch den Pfarreien zugestanden.

[84]) Kap. 18: *Propter hanc vitam adipiscendam et baptizamur et eius carne pascimur et eius sanguine potamur, quia nequaquam possumus in eius corpus transire, nisi his sacramentis imbuamur. ... Morem ergo accipiendae eucharistiae a*

Die westgotische Taufliturgie, die durch den Liber ordinum von Toledo[85] und durch den Liber de cognitione baptismi des Ildefons[86] verhältnismäßig gut bezeugt ist, wich in verschiedenen Punkten vom römischen Ritus ab. Der am meisten ins Gewicht fallende Unterschied, der bereits zwischen dem spanischen Episkopat und Gregor dem Großen zur Diskussion gestanden hatte[87], betraf den Taufakt selbst: die Westgoten tauchten den Täufling nur einmal unter, was Alcuin in aller Schärfe, bis zum Vorwurf der Ketzerei, verurteilte[88]. Von den Vorbereitungszeremonien war in Toledo die *datio salis* ungebräuchlich[89], und der Effeta-Ritus wurde mit Öl an Mund und Ohren vollzogen[90]. Die Weihe- und Beschwörungsformeln und die Gebetstexte waren weitgehend eigenständig und zeichneten sich durch besonderen Reichtum an biblischen Bildern aus, wobei vor allem die Paradigmen aus dem Alten Testament einen breiten Raum einnahmen[91].

---

*Domino traditum Ecclesia tenet, ut cum ex aqua et Spiritu sancto quis renascitur, corpore Domini pascatur et sanguine eius potetur, ut in corpore Christi traiectus et ille in Christo maneat et Christus in eo.* Sirmond S. 59 f.

85) Ed. M. Férotin (1904); die Handschriften gehören sämtlich erst dem 11. Jahrhundert an, doch sind die überlieferten Ordines in ihrem Kern wesentlich älter. Den Taufordo datiert Férotin ins 6./7. Jahrhundert, noch vor den Zusammenbruch des Westgotenreichs. Vgl. Le Liber ordinum S. XXI; J. Krinke S. 35.

86) PL. 96, col. 111–172; Ildefons war von 657–667 Metropolit von Toledo. Die oft wörtlichen Übereinstimmungen seines Tauftraktats mit dem Taufordo des Liber ordinum bestätigen das hohe Alter der im Liber ordinum überlieferten Texte.

87) Vgl. oben S. 98.

88) Brief Nr. 137, MGH. Epp. IV, S. 212: *Tertia quoque nobis de Hispania – quae olim tyrannorum nutrix fuit, nunc vero scismaticorum – contra universalem sanctae ecclesiae consuetudinem de baptismo quaestio delata est. Adfirmant enim quidam sub invocatione sanctae Trinitatis unam esse mersionem agendam.*

89) In Parallelität zur Liturgie des Orients, vgl. J. Krinke S. 47.

90) Vgl. oben S. 139 f.

91) Einen Eindruck von der Fülle typologischer Anspielungen in der mozarabischen Liturgiesprache vermittelt die *Benedictio novi fontis* aus dem Liber ordinum, ed. M. Férotin, col. 162 f.:

*Iste sit ille puteus olim mistice figuratus, ad quem spiritualis Rebecca semini Abrahe, in quo benedicuntur omnes tribus terre, nuptura, id est Ecclesia Christo socianda, descendat.*

*Iste sit ille puteus, ad quem oculi Agar ancillule patefiant, ut Ismael suus sitire desistat: quo videlicet legalis observantie sinagoga deposito famulatu, hic videat fidei oculis aquas gratie, quibus filium, id est populum suum, confortatura vivificet.*

*Iste sit ille puteus a patre multarum gentium fossus, a filio repromissionis eruderatus, quem Bersabe, id est Longitudinis, conpulit nuncupari vocabulo, gentium per aquas crediturarum prefigurata diffusio.*

*Iste sit ille puteus, de cuius labro superpositum Iacob lapidem tulisse narratur, quum dilecte sibi Rachel osculis iungeretur, Christum non sermone sed agnitione*

Der Ausstrahlung der westgotischen Liturgie nach Südgallien hatten die liturgischen Reformen Pippins entgegengewirkt[92]; besondere Beharrungskraft zeigte sie jedoch in Septimanien, wo aufgrund der langen politischen Zugehörigkeit zum Westgotenreich die kulturellen Verbindungen nach Spanien nie abgerissen waren und durch die Ansiedlung spanischer Flüchtlinge, deren letzte Welle nach dem gescheiterten Feldzug Karls vom Jahre 778 ins Land gekommen war, neu gefestigt wurden. Ihnen übertrug der karolingische Hof systematisch die agrarische Rekultivierung des durch die Araberkriege teilweise verwüsteten Gebiets[93], während die monastische Bewegung Benedikts von Aniane mit ihren zahlreichen Klostergründungen die Erneuerung des kirchlich-geistigen Lebens förderte, jedoch auch am Kolonisationswerk ihren Anteil hatte[94]. Über Septimanien hinaus reichten Einflüsse der westgotischen Taufliturgie im Rhônetal bis Lyon: denn Leidrad erwähnt die *mersio simplex* als gebräuchlich und erkennt ihre Gültig-

---

*prenuntians, qui legis in lapide scripte removendo duritiam sponse sue gregem, circa vesperum mundi huius ad babtismi currentem profunditatem reserati misterii, satiavit.*

*Iste sit ille puteus de quo Madianitarum pastores Moyses victor expellens Ethiopissam sibi Seforam iunxit uxorem, Ihesum Christum Dominum conubio vaticinante significans, qui pastoribus inprobis, id est hereticis doctoribus effugatis, nigram sibi de gentibus coniugem non aspernatur adiungere. Que tamen putei huius perfusa liquore recepit pura confessione quem perdiderat eluenda nativitate candorem.*

*Hinc transeant, Domine, fluenta Yordanis ex fide qui, Ihesu nostro duce, terram merebuntur repromissionis intrare ...*

Das Taufbecken ist der gesteigerte Brunnen Nachors, wo der Täufling als *spiritualis Rebecca* zur Gemeinschaft mit dem gesegneten Geschlechte Abrahams, der Kirche, geworben wird (Gen. 24, 1 ff.); und wie Agar, die verstoßene Magd, sieht die Synagoge, wenn ihr die Augen im Glauben geöffnet werden, den rettenden Brunnen für ihre Kinder (Gen. 21, 15 ff.). Der Brunnen von Beerseba (vgl. Gen. 21, 22–33; 26, 23–33; 46, 1–5), dessen Name Gen. 26, 22 als *Latitudo* gedeutet wird, weist auf die Ausbreitung der gläubigen Völker; und Jakob, der für Rahel den Stein vom Brunnen wälzte (Gen. 29, 1 ff.), ist Vorbild Christi, der die Härte des in Stein geschriebenen Gesetzes aufhebt und die Herde seiner Braut zum Wasser der Taufe führt. Sephora, die Äthiopierin, der Moses den Zugang zum Brunnen gegen die Hirten der Midianiter erkämpfte (Ex. 2, 15 ff.), ist Typus der zur Taufe berufenen *gentes.*

92) C. Vogel, La réforme cultuelle sous Pépin le Bref et sous Charlemagne (1965), S. 178 ff.; A. Freeman: Speculum 32 (1957), S. 676 mit Anm. 77.

93) Vgl. die Folge königlicher Privilegien für die *Hispani:* Karl d. Gr. 812: MGH. DD. Karolinorum I, Nr. 217; Ludwig d. Fr. 815: BM² 566; 816: BM² 608; Karl d. K. 844: Tessier I, Nr. 40. A. Dupont, Les cités de la Narbonnaise Première (1942), S. 332 ff.; Ph. Wolff, L'Aquitaine et ses marges: Karl der Große I. Persönlichkeit und Geschichte (1965), S. 269–306, S. 274, 301 ff.

94) J. Semmler, Karl der Große und das fränkische Mönchtum: Karl der Große II. Das geistige Leben (1965), S. 255–289, S. 278 ff.

keit an[95]. Theodulfs Urteil über die Gültigkeit des einmaligen Untertauchens mochte als das eines Westgoten außer Frage stehen; als Bischof von Orléans hatte er keinen Anlaß, in die Diskussion einzugreifen. Er folgt in seiner Beschreibung der Taufzeremonien streng den vom Hof festgelegten Normen. Als einer der führenden Männer der Kirchen- und Bildungsreform, der die von Karl programmatisch verkündeten Gesetze in der Verwaltung seines Bistums verwirklichte, war er mit dem hinter dem Rundschreiben stehenden Programm der liturgischen Vereinheitlichung eng vertraut. Sein Bemühen, alles von der Norm Abweichende zu vermeiden, läßt sich gerade da besonders deutlich fassen, wo die formale Anpassung an Alcuins Taufordo seine Interpretation in Widersprüche bringt.

Diese wird von heilsgeschichtlich-typologischen Gedankenführungen bestimmt, die die Nähe des Autors zu den Argumentationen der westgotischen Liturgiesprache und der spanischen Exegetik verraten[96], wenn auch nicht übersehen werden darf, daß die biblische Allegorese bei der Auslegung liturgischer Zeremonien eine weit allgemeinere Erscheinung ist[97]. Theodulfs erster Biograph Baunard hat die typologischen Erklärungen im *Liber de ordine baptismi* als wuchernden Mystizismus und als ein Abgleiten von Vernunft und gutem Geschmack getadelt[98]; ohne ihre Verflechtungen mit der patristischen Bibelexegese und Liturgieerklärung zu beachten, schob er sie als unsachliche Exkurse beiseite, während eine von der genauen Analyse des

---

[95]) Vgl. oben S. 103; westgotische Einflüsse sind auch im Scriptorium von Lyon und in Zusätzen über spanische Heilige im Martyrologium festgestellt worden: vgl. E. Boshof, Erzbischof Agobard von Lyon (1969), S. 168 mit Anm. 40–42. Zur Frage einer „spanischen Kolonie" in Lyon ebd.

[96]) Zur allegorischen Exegese bei Isidor: J. Fontaine, Isidore de Séville et la culture classique dans l'Espagne wisigothique (1959), S. 567 ff. Vgl. auch J. de Ghellinck, Littérature latine au moyen âge I (1939), S. 54: „Avec une santé intellectuelle si manifeste, on s'étonne de voir ... le goût abusif de l'allégorisme dans l'interprétation de la Bible et dans les exposés liturgiques ... les *Quaestiones* d'Isidore *in Vetus Testamentum,* où tout est plein de *mystica sacramenta,* dit-il, ont grandement renforcé le courant qui a emporté tout le moyen âge." Das Vorurteil Ghellincks teilen wir freilich nicht.

[97]) Vgl. oben S. 105 f.

[98]) L. Baunard, Théodulfe, évêque d'Orléans et abbé de Fleury-sur-Loire (1860), S. 176 f.: „L'auteur ne craint pas de voler de ses propres ailes; toutefois ce ne sont pas les ailes de la raison armée d'une sévère et forte dialectique; ce sont plutôt celles de l'imagination, ... nourrie de mysticisme, et se perdant parfois dans les régions nuageuses de l'allégorie. ... Que sais-je? ... C'est le vice de l'époque. ... Heureusement Théodulphe ne s'égare pas longtemps dans ce dédale obscur, et il ne tarde pas à rentrer dans les voies larges et droites du bon goût."

Textes ausgehende Betrachtung zu der Erkenntnis führt, daß das im heilsgeschichtlichen Denken verankerte typologische System von Praefiguration und Erfüllung der theologische Grundgedanke ist, in dem die zahlreichen Spolien aus der Väterliteratur ihr gemeinsames Zentrum haben und die mosaikartig aus Zitaten zusammengestellte Schrift Einheitlichkeit gewinnt.

Die Taufe ist bei Theodulf ein in der Zeitordnung der Heilsgeschichte sich vollziehendes Ereignis, eingefügt in das dreigeteilte Zeitschema: vor Christus – erfüllende Wende in Christus – nach Christus; und in den vielfachen Beziehungen ihrer rituellen Zeremonien zu Vorgängen des Alten und Neuen Testaments erschließt sie sich als Postfiguratio der Heilstaten Christi und als Antitypus der auf diese weisenden Vorbilder. Elisaeus machte das verseuchte Wasser von Jericho genießbar, indem er Salz in den Brunnen schüttete (4 Reg. 2, 19 ff.); Christus, der wahre Elisaeus, bereitet durch das Salz seiner Lehre das unfruchtbare Menschengeschlecht für wohlschmeckende Früchte des Glaubens und guter Werke; die *datio salis* im Taufritus wiederholt zeichenhaft die Tat des neuen Elisaeus und steht damit auch zu ihrer alttestamentlichen Praefigura im Sinnbezug typologischer Steigerung[99]. Moses führte die Kinder Israels durchs Rote Meer (Ex. 14, 21 ff.); der neue Moses Christus erlöst die Menschheit durch sein Blut; das Eintauchen des Täuflings ins Taufwasser eignet sich als zeichenhafte Handlung zugleich das alttestamentliche Vorbild und seine Erfüllung an[100]. Im Alten Testament wurden Priester und Könige gesalbt: als Gesalbte – *christi* – waren sie Vorbilder des wahren *rex et sacerdos* Christus. Der gesteigerte Antitypus des Alten Bundes, die Kirche, salbt alle ihre Kinder, die als Postfigurae Christi Christen heißen und an seinem König- und Priestertum teilhaben[101]. Das zugrunde liegende heilsgeschichtliche System ist stets die Trennung

---

[99]) Kap. 5: *Et sicut Heliseus salis immissione sterilitatem aquae curavit, ita nimirum verus Heliseus dominus noster Jesus Christus verbi sui sapore fluidam generis humani sterilitatem ad dulcem fidei et bonorum operum saporem perducit.* Sirmond S. 33.

[100]) Kap. 13: *Unde et populus mare rubrum transiit, quia baptismus Christi sanguine consecratur.* Sirmond S. 45.

[101]) Kap. 15: *Ante adventum etenim eius reges solummodo unguebantur et sacerdotes, qui etiam christi vocabantur; post adventum vero eius non iam solum reges et sacerdotes, sed omnis hac unctione consecratur Ecclesia, quia constat eam esse regnum et sacerdotium et filios eius reges et sacerdotes. Baptizatorum itaque capita chrismate liniuntur, ut ... Christiani nominis praerogativam accipiant.* Sirmond S. 50.

der Zeiten *ante adventum eius – post adventum vero eius:* symmetrisch lagern sich die Zeiträume um das Erscheinen Christi als ihre Mitte und Wende.

Wir beschränken uns auf die angeführten Beispiele, weisen aber hin auf die durchgehend zu beobachtende typologische Terminologie. Wendungen wie *typum praeferre*[102], *typum tenere*[103], *in typo*[104], *typice*[105] durchziehen leitmotivisch die Kapitel; mehrmals begegnen antithetische Formulierungen wie *in veteri testamento praefiguratum est – in novo apertissime demonstratum*[106]; zu achten ist auch auf die Adjektive *verus, novus, noster,* die die gesteigerte Gegenwart des Typus in seinem Antitypus ausdrücken[107]. Zur Typologie tritt, vor allem bei der Erklärung des dreimaligen Untertauchens[108] und der Siebenzahl der Geistesgaben[109], die Zahlensymbolik, die ihrerseits die typologischen Denkformen voraussetzt und die gleichen spätantiken Wurzeln hat[110]. Auch durch die Entsprechungen der Zahlen erhellen sich die in der Zeit getrennten Ereignisse in ihrem Sinnbezug.

### d) Stilistische Beobachtungen. Cursus, Satzparallelismus und Reim in Theodulfs Prosa

Abgesehen von den Diözesanstatuten, die als Gesetzestexte unter eigenen sprachlichen Bedingungen stehen, besitzen wir im *Liber de ordine baptismi* die einzige gesicherte Prosaschrift Theodulfs, die ihren wegen seiner Verskunst stets gerühmten Autor[111] auch als einen an

---

[102]) Kap. 2, Sirmond S. 31.

[103]) Kap. 5, Sirmond S. 34; Kap. 9 (Codd.).

[104]) Kap. 5, Sirmond S. 34; Kap. 18, S. 59.

[105]) Kap. 4, Sirmond S. 32.

[106]) Kap. 13, Sirmond S. 44; Kap. 15, S. 49; Kap. 18, S. 59.

[107]) Z. B. *verus Heliseus dominus noster,* Kap. 5, Sirmond S. 33; *noster verus Moyses,* Kap. 14, S. 49.

[108]) Kap. 13, Sirmond S. 46 f.

[109]) Kap. 17, Sirmond S. 53 f.

[110]) Vgl. U. Großmann, Studien zur Zahlensymbolik des Frühmittelalters: ZKTh. 76 (1954), S. 19–54.

[111]) A. Ebert, Allgemeine Geschichte der Literatur des Mittelalters im Abendlande II (1880), S. 73: „In formeller Beziehung, sowohl was den sprachlichen Ausdruck als die Versbildung betrifft, nimmt Theodulf unter den Dichtern jener Zeit wohl die erste Stelle ein." J. de Ghellinck, Littérature I, S. 175: „Le ‚Pindare' de la cour palatine, Théodulphe, a une facture très soignée, une fidélité constante aux locutions antiques, une étonnante facilité à y verser ses propres

der spätantiken Rhetorik geschulten, anspruchsvollen Prosaisten erweist. Vor allem fällt die Betonung der Satzschlüsse und der Kola durch Reim und Cursus auf, die sich nicht nur in dem stilistisch aufwendiger formulierten Widmungsschreiben an Magnus[112], sondern mit ziemlicher Gleichmäßigkeit in allen Kapiteln beobachten läßt.

## Widmungsschreiben

a) Reime:

*efficacia – oboedientia; explevi – iussisti; tam efficaciter expletum – quam libenter susceptum; scripsi – misi; emolumentum – fructum; discendi – docendi; inbui – excitari; doctrinam – disciplinam; cognitionem – religionem; omnes – primates – iudices – milites; iustitiam – experientiam – oboedientiam – prudentiam; optimus – strenuus; cessat – redundat – triumphat.*

b) Cursus:

*cito responderem (trispondiacus,* im folgenden *tr); magnas expedire (tr); adim/plere volebam (planus,* im folgenden *p); li/benter susceptum (p); spati/ose tractandi (p); vo/lumina revolvendi (velox,* im folgenden *v); nulla suppeteret (tardus,* im folgenden *t); caritas permoveret (v); emolumentum (p); habeat fructum (p); necessi/tate discendi (p); valeat inbui (t); valeant excitari (v); sobri/amque doctrinam (p); experientiam (t); atque concordiam (t); sibi propitio (t); adcumu/lare non cessat (p); fonte redundat (p); exhibiti/one triumphat (p).*

## Kap. 1

a) Reime:

*efficiuntur – servatur; instruebantur – docebantur; instructi – docti; ostenditur – baptizabantur.*

b) Cursus:

*efficiuntur (p); adveniebant (p); verbis ostenditur (t); baptizabantur (p); postea baptizare (v); cate/chumeni fiunt (p); sicut iam dictum est (t).*

---

pensées, si bien qu'à certains moments on ne sait ce qu'il faut admirer le plus, ce rare bonheur d'imitation ou cette maîtrise personelle de l'expression et de l'idée." F. J. E. Raby, A history of Christian-Latin poetry ($^2$1953), S. 174: „As a poet Theodulf stands easily supreme among his contemporaries, and to find his equal we must go back as far as Venantius Fortunatus".

112) Daß das Widmungsschreiben Prosareime aufweist, stellte bereits Ann Freeman fest: „There is a striking instance of rhymed prose (not noted by Polheim), in Theodulf's dedicatory letter to Magnus, prefixed to his ‚De ordine baptismi'." Speculum 32 (1957), S. 665 Anm. 5.

## Kap. 2

a) Reime:

*interpretatur – instruitur – instruebatur – efficitur; veniat – audierat – valeat – deserviebat – deserviat; docebantur – instruebantur – baptizabantur.*

b) Cursus:

*interpretatur (p); quondam audierat (t); instrui valeat (t); deo deserviat (t); Jo/hanne docebantur (tr); instruebantur (p); baptizabantur (p); de/lere non poterat (t); praetu/lisse noscendi sunt (t).*

## Kap. 3

a) Reime:

*fugetur – praeparetur; acceperat – erat; insufflasse – increpasse; cogatur – legitur.*

b) Cursus:

*via praeparetur (tr); vitae acceperat (t); ex/ire cogatur (p).*

## Kap. 4

a) Reime:

*exeat – recedat – possidebat; ingrediatur – legitur; increpationis – coniurationis.*

b) Cursus:

*hominis possidebat (v); iuxta apostolum (t); suo portavit (p); visio pacis (p); nova foecundet (p); fu/isse leguntur (p); cre/dentibus datur (p).*

## Kap. 5

a) Reime:

*percipiant – desipiant; insulsi – fatui; curavit – perducit – elucescit; exsufflationem – exorcizationem; gentes – tenentes; contrivit – collocavit; dixit – subiecit; evulsionem – destructionem – dissipationem – dispersionem – aedificationem – plantationem.*

b) Cursus:

*sacra/mento accipiunt (t); Christi desipiant (t); dis/cipulis suis (p); re/spiciant retro (p); statua salis (p); alios condiant (t); sale curetur (p); aquae curavit (p); sa/porem perducit (p); clare elucescit (tr); esse tenendum (p); incon/vulsa confessio (t); habita/tore derelicto (tr); fide ornetur (p); increduli/tatis evulsae sunt (t); docu/menta plantari (p); operum rudimenta (v); populum collocavit (v).*

## Kap. 6

a) Reime:

*indicium – signum; ediderunt – statuerunt; poterant – debebant; pronuntiavit – dixit.*

b) Cursus:

*infi/delibus discernuntur (v); corde retinebant (tr); ore confessi sunt (t); sen/tentias conferentes (v); conlati/onem ediderunt (tr); com/mune statuerunt (tr); unum in domino (t); af/flatus vegetabat (tr); con/fessio exornaret (v); vinculo nectebantur (v); conti/netur integritas (t); aposto/lorum doctrina (p); lati/tudine praeceptorum (v); pronunti/avit et dixit (p); ser/monibus breviat (t).*

## Kap. 7

a) Reime:

*visibilium – invisibilium; factum – adoptivum – genitum; divinitate – humanitate; patris filius – matris filius; adsumendo humanitatem – permutando divinitatem; passionem – mortem; in virtute divinitatis – in infirmitate humanitatis; vera carnis morte – vera carnis resurrectione; assumpsit – sustinuit – resurrexit; voluntate – potestate – aeternitate; schismatici – haeretici; sacramentis – mysteriis; credant – custodiant.*

b) Cursus:

*symbolo continetur (v); omnipotentem (p); appel/latur ingenitus (t); filium eius (p); omnia facta sunt (t); patre substantiae (t); possit inferior (t); ille qui genuit (t); spiritu sancto (p); mundi a patre (p); esse cum patre (p); homo liberaret (tr); humanitatem (p); divinitatem (p); resurrecti/onis contulisse (tr); vivus a mortuis (t); vivimus carne (p); ascen/disse in caelum (p); ae/terni sententiam (t); beati/tudinis praemium (t); spiritum sanctum (p); fili/oque procedentem (tr); patri et filio (t); sanctam ecclesiam (t); damnati/one puniuntur (tr); communi/one permanentes (tr); pecca/torum percipere (t); ae/ternam pertinere (tr); rati/one utentes (p); capere possunt (p); fidei sacramentis (v); suae mysteriis (t); ve/raciter credant (p); cura custodiant (t); fontis suscipiunt (t); per/cipiant peccatorum (v).*

## Kap. 8

a) Reime:

*aetatis – credulitatis; timore – favore; dum – potestatum – rerum – sacramentum; vestiantur – scrutentur – impertiantur; instructis – doctis.*

b) Cursus:

*reddere possint (p); ve/raciter credant (p); terre/narum potestatum (tr); pelle vestiantur (tr); ser/vare consuevit (tr); bap/tismatis sacramento (v); gustu degustata (tr).*

## Kap. 9

a) Reime:

*nares – aures; sequantur – profiteantur – efficiantur; audientes – facientes – similes; carnales – spiritales ; quaeruntur – designatur – intelliguntur; tetigerat – fecerat – aperuerat; loquendi – confitendi; tribuat – praebeat – aperiat; refertum – delibutum.*

b) Cursus:

*unguen/torum sequantur (p); profite/antur dicentes (p); sanctae ecclesiae (t); fidei puritatem (v); o/dore repleatur (tr); o/doris suavitas (t); ama/tores effecti (p); amplec/tantur odorem (p); viro sapienti (tr); spiri/taliter audientes (v); emolu/menta perveniant (t); spiri/tales quaeruntur (p); genus humanum (p); muti tetigerat (t); uncti/one delibutum (tr).*

## Kap. 10

a) Reime:

*sancti – liniti – muniti – circumspecti; prospera – adversa; praeteritum – futurum; anteriora, ut . . . velint – posteriora, ne . . . velint; datum optimum – donum perfectum; in cordis nomine . . . designatur – in olei nomine intelligitur; anterius – posterius.*

b) Cursus:

*uncti/one liniti (p); retro muniti (p); pleni sint oculis (t); donum perfectum (p); mens designatur (p); u/trimque munitur (p).*

## Kap. 11

a) Reime:

*exuberat – premebat – fatiscat; reicere – contradicere; diabolus – fidelibus – liberius; nuncupatur – abrenuntiatur – serviatur.*

b) Cursus:

*bene exuberat (t); uncti/one fatiscat (p); longe recedat (p); sensum vertatur (p); poni consuevit (tr); su/perius diximus (t); di/abolus nuncupatur (v); li/berius serviatur (v).*

## Kap. 12

a) Reime:

*armis suis, id est vitiis . . . subiecit – armis suis, id est virtutibus . . . debellavit; in illius militia – in istius militia; arrogantia – vana gloria; desidiose – mali-*

*tiose; scienter – ignoranter – negligenter – arroganter; contemnit – immergit; confessionem – emendationem; peccatorum suorum – morum – adminiculum; superbit – existit – committit – negligit.*

b) Cursus:

*o/peribus salvatoris (v); sibi subiecit (p); illum debellavit (tr); vitam aeternam (p); princi/palia vitia (t); dicere possumus (t); princi/pales virtutes (p); pro/cedere dinoscuntur (v); sive iactantiam (t); deo superbit (p).*

## Kap. 13

a) Reime:

*praefiguratum est – baptizatus est – demonstratum; nascimur mundo – renascimur deo; aedificata est – formata est; aqua – sacramenta; in altero consecratio – in altero mundatio; regeneramur – consecramur; purgandi – vivificandi – recreandi; concipiebat – capiebat; signatur – purgatur; corpus – animus; caelis – aquis – purgationis; fuerat – expellitur – intraverat – egreditur – fuerat – efficitur; reparatus – immutatus; peccatorum – virtutum; voce – corpore – ostensione; novos – pulcros; regeneramur – purgamur – imitamur; morimur – consepelimur; peccato – diabolo – Christo; diei – luci – veritati; stabilimentum – fundamentum; delentur – adhibentur; lacrimis – eleemosynis; renascatur – consepeliatur; fragrare – praestare – exuberare; renatus – purgatus – convivificatus.*

b) Cursus:

*abrenunti/atur diabolo (t); o/peribus eius (p); credere confitentur (v); intenti/one teneri (p); adiu/torium quaerere (t); aper/tissime demonstratum (v); nascimur mundo (p); re/nascimur deo (p); filii irae (p); filii dei (p); ec/clesia vegetatur (v); sanguis et aqua (p); prae/cipua sacramenta (v); tribue/retur ecclesiae (t); conse/cramur et sanguine (t); sanguine consecratur (v); digni/tatem capiebat (tr); vi/sibile elementum (v); purifi/cetur et animus (t); melius immutatus (v); deformi/tate peccatorum (tr); dealbati/one virtutum (p); admi/rabile sacramentum (v); filios dei (p); ve/teribus novos (p); Christi imitamur (tr); ergo peccato (p); abrenunti/amus diabolo (t); se/pulcrum descendimus (t); se/pulcro egredimur (t); fontem descendimus (t); spiritum sanctum (p); men/dacium veritati (v); signifi/care videntur (p); non iteratur (p); a/romata adhibentur (v); consepe/liri desiderat (t); aetas permittit (p); origi/nale peccatum (p); pec/cato purgetur (p); debet fragrare (p); o/dorem praestare (p); vestibus indui (t); debet nitore (p).*

## Kap. 14

a) Reime:

*mundo – Christo; morimur – induamur – confirmemur – describitur; opere – regeneratione; innovationem – decorem; immortalitatis – felicitatis; dedit – possit; mysteriis – sacramentis; liberat – purificat – exornat ; regnum – sacerdotium.*

b) Cursus:

*Christo consurgimus (t); ni/tore induamur (tr); spe confirmemur (p); se/dere describitur (t); a/postolis nuntiant (t); tene/amus in opere (t); dicere possimus (t); ex/uberant sacramentis (v); ac/ciperet vestimenta (v); indue/retur nitore (p); induit vestimentis (v); Ae/gyptica servitute (v); dei et hominum (t); unda purificat (t); indu/mentis exornat (p).*

## Kap. 15

a) Reime:

*compositum – declaratum; reges – sacerdotes; unguebantur – vocabantur; regnum – sacerdotium; accipiant – valeant.*

b) Cursus:

*ve/raciter declaratum (v); con/sortibus suis (p); chrismate christi (p); nomen exortum est (t); christi vocabantur (tr); conse/cratur ecclesia (t); ec/clesiae delibuti (v); praeroga/tivam accipiant (t); effici valeant (t).*

## Kap. 16

a) Reime:

*prophetam dicitur – prophetam dicitur; triumphavit – obtulit; regnum – sacerdotium; reges, ut ... – sacerdotes, ut ...; dimicemus – gubernemus; offeramus – dicamus; muniatur – liniatur.*

b) Cursus:

*mi/rifice triumphavit (v); vi/riliter dimicemus (v); dispensati/one gubernemus (tr); pa/cificas offeramus (v); digni/tatis ornamenta (tr); habeat tegumentum (v); ve/lamine muniatur (v); spiri/taliter exornetur (v); chrismatis liniatur (v); effici mereantur (v).*

## Kap. 17

a) Reime:

*licet – licet; consecrantur – traditur; presbyteris – episcopis; dicitur – intelligitur; pari – impari; potest – potest; multiplicentur – surgitur; consuevit – requievit – ambulavit – contulit; signatur – conficitur – impletur; universitatem – perfectionem; sermo sapientiae – sermo scientiae; vocatur – nuncupatur; nominum – principium; sapiens – intelligens; consiliarius – eruditus; surrexit – procedit; sapere – intelligere; sapiunt – possunt; penetrat – inlustrat; prohibet – replet – praebet; fugat – inlustrat; repleverit – concedit; superbiat – confortat; suffragatur – componatur; careat – subsistat – penetrat – levat; invenerit –*

*perducit; destruitur – fulciatur; conspicit – ruit; negligit – stringit; careat – inluminat – ignorat; habuerit – surgit; trepidat – vacat; observandum – implorandum; elevet – aberret; multiplicat – confundat; praebet – praecipitet – inflet; novit – diligit; inclinat – intorqueat – trepidat – mergat; incomparabiliter – ineffabiliter; aedificavit – agit; sapientiae – intelligentiae; creavit – damnavit – redemit; descendens exinanivit – accipiens humiliavit; requiescit – incipit – descendit – mittit; inflat – aedificat; complentes – habentes.*

b) Cursus:

*visi/biliter fiunt (p); invisi/biliter consecrantur (v); fi/delibus traditur (t); esse directos (p); spiritum sanctum (p); fuerit consecratum (v); gratiae dicitur (t); my/sterium trinitatis (v); numerum surgitur (t); sanctae trinitatis (tr); poni consuevit (tr); die requievit (tr); domino ambulavit (v); adunati/onis impletur (p); scribit ecclesiis (t); scrip/sisse ecclesiae (t); dona enumeret (t); partu egressus est (t); spiritus domini (t); ceteris sanctis (p); domini appellatur (v); a/perte monstratur (p); u/troque procedit (p); inspirati/one subsistit (p); domini nuncupatur (v); diffe/rentias nominum (t); atque principium (t); fonte procedant (p); minime possunt (p); certi/tudine replet (p); confi/dentiam praebet (p); exube/rare concedit (p); refecti/one confortat (p); aliae suffragatur (v); decen/tissime componatur (v); pondere penetrat (t); forti/tudinis deest (p); trac/tando invenerit (t); forti/tudo destruitur (t); con/silium fulciatur (v); artius stringit (p); mise/re/atur ignorat (p); foveam mergat (p); ineffa/biliter regnent (p); secre/torum rimatur (p); boni/tate creavit (p); pie/tate redemit (p); usque descendit (p); saeculum saeculi (t); vitia dimicemus (v); fortiter agimus (t); gravi/tate muniamus (tr); facta sunt omnia (t).*

## Kap. 18

a) Reime:

*baptizamur – pascimur – potamur – imbuamur; obtulit – adimplevit – praecepit; panem – calicem; benedicens eis – tradens suis; descendit – dixit; oblationem – consecrationem – dignitatem; renascitur – pascatur – potetur; maneat – veniat – peraccedat; prudenter iussisti – humiliter implevi; inveneritis – adhibitis – rejiciatis; probanda – retinenda.*

b) Cursus:

*corpus transire (p); sacra/mentis imbuamur (tr); sacri/ficium salutare (v); ec/clesia celebrat (t); caelo descendit (p); transeant dignitatem (v); significatur (p); iuncta cohaeret (p); ec/clesia tenet (p); forti/tudine roboratus (v); vertice montium (t); pru/denter iussisti (p); bona sunt, retinenda (v).*

Der Cursus hatte in der Spätantike das quantitierende System der klassischen Clausulae abgelöst: bei schwindendem Gefühl für die Quantitäten der Silben wurden die Wortakzentstellen für die rhythmischen Satzschlüsse bestimmend. Seit den grundlegenden Untersuchungen von Wilhelm Meyer[113] und Eduard Norden[114] über die Geschichte des Cursus im Mittelalter hat sich die Vorstellung gefestigt, daß die bewußte Stilisierung der Satzschlüsse nach den Regeln des Cursus seit Gregor dem Großen untergegangen sei und erst im 11. Jahrhundert in der kirchlichen Literatur wieder begegne. Beobachtungen an einzelnen Schriftstellern der Karolingerzeit[115], die jüngst von Gudrun Lindholm in einer Übersicht zusammengestellt und durch eigene Untersuchungen erweitert wurden[116], zeigten jedoch, daß die rhythmischen Klauseln, wenn auch nicht streng regelmäßig gebraucht, noch bis ins 10. Jahrhundert begegnen, so daß von ihrem Aussterben am Ende der Antike nicht die Rede sein kann. Bereits Eduard Norden selbst hatte Zweifel an dieser Lehre angemeldet: „Ob es sich ... wirklich bestätigen wird, daß die Tradition von Gregor d. Gr. († 604) bis zum XI. Jh. völlig aufgehoben ist? Innerlich ist derartiges immer höchst unwahrscheinlich und dürfte sich in diesem Fall auch wohl durch Tatsachen widerlegen lassen, z. B. habe ich mir notiert, daß die regulären Klauseln dem Marculfus in seinen Formularum libri noch bekannt sind, daß für die karolingische Zeit Theodulfus, Carm. l. IV 2 sie zu bezeugen scheint ...“ [117]. Bei seinem Hinweis auf Theodulf meint Norden das Gedicht über den Baum der Philosophie[118], wo nach dem Muster des Martianus Capella die sieben Künste als allegorische Gestalten auftreten und V. 26 die Flügel der Rhetorica gedeutet werden: *In verbis cursum signat inesse levem.* Hier ist jedoch kaum der stilistische Fachterminus „Cursus“, sondern in einem allgemeineren Sinn der „leichte Fluß der Rede“ gemeint;

---

[113]) Die rythmische lateinische Prosa: Gesammelte Abhandlungen zur mittellateinischen Rythmik II (1905), S. 236–286 (zuerst Göttingische Gelehrte Anzeigen 1893, Nr. 1).

[114]) Die antike Kunstprosa vom VI. Jahrhundert v. Chr. bis in die Zeit der Renaissance II ($^2$1909; ND. 1958), Anhang II: Über die Geschichte des rhythmischen Satzschlusses.

[115]) Für Paulus Diaconus: A. C. Clark, The cursus in mediaeval and vulgar Latin (1910), S. 13; für Neapel, Rom und die päpstliche Kanzlei im 9. Jahrhundert: F. di Capua, Fonti ed esempi per lo studio dello „stilus curiae Romanae“ medioevale (1941), S. 48 ff.; für Lupus von Ferrières: A. C. Clark, a. a. O.; für Walafrid Strabo und Notker den Dichter: P. v. Winterfeld, Notkers Vita s. Galli: NA. 27 (1902), S. 744–751, S. 750.

[116]) Studien zum mittellateinischen Prosarhythmus. Seine Entwicklung und sein Abklingen in der Briefliteratur Italiens (1963), S. 9 Anm. 11 und Tabelle S. 10.

[117]) E. Norden II, Anhang II, S. 950.

[118]) Dümmler Carmen XLVI, MGH. Poetae I, S. 544 ff.

deutlicher jedenfalls als in diesem Gedicht bezeugt Theodulf seine Kenntnis des Cursus durch die konsequente Anwendung seiner Regeln im *Liber de ordine baptismi.* Er ist in der Nachfolge Isidors[119], Braulios von Saragossa[120] und Julians von Toledo[121] der letzte Zeuge einer westgotischen literarischen Schultradition, in der die rhythmischen Satzschlüsse als Stilmittel gepflegt wurden[122].

Die Erscheinung des Reims kann nicht losgelöst von einer syntaktischen Strukturanalyse behandelt werden, da sie auf dem Parallelismus der Satzkonstruktion beruht[123]. Theodulfs Stil wird von Gleichlauf und Antithese beherrscht; seine Sätze sind Reihungen, oft auch kunstvoll verschachtelte Gefüge kurzer Kola, die bei inhaltlicher Antithese die gleiche grammatische Konstruktion und die gleiche Abfolge der Satzteile zeigen. Dabei treten Worte gleicher Flexionsformen an die gleichen Stellen der Kola, wodurch sich die Reimklänge ergeben.

Beispiele:

*Quod opus o utinam esset t a m efficaci t e r exple t u m ,*
*q u a m est liben t e r suscep t u m.*[124]

*Patrum volumina revol v e n di facul t a s nulla suppete r e t*
*et me ad iussionem im p l e n dam cari t a s permove r e t*[125]

---

119) Zu den rhythmischen Satzschlüssen bei Isidor vgl. J. F o n t a i n e (ed.), Isidore de Séville, Traité de la nature (1960), S. 131 ff., dessen Untersuchung der Klauseln im Liber de rerum natura zu dem Ergebnis führt, daß Isidors Satzschlüsse den Übergang von der klassischen quantitierenden Clausula zum mittelalterlichen Cursus markieren. „Les observations ... permettent ... de conclure qu'Isidore connaît encore les principales clausules métriques de la prose d'art classique. ... Mais il entend et sent ces clausules surtout dans leur structure rythmique ...: bon nombre de ces clausules métriques sont atteintes par cette décadence de la quantité syllabique que l'on peut déjà constater longtemps avant lui. Inversement, son système de clausulus rythmiques n'a pas encore la rigueur du *cursus* médiéval": a. a. O., S. 136.

120) Zu Cursus und Reim in den Schriften Braulios vgl. C h . H. L y n c h , Saint Braulio, bishop of Saragossa (631–651). His life and writings (1938), S. 210: „Following the taste of the period he is constantly striving for cursus and rime in his cola."

121) (680–690); vgl. B. B i s c h o f f , Ein Brief Julians von Toledo über Rhythmen, metrische Dichtung und Prosa: Hermes 87 (1959), S. 247–256; ND.: Mittelalterliche Studien I (1966), S. 288–298.

122) Vgl. W. M e y e r S. 279: „Die Spanier und Westgoten liebten gereimte und rythmische Prosa außerordentlich." M e y e r führt Beispiele aus den Akten der 8. Synode von Toledo (653) an.

123) E. N o r d e n II, Anhang I: Über die Geschichte des Reims. K. P o l h e i m , Die lateinische Reimprosa (1925).

124) Widmungsschreiben, MGH. Epp. IV, Nr. 24 S. 534, Z. 5.

125) Widmungsschreiben, MGH. Epp. IV, Nr. 24 S. 534, Z. 6–7.

*relicto ritu quo creaturae deserviebat,*
*soli creatori Deo deserviat.*[126]

*Prius enim dixit evulsionem*
*et destructionem*
*et dissipationem*
*et dispersionem*
*et postea subiecit aedificationem*
*et plantationem*[127]

*ut qui erat in divinitate Dei patris filius,*
*ipse factus sit in humanitate hominis matris filius.*[128]

*adsumendo humanitatem,*
*non permutando divinitatem.*[129]

*Id est anteriora, ut bene velint,*
*posteriora, ne frustra velint.*[130]

*Et quia ille armis suis, id est vitiis, genus humanum sibi subiecit,*
*Dominus armis suis, id est virtutibus, illum debellavit.*[131]

*Per hoc qui nascimur mundo,*
*renascimur Deo,*
*et qui per peccatum eramus filii irae,*
*per gratiam efficimur filii Dei.*[132]

*ut in altero consecratio,*
*in altero mundatio eidem tribueretur Ecclesiae.*[133]

*Quae singula ita sunt contraria sanctae Trinitati*
*ut nox diei,*
*ut tenebrae luci,*
*ut mendacium veritati.*[134]

*Propter hanc vitam adipiscendam et baptizamur*
*et eius carne pascimur*
*et eius sanguine potamur.*[135]

Außer dem kolonschließenden Endreim begegnen Formelreim und Schlagreim; auch die häufigen Gleichklänge im Anlaut der Kola, die bei unserer Zusammenstellung der Reime nicht mit aufgenommen

[126]) Kap. 2, Sirmond S. 31.
[127]) Kap. 5, Sirmond S. 34.
[128]) Kap. 7, Sirmond S. 36.
[129]) Kap. 7, Sirmond S. 36.
[130]) Kap. 10, Sirmond S. 40.
[131]) Kap. 12, Sirmond S. 42.
[132]) Kap. 13, Sirmond S. 44.
[133]) Kap. 13, Sirmond S. 45.
[134]) Kap. 13, Sirmond S. 47.
[135]) Kap. 18, Sirmond S. 59.

wurden, stützen und schärfen den formalen und gedanklichen Parallelismus. Litaneiartige Reihungen werden durch Anapher zusätzlich betont, z. B.

*aliud tamen est desidiose,*
*aliud malitiose,*
*aliud scienter,*
*aliud ignoranter,*
*aliud negligenter,*
*aliud arroganter peccare* [136].

Anreime und Endreime verknüpfen sich zu Reimketten wie in folgender Tirade aus dem Widmungsschreiben:

*Quippe cui hoc semper familiare est, ut exerceat*
*praesul e s ad sanctarum scripturarum indagationem* (a)
*et sanam sobriamque doctrinam* (b)
*omnem clerum ad disciplinam* (b)
*philosoph o s ad ... cognitionem* (a)
*monach o s ad religionem* (a)
*omn e s generaliter ad sanctitatem* (c)
*primat e s ad consilium]*
*iudic e s ad iustitiam* (d)
*milit e s ad armorum experientiam* (d)
*praelat o s ad humilitatem* (c)
*subdit o s ad oboedientiam* (d)
*omn e s generaliter ad prudentiam* (d)
*iustitiam* (d)
*fortitudinem* (a)
*temperantiam* (d)
*atque concordiam.* [137] (d)

Theodulf konstruiert Satzgefüge, deren Glieder sich spiegelbildlich entsprechen, z. B.

*Ut qui expuens linguam m u ti tetig e r a t*
*et sputo l u tum fec e r a t*
*et oculos caeci nati aperu e r a t*
*nunc per ministerium sacerdotum*
*et auditum spiritalem his qui baptizandi sunt tribu a t*
*et recte loqu e n d i*
*id est fidem veram confit e n d i facultatem praebe a t*
*et nares quibus bonum Christi odorem capiant aperi a t.* [138]

---

[136]) Kap. 12, Sirmond S. 43.
[137]) MGH. Epp. IV, Nr. 24 S. 534.
[138]) Kap. 9, Sirmond S. 40.

*Si ergo antequam renascatur*
*et originali peccato purgetur*
*et Christo consepeliatur,* } *a*

*aromatibus debet fragrare,*
*odorem praestare*
*et mundissimis vestibus indui,* } *b*

*quanto magis renatus,*
*purgatus,*
*Christo convivificatus,* } *a'*

*et odoris fragrantia exuberare*
*et candidorum vestimentorum*
*clarescere debet nitore?* [139] } *b'*

und formt seine Vorlagen um, wenn sie dem stilistischen Prinzip der Parisosis nicht genügen:

Isidor, Quaestiones in Vetus Testamentum, In Gen. c. 3, 8, PL. 83, col. 217:

> *Dormit Adam et fit illi mulier de latere. Patitur Christus in cruce, pungitur latus lancea et profluunt sacramenta sanguinis, ex quibus formetur Ecclesia.*

Theodulf, Kap. 13, Sirmond S. 44:

> *Ex osse dormientis protoplasti mulier aedificata est,*
> *ex latere Christi in cruce dormientis Ecclesia formata est.* [140]

Wie das System der rhythmischen Klauseln ist der Satzparallelismus ein Erbe der spätantiken Prosakunst: er begegnet vor allem in der christlichen Predigtliteratur. Bei den Lateinern sind seine Hauptvertreter Cyprian[141], Ambrosius[142] und Augustinus[143]; Gregor der Große[144] und Isidor von Sevilla[145] bezeugen ihn an der Wende zum frühen Mittelalter. Theodulfs Prosastil steht in der Kontinuität

---

[139]) Kap. 13, Sirmond S. 48.

[140]) K. Polheim S. 218 beobachtet Ähnliches bei Cyprian: Bibelzitate werden um des Reimes willen umgeschrieben. Inhaltlich handelt es sich bei den von Polheim angeführten Beispielen meist – wie hier bei Theodulf – um typologische Gegenüberstellungen.

[141]) Vgl. E. Norden II, S. 615 ff.

[142]) Vgl. ebd. S. 651 f.

[143]) Augustinus empfiehlt den antithetischen Satzparallelismus auch in der Theorie: De doctrina christiana IV, 40: *Et totus fere ... locus temperatum habet elocutionis genus, ubi illa pulchriora sunt, in quibus propria propriis tamquam debita reddita decenter excurrunt.* CC. 32, S. 146. Vgl. E. Norden II, S. 621 ff.

[144]) E. Norden II, S. 654.

[145]) Untersuchungen zum Satzparallelismus mit Homoioteleuton bei Isidor: K. Polheim S. 293 ff.; J. Fontaine, Isidore de Séville, Traité de la nature (1960), S. 129 ff.

der spätantik-christlichen Rhetorik: sein oben[146] aus dem Carmen XLV zitierter Lektürekanon hat ihm auch stilistisch Wesentliches vermittelt.

Der Parallelismus der Satzkonstruktion, in dem wir das beherrschende Stilprinzip der Prosa Theodulfs erkannten, entspricht als sprachliche Ausdrucksform dem beherrschenden geistigen Prinzip seiner Bibel- und Liturgieinterpretation, dem typologischen Denken. Die typologische Bezogenheit der zeitlich getrennten Ereignisse wird durch die syntaktische Kongruenz der Kola sprachlich akzentuiert, und im spiegelbildlichen Bau der Perioden wird die spiegelbildliche Entsprechung von Typus und Antitypus sinnenfällig. Schärfer können vorbildliches Ereignis und Erfüllung nicht gegeneinandergestellt werden als in völlig symmetrischen Sätzen, die Wort für Wort einander entsprechen, wie es bei der typologischen Gegenüberstellung des schlafenden Erstgeschaffenen und des Erstlings der Entschlafenen Christus in dem zuletzt zitierten Beispiel geschieht. Die antithetische Aussagekraft wird durch die Überkreuzstellung der entscheidenden Worte *dormientis protoplasti – Christi in cruce dormientis* zusätzlich gesteigert; die Reime verweisen auf den geistigen „Reim" der Gestalten.

Eduard Norden hat den Satzparallelismus und den Reim der christlichen Rhetorik an der klassischen Diktion gemessen und als Verfall und Degeneration gewertet[147]; indem diese Sprachformen jedoch auf einen geistigen Sinn hin transparent werden, erweisen sie sich als lebendige Schöpfungen eines neuen Denkens. Friedrich Ohly zeigte, wie das Mittelalter, das sich geistig gegenüber der Antike auf der Stufe der Erfüllung erkannte, auch die Weiterbildung der antiken sprachlichen Formen als eine typologische Steigerung begriff: er deutete dies zunächst anhand der Ars versificatoria des Matthäus von Vendôme an[148] und wies den Gedanken der christlichen Überhöhung und anti-

---

146) S. 116.

147) Er spricht von der „Auflösung der Periode in zerhackte Kommata" und im Bereich der Metrik von der „Geschmacklosigkeit der gereimten Hexameter". E. Norden II, S. 566, 865.

148) F. Ohly, Synagoge und Ecclesia. Typologisches in mittelalterlicher Dichtung: Miscellanea mediaevalia 4 (1966), S. 350–369, S. 367 f.: „Gesteigerte Gestaltung auch der Formensprache ist als möglich in Betracht zu ziehen. ... Die *Ars versificatoria* des Matthäus von Vendôme vergleicht formale Möglichkeiten der Antike und Moderne, um für die Moderne strengere Postulate aufzustellen. ... Er stellt zu Verwendungsweisen des dichterischen Vergleiches fest: *Hoc autem modernis non licet. Vetera enim cessavere novis supervenientibus* (IV, 5). Die biblischen Worte Lev. 26, 10: *vetera novis supervenientibus proicietis* und 2. Cor. 5, 17: *ecce facta*

typischen Erfüllung antiker Stilmuster neuerdings in Otfrids Evangelienbuch nach[149].

Otfrid erkennt den Griechen und Römern in ihrer Sprachkunst durchaus ästhetische Werte zu, fordert aber von der christlichen Dichtung, die antiken Vorbilder zu überwinden und zu Formen vorzustoßen, die zugleich die Regeln der Ästhetik und die *norma rectitudinis* der Gebote Gottes verwirklichen[150]. In seinen berühmten Kapiteln über die Hochzeit zu Kana hat er die Verwandlung des Wassers in Wein nicht nur als Metapher für die Verwandlung des Buchstabens der Schrift in ihren spirituellen Sinn gedeutet, der durch das Erscheinen Christi offenbar geworden ist: er knüpfte an das Wunder auch die Lehre von einer neuen, seit Christus den Begriffen *scôni* und *suazi* zugewachsenen pneumatischen Dimension.

*Thaz sie lásun er in ríhti in thero búahstabo slíhti,*
*joh núzzun tho thie síne, so nu wázar ist bi wíne –*
*Deta er iz scónara al so zám, joh zíarara ouh so fílu fram,*
*(wir góum es némen wollen), so wín ist widar brúnnen*[151].

„Die letzten Worte über die neue Schönheit seit Christus stellen eine Ästhetik der reinen Form in den Schatten des Präfigurativen, das eine Ästhetik der erfüllten Form zu überwinden hat“[152]. Während die antike Rhetorik sich im Bereich des rein Ästhetischen bewegt, kann der christliche Sprachstil durch Parallelismus, Symmetrie und Reim die in Analogien sich entfaltende Sinnstruktur der Heilsgeschichte erhellen und damit zugleich mit dem ästhetischen Genuß theologische Erkenntnis vermitteln[153].

---

*sunt omnia nova* machen deutlich, wie hier das Alte und das Neue zueinander stehen.“

149) F. Ohly, Geistige Süße bei Otfried: Typologia litterarum. Festschrift für M. Wehrli (1969), S. 95–124.

150) Vgl. ebd. S. 101.

151) II, 10, V. 9–12. Otfrids Evangelienbuch. Hg. v. O. Erdmann – L. Wolff, Altdeutsche Textbibliothek Nr. 49 (⁴1962), S. 75.

152) F. Ohly, Geistige Süße, S. 107.

153) Wie Theodulfs Prosa werden auch seine Disticha durch syntaktischen Gleichlauf bei inhaltlicher Antithese und durch vielfältige Wort- und Klangentsprechungen zwischen Versen und Versteilen geprägt. Dabei spielt der Reim – als Alliteration, Binnen-, End- und Kreuzreim – eine größere Rolle, als D. Norberg, Introduction à l’étude de la versification latine médiévale (1958), S. 40 und P. Klopsch, Einführung in die mittellateinische Verslehre (1972), S. 42 annehmen. H. Brinkmann, Der Reim im frühen Mittelalter: Studien zur Geschichte der deutschen Sprache und Literatur II (1966), S. 58–78, S. 73 f. behauptet gar: „Reimlos sind darum die Verse der großen Repräsentanten: Paulus Diaconus, Paulinus von Aquileja . . .,

## 4. Nachwirkungen des Liber de ordine baptismi in der karolingischen Literatur

Seinen ersten literarischen Niederschlag fand Theodulfs *Liber de ordine baptismi* in der Antwort des Magnus von Sens auf das kaiserliche Rundschreiben[1]. Jedoch hat dieser die Arbeit seines gelehrten Suffragans wenig zu würdigen gewußt: er übernimmt kein einziges der typologischen oder zahlensymbolischen Argumente, mit denen Theodulf den heilsgeschichtlichen Beziehungsreichtum der Taufriten aufgedeckt hatte. Was Theodulf über den sichtbaren Ablauf und die unsichtbare Gnadenwirkung der Zeremonien sagt, ist ihm willkommen; aber überall, wo Theodulfs Ausführungen sich vom Konventionellen entfernen, bevorzugt er die formalen Erklärungen aus Isidors Etymologien und Alcuins Briefen. Die Verkürzung der an die Psychomachie des Prudentius angelehnten Schilderung des Kampfes der Tugenden gegen die Laster in Theodulfs Kapitel über die *opera Satanae*[2] zu der lapidaren Feststellung *abrenuntiat pompis eius, id est*

Alkuin, Theodulf ..." In Wirklichkeit begegnen bei Theodulf alle Kombinationsmöglichkeiten des Reims im Distichon, also außer der – weitaus geläufigsten – Zuordnung eines leoninischen Hexameters und eines leoninischen Pentameters in der Reimfolge aabb das Distichon mit vier gleichen Reimen (*versus unisoni*), *versus cruciati* (abba), *versus ventrini* (abab) sowie Fälle von Endreim zwischen Hexameter und Pentameter. Karl Strecker, der die mit dem 8. Jahrhundert endenden Statistiken von Max Manitius über die Häufigkeit des Reims in der spätantiken und frühmittelalterlichen Poesie fortsetzte, konnte für Theodulf auf die Ergebnisse Hermann Hagens zurückgreifen, der in den 956 Versen der *Paraenesis ad iudices* (Carmen XXVIII) 117 leoninische Hexameter und Pentameter zählte; vgl. H. Hagen, Theodulfi episcopi Aurelianensis de iudicibus versus: Sollemnia anniversaria conditae Universitatis... Bernensis (1882), S. IX. Für die 594 Verse des Lehrgedichts *Ad episcopos* (Carmen I/II) kam K. Strecker, Studien zu karolingischen Dichtern: NA. 44 (1922), S. 209–251, S. 222 auf 113 *versus leonini*. Das bedeutet, wenn man die beiden Beispiele zusammenfaßt: im Durchschnitt sind 14,8 % der Verse Theodulfs gereimt, ein Ergebnis, das sich eng zu der von M. Manitius, Geschichte der christlich-lateinischen Poesie bis zur Mitte des 8. Jahrhunderts (1891), S. 98 f. Anm. 7 für den Spanier Prudentius errechneten Zahl von 13,2 % leoninischer Verse stellt. Freilich tendiert Theodulf nicht zum Endreim als Formschema; der Reim bleibt bei ihm eine Stilfigur, die an den syntaktischen und gedanklichen Parallelismus geknüpft ist, dabei aber um so deutlicher auf die Denkform weist, die die Umbildung der klassischen Sprachformen bewirkt hat.

[1]) Ed. E. Dümmler, MGH. Epp. IV, Epistolae variorum Nr. 25, S. 534 f. Voller Text: PL. 102, col. 981–984.

[2]) Kap. 12, Sirmond S. 42–44.

*vitiis*[3] ist ebenso aufschlußreich wie das Ändern der Worte *de somno desidiosi torporis*[4] in: *de somno stultitiae vel insipientie*[5] und *Christiani nominis praerogativam*[6] in: *Christi nominis gratiam*[7]. Das Ausgefallene wird vermieden, das Geläufige gesucht: so entsteht ein Lehrstück schulmäßigen Zuschnitts. Magnus schätzte mit seinem Verfahren die Erwartungen des Hofes kaum richtig ein, denn Karl hat gerade dem Amalar, dem Meister der allegorischen Liturgieerklärung, in einem Dankesbrief für seine Antwort hohes Lob gespendet[8].

Wir führen die textlichen Entlehnungen des Magnus aus Isidor, Alcuin und Theodulf an:

| MAGNUS VON SENS | THEODULF |
|---|---|
| ... *quia praeceptum vestrum humiliter et libentissimo animo susceptum* ...<br>(Epp. IV, Nr. 25, S. 534, Z. 32) | *Praeceptum tuum* ... *est libenter susceptum* ...<br>(Epp. IV, Nr. 24, S. 533, Z. 29 – S. 534, Z. 5) |
| ... *eo quod nos de somno stultitiae vel insipientie excitare dignati fuistis* ...<br>(ebd. Z. 36 f.) | ... *ut alii de somno desidiosi torporis* ... *valeant excitari.*<br>(ebd. Z. 13 f.) |
| | ISIDOR |
| *Baptismum Graece Latine tinctio interpretatur, quia ibi homo Spiritu gratiae in melius mutatur.*<br>(PL. 102, col. 981 C) | *Baptismum Graece, Latine tinctio interpretatur;* ... *quia ibi homo spiritu gratiae in melius inmutatur* ...<br>(Etymologiae VI, 19, 43) |
| | THEODULF |
| *Nullatenus itaque baptismi mysterium perfici potest nisi sub invocatione sanctae Trinitatis,* | *Nullatenus itaque baptismi mysterium perfici potest nisi sub invocatione sanctae Trinitatis.*<br>(Kap. 13, Sirmond S. 45) |
| | ALCUIN |
| *quia rectum est ut homo, qui ad imaginem sanctae Trinitatis creatus est, ad eamdem revocetur imaginem.* | *Et recte homo, qui ad imaginem sanctae Trinitatis conditus est, per invocationem sanctae Trinitatis ad eandem renovatur imaginem.*<br>(Brief Nr. 134, Epp. IV, S. 202) |

---

3) PL. 102, col. 982 D.

4) Epp. IV, Nr. 24 S. 534, Z. 13.

5) Epp. IV, Nr. 25, S. 534, Z. 36.

6) Sirmond S. 50.

7) PL. 102, col. 983 C.

8) *Epistula Caroli imperatoris ad Amalarium altera,* ed. J. M. Hanssens, Amalarii episcopi opera liturgica omnia I. Studi e testi 138 (1948), S. 251 (MGH. Epp. V, Amalarii epistolae Nr. 3, S. 244).

| | |
|---|---|
| *Catechumenus autem audiens sive instructus interpretatur, ut audiat et discat, antequam ad sacrum accedat fontem.*<br>(PL. 102, col. 981 D) | THEODULF<br>*Catechumenus autem audiens sive instructus interpretatur. Genus enim humanum audit et instruitur antequam ad baptismum veniat.*<br>(Kap. 2, Sirmond S. 31) |
| *Symbolum Graece Latine indicium et signum vel collatio interpretatur. Indicium quia per id indicatur fidei integritas; signum, quod eo bene retento et intellecto fideles ab infidelibus discernuntur; collatio, quia in eo apostoli omnem fidei integritatem contulerunt.*<br>(PL. 102, col. 981 D–982 B) | THEODULF<br>*Quod symbolum Latine indicium vel signum vel collatio interpretatur. Indicium, quia per id indicatur fidei integritas; signum, quod eo bene retento et intellecto fideles ab infidelibus discernuntur; conlatio, quia in eo Apostoli omnem fidei integritatem contulerunt.*<br>(Kap. 6, Sirmond S. 34) |
| *... ideo abrenuntiat ... et omnibus operibus eius et omnibus pompis eius id est vitiis ...*<br>(PL. 102, col. 982 D) | THEODULF<br>*Abrenuntiatur etiam operibus eius ... id est vitiis ...*<br>(Kap. 12, Sirmond S. 42) |
| *Quam abrenuntiationem recte confessio sanctae Trinitatis sequitur, ut ubi abundavit peccatum, superabundet gratia.* | THEODULF<br>*Quam abrenuntiationem recte confessio sanctae Trinitatis sequitur, ut ubi abundavit peccatum, superabundet gratia.*<br>(Kap. 11, Sirmond S. 41 f.) |
| *Insufflantur etenim ... ut ex eis princeps effugetur peccatorum et Christo Domino paretur introitus ...* | ALCUIN<br>*Exsufflatur etiam, ut fugato diabolo Christo Deo nostro paretur introitus.*<br>(Brief Nr. 134, Epp. IV, S. 202) |
| *Exorcismus Graece Latine coniuratio sive sermo increpationis est adversus diabolum.* | ISIDOR<br>*Exorcismus Graece, Latine coniuratio sive sermo increpationis est adversus diabolum.*<br>(Etymologiae VI, 19, 55) |
| *Salem in sacramento baptismatis accipiunt, ut eius gustu condimentum sapientiae percipiant neque a sapore Christi desipiant et sint insulsi et fatui.*<br>(PL. 102, col. 983 A) | THEODULF<br>*... salem in sacramento accipiunt, ut eius gustu condimentum sapientiae percipiant neque a sapore Christi desipiant et sint insulsi et fatui.*<br>(Kap. 5, Sirmond S. 33) |
| *Nares tanguntur, ut ... assidue in Christi servitio perduret.* | ALCUIN<br>*Tanguntur et nares, ut ... in fide accepta perduret.*<br>(Brief Nr. 134, Epp. IV, S. 202) |

| | |
|---|---|
| *Pectus vero unguitur sancto oleo, ut signo crucis christianae excludatur diabolo introitus, et Christo Domino paretur ingressus.*<br>(PL. 102, col. 983 B) | ALCUIN<br>*Pectus quoque eodem perunguitur oleo, ut signo sanctae crucis diabolo claudatur ingressus.*<br>(ebd.) |
| *Scapulae autem signantur, ... ut fiat ei firmitas et bonorum operum perseverantia.* | ALCUIN<br>*Item in pectoris et scapulae unctione signatur fidei firmitas et operum bonorum perseverantia.*<br>(ebd.) |
| *... candidis induuntur vestimentis ... propter gaudium novae regenerationis vitaeque castitatem et angelici splendoris decorem.* | ALCUIN<br>*Tunc albis induitur vestimentis propter gaudium regenerationis et castitatem vitae et angelici splendoris decorem.*<br>(ebd.) |
| *... caput perunguitur, ut in regno et sacerdotio Ecclesiae delibuti et Christi nominis gratiam accipiant et eius membra, qui eos redemit et eorum caput est, effici valeant.*<br>(PL. 102, col. 983 C) | THEODULF<br>*Baptizatorum itaque capita chrismate liniuntur, ut in regno et sacerdotio Ecclesiae delibuti et Christiani nominis praerogativam accipiant et eius membra, qui eos redemit et eorum caput est, effici valeant.*<br>(Kap. 15, Sirmond S. 50) |
| *Deinde mystico velamine teguntur, ut intelligant se diadema regni et sacerdotii dignitatem portare,* | ALCUIN<br>*Tunc ... mystico tegitur velamine, ut intellegat se diadema regni et sacerdotii dignitatem portare.*<br>(Brief Nr. 134, Epp. IV, S. 202 f.) |
| *et tunc regiae dignitatis ornamenta et sacerdotalis verticis habeant tegumentum, ut contra vitia sacerdotali velamine muniantur et virtutum gemmis spiritualiter exornentur et unctione sacrosancti chrismatis liniantur, ut sanctae Trinitatis habitaculum effici mereantur.* | THEODULF<br>*... mens renatorum et regiae dignitatis ornamenta et sacerdotalis verticis habeat tegumentum, ut et contra vitia sacerdotali velamine muniatur et virtutum gemmis spiritaliter exornetur et unctione sacrosancti chrismatis liniatur ..., sed totius sanctae Trinitatis habitaculum effici mereantur.*<br>(Kap. 16, Sirmond S. 51) |
| *... novissime per manus impositionem a summo sacerdote septiformis gratiae spiritum accipiunt, ut corroborentur in fide recta per Spiritum sanctum.*<br>(PL. 102, col. 984 A) | ALCUIN<br>*Novissime per inpositionem manus a summo sacerdote septiformis gratiae spiritum accipit, ut roboretur per Spiritum sanctum ad praedicandum aliis.*<br>(Brief Nr. 134, Epp. IV, S. 203) |

| | THEODULF |
|---|---|
| *Denique sciendum est, quia sicut cetera baptismatis sacramenta per sacerdotes visibiliter fiunt et per Dominum invisibiliter consecrantur, ita et Spiritus sancti gratia per impositionem manuum episcoporum fidelibus traditur et a Domino confirmatur.* | *Denique sciendum est, quia sicut cetera baptismatis sacramenta per sacerdotes visibiliter fiunt, per Deum invisibiliter consecrantur, ita nimirum et Spiritus sancti gratia per impositionem manuum et ministerium Episcoporum fidelibus traditur.* (Kap. 17, Sirmond S. 52) |
| | ALCUIN |
| *Postremo corpore et sanguine Dominico communicantur, ut illius membra efficiantur qui pro eis passus est et resurrexit.* | *Sic corpore et sanguine dominico confirmatur, ut illius sit capitis membrum qui pro eo passus est et resurrexit.* (Brief Nr. 134, Epp. IV, S. 203) |
| | THEODULF |
| *Morem istum accipiendae eucharistiae a Domino traditum Ecclesia tenet, ut cum aqua et Spiritu sancto quis renascitur, corpore Domini pascatur et sanguine eius potetur, ut in corpore Christi traditus et ille in Christo maneat et Christus in eo.* (PL. 102, col. 984 B) | *Morem ergo accipiendae eucharistiae a Domino traditum Ecclesia tenet, ut cum ex aqua et Spiritu sancto quis renascitur, corpore Domini pascatur et sanguine eius potetur, ut in corpore Christi traiectus et ille in Christo maneat et Christus in eo.* (Kap. 18, Sirmond S. 60) |

Die weitere Wirkungsgeschichte der Schrift Theodulfs über die Taufe verknüpft sich mit der vom Rundschreiben Karls ausgehenden allgemeinen Intensivierung des Unterrichts über die Taufliturgie und die in ihr enthaltenen theologischen Aussagen. Die Metropoliten gaben die Fragen Karls an ihre Suffraganbischöfe weiter und forderten sie auf, die Diözesankleriker entsprechend zu unterweisen und zu prüfen; diese sollten dann ihren Gläubigen die Bedeutung der Taufzeremonien erklären. Im Durchdringen der vom Hof kommenden Initiative bis zur untersten Ebene der kirchlichen Organisation bewährte sich die von Karl durch die Wiederbelebung des Metropolitansystems vollendete fränkische Kirchenordnung.

Der Prozeß wird in den Bestimmungen der Regionalsynoden von 813 und in den gleichzeitigen Diözesanstatuten einzelner Bischöfe faßbar. Die Synode von Arles formuliert:

c. 3 *De baptismo et mysterio sanctae fidei: ut unusquisque archiepiscopus suos suffraganeos diligenter studioseque admonere curet, quatenus, per studium sacrae lectionis imbuti, et de mysterio sanctae fidei et de sacramento baptismatis unusquisque illorum in propria parroechia perfecte studioseque presbyteros et universum populum docere et instruere non neglegat*[9].

Waltcaud von Lüttich wiederholt in seinem Diözesanstatut[10] den Wortlaut der Umfrage Karls und setzt sie zum Maßstab für die Klerikerausbildung:

c. 1 *De ordine baptisterii qualiter unusquisque presbiter scit vel intellegit vel qualiter primo infans caticuminus efficitur vel quid sit caticuminus, deinde per ordinem omnia quae aguntur, id est: cur exsufflatur vel cur exorcizatur, quare caticuminus accepit sal vel cur tanguntur nares, pectus oleo unguitur, cur scapule signentur, quare pectus et scapulae liniantur et de abrenuntiatione satanae et omnibus operibus eius atque pompis vel quid sit abrenuntiatio vel quae opera diabuli atque pompae, de credulitate vero quomodo credendum sit in Deum patrem omnipotentem et in Ihesum Christum filium eius unicum dominum natum et passum et in Spiritum sanctum, sanctam ecclesiam catholicam et cetera quae secuntur, cur albis induitur vestimentis et cur sacro chrismate caput perunguitur et mystico tegitur velamine vel cur corpore et sanguine Domini confirmatur*[11],

und Jesse von Amiens richtet an alle Priester seines Bistums ein Lehrschreiben, in dem er nach der Art der von den Metropoliten überlieferten Antworten die Taufriten auslegt[12].

Theodulf bestimmt in seinem zweiten Diözesanstatut[13], das von de Clercq ebenfalls ins Jahr 813 datiert wird[14], alle Priester sollten über die Korrektheit ihres Taufritus und ihrer Tauflehre Rechenschaft ablegen:

c. 3 *Discutiendi autem sunt omnes Domini sacerdotes ... baptisterium qualiter peragant et qualiter verbis enuntiare possint*[15].

Es ist eine nicht zu beweisende, aber im Blick auf das Weiterwirken

---

[9]) MGH. Conc. II, 1, Nr. 34 S. 250. Vgl. die parallelen Bestimmungen der Synoden von Reims (c. 7, Conc. II, 1, Nr. 35 S. 254), Mainz (c. 4, Conc. II, 1, Nr. 36 S. 261) und Tours (c. 18, Conc. II, 1, Nr. 38 S. 288) sowie MGH. Capit. I Nr. 78, c. 1, S. 173, nach Ch. de Clercq S. 248 kein Kapitular, sondern eine Kompilation aus den Beschlüssen der Regionalsynoden.

[10]) Ed. Ch. de Clercq S. 363–366. Kommentar ebd. S. 281.

[11]) Ebd. S. 363.

[12]) Jesse Epistola de baptismo, PL. 105, col. 781–793. Vgl. Ch. de Clercq S. 282: „Le document doit être mis en rapport avec l'interrogatoire de Charlemagne sur les rites baptismaux et les préoccupations des conciles de 813 à leur sujet. Il n'est pas une réponse d'un archevêque à l'interrogatoire impérial, mais une instruction d'un évêque à ses prêtres, sur le sens et les cérémonies du baptême, conformément au désir exprimé par Charlemagne."

[13]) Ed. Ch. de Clercq S. 321–351.

[14]) Vgl. ebd. S. 266.

[15]) Ebd. S. 323 f.

der kaiserlichen Fragebogenaktion nach unten begründete Vermutung, daß Theodulf seinen *Liber de ordine baptismi* vor der Diözesansynode des Bistums Orléans verlesen oder durch Abschriften seinem Diözesanklerus zukommen ließ. Die beiden über die Klosterbibliothek von Fleury erhaltenen Handschriften des 9. Jahrhunderts[16] scheinen die Verbreitung der Schrift im Bistum Orléans zu bestätigen[17].

Ihre nächste Spur finden wir im Liber de sacris ordinibus, sacramentis divinis et vestimentis sacerdotalibus des Hrabanus Maurus[18], den dieser kurz vor seinem Tod dem Chorbischof Thiotmar widmete[19]. Das Werk ist ein Auszug aus dem ersten Buch der Schrift De institutione clericorum, die Hraban im Jahre 819 als Lehrbuch für den Unterricht der Geistlichen aus der patristischen Literatur zusammengestellt hatte, im wesentlichen aus Augustin, Gregor, Isidor und Beda[20]. Bei der Erörterung der Taufe schob Hraban jedoch zwischen Kap. VII = De institutione clericorum I, 27 und Kap. XIV = De institutione clericorum I, 28 sechs neue Kapitel ein, die er aus Theodulfs *De ordine baptismi* übernahm: es sind Theodulfs Kapitel 6 *Quae sit interpretatio symboli secundum Latinos,* 7 *De credulitate,* 8 *De scrutinio,* 11 *Quid sit abrenuntiatio,* 12 *De abrenuntiatione Satanae et omnibus operibus eius atque pompis* und 13 *De sacramento baptismi,* die bei Hraban in vollständiger wörtlicher Zitation als Kapitel VIII bis XIII erscheinen[21]. Hier beginnt die Entwicklung, die bereits bei der Übersicht über die Handschriftenüberlieferung angedeutet wurde: Theodulfs Schrift wird zum anonymen Lehrstoff für die Klerikerbildung, zum Schul-Kommentar für die Sakramentenlehre. Sie teilt dieses Schicksal mit Alcuins Briefen über die Taufe und den Antwortschreiben der Metropoliten, die ebenfalls ohne die Namen ihrer Autoren als Schullektüre verbreitet, in umfangreichere

[16]) Cod. Vat. Reg. lat. 284 und Ms. Troyes 804; vgl. oben S. 109 f.

[17]) Über die der westgotischen Orthographie eigentümlichen Schreibungen *quur* für *cur* und *quum* für das konjunktionale *cum,* die nicht nur in den genannten Handschriften aus Fleury, sondern auch im Cod. Paris. lat. 12 279 und in dem um ein Jahrhundert jüngeren Clm 14 532 begegnen und die Rückführung der Überlieferung auf das Scriptorium des Autors ermöglichen, vgl. oben S. 72 f.

[18]) PL. 112, col. 1165–1192.

[19]) M. Manitius, Geschichte I, S. 297.

[20]) Ed. A. Knöpfler (1900); zu Hrabans Kompilationstechnik und der von ihm benutzten kirchlichen Literatur ebd. S. XIX, 287 ff.

[21]) PL. 112, col. 1170–1175. Auf die Benutzung des *Liber de ordine baptismi* durch Hraban machte zuerst F. Wiegand aufmerksam: Die Stellung des apostolischen Symbols im kirchlichen Leben des Mittelalters (1899), S. 339 Anm. 3.

Florilegiensammlungen eingebaut oder in den Frage- und Antwort-Stil der Katechese umgemodelt wurden[22]. Die Wirkungen des Rundschreibens Karls des Großen über die Taufe münden in den Strom der kirchlichen Unterrichts- und Gebrauchsliteratur des späteren 9. Jahrhunderts, in der sich die Forderung nach Rezeption des patristischen Bildungsgutes, nach Aneignung der römischen Liturgie und nach dem inneren Verständnis ihrer Texte und kultischen Handlungen auf breiter Ebene realisiert[23]. Spannen wir von dort den Bogen zurück in die Zeit des Bonifatius, in der es vorkam, daß ein Kleriker nicht einmal die Personen der Trinität in der Taufformel richtig zu nennen wußte[24], so werden die Erfolge der karolingischen Kirchenreform in drei Generationen sichtbar.

---

22) A. Wilmart, Un florilège carolingien sur le symbolisme des cérémonies du baptême: Analecta Reginensia. Studi e testi 59 (1933), S. 153–179, ediert erstmals eine karolingische Kompilation über die Taufriten, die in den Handschriften Cod. Vat. Reg. lat. 69, Cod. Paris. lat. 5577 und Escorial L. III 8 überliefert ist und die in allen ihren Bestandteilen direkt oder indirekt auf Alcuintexte zurückgeht. Im Clm 14 581 findet sich innerhalb eines längeren Konglomerats von Exzerpten über die Taufe das Antwortschreiben Odilberts von Mailand in Fragen und Antworten gegliedert; vgl. F. Wiegand, Odilbert, S. 22 f.; M. Andrieu I, S. 86. Weitere Florilegien sind erwähnt ebd. S. 266, 293, 299, 483 ff.

23) Auch die Übersetzungen der Renuntiationsformeln und der Taufbekenntnisse in die Volkssprache sind in diesen Zusammenhang zu stellen: E. v. Steinmeyer, Die kleineren althochdeutschen Sprachdenkmäler (1916), Nr. 3 u. 4.

24) Brief des Papstes Zacharias an Bonifatius vom 1. Juli 746, S. Bonifatii epistolae Nr. 68, ed. M. Tangl, MGH. Epp. sel. I, S. 141 ff. Vgl. auch Brief Nr. 80 S. 172 ff.

# III. THEODULF UND DIE LIBRI CAROLINI

## 1. Der Autor der Libri Carolini – Ein Forschungsstreit

Als Hubert Bastgen, der Herausgeber der *Libri Carolini* (LC.) in den MGH.[1], den Verfasser des offiziell unter dem Namen Karls des Großen geschriebenen apologetischen Werkes gegen die Bildersynode von Nicäa (787)[2] zu bestimmen suchte und unter den Gelehrten des Hofkreises nach geeigneten Kandidaten Umschau hielt, meinte er, mit Einhard und Angilbert auch Theodulf „sofort" ausschließen zu müssen, da „ihre Stärke ... auf ganz anderem Gebiet als dem gelehrten theologischen" beruhe[3]. In diesem Urteil wirken sich die einseitige Reputation Theodulfs als größtes poetisches Talent am Hofe Karls und die editorische Vernachlässigung seiner theologischen Schriften aus: als Dichter wurde er geschätzt, während seine Leistungen als Bibelkorrektor, als in der Patristik belesener Exeget und Theologe kaum Aufmerksamkeit fanden. Bastgen vertrat die Autorschaft Alcuins[4], womit er an eine bis ins 16. Jahrhundert zurückreichende gelehrte Tradition anknüpfte[5]; seine Meinung wurde als die des kritischen Editors maßgebend für die allgemeinen Darstellungen der Konzilien-, Kirchen-

---

1) *Libri Carolini sive Caroli Magni capitulare de imaginibus:* MGH. Conc. II, Supplementum (1924).

2) Die allgemeine Literatur zum Bilderstreit und zu den *Libri Carolini* ist im Handbuch der Kirchengeschichte, hg. v. H. Jedin, III, 1 (1966), S. 31 ff., S. 91 ff. verzeichnet. In diesem Abschnitt werden nur die Stellungnahmen zur Verfasserfrage berücksichtigt.

3) H. Bastgen, Das Capitulare Karls d. Gr. über die Bilder oder die sogenannten Libri Carolini III: NA. 37 (1912), S. 453–533, S. 507.

4) Ebd. S. 491 ff.

5) Georg Cassander an Johann van der Meulene (1560): *Quod illi* (Karl d. Gr.) *peritiae rerum sacrarum defuit, id assidua consuetudine doctissimorum virorum supplevit, in quibus facile princeps fuit Alcuinus, ... cuius praecipue opera hos libros* (LC.) *conscriptos, ut credam facile adducor, cum et ille rerum sacrarum peritissimus fuerit, et Carolo familiarissimus, et stylus satis congruat.* Georgii Cassandri Opera (Parisiis 1616), S. 1103. Vgl. auch Gerhard Johann Voss, De historicis latinis (Lugduni Batavorum 1627), S. 273; Christoph August Heumann im Vorwort seiner Neuausgabe der LC. zum 200jährigen Jubiläum der Augsburger Konfession (Augusta Concilii Nicaeni II censura (Hanoverae 1731), Praef. c. XXV–XXVII, S. 51–55); Johann Albert Fabricius, Bibliotheca latina mediae et infimae aetatis I (Hamburgi 1734), S. 943 ff.

und Literaturgeschichte[6], fand aber von Anfang an auch Kritik[7]: namentlich die Biographen Alcuins blieben distanziert[8].

Durch eine Arbeit Arthur Allgeiers, der die Psalmenzitate in den LC. untersuchte, kehrte dann der von Bastgen voreilig eliminierte Name Theodulfs in die Diskussion zurück[9]. Allgeier fand, daß die in den LC. angeführten Psalmenstellen, deren von der Vulgata abweichende Form bereits Bastgen aufgefallen war[10], mit den Versionen des Psalterium Mozarabicum übereinstimmen; er zog daraus den Schluß, daß der Verfasser ein spanisches Psalterium benutzte, was ihm für keinen der am Hofe wirkenden Theologen so naheliegend schien wie für den Westgoten Theodulf. Wolfram von den Steinen griff Allgeiers Hypothese auf und versprach in seinem Aufsatz über die „Entstehungsgeschichte der Libri Carolini“[11] eine gesonderte Abhandlung über die Verfasserfrage, deren Ergebnis er schon vorwegnahm: „Trotz der vorauszusetzenden Mitwirkung mehrerer hat doch Eine energische Hand die endgültige Ausarbeitung geleistet, und zwar weisen hier alle analytischen Versuche konzentrisch auf Theodulf von Orleans.“[12] Er blieb die angekündigte Arbeit jedoch schuldig, und so fehlten seiner Behauptung die Beweise. Inzwischen hatte Dom Donatien de Bruyne[13] gezeigt, daß die von Allgeier untersuchten Psalmenzitate nicht auf die Benutzung des mozarabischen Psalteriums, sondern auf das pseudo-

[6]) K. J. v. Hefele – H. Leclercq, Histoire des conciles III, 2 (1910), S. 1065; E. Amann, L'époque carolingienne: A. Fliche – V. Martin, Histoire de l'Eglise VI (1947), S. 125; J. de Ghellinck, Littérature latine au moyen âge I (1939), S. 95.

[7]) F. Knop, Die Libri Carolini und die Epistola Hadriani papae de imaginibus (Diss. Greifswald 1914), S. 52 ff.; W. Delius, Die Bilderfrage im Karolingerreich (Diss. Halle 1928), S. 22; H. v. Schubert, Geschichte der christlichen Kirche im Frühmittelalter (1921; ND. 1962), S. 386: „Scheidet Theodulf von Orléans, der eine gefürchtete Feder führte, als Spanier von Haus aus ein Feind der Bilderverehrung und auch wissenschaftlich-theologisch ... tätig war, wirklich mit Einhard und Angilbert von vorneherein aus?“

[8]) Bereits Froben Forster, der 1777 die erste Gesamtausgabe der Werke Alcuins besorgte, lehnte Cassanders These von der Autorschaft Alcuins an den LC. ab. Vgl. auch K. Werner, Alcuin und sein Jahrhundert (1876), S. 54. Direkt gegen Bastgen nehmen A. Kleinclausz, Alcuin et la question des images: Alcuin (1948), S. 295–305 und E. S. Duckett, Alcuin (1951), S. 188 f. Stellung.

[9]) A. Allgeier, Psalmenzitate und die Frage nach der Herkunft der Libri Carolini: HJb. 46 (1926), S. 333–353.

[10]) Er kennzeichnete diese Stellen in seiner Edition durch Stern: *.

[11]) QFIAB. 21 (1929/30), S. 1–93.

[12]) Ebd. S. 72.

[13]) La composition des Libri Carolini: Revue bénédictine 44 (1932), S. 227–234.

augustinische Speculum[14] zurückzuführen sind, eine thematisch geordnete Sammlung von Bibelstellen, die im 5. Jahrhundert – nach neueren Forschungen in Spanien[15] – entstanden ist, durch die Zuweisung an Augustinus hohes Ansehen genoß und deren Catenen der Autor der LC. bei seiner hauptsächlich auf der Bibel basierenden Argumentation vielfach herangezogen hat[16]. Zum Teil wies de Bruyne die von Allgeier aus dem mozarabischen Psalter hergeleiteten Psalmenversionen auch als Übernahmen aus der lateinischen Übersetzung der Konzilsakten von Nicäa nach, deren Verfasser die in Nicäa natürlich griechisch zitierten Bibelstellen häufig neu ins Lateinische übertrug, wobei sich ein an die Vetus Latina anklingender, der Septuaginta nahestehender Wortlaut ergab. Grundsätzlich warnte de Bruyne vor der Methode, die Bibelzitate der LC. aus ihrem Textzusammenhang herauszulösen und ihre Herkunft in liturgischen Texten zu suchen: nicht nur in der Liturgie, sondern auch in den Schriften der Kirchenväter hätten die Versionen der Vetus Latina fortgelebt, und wenn der Autor der LC. die Bibel in einer solchen Version zitiere, so könne als Regel gelten, daß das Zitat mit seinem Kontext einem Kirchenvater entnommen sei[17].

Dem Votum Allgeiers für Theodulf war damit die Grundlage entzogen, und obwohl seine These, gestützt durch die Autorität Wolfram von den Steinens, aus der Literatur nicht mehr verschwand[18], legte die Textanalyse der von der Synode von Frankfurt (794) verabschiedeten Schriftstücke[19] zunächst neue Verbindungen zwischen Alcuin und den LC. frei. Luitpold Wallach[20] konnte überzeugend beweisen, daß von den vier antiadoptianistischen Dokumenten der Frankfurter Synode

[14]) Liber de divinis scripturis, ed. F. Weihrich, CSEL. 12 (1887), S. 287–700.

[15]) Vgl. A. E. Anspach, Das Fortleben Isidors im VII. bis IX. Jahrhundert: Miscellanea Isidoriana (1936), S. 329; E. Dekkers – A. Gaar, Clavis Patrum Latinorum (² 1961), Nr. 384.

[16]) Vgl. die Anmerkungen Bastgens, MGH. Conc. II Suppl. passim sowie Addenda S. 230.

[17]) „Quand notre auteur carolingien cite une ancienne version latine faite sur le grec, au lieu de la Vulgate traduite de l'hébreu, on pourra généralement soupçonner que la citation – avec son contexte – est empruntée à un Père." A. a. O., S. 229.

[18]) Vgl. F. X. Seppelt, Geschichte des Papsttums II. Das Papsttum im Frühmittelalter (1934), S. 179; K. Voigt, Staat und Kirche von Konstantin dem Großen bis zum Ende der Karolingerzeit (1936; ND. 1965), S. 341; Wattenbach – Levison – Löwe S. 201 mit Anm. 104.

[19]) MGH. Conc. II, 1, Nr. 19 A–G, S. 110–171.

[20]) Charlemagne and Alcuin. Diplomatic studies in Carolingian epistolography: Traditio 9 (1953), S. 127–154.

zwei aus der Feder Alcuins stammen: der dogmatische Brief Karls des Großen an Elipand von Toledo[21] und die den Adoptianismus verwerfende Resolution der fränkischen Bischöfe[22]. Diese führende Beteiligung Alcuins an der Frankfurter Entscheidung gegen den Adoptianismus, die von Karl mit seiner Aufnahme in das *consortium* der fränkischen Bischöfe honoriert wurde[23], läßt mit Recht vermuten, daß Alcuin auch an den Beratungen über das zweite Thema der Synode, die Bilderfrage, entscheidend mitwirkte; Wallach gelang es nun, über die von Bastgen zwischen den LC. und Alcuins Werken festgestellten Stil- und Gedankenparallelen hinaus zwei wichtige Argumente für Alcuins Beteiligung an der Redaktion der LC. beizubringen: das Credo Karls in dem von Alcuin verfaßten Brief an Elipand zeigt wörtliche Übereinstimmungen mit den Erklärungen zum Trinitätsglauben LC. III, 3, und die in dem Schreiben an Elipand sowie in der gleichfalls von Alcuin formulierten Resolution der fränkischen Bischöfe vertretene Synodaltheorie stellt sich inhaltlich wie im Wortlaut engstens zu den Ausführungen LC. IV, 28, nach denen die Universalität einer Synode quantitativ an der Anwesenheit von Vertretungen der gesamten christlichen Kirchen und qualitativ an der Übereinstimmung ihrer Lehre mit der katholischen Tradition zu messen ist[24]. In der vatikanischen Handschrift der LC.[25], in der wir das vielfach korrigierte Arbeitsmanuskript des Hofes vor uns haben[26], gehören die mit Karls (Alcuins) Credo gleichlautenden Stellen zu den am Rand nachgetragenen Korrekturen, die eine erste, getilgte Fassung ersetzen; die Synodaltheorie steht in dem erst bei der Endredaktion verfaßten Schlußkapitel[27]. Aufgrund seiner Beobachtungen am Text

---

[21]) MGH. Conc. II, 1, Nr. 19 F, S. 157–164.

[22]) Nr. 19 E, S. 142–157.

[23]) Vgl. das in Frankfurt erlassene Kapitular, c. 56: *Commonuit etiam ut Aliquinum ipsa sancta synodus in suo consortio sive in orationibus recipere dignaretur, eo quod esset vir in ecclesiasticis doctrinis eruditus.* MGH. Conc. II, 1, Nr. 19 G, S. 171.

[24]) Die korrespondierenden Textstellen sind bei L. Wallach, Charlemagne and Alcuin, S. 145–148, im einzelnen aufgeführt.

[25]) Cod. Vat. lat. 7207.

[26]) Vgl. unten S. 203 f.

[27]) A. Freeman, Theodulf of Orléans and the Libri Carolini: Speculum 32 (1957), S. 663–705, S. 704 machte gegen Wallach geltend, daß die in LC. IV, 28 ausgeführte Synodaltheorie in ähnlichen Formulierungen bereits im ersten Buch, Kap. 11 begegnet; doch ist diese Stelle ganz auf Rasur geschrieben und gehört somit zu den bei der Endredaktion veränderten Passagen; vgl. MGH. Conc. II Suppl., S. 30 Z. 30–40 mit Anm. e, f.

der LC. und am Zustand der vatikanischen Handschrift kam Wallach zu einem neuen, sehr besonnenen Urteil in der um Alcuins Autorschaft entstandenen Kontroverse, das sich von Bastgen entfernte und der durch Wolfram von den Steinen rekonstruierten mehrstufigen Entstehungsgeschichte des Werkes Rechnung trug: „I believe that Alcuin is not the author, but rather the final editor of the treatise, the larger part of which was probably drawn up by ... another theologian. The cursory character of the vestiges of Alcuin's diction and speech in LC. seems to indicate this state of affairs.“ [28]

Durch den Fehlschlag der Arbeit Allgeiers nicht entmutigt, suchte Ann Freeman in ihrer 1956 bei Herbert Bloch angefertigten Dissertation [29] den Schlüssel zur Zuweisung der LC. an einen Verfasser erneut in den Schriftzitaten. Sie dehnte, wie Allgeier es selbst am Ende seiner Analyse der Psalmenzitate empfohlen hatte [30], die Untersuchung auf alle Bibelstellen aus und zog aus der Kritik de Bruynes an Allgeier die methodische Konsequenz, indem sie stets den Kontext der Bibelzitate mit berücksichtigte und nur solche Stellen heranzog, deren textliche Umgebung nicht als Entlehnung aus der Patristik nachgewiesen, also offensichtlich vom Autor selber formuliert war [31]. Ihre Untersuchung ergab, daß keine der bei Sabatier [32] gesammelten Vetus-Latina-Überlieferungen dem Wortlaut der LC. so nahekommt wie die Versionen im Antiphonar von León [33], und vielfach ließ sich feststellen, daß die von den LC. gebotene Version allein in den mozarabischen liturgischen Handschriften überliefert ist. Freeman interpretierte diesen Befund dahin, daß der Autor der LC., wenn er Bibel-

---

[28]) Charlemagne and Alcuin, S. 147.

[29]) Veröffentlicht in: Speculum 32 (1957); vgl. Anm. 27.

[30]) HJb. 46 (1926), S. 353.

[31]) Vgl. A. Freeman, a. a. O., S. 674.

[32]) P. Sabatier, Bibliorum Sacrorum Latinae versiones antiquae seu Vetus Italica (1743–49); für einzelne Bibelbücher liegt bereits das neue Sammelwerk des Beuroner Vetus-Latina-Instituts vor: Vetus Latina. Die Reste der altlateinischen Bibel nach Petrus Sabatier neu gesammelt und hg. v. der Erzabtei Beuron (1949 ff.).

[33]) Antifonario Visigótico Mozárabe de la Catedral de León, ed. L. Brou – J. Vives: Monumenta Hispaniae Sacra, Serie Liturgica V, 1 (1959). Die Handschrift entstand in der 1. Hälfte des 10. Jahrhunderts als Abschrift eines frühen, wahrscheinlich mit der Person König Wambas († 683) zu verknüpfenden Antiphonars, bietet also den Textstand des 7./8. Jahrhunderts, den die mozarabische Liturgie, durch die arabische Invasion von der allgemeinen Entwicklung abgeschnitten, bis zu ihrem Untergang im 11. Jahrhundert unverändert bewahrte. J. Vives, En torno a la datación del Antifonario Legionense: Hispania Sacra 8 (1955), S. 117–124.

stellen zitierte, die auch Bestandteile der liturgischen Antiphonen waren, leicht in den ihm durch tägliche Übung vertrauten Text der Liturgie verfiel. Häufig waren gegenüber der Version des Antiphonars in den LC. bei gleichbleibender Silbenzahl einzelne Worte durch sinnverwandte ersetzt, wie es eben vorkommt, wenn man den Text eines Liedes aus dem Gedächtnis hersagt, daß man einzelne Worte oder Wortteile auswechselt, die Gesamtsilbenzahl aber nicht verändert, weil man gleichzeitig die Melodie hinzudenkt[34]. Solche Vertrautheit mit der spanischen Liturgie ist nur bei einem der Hoftheologen vorauszusetzen: Theodulf. „As a son of the Spanish Church, he must have been habituated from his youth in the celebration of the Mozarabic liturgy, and its sonorous phrases left their mark on his memory." [35]

Die Herkunft der Bibelzitate aus dem mozarabischen Antiphonar ist nur eines der Indizien, die Freeman für Theodulfs Autorschaft anführt; sie weist außerdem auf die zahlreichen westgotischen Symptome in der Orthographie des Cod. Vat. lat. 7207 hin: die Schreibungen *qu* für *c*, *b* für *v*, *c* für *g* und das Verweisungszeichen $\overline{sr}$ *(sursum)* für am unteren Rand nachgetragene Ergänzungen, Eigentümlichkeiten, die aus dem Autograph des Autors in die im Hofscriptorium angefertigte Reinschrift übergingen[36]. Vieles wurde nachträglich korrigiert und der

---

[34]) Wir führen zur Veranschaulichung ein Beispiel Freemans an, a. a. O., S. 681: 1 Petr. 2, 24 f. LC. I, 12, MGH. Conc. II Suppl., S. 32 Z. 10 f.:
*Peccata nostra portavit in corpore suo super lignum,*
*ut a malis liberati cum iustitia vivamus.*
*Cuius vulnere sanati sumus,*
*qui velut oves errabamus.*
Antiphonar von León, fol. 189v, *Officium in primo Dominico post Octabas Pasche, Ad matutinum,* ed. L. Brou – J. Vives, S. 313:
*Peccata nostra portavit in corpore suo super lignum,*
*ut a malis separati cum iustitia vivamus,*
*cuius vulnere sanati sumus,*
*qui sicut oves errabamus, alleluia, alleluia.*
Vulgata:
*Qui peccata nostra ipse pertulit in corpore suo super lignum,*
*ut peccatis mortui, iustitiae vivamus,*
*cuius livore sanati estis.*
*Eratis enim sicut oves errantes.*

[35]) A. Freeman, a. a. O., S. 689. Bei den westgotischen Antiphonen, deren Bibelparaphrasen in die Schriftzitate der LC. eingingen, handelt es sich überwiegend um Texte zum vor der Messe gesungenen Morgenoffizium; Vespertexte und die monastischen Tagzeiten sind kaum vertreten. Dieser Befund läßt darauf schließen, daß Theodulf in seiner Heimat weltlicher Kathedralkleriker gewesen ist. Vgl. ebd. S. 688.

[36]) Ebd. S. 690 ff.

üblichen Orthographie angeglichen, aber überall schimmern die ursprünglichen Schreibungen durch. Ein besonders instruktiver Einzelfall ist das Wort *cherubim*, das jedesmal durch übergeschriebenes *h* und Ergänzung des *n* um einen zusätzlichen Schaft aus *cerubin* verbessert ist; die Schreibung *cerubin* begegnet auch in Theodulfs Bibeln und in der Inschrift des Apsismosaiks von Germigny-des-Prés[37]. Weiter sprechen für Theodulfs Autorschaft die Übereinstimmung der in LC. III, 3 zur Verteidigung des *filioque* angeführten Väterstellen mit den patristischen Zitaten in Theodulfs *De Spiritu sancto*[38], die vorwiegende Benutzung jener exegetischen Werke in den LC., die Theodulf seinen Bibeln als Hilfsmittel anhängte[39], das Interesse des Autors der LC. an der bildenden Kunst und die Kenntnis ihrer verschiedenen Techniken, durch die sich auch Theodulf in seinen Gedichten auszeichnet[40], und vor allem der betonte Hinweis der LC. auf die Bundeslade und die sie beschattenden Cherubim als einzige von der Schrift autorisierte sinnenfällige Darstellung des Göttlichen[41], dem sich das Apsismosaik von Germigny mit seiner in der mittelalterlichen Ikonographie isoliert bleibenden Thematik wie eine ad-litteram-Illustration zur Seite stellt[42].

Leider unterließ es Ann Freeman in ihrer verdienstvollen Untersuchung, dem Anteil Alcuins an der abschließenden Redaktion der LC. die gleiche sorgfältige Aufmerksamkeit zu widmen wie den Spuren des Autors Theodulf; sie schob Wallachs auf Alcuin zielende Beobachtungen beiseite[43]. Dabei schließt ihr – durch die Vielfalt der Argumente überzeugender – Nachweis der Autorschaft Theodulfs eine Beteiligung Alcuins an der Herstellung der korrigierten Endfassung der LC. keineswegs aus: ihr Ergebnis ergänzt vielmehr die Untersuchungen Wallachs, der in Alcuin den Endredaktor erschlossen, die Frage nach

---

37) Ebd. S. 692.

38) Ebd. S. 693 f. Auf diese Parallele hatte bereits Wolfram von den Steinen aufmerksam gemacht: „Man sieht: der Autor – Theodulf von Orléans – vertritt die Formel der Zukunft mit Eifer ... Das *Filioque* kam von den Westgoten; der Verdacht des Arianismus war nirgends so wach wie dort; ... eine ganze Anzahl Zitate des Kapitels kehren wieder in Theodulfs Schrift *de spiritu sancto*". Karl der Große und die Libri Carolini: NA. 49 (1932), S. 207–280, S. 232 mit Anm. 1.

39) A. Freeman, a. a. O., S. 694; zur exegetischen Methode der LC. vgl. unten S. 193 ff.

40) A. Freeman, a. a. O., S. 695–699.

41) LC. I, 20, MGH. Conc. II Suppl., S. 45–48.

42) A. Freeman, a. a. O., S. 699–701; Abb. 23.

43) Ebd. S. 704.

dem Autor aber offengelassen hatte. Der Blick für die Möglichkeit einer derartigen Lösung des Verfasserproblems ging jedoch in der heftigen, sehr polemisch geführten Kontroverse zwischen Ann Freeman und Luitpold Wallach verloren.

Wallach antwortete auf Freemans Dissertation mit einem Aufsatz, dessen Titel „The unknown author of the Libri Carolini“ [44] seinen Standpunkt programmatisch formulierte. „With Alcuin's *final editorship* of the LC. proved on philological and historical grounds, the old question – who was the *author* of the treatise – assumes special urgency. The persistently acclaimed, but never proved, authorship of the LC. by Theodulph of Orléans has to be taken into account. That it must be rejected, however, will become clear ...“ [45]. Wallach sah in der Untersuchung Freemans nur die Wiederholung der mißglückten Methode Allgeiers [46]. Er erneuerte ihr gegenüber die Kritik de Bruynes, indem er behauptete, die vom Autor der LC. in altlateinischen Versionen zitierten Bibelstellen seien aus patristischen Quellen geschöpft; aber es gelang ihm nicht, diese Behauptung durch Belegstellen zu begründen. Die vergleichbaren Bibelzitate in der Patristik, die er anführte, zeigten gegenüber der wörtlichen Übereinstimmung des Antiphonars von León nur ungefähre Anklänge, und vor allem konnte er keinen Beleg dafür beibringen, daß mit dem Bibelzitat zugleich der patristische Kontext in die LC. eingegangen war. In den Fällen, wo die in Frage stehende Vetus-Latina-Version nur in den LC. und in der mozarabischen Liturgie überliefert war, flüchtete er sich in das Postulat einer unbekannten patristischen Quelle, „which has not as yet been found“ [47]. Seine Einwände gegen die übrigen von Freeman

[44]) Didascaliae. Studies in honor of A. M. Albareda (1961), S. 469–515.

[45]) Ebd. S. 473.

[46]) Ebd. S. 484. Vgl. auch S. 507: „The failure to prove Miss Freeman's thesis has an earlier analogy in Allgeier's attempt to show the direct influence of the Mozarabic Psalter on the LC., an untenable supposition ...“

[47]) Ebd. S. 500, 504 u. öfter. Er unterschiebt Freeman außerdem die Behauptung, der Autor der LC. zitiere Antiphonen, womit er ein weiteres, ergiebiges Leitmotiv für seine Polemik findet. S. 495: „Again Miss Freeman does not mention that 1 Petr. 2, 24 is introduced *secundum Apostolum.*“ – S. 496: „Miss Freeman omits to mention that Acts 10, 38 is inserted into the LC. as a quotation.“ – S. 497: „Miss Freeman again fails to inform the reader that the LC. introduces the quotation as *verba Apostoli.*“ – S. 504: „... introduced by the author of the LC. with the words *Paulo testante*, a fact not mentioned by Miss Freeman, who assumes that the citation renders the text of a Mozarabic antiphon“ u. öfter. Es kommt jedoch in der Arbeit Freemans unmißverständlich zum Ausdruck, daß der Autor der LC. die Bibel zitiert; im Wortlaut seiner biblischen Zitate lehnt er sich dann freilich an Versionen an, die ihm aus der Liturgie geläufig waren.

für Theodulfs Autorschaft angeführten Argumente sind ebenfalls nicht stichhaltig. Von den Symptomen westgotischer Orthographie im Cod. Vat. lat. 7207 nimmt er keine Notiz; die Übereinstimmung der von Theodulf in *De Spiritu sancto* zitierten Väterstellen mit den in LC. III, 3 zugunsten des *filioque* angeführten Testimonien hält er für nicht beweiskräftig, da solche Catenen patristischer Florilegien zum allgemeinen theologischen Wissensstoff der Zeit gehörten[48]. Eine Verbindung zwischen den auf die Bundeslade und die Ausstattung des Allerheiligsten bezogenen Stellen der LC. und dem Apsismosaik von Germigny sieht er nicht gegeben: der Entwurf des Künstlers und die Darlegungen des Theologen beruhen vielmehr nach seiner Meinung unabhängig voneinander auf den gleichen Bibelstellen[49].

Auf dieser Basis ließ sich eine „Zerstörung der These Ann Freemans, die wohl endgültig sein dürfte“[50], nicht realisieren: in ihren „Further studies in the Libri Carolini“[51] legte Freeman eine Verteidigung ihrer These vor, die aus den Einwänden Wallachs vielfach Material zur Stütze der Autorschaft Theodulfs gewinnen konnte. „Any argument can use a devil's advocate, and few would deny that Mr. Wallach has performed that function with admirable energy.“[52] Der glanzvollste Teil ihrer neuen Arbeit ist eine minuziöse paläographische Untersuchung des vatikanischen Codex (V.)[53], dessen Zustand beredte Quelle für die Entstehung der endgültigen, vom Hof gebilligten Fassung der LC. ist. Freeman zeigte, daß in V. Verbesserungen nicht nur durch Rasuren und Streichungen vorgenommen wurden, sondern daß man bei der Korrektur ganze Blätter und Heftlagen herausgenommen und durch neue ersetzt hat. Weiter geht aus dem Befund der Handschrift hervor, daß der Text erst bis Buch III, Kap. 13 ins Reine geschrieben war, als die Arbeit des Verfassers vor dem Kreis der Hoftheologen zur Diskussion gestellt wurde: von diesem Punkt an bietet V. von vornherein eine überarbeitete Fassung. Für die Abgrenzung

[48]) Ebd. S. 510: „Many of these materials plainly belonged for centuries to the traditional fund of dogmatic learning.“

[49]) Ebd. S. 512.

[50]) So urteilte H. Fichtenau in seiner Rezension der Studie Wallachs: MIÖG. 70 (1962), S. 112. Vgl. auch die Besprechungen von M. Cappuyns: RHE. 59 (1964), S. 693; H. Silvestre: Scriptorium 16 (1962), S. 450 f.; A. L. Mayer: Archiv für Liturgiewissenschaft 8, 1 (1963), S. 219.

[51]) I–II: Speculum 40 (1965), S. 203–289.

[52]) Ebd. S. 285.

[53]) Palaeographical problems in Vaticanus Latinus 7207: a. a. O., S. 205–222.

der Anteile des für den ersten Entwurf verantwortlichen Autors und der bei der Diskussion und Korrektur mitwirkenden Personen haben diese Beobachtungen entscheidende Bedeutung. Mit der von Wallach vertretenen Auffassung, daß Alcuin als „final editor" die Endfassung der LC. maßgebend prägte, setzte Freeman sich jetzt ausführlicher auseinander[54]: sie betonte, daß – wenn diese Theorie sich bestätigen soll – die in Denkart und Diktion auf Alcuin weisenden Stellen in den überarbeiteten Teilen der Handschrift auftreten müssen; dies ist bei einigen der von Wallach als alcuinisch ausgewiesenen Partien nicht der Fall. Irrtümer bei der Abgrenzung der Anteile im einzelnen sind jedoch kein ausreichender Grund, eine Teilnahme Alcuins an der Endredaktion der LC. völlig auszuschließen. Hier wird immer auch die historische Situation in Rechnung zu stellen sein: nach dreijähriger Abwesenheit kehrte Alcuin, die erklärte Autorität in allen wissenschaftlichen und theologischen Fragen, an den fränkischen Hof zurück. Karl hatte ihm eine Abschrift der Konzilsakten von Nicäa bereits nach England nachgeschickt, und Alcuin hatte brieflich *ex auctoritate divinarum scripturarum* Stellung genommen[55]. Sollten ihm jetzt die LC. nicht vorgelegt, sollte er nicht um seine Meinung befragt worden sein? Freeman verschweigt außerdem jene von Wallach Alcuin zugewiesenen Passagen, die nach dem Befund von V. eindeutig der Endredaktion angehören, sei es, daß sie auf Rasur stehen, sei es, daß sie in den von vornherein überarbeiteten Teil des Werkes ab III, 13 fallen[56]. Die von Wallach vertretene Mitwirkung Alcuins an den Korrekturen kann trotz ihrer Einwände in einigen Fällen als erwiesen gelten, während Freeman ihre Beweise für die Autorschaft Theodulfs endgültig gefestigt hat.

---

[54]) Alcuin and the LC.: a. a. O., S. 283–285.

[55]) Annales Nordhumbrani ad a. 792, MGH. SS. XIII, S. 155; vgl. unten S. 206.

[56]) Für das vierte Buch fällt das Zeugnis von Vat. lat. 7207 aus, da die letzten Heftlagen des Codex verloren sind. Die einzige Textüberlieferung bietet hier der Cod. Paris. Bibl. Arsenal. 663 (A), eine direkte Abschrift des 9. Jahrhunderts aus dem – damals noch vollständigen – Codex V. Ihre Entstehung wurde früher mit den Vorbereitungen der Pariser Synode von 825 in Verbindung gebracht (H. Bastgen: NA. 37 (1912), S. 34 ff.; W. v. d. Steinen: NA. 49 (1932), S. 216); Bernhard Bischoff datiert sie jedoch nach 850/60 und schreibt sie dem Interesse Hinkmars von Reims für die LC. zu. Vgl. A. Freeman: Speculum 40 (1965), S. 218.

In seinen jüngsten Studien zu den LC.[57], die der Vorbereitung einer seit langem geforderten kritischen Neuedition dienen[58], hat Wallach die Quellenangaben Bastgens verbessert und ergänzt und sich dabei vornehmlich den auf den Gesetzen der Logik basierenden Argumenten der LC. zugewandt, die eine perfekte Schulung des „auctor incertus“[59] in der Dialektik, besonders in Methode und Terminologie des Boethius, verraten. In den meisten Fällen, wo die Franken den Griechen die richtige Anwendung der dialektischen Methode und der Regeln der Schlußlehre demonstrieren, lassen sich Verbindungen zu Alcuins Schriften über das Trivium, namentlich zu seiner Ars grammatica[60] und dem Werk De dialectica[61] ziehen, Parallelen, auf die vielfach bereits Bastgen verwies. Das logische Argumentieren der LC., die Kenntnis lateinischer Bearbeitungen des Aristoteles und der Boethiuskommentare zu den Kategorien und Peri hermeneias jedoch zum Indiz für den Verfasser zu machen[62], scheint nicht unbedenklich: wenn an der Hofschule von Alcuin aus Boethius, Cassiodor und Apuleius kompilierte Unterrichtsbücher benutzt wurden und eine von ihm redigierte Fassung der pseudo-augustinischen Categoriae decem[63] vorhanden war, so hatten alle Hofgelehrten Zugang zu diesem Material; und da das Studium der Grammatik, Dialektik und Rhetorik samt der einschlägigen antiken Literatur im Rahmen der *artes liberales* zur normalen Schulausbildung gehörte[64], war Alcuin nicht allein für dieses Wissensgebiet kompetent. Wallach will in seiner angekündigten neuen Untersuchung in Abänderung seines früheren Standpunkts Alcuin nicht nur als „final editor“, sondern auch als den Hauptautor der LC. erweisen: „I hope to present evidence which points strongly to Alcuin

[57]) The Libri Carolini and Patristics, Latin and Greek. Prolegomena to a critical edition: The Classical Tradition. Literary and historical studies in honor of H. Caplan (1966), S. 451–498.

[58]) Zu Verhandlungen Wallachs mit den MGH. vgl. H. Grundmann: DA. 17 (1961), S. 4; G. Opitz: ZRG. GA. 79 (1962), S. 491.

[59]) L. Wallach, a. a. O., S. 459.

[60]) PL. 101, col. 849–902.

[61]) Ebd. col. 949–976.

[62]) L. Wallach, a. a. O., S. 462 und Anm. 33: „Future reference concerning the still unknown authorship of the LC. ... will in part be determined on the basis of the elements of logic employed in the treatise. This point will be discussed in a future paper entitled: Aristoteles Latinus, Libri Carolini, and Alcuin.“

[63]) Ed. L. Minio-Paluello, Aristoteles Latinus I, 1–5 (1961), S. 128–175, 186–188; zu Alcuins Bearbeitung vgl. ebd. Praefatio S. LXXXVI–XCI.

[64]) Vgl. E. R. Curtius S. 46 ff.

as the most likely author of the Libri Carolini." [65] Unter der Devise „Fictions and Facts" [66] will er auch zum Anteil Theodulfs an dem *Opus Caroli* über die Bilderverehrung erneut Stellung nehmen. Während er daran festhält, daß die Autorschaft Theodulfs eine Fiktion ist, sehen wir in Ann Freemans Ergebnissen gesicherte Fakten. Sie werden durch den stilistischen Befund bestätigt: Cursus, Satzparallelismus und Reim zur sprachlichen Akzentuierung inhaltlicher Antithesen, die bei der Untersuchung des *Liber de ordine baptismi* als die beherrschenden Stilmittel der Prosa Theodulfs hervorgetreten sind, kennzeichnen auch die Sprache der LC. [67]. Im Folgenden zeichnen wir – vierzig Jahre nach der richtungweisenden Studie Wolfram von den Steinens, die in ihren Grundlinien keiner wesentlichen Korrektur bedarf – die Entstehungsgeschichte der LC. nach, wie sie aus dem Text und aus dem Zustand der vatikanischen Handschrift sowie aus den spärlichen Zeugnissen über Theodulfs Anfänge am Hofe Karls erschlossen werden kann.

## 2. Theodulfs Eintritt in den Kreis der theologischen Berater Karls

Im ersten Jahrzehnt der Regierung Karls, das durch die großen kriegerischen Unternehmungen in Sachsen, in Italien und Spanien bestimmt wurde, stand der Hof unter dem Gesetz der ständigen räumlichen Veränderung; das höfische Gefolge des Herrschers war relativ klein und auf die Inhaber der geistlichen und weltlichen Hofämter beschränkt. Nur im Winter, den Karl vorzugsweise in den Pfalzen Herstal, Worms, Attigny, Quierzy oder Diedenhofen verbrachte, konnte er eine größere Zahl von Beratern, die fluktuierende Gruppe der *consiliarii*, um sich versammeln [1]. Unter diesen begegnen seit 780 auch einige nichtfränkische Gelehrte, zunächst Iren [2] und Langobar-

[65]) L. Wallach, a. a. O., S. 498.

[66]) Ebd., Anm. 103.

[67]) Ann Freeman stand den Möglichkeiten einer Argumentation aufgrund stilistischer Indizien skeptisch gegenüber: „Techniques of stylistic comparison are practically useless, since almost all of the Theodulfian material available to us is poetry, not prose." Speculum 32 (1957), S. 665.

[1]) Vgl. J. Fleckenstein, Karl der Große und sein Hof: Karl der Große I. Persönlichkeit und Geschichte (1965), S. 24–50.

[2]) Jonas, Raefgot, Dungal und Josef; vgl. J. Fleckenstein, Die Bildungsreform Karls des Großen (1953), S. 18 ff.

den[3]: sie sind die ersten Zeugen für Karls Plan, an seinem Hof ein Bildungszentrum zu schaffen und bei der Verwirklichung die besten Kräfte fremder, den Franken kulturell überlegener *gentes* in Anspruch zu nehmen. Karls Initiative, in der sich das politische Motiv der Bildungsreform als Instrument des Herrschaftsausbaus mit einem starken persönlichen Lerneifer[4] mischte, traf mit dem äußeren Umstand zusammen, daß die bisher literarisch führenden Randzonen der in *gentes* zerfallenen römischen Welt, Spanien und Britannien, durch politische Katastrophen heimgesucht wurden: das staatlich erstarkte Frankenreich sammelte ihre Früchte ein[5].

Mit dem Erscheinen des Angelsachsen Alcuin und seiner Schüler in der Umgebung Karls im Frühjahr 782 wird die personale Erweiterung des Hofes und die Ausweitung seiner Funktionen auf die Bereiche der Bildung und der Theologie offenkundig. Alcuins Berufung fällt zusammen mit dem Ausscheiden des Erzkapellans Fulrad von St. Denis, der Karls Herrschaft noch mit der seines Vaters verknüpft hatte; der neue Leiter der Hofkapelle, Angilram von Metz, hat trotz seines Amtes in seinem Ansehen und im Einfluß auf den Herrscher Alcuin immer nachgestanden[6]. Alcuin wurde der wichtigste Berater Karls in allen Bildungsfragen: die Bildungserlasse der 780er Jahre, die *Epistola de litteris colendis*[7] und die *Admonitio generalis*[8], tragen bis in die sprachliche Formulierung hinein die deutlichen Spuren seiner Mitwirkung. Noch im gleichen Jahr wie Alcuin kam ein weiterer Langobarde, Paulus Diaconus, an den Hof, der im Auftrag Karls eine

---

3) Paulinus, der spätere Patriarch von Aquileja, und Petrus von Pisa; vgl. J. Fleckenstein, a. a. O.

4) Vgl. die Schilderung Einhards, Vita Karoli c. 25, ed. O. Holder-Egger, MGH. SS. rer. Germ., S. 30. Von seinem Interesse an theologischen, astronomischen und komputistischen Problemen zeugen auch seine schriftlichen Anfragen an Alcuin; vgl. die Alcuinbriefe Nr. 126, MGH. Epp. IV, S. 185–187, Nr. 132 S. 198 f., Nr. 136 S. 205–210, Nr. 143–145 S. 224–235, Nr. 149 S. 241–245, Nr. 155 S. 249–253, Nr. 163 S. 263–265, Nr. 170–172 S. 278–285, Nr. 307 f. S. 466–473.

5) Vgl. J. de Ghellinck, Littérature I, S. 83: „Ce serait en Espagne, s'il n'y avait pas eu la catastrophe de 711, ou dans les Iles Britanniques, s'il n'y avait pas eu les dévastations des Danois, qu'on se serait attendu à devoir placer le principal théâtre du renouveau de la littérature latine aux siècles à venir."

6) Vgl. J. Fleckenstein, Karl der Große und sein Hof, S. 35; ders., Die Hofkapelle der deutschen Könige I (1959), S. 48 f.

7) Ed. E. E. Stengel, Urkundenbuch des Klosters Fulda I (1958), Nr. 166, S. 246 ff.; L. Wallach, Charlemagne's De litteris colendis and Alcuin: Speculum 26 (1951), S. 288–305.

8) MGH. Capit. I, Nr. 22, S. 53 ff.; F. C. Scheibe, Alcuin und die Admonitio generalis: DA. 14 (1958), S. 221–229.

Homiliensammlung als Muster für alle Kirchen des Reiches zusammenstellte[9]. Als Theodulf in die Hofgesellschaft eintrat, war das Reformwerk bereits in Angriff genommen. Er stieß als Neuling zu einem etablierten Kreis von Gelehrten, dessen unbestrittenes Haupt Alcuin war.

Das erste Zeugnis über Theodulfs Anwesenheit am Hof findet sich in dem Gedicht eines sich hinter dem Namen „Fiducia" versteckenden Klosterschülers an Angilram von Metz[10], das Ludwig Traube „die Skription eines karolingischen Quartaners" genannt hat[11]. Fiducia, über den Näheres nicht bekannt ist[12], hatte von Karl wegen einer fehlerhaften Arbeit einen Verweis erhalten[13] und wendet sich an den Erzkapellan, um wieder bei Hofe zugelassen zu werden; dabei bittet er, daß auch Theodulf und Angilbert, *divini ambo poetae*[14], ihren Einfluß in seiner Angelegenheit geltend machen möchten. Da außer Angilbert, der seit seiner frühen Jugend am Hofe lebte[15] und sich erst 802 in seine Abtei St. Riquier zurückzog, keine weiteren Personen genannt werden, ist der Tod des Adressaten Angilram einziger Anhaltspunkt für die Datierung des Gedichts[16], das demnach vor 791 entstanden sein muß. Aus ihm geht hervor, daß Theodulf in der Umgebung Karls als Dichter anerkannt ist und dem Herrscher nahe genug steht, um als Intervenient in Anspruch genommen zu werden. Fiducias Worte *Teudulfus rutilat mire de arte Juvenci*[17] sind von Adolf Ebert[18] auf Theodulfs umfangreiches, nur fragmentarisch erhaltenes geistliches

[9]) Karl schrieb das zweibändige Werk, das – dem kirchlichen Festkalender folgend – Predigten *per totius anni circulum* enthielt, durch eine Verordnung zur Lektüre und Benutzung vor: MGH. Capit. I, Nr. 30, S. 80 f. Vgl. B. Fischer, Bibeltext und Bibelreform, S. 156, 160.

[10]) *Versus Fiduciae ad Angelramnum presulem:* MGH. Poetae I, S. 76 f.

[11]) Wochenschrift für klassische Philologie (1891), S. 688.

[12]) Vgl. Wattenbach – Levison – Löwe S. 237; K. Neff, Die Gedichte des Paulus Diaconus (1908), S. 181–185; H. Fichtenau, Das karolingische Imperium (1949), S. 41.

[13]) Vgl. V. 21–22.

[14]) V. 17.

[15]) Papst Hadrian an Karl d. Gr. (791): ... *Angilbertum ..., qui pene ab ipsis infantiae rudimentis in palatio vestro enutritus est.* JE. 2483; MGH. Epp. V, Nr. 2, S. 7; vgl. J. Fleckenstein, Hofkapelle I, S. 66 f.

[16]) Angilram ist während der Teilnahme am Awarenfeldzug am 26. Oktober 791 gestorben; vgl. J. Fleckenstein, Hofkapelle I, S. 51 und Anm. 47.

[17]) V. 16.

[18]) Allgemeine Geschichte der Literatur des Mittelalters im Abendlande II (1880), S. 74.

Lehrgedicht in 4 Büchern bezogen worden[19], in dem Karl Liersch[20] und Ernst Dümmler[21], als sie die chronologische Folge der Gedichte Theodulfs zu rekonstruieren versuchten, die früheste Arbeit des Dichters sahen[22]. Sie beriefen sich dabei auf den Vers *Parva sed in magna cum sim levitide turba pars ...*[23], der von ihnen biographisch ausgewertet wurde[24]; die *turba levitis* bezeichnet jedoch hier in typologischer Entsprechung zu dem Priesterstamm des Alten Testamentes die Gesamtheit der Kleriker[25], und die ganze Stelle ist als Bescheidenheitstopos aufzufassen[26]. Abgesehen davon, daß Theodulfs Bildung ihn als Kleriker ausweist, wissen wir vor seiner Ordination zum Bischof nichts Sicheres über seine geistliche Laufbahn. Vom Inhalt her kann das in seiner Datierung zur Frage stehende Gedicht noch weniger als „Jugendwerk" eingestuft werden, das Theodulf vor seiner Karriere am Hof verfaßt haben soll[27]: als Belehrung *ad episcopos,* die auf weite Strecken patristische Literatur, namentlich Gregor und Isidor, versifiziert[28], gehört es vielmehr in die Nähe des anderen großen Lehrgedichts Theodulfs, der *Paraenesis ad iudices*[29]. Für beide lassen sich enge Beziehungen zu den Reformbestimmungen der Kapitularien Karls nachweisen. Ebert hat zudem die Angaben, die Theodulf zu Beginn des letzten Buches über den Inhalt der verlorenen ersten Teile macht[30], in ihrer Bedeutung sehr gepreßt, wenn er *quaedam docu-*

---

19) Carmina I–II, MGH. Poetae I, S. 445 ff.

20) Die Gedichte Theodulfs, Bischofs von Orléans (Diss. Halle 1880), S. 18.

21) Theodulfi Carmina, Prooemium: MGH. Poetae I, S. 437.

22) Zu Dümmlers Chronologie, an der D. Schaller: DA. 18 (1962), S. 22 ff. fundamentale Kritik geübt hat, vgl. oben S. 32.

23) Carmen II, V. 31 f., MGH. Poetae I, S. 453.

24) E. Dümmler, a. a. O.: „... diaconi gradum consecutus iam carmina elegantia cudere coepit." K. Liersch, a. a. O.: „... die große Paraenese ‚ad episcopos', die er mit seltenem Freimut als einfacher Diakon verfaßte."

25) Vgl. Prudentius, Psychomachia, V. 502, CC. 126, S. 167, wo mit *gens Levitis* die gesamte christliche Priesterschaft gemeint ist.

26) So bereits Ch. Cuissard, Théodulfe (1892), S. 61 f.: „Peut-on croire que Théodulfe n'était encore que dans les ordres mineurs, un diacre, lorsqu'il écrivait un semblable traité, qui rentrait entièrement dans les vues royales?"

27) M. Manitius, Geschichte I, S. 537 u. 539; vgl. auch A. Hauck II, S. 170 mit Anm. 3. D. Schaller, der die Chronologie Dümmlers grundsätzlich als Konstruktion erkannte und die Bedenken Cuissards erwähnt, löst sich mit seiner Datierung „in jüngeren Jahren" nur halbherzig aus den eingefahrenen Vorstellungen: vgl. DA. 18 (1962), S. 29; Diss. masch., S. 69.

28) Vgl. oben S. 70 Anm. 48.

29) Carmen XXVIII, MGH. Poetae I, S. 493–517.

30) Carmen II, V. 1–14, S. 452.

*menta fidei*[31] als Bericht „von der Offenbarung und den Thaten Christi"[32], also Bibeldichtung versteht. Uns scheint, daß die Verbindung, die Fiducia zwischen der Dichtkunst Theodulfs und der Bibelepik des Spaniers Juvencus gegeben sah, eher in der gemeinsamen Herkunft beider Dichter als in der gleichen Thematik ihrer Werke beruht.

Theodulfs frühestes an Karl gerichtetes und mit Sicherheit am Hof geschriebenes Gedicht ist das im Cod. Bern. 212 überlieferte *carmen figuratum*[33], dessen Entstehungsgeschichte durch Dieter Schaller aufgehellt worden ist[34]. Es war eine Auftragsarbeit, durch die der Herrscher das poetische Talent des Neulings auf die Probe stellen wollte: in der schwierigen Technik der Figurendichtung sollte er sich mit Alcuin und dessen Schüler Josef messen, wobei ihm die Buchstabenzahl der Verse und die auszufüllende Figur vorgeschrieben wurden[35]. Leider bietet das Gedicht weder in sich noch durch seinen Überlieferungszusammenhang Anhaltspunkte für eine genauere Datierung. Die Figurengedichte Alcuins und Josefs, mit denen es durch die gemeinsame Überlieferung im Berner Codex und entstehungsgeschichtlich durch den dichterischen Wettbewerb engstens verbunden ist, lassen sich zeitlich nur ungefähr in die Jahre zwischen (vor) 790 und (vor) 804 festlegen[36]; einige dunkle zeitgeschichtliche Anspielungen in dem Gedicht Theodulfs führen ebenfalls nicht weiter[37]. Die hier begeg-

---

[31]) V. 7: *Primus* (liber) *habet sanctae quaedam documenta fidei.*

[32]) A. Ebert, a. a. O.

[33]) Carmen XXIII, MGH. Poetae I, S. 480–482.

[34]) Die karolingischen Figurengedichte des Cod. Bern. 212: Medium aevum vivum. Festschrift für W. Bulst (1960), S. 22–47.

[35]) Sie entsprechen Alcuins Carmen VI, MGH. Poetae I, S. 224 f., das Theodulf als Muster vorgelegt wurde; vgl. D. Schaller, a. a. O., S. 40.

[36]) Die Grenzjahre ergeben sich aus den über Josef bekannten Daten, der erstmals als Adressat eines von Alcuin während seiner Englandreise 790–793 an den Hof gesandten Briefes belegt ist (Nr. 8, MGH. Epp. IV, S. 33 f.) und dessen Seelenheil Alcuin später dem Gebet des Bischofs Remigius von Chur empfiehlt (Nr. 77, MGH. Epp. IV, S. 118 f.); vgl. D. Schaller, a. a. O., S. 38.

[37]) Die Stelle *Is* (Karl) *tamen e fidei praepollens stigmate sudae*
*Nunc retinere potest subnixi cespitis oras*
(V. 22–23) bezieht Schaller im Anschluß an Liersch auf die Sachsenkriege; doch lasse „der wechselvolle und langgedehnte Verlauf ... eine Entscheidung für ein bestimmtes Jahr nicht zu" (a. a. O., S. 39). Wir meinen dagegen, daß die Aussage überhaupt nicht auf einen bestimmten Krieg oder einen einzelnen „Sieg Karls über Ungläubige" (ebd.) zielt, sondern grundsätzlich die durch Eroberungen zustandegekommene Weltherrschaft Karls aus seiner Rechtgläubigkeit erklärt und legitimiert und damit Gedanken nahesteht, wie sie im Prolog zur Lex Salica und in der Praefatio der LC. ausgesprochen werden. Es darf nicht übersehen werden, daß von der *fides suda* die Rede ist, was weniger auf einen Kampf gegen Ungläubige als gegen

nende Äußerung Theodulfs, daß dies seine ersten Verse in der Gattung der *carmina figurata seien*[38], stellt Dieter Schaller dem zitierten Zeugnis des Fiducia gegenüber und meint, dessen Urteil über den *divinus poeta* sei „nur in einigem zeitlichen Abstand von Theodulfs Figurengedicht mit seiner debutantenhaften Bescheidenheit vorstellbar"[39]. Dementsprechend kommt er zu einer recht frühen Datierung der Figurengedichte noch in die 780er Jahre. Die scharfsinnigen Kombinationen seiner Untersuchung leuchten aber in diesem Punkt nicht ein: nur in der Technik der Figurengedichte bezeichnet sich Theodulf als Anfänger, und auch hier bleibt es schwierig, abzuwägen, inwieweit seine Bemerkung als Topos der „Unfähigkeitsbeteuerung" zu gelten hat[40]. Sie kann durchaus mit den Versen des Fiducia zeitlich zusammenfallen, wobei sich Widersprüche umso weniger ergeben, als Theodulf in demselben Figurengedicht betont, er verfasse vorzugsweise geistliche Dichtungen, seine Qualitäten als Dichter also gar nicht abstreitet. Die Verse

*Promere qui studeo nunc carmen mitibus odis,*
*Praecipuasque deo solitus cantare camenas,*

die zu den Akrosticha gehören und in der figuralen Anordnung des Gedichts als Seitenlinien einer der quadratischen Schriftfläche einbeschriebenen Raute hervortreten[41], geben zu erkennen, daß für Theodulf, der theologische Themen bevorzugte und in dessen Gedichtcorpus dogmatische, exegetische und moralische Lehrstücke überwiegen[42], die Hofdichtung zunächst ein ungewohntes Feld war. Mit seinem Figuren-

---

Irrlehren weist: die Verse wären demnach – will man überhaupt Anspielungen auf Zeitereignisse aus ihnen herauslesen – eher mit der Abwehr des Adoptianismus und der byzantinischen Bilderverehrung zu verbinden, Aufgaben, die den fränkischen Hof und vor allem seine Theologen seit 790 beschäftigten. Den Vers *Artipotens nimio disponit foedere templum* (V. 30) versteht E. Rieber, Die Bedeutung alttestamentlicher Vorstellungen für das Herrscherbild Karls des Großen und seines Hofkreises (Diss. masch. Tübingen 1949), S. 95 f. als Anspielung auf den Bau der Aachener Pfalzkapelle, eine Deutung, der Schaller, a. a. O., nur unter Vorbehalten zustimmt. Neue Gesichtspunkte für die Datierung bringt sie nicht, da von den Bauarbeiten an der Kapelle nur der Abschluß des Rohbaus im Jahr 798 zeitlich fixierbar ist, Pläne und Baubeginn sich dagegen nur in einen sehr weiten Zeitraum eingrenzen lassen; vgl. G. Bandmann, Die Vorbilder der Aachener Pfalzkapelle: Karl der Große III. Karolingische Kunst (1965), S. 424–462, S. 425 Anm. 7.

38) V. 42 f.: *Versiculos ... primos praesenti stigmate prompsi.*

39) D. Schaller, a. a. O.

40) E. R. Curtius S. 410 ff.

41) Abb.: MGH. Poetae I, S. 482.

42) Vgl. oben S. 31.

gedicht wurde er in den poetischen Wettbewerb einbezogen, der einen großen Teil der Unterhaltung der Hofgesellschaft ausmachte: an der Tafel und bei den Festen traten die in den Aufgaben der Bildungs- und Kirchenreform zusammen wirkenden Gelehrten als Dichter gegeneinander auf und verglichen ihre Kunst in den Genera des Herrscherlobs, der Satire, des Rätsel- und des Scherzgedichts.

Theodulf, der die erste Probe glänzend bestand, hat sich bei den Literarhistorikern gerade durch seine höfische Repräsentations- und Unterhaltungsdichtung den Ruf des größten poetischen Talents im Karlskreis gesichert; aber mit seinem dichterischen Beitrag zur höfischen Geselligkeit ist nur eine Randerscheinung seiner Tätigkeit am Hof berührt. Nicht als Dichter stellte Karl ihn vor die entscheidende Bewährungsprobe, sondern mit einer Aufgabe, bei der er alle Vorzüge seiner Bildung, seine Kenntnis der Bibel, der Patristik und der Canones in den Dienst des fränkischen Herrschers stellen konnte. Da mit Alcuin, der Ende des Jahres 790 in seine angelsächsische Heimat reiste und erst im Sommer 793 an den Hof zurückkehrte[43], die maßgebliche theologische Autorität des Hofkreises ausfiel, übertrug Karl dem Neuling Theodulf den Entwurf einer apologetischen fränkischen Stellungnahme zu den Akten der zweiten nicänischen Synode und ihrer Bilderlehre.

## 3. Die Entstehung der Libri Carolini

### a) Nicaenum latinum primum und Capitulare adversus synodum

Die Übersendung der Akten von Nicäa an den fränkischen Hof datiert Wolfram von den Steinen „etwa zwei Jahre nach dem Konzil“[1], d. h. um 789. Hadrian I. hatte in Rom durch einen Kleriker der

[43]) Vgl. Alcuins Briefe Nr. 8–14, MGH. Epp. IV, S. 33–40, die aus England an fränkische Empfänger gerichtet sind. Im Juli 793, als die Normannen das Kloster Lindisfarne überfielen, war er wieder am fränkischen Hof, vgl. sein Trostschreiben an König Aethelred von Northumbrien, Nr. 16, MGH. Epp. IV, S. 42–44; A. Kleinclausz S. 71 ff.

[1]) Entstehungsgeschichte der Libri Carolini: QFIAB. 21 (1929/30), S. 1–93, S. 73.

päpstlichen Kurie eine lateinische Übersetzung anfertigen lassen[2], die durch zahlreiche Verständnis- und Sprachfehler die theologische Begründung der griechischen Entscheidung zur Wiederaufnahme des Bilderkultes entstellte[3]; in der an Karl gesandten Abschrift kamen noch die sinnlosesten Schreibfehler hinzu[4]. Bei dem Entschluß Karls, statt mit der vom Papst erbetenen Zustimmung mit einem Protest zu reagieren, verquickt sich das religiöse Motiv der Verteidigung fränkischer Rechtgläubigkeit mit der politischen Besorgnis, daß sich durch die dogmatische Einigung zwischen Rom und Byzanz eine einschneidende Veränderung der Machtkonstellationen abzeichnete und die führende Rolle des Frankenkönigs als Schutzherr der *sedes S. Petri* und der Christenheit in Gefahr geriet. Allein die Tatsache, daß die fränkische Kirche an der ökumenischen Synode nicht beteiligt worden war, bewies, daß das Zusammenwirken zwischen Kaiser und Papst in die traditionellen Gleise reichskirchlicher Politik zurückführte, in deren Perspektive das *regnum Francorum* zu den Randzonen des *orbis Romanus* gehörte. Nachdem die Päpste, bedroht durch die Langobarden und mit Byzanz entzweit, das Bündnis mit dem fränkischen Königtum geschlossen und in ihren Briefen die Stellung des von Gott zur Verteidigung der Kirche erwählten Frankenherrschers gegenüber dem abgefallenen griechischen Kaiser ideologisch und moralisch auf-

---

[2]) Das *Nicaenum latinum primum;* vgl. Vita Hadriani c. 88: Le Liber pontificalis, ed. L. Duchesne, I, S. 512; W. v. d. Steinen: QFIAB. 21 (1929/30), S. 11 f. Von dieser Übersetzung sind nur einzelne Bruchstücke als Zitate im *Hadrianum* (JE. 2483; MGH. Epp. V, Nr. 2, S. 5–57), in den LC. und im *Libellus synodalis* von 825 (MGH. Conc. II, 2, Nr. 44 B, S. 480–532) überliefert. Im Jahre 873, unter Johannes VIII., fertigte Anastasius Bibliothecarius eine neue Übersetzung der Akten von Nicäa an: das *Nicaenum latinum secundum,* Mansi XII, col. 981–1154; XIII, col. 1–486.

[3]) W. v. d. Steinen: QFIAB. 21 (1929/30), S. 53 f.; ders., NA. 49 (1932), S. 260 ff.; L. Wallach, The Greek and Latin versions of II Nicaea and the Synodica of Hadrian I (JE. 2448): Traditio 22 (1966), S. 103–125.

[4]) Die LC. klagen wiederholt über die Unverständlichkeit und Stilwidrigkeit der Konzilstexte. Praefatio, MGH. Conc. II Suppl., S. 5: *Cuius scripturae textus eloquentia sensuque carens ad nos usque pervenit.* Buch II, Kap. 18, S. 77: *... sed cum pene nullum habeat Latinę integritatis vigorem sensuque sit tepidus verbisque inlepidus et quadam ex parte ratione nudatus.* Buch III, Kap. 9, S. 122: *... inordinate et incompte digesta et soloecismis mutilata, barbarismis corrupta, ceteris vitiorum nubilis obducta et luculenta oratione carens.* Nirgends wird jedoch erwähnt, daß es sich bei der kritisierten Sprachform um eine Übersetzung handelt. Vielmehr schließen die LC. von der Sinnlosigkeit der Worte sofort auf die Sinnverwirrtheit ihrer Urheber, eine Taktik, die nach W. v. d. Steinen, QFIAB. 21 (1929/30), S. 28 „die Polemik vereinfachen, die Stoßkraft verdichten" will.

gewertet hatten, drängten sie ihn jetzt durch die Erneuerung ihrer Allianz mit dem Imperium in eine Nebenrolle zurück, die den faktischen Machtverhältnissen unangemessen war. Walter Mohr[5] hat auf das bemerkenswerte chronologische Zusammentreffen zwischen der Entstehung der LC. einerseits und der Sammlung der Korrespondenz mit den Päpsten im Codex Carolinus anderseits verwiesen: in ihren Schreiben an den karolingischen Hof hatten Zacharias, Stephan II. und Paul I. den Frankenkönigen jene Stellung angetragen, die Karl in den LC. für sich beansprucht und zur Geltung bringt.

Seine programmatische Erklärung in der Praefatio:

> (Ecclesia) *nobis ... in huius saeculi procellosis fluctibus ad regendum commissa est. ... Cuius quoniam in sinu regni gubernacula Domino tribuente suscepimus, necesse est, ut in eius defensione et ob eius exaltationem Christo auxiliante toto annisu certemus*[6]

ist bis in den Wortlaut hinein ein Widerhall der in den Papstbriefen ausgesprochenen Gedanken.

Paul I. an Pippin:

> *... vos omnipotens Dominus prae cunctis regibus seculi elegit ... et sanctam suam ecclesiam ad defendendum vobis commisit*[7].

Paul I. an Karlmann und Karl:

> (Deus) *sanctam suam catholicam et apostolicam ecclesiam atque orthodoxam christianorum fidem vobis commisit exaltandum atque viriliter defendendam*[8].

Selbst das Thema der Erwählung zum Schützer der Rechtgläubigkeit gegenüber den häretischen Griechen leuchtet hier bereits auf.

Paul I. an Pippin:

> *Supplici deprecatione te, bone orthodoxae rex, quesumus postulantes, ut sis nobis post Deum firmus protector ac defensor. ... Optime enim praecellentiae vestrae christianitas comperta existit, quanta qualisque sit impia hereticorum Grecorum malitia. ... Sed tu, bone potentissime rex, viriliter sicut vere orthodoxus eisdem impiis resistere hereticis ... digneris*[9].

Der Ausschluß des Frankenherrschers von der Entscheidung in Nicäa bedeutete einen Angriff auf seine Führungsstellung in der Christenheit, der durch die Zuspitzung des dogmatischen Gegensatzes in der Bilderfrage beantwortet wurde.

---

[5]) Die karolingische Reichsidee (1962), S. 47.

[6]) MGH. Conc. II Suppl., S. 2.

[7]) Cod. Carol. Nr. 36, MGH. Epp. III, S. 544 f.

[8]) Cod. Carol. Nr. 33, S. 540.

[9]) Cod. Carol. Nr. 32, S. 539; vgl. W. M o h r, Reichsidee, S. 25.

In der Praefatio bezeichnet Karl die LC. als Gemeinschaftswerk der fränkischen Theologen unter seiner Leitung.

*Quod opus adgressi sumus cum conhibentia sacerdotum in regno a Deo nobis concesso catholicis gregibus praelatorum*[10].

Wie deren Arbeit im einzelnen vor sich gegangen ist, ruft der *Libellus* der Pariser Synode von 825 Ludwig dem Frommen ins Gedächtnis:

*Eandem porro synodum* (Nicaenum) *cum sanctae memoriae genitor vester coram se suisque perlegi fecisset et multis in locis, ut dignum erat, reprehendisset et quaedam capitula, quae reprehensioni patebant, praenotasset eaque per Angilbertum abbatem eidem Hadriano papae direxisset, ut illius iudicio et auctoritate corrigerentur, ipse* (papa) *rursus ... per singula capitula ... respondere ... conatus est*[11].

Die geschilderten Vorgänge hat Wolfram von den Steinen[12] dahin modifiziert, daß die Verlesung der Akten vor dem Hof, die allein wegen ihrer Unverständlichkeit kaum in extenso vorstellbar ist, eher das Referat eines besonders Beauftragten war, der durch eingehendes Studium des Textes und Zusammenstellung seiner Hauptangriffspunkte der Besprechung im großen Kreis vorgearbeitet hatte. Es ist möglich, daß bereits dieser Auftrag an Theodulf gegangen ist; sicher ist, daß er, nachdem sich Karl zu einer größeren Widerlegungsschrift entschlossen hatte und das Projekt unter seinen theologischen Beratern durchdiskutiert und in den Richtlinien festgelegt war, Entwurf und Ausarbeitung des *Opus Caroli* übernahm, wobei natürlich fortdauernde Konsultationen mit den Kollegen, anregende Kritik und die Niederschrift begleitende Beratungen nicht auszuschließen sind. Die Fertigstellung zog sich – eine bei wissenschaftlichen Arbeiten wohl allgemeine Erfahrung – länger hin, als vorgesehen war; in einem Augenblick, da Theodulf eben ein ursprüngliches Konzept von 60 Kapiteln wegen der Fülle des Materials zu einer Gliederung in mehrere Bücher umdisponieren wollte, verlangte Karl, die Ergebnisse der bisherigen Arbeit zur Information Hadrians I. zusammenzustellen. Theodulf lieferte die thesenartig abgefaßten Überschriften seines bereits überholten 60-Kapitel-Konzeptes ab, dem er den neuen, noch in der Gliederung unterzubringenden Stoff in 25 gesondert gezählten Thesen

---

10) MGH. Conc. II Suppl., S. 5.
11) MGH. Conc. II, 2, Nr. 44 B, S. 481 Z. 30–36.
12) QFIAB. 21 (1929/30), S. 29 ff.

anschloß, dazu die ausformulierte Praefatio[13]. Mit diesen Unterlagen und dem Auftrag, die Einzelheiten des fränkischen Standpunktes mündlich darzulegen, wurde Angilbert nach Rom gesandt, während Theodulf ohne Unterbrechung die Ausarbeitung der Kapitel fortsetzte.

## b) Typologische Exegese und isidorianisches Geschichtsbild in Theodulfs Entwurf der Libri Carolini

Die Haltung, die Karl und sein Hof zur Bilderfrage einnahmen und die Theodulf als Richtschnur vorgegeben war, orientierte sich an der Lehre Gregors des Großen[14]; gegenüber der Maßlosigkeit der Griechen, die gestern die Bilder stürzten und sie heute vergöttern[15], ergreifen die Franken den mittleren Weg zwischen *frangere* und *adorare*, die *via regia*[16]. Die Bilder sind nützlich *in ornamentis ecclesiarum et memoria rerum gestarum*[17], aber für den Glauben haben sie keine Bedeutung[18]: der Glaube gründet auf der Schrift und ist allein im Wort geistig zu erfassen.

---

[13]) Rekonstruktion des verlorenen *Capitulare adversus synodum* in dieser Gestalt durch W. v. d. Steinen, a. a. O., S. 43 ff. Grundlage sind die Zitate im erhaltenen Antwortschreiben Hadrians (*Hadrianum:* JE. 2483; MGH. Epp. V, Nr. 2, S. 5–57), das den fränkischen Thesen Punkt für Punkt Stellen aus den Kirchenvätern entgegensetzt.

[14]) LC. II, 23, MGH. Conc. II Suppl., S. 81 f.: *Imagines ... a beato Gregorio, Romanae urbis antestite, et adorari prohibentur et frangi, qui ... quid in hac parte observandum quidve tenendum sit, Sereno Massiliensi episcopo suis mandavit apicibus.* Als Zitat folgt: Gregorii registrum XI, 10, MGH. Epp. II, S. 270 f. Dieselbe Gregorstelle beschloß als Definition des fränkischen Standpunkts das *Capitulare*, vgl. *Hadrianum* II, 25, MGH. Epp. V, S. 54 f.

[15]) LC. IV, 8, S. 187 f.: *Cum in neutra parte moderamen habentes, ... dum videlicet ... isti imagines suppliciter censeant adorare, illi inpatienter censuerint frangere ...*

[16]) LC. II, 31, S. 102: *Restat nobis, ut viam regiam secundum Apostolum gradientes neque ad dexteram neque ad sinistram declinemus, ut nec cum illis* (imagines) *prorsus abolendas diiudicemus nec cum istis adorandas decernamus, sed solum Deum adorantes et eius sanctos venerantes secundum antiquam patrum et ecclesiasticam traditionem eas in ecclesia in ornamento et memoria rerum gestarum ... habeamus.* Vgl. ferner Praefatio, S. 5 f.; III, 12, S. 125. H. Schade, Die Libri Carolini und ihre Stellung zum Bild: ZKTh. 79 (1957), S. 69–78.

[17]) LC. Praefatio, S. 6; vgl. ferner I, 2, S. 13; II, 13, S. 73; II, 22, S. 81; III, 16, S. 138.

[18]) LC. II, 21, S. 80: *Nullum fidei catholicae adferre poterunt pręiudicium.*

*Numquidnam cuncta divinae legis pręcepta, quae a Domino per Moysen data sunt, ut est illud: „Audi Israhel, Dominus Deus tuus Deus unus est", et cetera huiuscemodi ... a pictoribus demonstrantur? Numquidnam omnia verba prophetarum, in quibus doctrinae, exhortationes, redargutiones, contemplationes, minae vel cetera his similia continentur, in quibus crebro invenitur: „Haec dicit Dominus" aut: „Iuravit Dominus"... pictura secundum eius vanitatem demonstrare valet? Numquidnam verba ipsius Domini et apostolorum singula a pictoribus possunt demonstrari?* [19]

So wird die Bibel zum Antipoden des Bildes; die Konzeption Theodulfs rückt das Wort der Schrift und seine rechte Auslegung in das Zentrum der Argumentation und prägt das *Opus Caroli* zu einem exegetischen Werk [20]. Es ist wohl kein Zufall, daß im formalen Aufbau der LC., die nach erweitertem Plan unter Berücksichtigung symbolischer Zahlen in 4 x 30 Kapiteln angeordnet sind [21], das innerste Kapitel II, 30 thematisch der Gegenüberstellung von Bild und Schrift und der Lehre des Verfassers über Inhalt und Interpretation der Bibel gewidmet ist [22] – ein Kapitel, das in Struktur und Aussage, stellenweise selbst im Wortlaut, mit den *Versus Theodulfi in Bibliotheca* übereinstimmt und somit den Autor deutlich verrät [23]. Als positive

[19]) LC. III, 23, S. 153.

[20]) Der Bibliothekar Zenobio Acciajuoli bezeichnete die LC. in seinem unter Leo X. angefertigten Katalog der Vaticana als *Codex Charoli M. in explanatione sacrae scripturae*. Vgl. H. Bastgen: NA. 37 (1912), S. 38. Ebd. S. 492: „Wir müssen als Verfasser einen Theologen annehmen, sagen wir gleich: einen Exegeten." Daß die LC. die Schriften des Alten und Neuen Testaments in den Mittelpunkt stellen und dem byzantinischen Bilderdienst den Gehorsam gegen das Schriftwort entgegensetzen, betont auch E. Rieber S. 72.

[21]) Vgl. W. v. d. Steinen: QFIAB. 21 (1929/30), S. 67, 69.

[22]) *Contra eos, qui dicunt: Sicut divinae Scripturę libros, ita imagines ob memoriam venerationis habemus nostrę fidei puritatem observantes.* MGH. Conc. II Suppl., S. 92–100.

[23]) A. Freeman macht in ihrer paläographischen Untersuchung des Cod. Vat. lat. 7207 darauf aufmerksam, daß dieses Kapitel das längste der LC. überhaupt ist und von Kürzungen und Korrekturen frei blieb; vgl. Speculum 40 (1965), S. 215 f. Wie Carmen XLI beginnt LC. II, 30 mit einer Aufzählung der biblischen Bücher, wobei Theodulf in den LC. weniger systematisch vorgeht, sondern – den Blick auf die Antithese Schrift–Bild gerichtet – manche Bücher nur eben streift oder ganz beiseite läßt, andere dagegen ungewöhnlich breit behandelt, wenn sie für sein Anliegen markante Zitate bieten. Am längsten verweilt er bei dem Psalmvers *In capite libri scriptum est de me* (Ps. 39, 8), dessen typologische Auslegung ihn direkt zu den Evangelien führt; hier konzentriert er sich auf jene Episode mit der Ehebrecherin, bei der Christus mit dem Finger auf die Erde schreibt (Joh. 8, 1–11), was seit Augustinus (In Iohannis Evangelium tractatus XXXIII, 5, CC. 36, S. 308) als Zeichen für die Aufhebung und läuternde Umdeutung des in Stein geschriebenen Mosaischen Gesetzes gedeutet wurde. Theodulf hat diese exegetische Tradition nicht nur hier in den LC., sondern auch in seinem Carmen XIX, V. 13–24 aufgegriffen. Nachdem

Grundsatzerklärung, die den Gegensatz Bild–Schrift durch die Reimworte *pictura–scriptura, imagines–apices, tabula–alloquia* auch sprachlich akzentuiert[24], beschließt es gleichzeitig die in den ersten beiden Büchern einzeln gegen die Griechen vorgebrachten biblischen Argumente[25].

Selbstverständlich hatte die Synode von Nicäa ihrerseits zur Legitimation der Bilderverehrung auf die Schrift verwiesen; Theodulf nimmt die Stellen, auf die sie sich dabei berief, in Buch I–II Punkt für Punkt vor. Seine Kritik richtet sich einerseits gegen den von den

---

mit Apostelbriefen und Apokalypse die Übersicht über den Inhalt der Bibel abgeschlossen ist, wird sie wie im Carmen XLI als Quelle aller Erkenntnis und allen moralischen Handelns gepriesen.

In Formulierungen, die im 2. Canon seines ersten Diözesanstatuts nahezu wörtlich wiederkehren (*haec sunt enim arma, ... quibus diabolus expugnatur ... vitia comprimuntur ... virtutes nutriuntur*) beschreibt Theodulf zunächst die moralische Wirkung der biblischen Schriften; heißt es im Carmen XLI *Virtutes gignunt, probra fugant vitia* (V. 150), so gehen die LC. ins Detail und zählen Laster und Tugenden nach dem Schema der *septem principalia vitia* auf: nicht nur Theodulfs Carmen I, V. 257 ff., das A. Freeman, a. a. O., zum Vergleich heranzieht, auch 1. Statut, c. 31 und 2. Statut, c. 52–64 sowie *De ordine baptismi* c. 12 bieten Parallelstellen. Auch wo es um die aus der Schrift zu schöpfenden Kenntnisse geht, wirkt das LC.-Kapitel wie eine in die Einzelheiten führende Erläuterung zum Bibelgedicht: sprechen die Verse allgemein von den *artes ingenuae*, deren Elemente und deren System in der Bibel vollständig grundgelegt sind (V. 157 ff.), so belegen die LC. diese These anhand der einzelnen Künste des Triviums und Quadriviums.

Zu den in Carmen XLI begegnenden Metaphern für die Schrift *cibus* (V. 139), *potus* (V. 141), *tuba terribilis* (V. 143), *lux* (V. 145), *lex pretiosa* (V. 151) finden sich in LC. II, 30 Entsprechungen S. 96 Z. 16 f., S. 98 Z. 9 f., 41 f., außerdem in II, 21, S. 80 Z. 12 und IV, 10, S. 189 Z. 26 ff.

[24]) S. 93 Z. 2: *picta – scripta* / Z. 4: *pictura – scriptura* / Z. 7: *pictam – scriptam* / Z. 8: *imagines – apices* / Z. 10, 17: *pingendo – scribendo* / Z. 22: *picturis – scripturis* / Z. 28–29: *scribendo – pingendo* / Z. 33–34: *imaginibus – apicibus* / Z. 38: *picturam – scripturam* / Z. 40: *picturis – scripturis.* S. 94 Z. 5, 42: *pictum – scriptum.* S. 95 Z. 2–3: *scripturarum – picturarum* / Z. 11: *pinxisse – scripsisse* / Z. 23–24, 25, 37: *picturas – scripturas* / Z. 33: *scribere – pingere* / Z. 35: *pingendo – scribendo.* Seinen rhetorischen Höhepunkt erreicht das Kapitel in den kurzen, syntaktisch parallelgeführten, durch Reimprosa und Cursus akustisch geschärften Antithesen S. 98 Z. 20–23:

*Tu luminaribus perlustra picturas,*
*nos frequentemus divinas Scripturas.*
*Tu fucatorum venerator esto colorum,*
*nos veneratores et capaces simus sensuum archanorum.*
*Tu depictis demulcere tabulis,*
*nos divinis mulceamur alloquiis.*

[25]) Vgl. LC. II, Praefatio, S. 61: *In his duobus voluminibus per duorum Testamentorum salutaria arma eorum vanissimis neniis obnitentes.* Die Stelle unterstreicht zugleich die der Gliederung der LC. zugrunde liegende zahlensymbolische Spekulation.

Griechen zitierten Text: unter Berufung auf das pseudo-gelasianische Dekret *De libris recipiendis et non recipiendis*[26] verwirft er zunächst alle Testimonia der Griechen, die nicht aus den zum gültigen Kanon gehörenden Bibelbüchern geschöpft sind[27]. In anderen Fällen wirft er den Griechen vor, den Sinn der zitierten Bibelworte durch verderbte Überlieferungen zu verfehlen: er verweist sie auf die *Hebrea veritas, cui potissimum fides adhibenda est*[28], und auf die *Latini codices, qui a beato Hieronimo ex Hebraica veritate translati sunt*[29]; um zwischen Bedeutungsnuancen abzuwägen, zieht er vereinzelt auch die Versionen der Septuaginta[30] und der *translatio vetus* (Vetus Latina)[31] heran. Das Wissen um die verschiedenen Überlieferungszweige des Bibeltextes, das sich in solchen Bemerkungen verrät, zeichnet auch seine Bibelrezension aus[32].

In den überwiegenden Fällen richtet sich Theodulfs Kritik jedoch gegen die griechische Exegese, die dem Buchstabensinn, der *littera mortificans*[33] verhaftet bleibt, den geistigen Sinn des Bibelwortes dagegen nicht erfaßt.

*Lex, ut ait Apostolus, spiritalis est*[34].
*Spiritale dictum spiritali disserendum est indagatione*[35].
*Nos enim, qui non sequimur litteram mortificantem, sed spiritum vivificantem*...[36]
*Nos autem, qui... psalmorum prophetiam spiritaliter pro viribus intelligimus*...[37]

Die Methode der dreifachen Schriftauslegung, die er mit Nachdruck vertritt[38], liefert ihm die entscheidende Waffe zur Zerstörung der grie-

---

[26]) Ed. E. v. Dobschütz, Das Decretum Gelasianum (1912); H. Bastgen, Das Bilderkapitular Karls d. Gr. und das sogenannte Decretum Gelasianum: NA. 41 (1919), S. 682–690.

[27]) LC. I, 6, S. 20: *Non ab aliis scripturis nisi ab his, quas illa* (sancta Romana ecclesia) *inter canonicas recipit, testimonia sint sumenda.* Vgl. IV, 10, S. 189; IV, 11, S. 190.

[28]) LC. I, 13, S. 32 Z. 29.

[29]) LC. I, 9, S. 27 Z. 24.

[30]) Vgl. LC. IV, 17, S. 206 Z. 9 f.

[31]) LC. I, 15, S. 37 Z. 5.

[32]) Vgl. oben S. 48.

[33]) LC. I, 20, S. 45 Z. 39 in Anlehnung an 2 Cor. 3, 6.

[34]) LC. I, 16, S. 37 Z. 26.

[35]) LC. I, 7, S. 22 Z. 14.

[36]) LC. I, 19, S. 44 Z. 29.

[37]) LC. I, 30, S. 60 Z. 10 f.; vgl. H. de Lubac, Exégèse médiévale I (1959): Le sens donné par l'Esprit, S. 355–363.

[38]) LC. I, 17, S. 41 Z. 29–40: *Trimodum ... intelligentiae genus in divinis libris a prudentibus intelligitur: Quorum primum est, per quod quędam ita accipiuntur historialiter sepositis enigmaticis vel allegoricis figuris ... Secundum, per quod quędam in*

chischen Schriftbeweise: er befragt jedes Bibelwort, aus dem die Synode von Nicäa eine Legitimation der Bilderverehrung ableitete, nach seiner allegorischen oder tropologischen Bedeutung, die den Literalsinn aufhebt, und entzieht damit den Argumenten der Griechen den Boden. Hatte man z. B. in Nicäa, um die Berechtigung sakraler Kunstwerke zu demonstrieren, auf Beseleel verwiesen, der nach Ex. 31, 2 die Geräte für die Stiftshütte fertigte, so setzt Theodulf dem *sensus historicus* der genannten alttestamentlichen Begebenheit ihren *sensus allegoricus* entgegen, nach dem Beseleel Praefiguratio Christi ist, der die Kirche gründete, und die *decoramenta* des Bundeszelts die Verdienste der Heiligen zeichenhaft vertreten[39]. Hatten die Griechen sich auf die zwölf Steine berufen, die Josue nach der Überquerung des Jordan *in Dei memoria* aufrichten ließ (Jos. 4), so erklärt Theodulf die typologische Bedeutung des Vorgangs:

> *Si vero tipice, quid isti lapides pręfiguraverint, quęratur, novo Josue, Domino videlicet et Salvatore nostro Jesu Christo ... docente panditur. Qui, ut baptismi sacramentum, per quod ad aeternam patriam pervenitur, stabiliret, duodecim apostolos elegit*[40].

Mit Wendungen wie *quid haec typicis praefiguraverit sacramentis ut breviter exsequamur*[41], *quae igitur omnia dum allegoricis plena sint sensibus*[42], *quod et si quis secundum misticam intellegentiam subtilius scrutetur*[43], *cum utique illa tipicorum sensuum archana significaverint*[44] wechselt er bei seinen Entgegnungen stets von der Ebene historisch-literaler Interpretation auf das Feld der Allegorese über und entwirft, indem er die zwischen alttestamentlicher Praefiguration und neutestamentlicher Erfüllung waltenden Sinnbezüge aufdeckt[45], das typologisch-heilsgeschichtliche System einer zweigeteilten Zeit, die im Erscheinen Christi ihre Mitte und erfüllende Wende hat. Den Stein, den Jakob am Ort seines Traums errichtete und mit Öl salbte

---

*Scripturis mystice accipiuntur ... iuxta figuram allegoricorum sensuum ... Tertium genus est, quod tantum spiritaliter accipitur.* LC. I, 29, S. 57 Z. 12 f.: ... *aut secundum allegoriam ... aut secundum anagogen ... aut secundum tropologiam.* Vgl. H. de Lubac, Exégèse médiévale I: Interversions, S. 157–169, S. 166.

39) Vgl. LC. I, 16, S. 37–39.

40) LC. I, 21, S. 49.

41) LC. I, 12, S. 32 Z. 1 f.

42) LC. I, 16, S. 39 Z. 39.

43) LC. II, 1, S. 64 Z. 3.

44) LC. II, 29, S. 91 Z. 29–32.

45) Formulierung nach der Definition der Typologie durch Friedrich Ohly, die oben S. 105 zitiert ist.

(Gen. 28, 18) – eine biblische Episode, die die Griechen ebenfalls für den Bilderkult in Anspruch nahmen – deutet er auf Christus, den Eckstein (Is. 28, 16) zwischen den beiden Testamenten und Angelpunkt des theologisch begriffenen Geschichtsablaufs.

*Lapis, qui a patriarcha erectus est, ... typum gerebat nostri Mediatoris. ... De quo etiam in Esaia propheta scribitur: Ecce pono in fundamentis Sion lapidem summum, angularem, probatum ... Qui idcirco angularis dicitur, eo quod ... duo Testamenta in se summo, probato, electo et pretioso lapide coniungit*[46].

Instruktiv ist auch die Auslegung des Psalmverses *Sicut audivimus, ita et vidimus* (Ps. 47, 9) im Sinne der Erfüllung der alttestamentlichen Lex im Evangelium[47]. Die beiden Cherubfiguren, die nach der Beschreibung Ex. 25, 10 ff. in spiegelbildlich einander zugewandter Haltung, mit den Spitzen der inneren Flügel sich berührend, auf der Deckplatte der Bundeslade stehen[48], bringen das heilsgeschichtliche System der sich symmetrisch um Christus ordnenden Zeiten in vollkommener Weise zur Anschauung. Theodulf belehrt die Griechen, die auch an diese Stelle einen Schriftbeweis zugunsten des Bilderkultes knüpften, über ihre zeichenhafte Sinnbildlichkeit:

*Arca namque foederis ... Dominum et Salvatorem nostrum, in quo solo foedus pacis apud Patrem habemus, designat. ... In quo sunt duo cherubim, scientiae videlicet plenitudo, quae in duobus Testamentis eius revelatione monstrata est. Qui invicem se adtendunt, quia Lex et Evangelium magnam inter se consonantiam habent*[49].

*Quia ergo opus unum erat in duobus cherubim, hoc innuebat, quia utriusque testamenti scriptores ... una et consona Deum voce ac fide prędicant, quaeque novum Testamentum de Dominica incarnatione, passione, resurrectione, ascensione, gentium vocatione ... facta narrat, haec eadem vetus Testamentum, si recte intellegitur, veraciter facienda praedicebat. ... Alae igitur cherubim interiores super arcam se invicem contingebant, quia Testamenta pari de Domino adtestatione consentiunt; item alis exterioribus iste unum parietem, ille alterum contingebat, quia vetus Testamentum proprie antiquo Dei populo scriptum est, novum vero nobis, qui post incarnationem Dominicam ad fidem venimus*[50].

---

46) LC. I, 10, S. 29.

47) LC. I, 30, S. 60.

48) Theodulf hat das Motiv später zum Thema des Mosaiks in der Apsis von Germigny gemacht, vgl. unten S. 219 f. und Abb. 23.

49) LC. I, 15, S. 35.

50) LC. I, 20, S. 48; die Interpretation ist, wie auch in den bisher angeführten Beispielen, den Kirchenvätern entnommen. Vgl. zur typologischen Deutung der Bundeslade und der Cherubim Augustinus, Quaestiones in Heptateuchum II, 105, CC. 33 (1958), S. 121; Gregor d. Gr., Homiliae in Evangelia II, 25, 3, PL. 76, col. 1191; Isidor, Quaestiones in Vetus Testamentum, In Ex. c. 46, PL. 83, col. 311 f.; Beda, De templo Salomonis I, 13, CC. 119 A (1969), S. 178, 180–183. LC. I, 20 ist

Über die biblischen Ereignisse hinaus umschließt das heilsgeschichtliche System der durch die Ankunft Christi getrennten Zeiten alle geschichtlichen Erscheinungen der Vergangenheit und Gegenwart: im Sinne typologischen Denkens wird daher in den LC. auch die drängende politische Frage nach der Stellung des *regnum Francorum* gegenüber dem römischen Imperium entschieden. Die Kette der großen Weltreiche, die mit Babylon begann und deren letztes Glied Rom ist[51], wurde durch die Ankunft Christi zerschnitten: *Christi adventu frustrata sunt*[52]. Seitdem verleiht kein römischer Imperatorentitel mehr die Legitimation zur Herrschaft, sondern alle Herrschaft leitet sich von Christus ab[53], und ihre Rechtmäßigkeit ist danach zu beurteiten, inwieweit der Träger in seinem Amt den Typos Christi bzw. seiner alttestamentlichen Praefigurae repräsentiert. Konsequent wird daher der byzantinische Kaiser mit *rex* bezeichnet und sein Vorgehen an biblischen Vorbildern gemessen: das Argument der Schrift, in dem wir die entscheidende Waffe gegen die Bilderverehrung erkannten, ist somit auch für die politische Stellungnahme gegen Byzanz der tragende Grund. Die typologische Entsprechung der Ereignisse rückt die Byzantiner an die Seite der abtrünnigen Oststämme Ruben, Gad und Manasse, die sich von Israel trennten und am Jordan einen eigenen Altar bauten[54]; Karl tritt dagegen mit dem Anspruch auf, in seiner Herrschaft die durch den Typos David gesetzten Normen zu verwirklichen[55] und begreift das Reich der Franken als gesteigerten Antitypos des auserwählten Volkes Israel[56].

Das Selbstverständnis des byzantinischen Herrschers, der in seinen

---

von *Primo quaerendum est* ... S. 46 Z. 26 bis zum Schluß S. 48 Z. 32 wörtlich aus Beda abgeschrieben, worauf A. Freeman: Speculum 40 (1965), S. 281 aufmerksam gemacht hat.

[51]) In einer berühmt gewordenen Formulierung werden die beiden Reiche in LC. III, 15, S. 135 auf eine Stufe gestellt: *Fuit itaque inter haec duo fortissima regna magna concordantia, magna similitudo.* Zu den augustinischen Grundlagen des Gedankens vgl. W. Mohr, Reichsidee, S. 43.

[52]) LC., a. a. O.

[53]) Vgl. LC. I, 1, S. 10 Z. 33–35: *Nam regnare ... illi est naturale; ceteris vero, qui haec consecuntur, illius largitione est adtributum.*

[54]) Jos. 22, 9 ff. Vgl. LC. Praefatio, S. 5 Z. 24 ff.

[55]) Berufung auf David: LC. Praefatio, S. 5 Z. 12 ff.; I, 1, S. 9 Z. 14 ff.; IV, 18, S. 208 Z. 25 ff.

[56]) LC. I, 17, S. 40 Z. 33: *nos, qui spiritalis Israel sumus.* Vgl. auch I, 19, S. 44 Z. 30.

Urkunden die Formel *per eum, qui conregnat nobis Deus* gebraucht[57], der sich das Epitheton *divus* beilegt und seine Taten *divalia* nennt[58], wurzelt – dafür hat man am karolingischen Hof einen scharfen Blick – in den Traditionen des heidnischen Kaiserkults, der durch das Erscheinen Christi überwunden ist:

*Priscae gentilitatis obsoletus error Christi adventu repulsus ... cernitur in his reliquisse vestigium*[59].

An den Normen der Schrift gemessen, erweisen sich solche Vorstellungen als *arrogantia* und *superbia*[60], ein Vorwurf, der das byzantinische Kaisertum in seinen Fundamenten treffen sollte; denn seit Augustin kennzeichnen diese Termini den außerhalb des heilsgeschichtlichen *ordo* stehenden *rex iniquus*[61]. Indem das griechische Kaisertum nicht historisch von der Kontinuität römischen Staatsrechts her, sondern biblisch-typologisch gedeutet wird, kann sein Führungsanspruch zurückgewiesen werden: es ist in der durch Christi Erscheinen gewandelten Welt das unzeitgemäße Relikt einer aufgehobenen Ordnung. Karls Herrschaft dagegen erhält durch das biblisch-typologische Geschichtsbild eine ihrem faktischen politischen Gewicht entsprechende geistige Begründung: sie steht in der heilsgeschichtlichen Kontinuität alttestamentlicher Vorbilder, die, in Christus erfüllt, eine Verwirklichung im Sinne postfiguraler Repräsentation fordern.

---

57) LC. I, 1, S. 8 ff.: *De eo, quod Constantinus et Haerena in suis scriptis dicunt: „Per eum, qui conregnat nobis Deus"*. P. E. Schramm, Mitherrschaft im Himmel. Ein Topos des Herrscherkults in christlicher Einkleidung: Polychronion. Festschrift Franz Dölger (1966), S. 480–485; erweiterter ND.: Kaiser, Könige und Päpste I (1968), S. 79–85. Schramm zeigt, wie das paulinische Wort 2 Tim. 2, 11 von der allen Gläubigen verliehenen Krone des ewigen Lebens und ihrer Mitherrschaft im Himmel zu einem Prooemiummotiv des kaiserlichen Urkundenformulars wurde und hier eine schillernde Bedeutung annahm, in der im Gewand der biblischen Formulierung antike Herrschervergöttlichung fortlebte.

58) LC. I, 3, S. 14 ff.: *De eo, quod Constantinus et Haerena gesta vel scripta sua „divalia" nuncupant.* Ähnliche Thematik haben LC. III, 14, S. 130 ff.: *Contra eos, qui dicunt: „Dei cooperantes nos direximus congregare vos"*, und LC. IV, 5, S. 179 ff., wo die Herrscheranrede *divinis vestris auribus* angegriffen wird.

59) LC. I, 3, S. 14 Z. 38 f.

60) Vgl. Praefatio, S. 1 Z. 7, S. 3 Z. 6; I, 3, S. 15 Z. 34; I, 4, S. 16 Z. 33, S. 18 Z. 8; III, 12, S. 125 Z. 34; III, 19, S. 142 Z. 40.

61) E. Bernheim, Mittelalterliche Zeitanschauungen in ihrem Einfluß auf Politik und Geschichtschreibung (1918); speziell zu den LC. vgl. die Dissertation seines Schülers F. Knop, Die Libri Carolini und die Epistola Hadriani papae de imaginibus als Quellen für das Verhältnis Karls des Großen zum griechischen Kaiser und römischen Papst auf Grund der augustinisch-eschatologischen Anschauungen (Diss. Greifswald 1914).

Das typologische Geschichtssystem der durch Christi Erscheinen zweigeteilten Zeit ist in Spanien entwickelt worden und hatte bereits hier die Funktion einer geistigen Waffe gegen Byzanz: es sollte der Unabhängigkeit des westgotischen Staates vom römischen Weltreichsgedanken und vom byzantinischen Machtanspruch ein ideologisches Fundament geben. In denselben Jahren, in denen die Kämpfe der Westgotenkönige um die byzantinisch beherrschten Südgebiete der Halbinsel begannen, entwarf Isidor von Sevilla in seiner Chronik[62] und in den Etymologien[63] ein Geschichtsbild, das sich von der durch Eusebios und Hieronymus begründeten Vier-Weltreich-Lehre abwandte und die Geburt Christi zur geistigen Mitte der Weltgeschichte machte[64]. Hatte die Reichstheologie des Eusebios, indem sie Rom mit dem bis ans Ende der Zeiten fortdauernden vierten Reich der Visionen Daniels[65] identifizierte, die römische Weltherrschaft christlich sanktioniert, so rückt Isidor von Sevilla das römische Reich in die Reihe der durch die Ankunft Christi beendeten *regna orbis*, an deren Stelle seitdem das *regnum Christi*[66] getreten ist, das von den Königen der christlichen *gentes* gleichberechtigt repräsentiert wird.

Isidor ersetzt die Weltreichslehre durch eine Gliederung der Geschichte in sechs Weltalter in typologischer Entsprechung zu den sechs Schöpfungstagen. Der Gedanke der *aetates mundi* begegnet im exegetischen Zusammenhang bereits bei Origenes, Ambrosius und Augustin[67]; Isidor hat ihn in seiner Chronik jedoch zuerst zum Ordnungsprinzip historischer Darstellung gemacht[68]. Dabei ordnet er die *regna orbis*, deren Wechsel er entgegen der noch für Orosius verbindlichen Weltreichslehre allein durch den Zufall, die *sors temporum*[69], bestimmt sieht, dem 2.–5. Zeitalter zu. Die Ablehnung des römischen

---

[62]) Ed. Th. Mommsen, MGH. AA. XI, S. 424–488.

[63]) V, 38–39.

[64]) A. Borst, Das Bild der Geschichte in der Enzyklopädie Isidors von Sevilla: DA. 22 (1966), S. 1–62; vgl. auch H. Löwe, Von Theoderich dem Großen zu Karl dem Großen. Das Werden des Abendlandes im Geschichtsbild des frühen Mittelalters: DA. 9 (1952), S. 353–401, S. 361 ff.

[65]) Dan. 2, 31 ff.; 7, 3 ff.

[66]) Etymologiae VI, 2, 25; De fide catholica I, 58, PL. 83, col. 495 f.

[67]) R. Schmidt, Aetates mundi. Die Weltalter als Gliederungsprinzip der Geschichte: ZKG. 67 (1955/56), S. 288–317.

[68]) Vgl. M. Reydellet, Les intentions idéologiques et politiques dans la Chronique d'Isidore de Séville: Mélanges d'archéologie et d'histoire 82 (1970), S. 363–400, S. 378 f.

[69]) Etymologiae IX, 3, 2.

Weltherrschaftsgedankens äußert sich in Isidors Werken in weitgehender Gleichgültigkeit gegenüber dem Kaisertum: ihm wird kein Vorrang vor den Gotenkönigen eingeräumt[70]. Der Wandel der politischen Situation seit der Gründung selbständiger Staaten auf dem Boden des römischen Reiches hatte so eine Wandlung des Geschichtsbildes nach sich gezogen: durch die Lehre vom Anbruch eines neuen, alle alten Ordnungen aufhebenden Weltalters mit der Geburt Christi wurde die neue germanische Staatenwelt legitimiert.

Im Abschnitt der Etymologiae über die Konzilien[71] erwähnt Isidor nur die ersten vier Reichssynoden bis Chalkedon, die er durch zahlensymbolischen Vergleich mit den vier Evangelien und den vier Paradiesflüssen als abgeschlossene Reihe interpretiert: *Haec sunt quattuor synodi principales, fidei doctrinam plenissime praedicantes ... quasi quattuor evangelia vel totidem paradisi flumina.* Er betont das freie Versammlungsrecht der Bischöfe, deren Beschlüsse dann Gültigkeit haben, wenn sie auf dem hier begründeten Lehrgebäude aufbauen – offensichtlich eine Spitze gegen den byzantinischen Kaiser und seine Befugnis zur Einberufung und Leitung der Reichssynoden.

Julian von Toledo, der in seinen drei Büchern De comprobatione aetatis sextae[72] die isidorianische Konzeption theoretisch ausbaute, hat in seiner Stellungnahme zum 6. ökumenischen Konzil von Konstantinopel (680) auch praktische kirchenpolitische Konsequenzen aus ihr gezogen. Wie ein Jahrhundert später in Nicäa war in Konstantinopel der theologisch hoch gebildete Episkopat einer politisch bedeutenden christlichen *gens* von der Entscheidung der reichskirchlich organisierten Synode ausgeschlossen worden: Papst Leo II. hatte dem westgotischen König Erwig lediglich die Beschlüsse zur Unterschrift übersandt[73]. Die spanische Kirche bildete sich jedoch auf der 14. Synode von Toledo (684) ihr eigenes Urteil über die Rechtgläubigkeit der Beschlüsse durch

---

[70]) Belegstellen: H. Löwe S. 367 ff. Auch M. Reydellet, Les intentions, S. 393 ff. betont die gegen Byzanz gerichtete Tendenz der Chronik Isidors und das politische Anliegen des Autors, die Gleichrangigkeit der Gotenkönige, für deren Herrschaft er den Begriff *imperium* in Anspruch nimmt, mit den oströmischen Kaisern ideologisch zu begründen.

[71]) Etymologiae VI, 16, 3–10.

[72]) PL. 96, col. 537–586.

[73]) JE. 2120; F. X. Murphy, Julian of Toledo and the condemnation of Monothelitism in Spain: Mélanges J. de Ghellinck I (1951), S. 361–373, interpretiert die Auseinandersetzung vornehmlich unter theologischem Aspekt. Doch wurde hier im Gewande dogmatischer Einsprüche eine politische Fehde ausgetragen.

Vergleich mit den gültigen Canones[74]; Julian teilte dem Papst ihre dogmatischen Einwände im Apologeticum fidei[75] mit. Eine ausführliche Stellungnahme zu den Akten von Konstantinopel, den Liber apologeticus de tribus capitulis, verfaßte Julian um 686; sie wurde ebenfalls nach Rom geschickt und trotz päpstlichen Einspruchs in die Akten der 15. toledanischen Synode (688) aufgenommen[76] mit der Begründung, wenn die Römer entgegen den Aussagen der *patres* dächten, so könne man mit ihnen nicht weiter streiten[77]. Die Bevormundung durch die byzantinische Reichskirche wird zurückgewiesen: der spanische Episkopat beharrt auf seiner nach der Lehre der Väter getroffenen Entscheidung und stellt sie unter das *iudicium divinum*[78]. Die Situation entspricht in vielem der Lage der Franken in der Auseinandersetzung um die Beschlüsse von Nicäa, und Theodulf konnte in den LC. zusammen mit den Früchten seines Isidorstudiums auch die aus der Geschichte des Westgotenreichs gewonnenen Erfahrungen zur Geltung bringen.

Isidor hatte in der Pluralität christlicher *gentes* unter dem geistig verstandenen *regnum Christi* die für das sechste Weltalter gültige politische Ordnung gesehen; Theodulf übernimmt in den LC. die antirömische Tendenz seines Geschichtsbildes. Jedoch tritt unter dem Eindruck der politischen Macht des fränkischen Königtums, das Gallien und die germanischen *gentes* östlich des Rheins beherrschte und seit der Eroberung des italischen *regnum Langobardorum* in eine unter den Staaten der Völkerwanderungszeit beispiellose Stellung hineingewachsen war, das pluralistische Denken bei ihm zurück. Der Begriff *regnum Christi*, der bei Isidor theologisch-unpolitisch gemeint ist, ähnlich der Formel *imperium christianum* in der Liturgie[79], nimmt den Charakter eines politischen Programms an, das durch die Integration

---

[74]) 14. Synode von Toledo, c. 6, Mansi XI, col. 1089: *Et ideo supradicti acta concilii intantum a nobis veneranda sunt et recipienda constabunt, inquantum a praemissis conciliis non discedunt.*

[75]) Entdeckt und ediert von Z. García Villada: Historia eclesiástica de España II, 1 (1932), S. 334 f.

[76]) Mansi XII, col. 7 ff.

[77]) Ebd. col. 17: *Si ... ab ipsis dogmatibus patrum, quibus haec prolata sunt, in quocumque dissentiant, non iam cum illis est amplius contendendum.*

[78]) Ebd.: *... erit per divinum iudicium amatoribus veritatis responsio nostra sublimis.*

[79]) G. Tellenbach, Römischer und christlicher Reichsgedanke in der Liturgie des frühen Mittelalters: Sitzungsberichte der Heidelberger Akademie der Wissenschaften, phil.-hist. Kl., Jg. 1934/35, Abh. 1.

der christlichen Völker im Frankenreich realisierbar scheint. Der Titel Karls in den LC. *rex Francorum Gallias, Germaniam Italiamque sive harum finitimas provintias regens*[80] kehrt den räumlich umfassenden Charakter seiner Herrschaft hervor, der Hinweis auf die unter seinem Vater Pippin eingeleitete und von ihm vollendete Liturgiereform, die die Einheit des *ordo psallendi* unter den zum Frankenreich gehörenden *gentes* verwirklichte, sowie auf die Heidenmission, betont ihren christlichen Auftrag:

*Quod quidem et nos conlato nobis a Deo Italię regno fecimus ... scilicet ut plures illius partis ecclesiae, quę quondam apostolicę sedis traditionem in psallendo suscipere recusabant, nunc eam cum omni diligentia amplectantur. ... Quod non solum omnium Galliarum provinciae et Germania sive Italia, sed etiam Saxones et quaedam aquilonalis plagae gentes per nos Deo annuente ad verae fidei rudimenta conversae facere noscuntur*[81].

So kündigt sich in den LC. ein christlicher Universalismus an, der dem staatsrechtlich fixierten byzantinischen Weltherrschaftsanspruch mit biblisch-typologischen Begründungen entgegentritt.

## c) Das Hadrianum und die erste Überarbeitung des Textes

Theodulfs ausgearbeiteter Text wurde in großer Eile ins Reine geschrieben: zwei Schreiber des Hofscriptoriums, die gleichzeitig begannen, teilten sich in die Arbeit[82]. Noch bevor der Codex fertiggestellt

---

[80]) MGH. Conc. II Suppl., S. 1 Z. 3–5.

[81]) LC. I, 6, S. 21 Z. 29–36.

[82]) Vgl. A. Freeman: Speculum 40 (1965), S. 205–222. Der Cod. Vat. lat. 7207, in dem uns die im Hofscriptorium erstellte Reinschrift erhalten ist, hat in seinem heutigen, unvollständigen Zustand 25 Lagen, die in ihrem Zählsystem erkennen lassen, daß ursprünglich 36 Lagen vorhanden waren, die dreimal von I–XII durchgezählt wurden. Verloren ist die erste Lage mit der Praefatio und den Kapitelüberschriften des 1. Buches, ferner fehlen die Lagen IV–XII des 3. Zählsystems mit dem 4. Buch, für das wir wie für den Anfang auf die Überlieferung A (Cod. Paris. Bibl. Arsenal. 663) angewiesen sind. Im ersten Zählsystem sind bei den Korrekturen die Lagen X–XII wieder entfernt worden: der Text wurde stark gekürzt und auf zwei Lagen neu geschrieben. So erklärt sich die heutige Lagenfolge der Handschrift: II–XI, I–XII, I–III.

Die Schrift läßt den Wechsel von vier Händen erkennen. Hand I begann mit Lage I des ersten Zählsystems, Hand IV mit Lage I des zweiten Zählsystems. Da der Schreiber IV zu langsam vorwärtskam, sprang Hand I auch im zweiten Zählsystem vorübergehend ein und übernahm hier die Lagen V–VII sowie IX–XII. Auch die noch erhaltenen drei Lagen des 3. Zählsystems sind von Hand I geschrie-

war, kamen die LC. vor dem Gremium der Hoftheologen zur Verlesung. Inzwischen war am Hof auch Hadrians Antwort auf das *Capitulare* eingetroffen[83], die die Beschlüsse von Nicäa ausdrücklich guthieß und an den fränkischen Thesen heftige Kritik übte. Angesichts des wiederhergestellten Einvernehmens mit dem Kaisertum kamen die dogmatischen Einwände der Franken dem Papst politisch höchst ungelegen; er umging eine grundsätzliche Diskussion über die Rollen des römischen Kaisers und des Königs der Franken im *orbis christianus* und legte alles Gewicht auf die dogmatische Frage, wobei er den gemäßigten fränkischen Standpunkt gar nicht zur Kenntnis nahm. Er unterschob dem *Capitulare* eine bilderfeindliche Doktrin und begegnete ihm mit jenem patristischen Material, das in den ikonoklastischen Kämpfen zu Anfang des Jahrhunderts von den Bilderverehrern gegen die Bilderstürmer gesammelt worden war und ihm reichlich zur Verfügung stand. Seine Berufung auf Gregor den Großen mußte bei den Franken völlige Verwirrung stiften: hatten sie doch gerade die *via regia* Gregors zum Leitsatz ihrer Thesen gemacht[84]! Die Beratungen der Theologen hatten nun das doppelte Ziel, die Arbeit Theodulfs abschließend zu kontrollieren und, soweit der fertige Text es noch

---

ben. Episode blieb demgegenüber die Mitwirkung der Hände II und III: diese beiden Schreiber erstellten die Reinschrift der Ersatzlagen für die bei den Korrekturen herausgenommenen Lagen X–XII des 1. Zählsystems.

Zuweisung der Handschrift an das Hofscriptorium durch B. Bischoff, Die Hofbibliothek Karls des Großen: Karl der Große II. Das geistige Leben (1965), S. 42–62, S. 56 f.; vgl. A. Freeman, a. a. O., S. 219 f. Hand II begegnet in einem Evangelistar „austrasischer“ Herkunft wieder: Sammlung Dr. Peter und Irene Ludwig, Aachen, Ms. 2; B. Bischoff, Eine karolingische Prachthandschrift in Aachener Privatbesitz: Aachener Kunstblätter 32 (1966), S. 46–53. Cod. Vat. lat. 7207 ist eines der frühesten Beispiele für die Hofminuskel.

[83]) JE. 2483; MGH. Epp. V, Nr. 2, S. 5–57; W. v. d. Steinen: QFIAB. 21 (1929/30), S. 50 ff. Die paläographische Untersuchung des Cod. Vat. lat. 7207 hat die Ansicht v. d. Steinens, daß man am Hof mit der Erstellung der Reinschrift bis zum Eintreffen des *Hadrianum* gewartet habe, widerlegt. Vgl. L. Wallach, The unknown author, S. 475; A. Freeman: Speculum 40 (1965), S. 208 ff.

[84]) Der *Libellus* der Pariser Synode von 825, der das Urteil des Hofes über das *Hadrianum* festhält, legt dem Papst sein Vorgehen schonend als *ignorantia* aus. MGH. Conc. II, 2, Nr. 44 B, S. 482 Z. 1 ff.: *Sed licet in ipsis obiectionibus aliquando absona, aliquando inconvenientia, aliquando etiam reprehensione digna testimonia defensionis gratia proferre nisus sit, in fine tamen eiusdem apologiae sic se sentire et tenere et praedicare ac praecipere de his, quae agebantur, professus est, sicut a beato papa Gregorio institutum esse constabat. Quibus verbis liquido colligitur, quod non tantum scienter quantum ignoranter in eodem facto a recto tramite deviaverit.*

zuließ und sich bei der am fränkischen Standpunkt völlig vorbeigehenden Argumentation des Papstes überhaupt Überschneidungen ergaben, die Antwort Hadrians zu berücksichtigen.

Einzige, aber beredte Quelle für die Diskussionen um die endgültige Fassung des Werkes sind die Korrekturen im Cod. Vat. lat. 7207. Sie zeigen, daß die *Responsio Hadriani* nur wenige und oberflächliche Zusätze und Verbesserungen veranlaßte, daß jedoch schwerwiegende Eingriffe in die Textfassung Theodulfs durch die Kritik der Hoftheologen verursacht wurden[85]. Diese richtete sich vor allem gegen jene Kapitel, die in dem an Hadrian gesandten Kapitelverzeichnis nicht aufgeführt sind, die also über das im Hofkreis festgelegte, dem Verfasser vorgeschriebene Gliederungsgerüst hinausgingen und selbständige Zutaten Theodulfs waren, Früchte der bei der Ausführung sich erweiternden Gedanken. Sie wurden von der Hofzensur zwar nicht völlig gestrichen, da sie nun einmal in der neuen Vier-Bücher-Disposition verankert waren, aber radikal gekürzt. Bei der Durchführung der Korrekturen bewies das Scriptorium technisches Geschick: ganze Heftlagen des Codex wurden ausgewechselt, Doppel- und Einzelblätter herausgetrennt, neue Seiten eingesetzt, geringfügige Änderungen durch Rasuren vorgenommen[86]. Vorherrschend ist das Bemühen, den Umfang des Werkes zu reduzieren; in ihrer Konzeption sind die LC. dagegen auch in ihrer korrigierten Fassung ein Werk aus einem Guß.

Abgesehen von der Beseitigung westgotischer Symptome in der

---

[85]) A. Freeman: Speculum 40 (1965), S. 213.

[86]) Zum Auswechseln von Heftlagen vgl. S. 201 Anm. 82. Der Text der Lagen X, XI, XII des ersten Zählsystems wurde auf zwei Lagen zusammengedrängt: die Ersatzlagen X und XI enthalten die kürzesten Kapitel des ganzen Werkes. Herausnahme von Blättern: Lage IX des ersten Zählsystems hat statt der üblichen 8 nur 7 Folia. Die drei innersten Blätter der Lage wurden herausgetrennt und ein neues Doppelblatt mit dem verkürzten Text eingelegt: fol. 62 und 63 – LC. I, 29. Das Kapitel enthält die allegorische Auslegung des salomonischen Tempels, ein Lieblingsthema Theodulfs, über das er sich breiter ausgelassen hatte, als seine Kritiker für notwendig hielten. Vgl. A. Freeman, a. a. O., S. 208 f. Die Lagen II und III des zweiten Zählsystems sind mit 6 bzw. 5 Folia ebenfalls unvollständig. A. Freeman, a. a. O., S. 211.

Kürzungen durch Rasuren: fol. 15v, Ende I, 5, vgl. MGH. Conc. II Suppl., S. 19 Anm. e; fol. 18r, Ende I, 6, wo 23 Zeilen getilgt wurden und der Raum freiblieb, vgl. MGH. Conc. II Suppl., S. 22 Anm. a, b; fol. 47r, Ende I, 19, vgl. MGH. Conc. II Suppl., S. 45 Anm. b; fol. 51r, Ende I, 20, vgl. MGH. Conc. II Suppl., S. 48 Anm. d; fol. 89v, Anfang II, 24, A. Freeman, a. a. O., S. 212 (von Bastgen nicht angemerkt). Die Rasuren sind so gründlich ausgeführt, daß die getilgten Schriftzüge sich nicht wiederherstellen lassen.

Orthographie, die aus dem Autograph in die Reinschrift eingedrungen waren[87], und von der Umstellung einiger Bibelzitate, deren mozarabische Versionen in fränkischen Ohren seltsam klangen, auf den Wortlaut der Vulgata[88] betraf sachliche Kritik das Glaubensbekenntnis zu Anfang des dritten Buches, das durch eine andere Symbolformel ersetzt wurde[89]; außerdem milderte die Zensur, um den Weg für einen diplomatischen Ausgleich mit Byzanz offenzuhalten, die scharfen Angriffe auf Tarasios in Buch I, Kap. 20[90] und das die Rolle der Kaiserin auf dem Konzil behandelnde 13. Kapitel des 3. Buches, in dem Theodulf mit dem ganzen Aufgebot mosaischer und paulinischer Aussagen über Wesen und Bestimmung der Frau gegen Irene Sturm gelaufen war[91]. Was stehen blieb, war hart genug: nach dem System biblisch-heilsgeschichtlicher Entsprechungen wurde Irene auf eine Stufe gestellt mit Athalja, der herrschsüchtigen und baalsgläubigen Königin von Juda, *quae, dum viris praeesse inconpetenti desiderio appetiit, pene omne semen regium extincxit*[92]. Ihre Regentschaft war durch die typologische Verbindung mit dem Königshause des Achazja, das die gesegnete Linie Davids unterbrach und später von der Priesterschaft Israels beseitigt wurde[93], als ungültig, als außerhalb des göttlichen Auftrags stehend gezeichnet. Hadrian hatte in seiner *Responsio* auf das Beispiel Marias und Marthas[94] verwiesen, um zu zeigen, daß Christus auch den Dienst der Frauen angenommen habe[95]; die korri-

---

87) A. Freeman, a. a. O., S. 220 f.

88) Ebd. S. 213 f.

89) Heute steht im Cod. Vat. lat. 7207 an dieser Stelle das pelagianische Symbol, das man im Mittelalter dem Hieronymus zuschrieb. Es füllt die Seiten fol. 117v–119v und ist ganz auf Rasur geschrieben, vgl. MGH. Conc. II Suppl., S. 106 Anm. a. Die Untersuchung der Heftlage hat gezeigt, daß außerdem Blatt 118 und 119 nachträglich eingefügt sind und zwei herausgetrennte Folia ersetzen, vgl. A. Freeman, a. a. O., S. 216. Hier dürften sich zwei Korrekturstufen überlagern: bei der ersten Korrektur änderte man das Symbol durch Auswechseln der Blätter, bei der zweiten Korrektur, als man sich nochmals für eine andere Formel entschied, trug man den neuen Text auf Rasur ein. Vgl. unten S. 212 mit Anm. 121.

90) Rasurstellen auf fol. 47v; vgl. MGH. Conc. II Suppl., S. 45 Anm. c.

91) Das Kapitel beginnt fol. 142v und wird auf den Blättern 143 und 144 fortgesetzt, die anstelle dreier herausgetrennter Folia nachträglich eingelegt sind, also einen geänderten, verkürzten Text bieten. Das Kapitelende fol. 145r steht auf Rasur. A. Freeman, a. a. O., S. 217.

92) MGH. Conc. II Suppl., S. 129 Z. 29 f.; vgl. 4 Reg. 11, 1–20. Die Stelle ist fünf Jahre vor der Blendung Konstantins VI. geschrieben.

93) Vgl. 2 Chr. 22, 10–23, 15.

94) Luc. 10, 38–42.

95) MGH. Epp. V, Nr. 2, S. 39 f.

gierte Fassung des Kapitels greift diesen Einwand zwar auf, verwendet ihn aber zugunsten des fränkischen Standpunkts, indem sie in Maria und Martha typologisch ein Gegenbild zum Verhalten Irenes entwirft:

> ... *aliud sit ad pedes Domini sedere ... aliud synodos statuere, in conventibus viros docere, perversas constitutiones tradere. ... Illę etenim typum sanctae ecclesiae gestantes Domino ministravere et sacratissimis eius alloquiis inhęsere* ...[96]

Über das Kapitel III, 13 hinaus läßt sich die Korrekturbesprechung nicht verfolgen, da der Text erst bis hier ins Reine geschrieben war. Ob sie an Hand des Autorenmanuskripts fortgesetzt wurde oder ob der Schlußteil auch im Konzept noch nicht fertiggestellt war und man die Beratungen vertagte, muß offenbleiben: jedenfalls wurde den Schreibern Anweisung gegeben, bei der weiteren Arbeit auf die Maßstäbe der Kalligraphie und der künstlerischen Buchgestaltung keine Rücksicht mehr zu nehmen. Inzwischen hatte man eingesehen, daß der Codex als Repräsentationsexemplar für die offizielle Übergabe an den Papst nicht mehr zu gebrauchen war; das Maß der Korrekturen war übergelaufen, die Handschrift wurde nun für das eigene Archiv bestimmt[97]. Von fol. 147 an schreibt dieselbe Hand I, die sich zu Anfang des Codex durch eine klare, gleichmäßige Minuskel auszeichnete, lockerer und flüchtiger, die Buchstaben verwildern und neigen zur kursiven Ligatur, die Initialen sind nur noch in Rudimenten ausgebildet[98]. In bezug auf den Text ist von vornherein mit einer überarbeiteten Fassung zu rechnen: denn auch im Falle, daß Theodulf zum Zeitpunkt der Beratungen die Schlußkapitel noch nicht formuliert hatte, wird er neue Instruktionen erhalten und seine Entwürfe entsprechend geändert haben.

Zeitlich fällt die Diskussion und Korrektur der LC. in die Jahre zwischen 791 und 793; terminus post quem ist die mutmaßliche Ent-

---

96) LC. III, 13, S. 129 Z. 25–28.

97) Daß sie im Pfalzarchiv aufbewahrt wurde, bezeugt Hinkmar von Reims, Adversus Hincmarum Laudunensem, c. 20, PL. 126, col. 360: *Unde tempore Caroli magni imperatoris ... generalis est synodus in Francia ... celebrata, et ... ipsa Graecorum pseudosynodus destructa et penitus abdicata. De cuius destructione non modicum volumen, quod in palatio adolescentulus legi, ab eodem imperatore Romam est per quosdam episcopos missum.* Der dem Papst übersandte Codex ist verloren; jedoch auch das fränkische Archivexemplar gelangte später auf unbekannten Wegen an die Kurie. Dort verschwand der Codex für Jahrhunderte als *liber hereticus* im Hl. Officium. Seine wechselvolle Geschichte in und außerhalb der Vaticana schildert H. Bastgen: NA. 37 (1912), S. 38 ff.

98) A. Freeman, a. a. O., S. 217 f.

stehungszeit des *Hadrianum*[99] und sein Eintreffen am fränkischen Hof, terminus ante quem die Rückkehr Alcuins aus England, dessen Eingreifen in die Schlußredaktion zu einer neuerlichen Überarbeitung des Textes führte[100].

## d) Alcuins Rückkehr an den Hof und die zweite Überarbeitung des Textes

Alcuin war bereits in Britannien über die Beschlüsse von Nicäa und die Vorbereitung einer fränkischen Synode zur Verurteilung des Bilderkultes unterrichtet worden; Karl hatte ihm die Akten übersandt und ihn wohl gleichzeitig aufgefordert, sich beim englischen Episkopat um eine offizielle Beitrittserklärung zu den geplanten fränkischen Maßnahmen zu bemühen. Alcuin brachte ein entsprechendes Schriftstück, von ihm selbst *ex persona episcoporum et principum* formuliert, bei seiner Rückkehr mit an den Hof[101]. Es wird in den Annales Nord-

---

[99]) Vgl. MGH. Epp. V, S. 6 Anm. 1 u. K. Hampe, Hadrians I. Verteidigung der zweiten nicaenischen Synode: NA. 21 (1896), S. 83–113, S. 94 ff.

[100]) Die Zweistufigkeit der Korrekturen ist erst durch die genaue paläographische Untersuchung des Cod. Vat. lat. 7207 festgestellt worden; W. v. d. Steinen geht noch von einer Bearbeitung aus, die er in die Regensburger Zeit verlegt: QFIAB. 21 (1929/30), S. 74. Zur Verknüpfung der 2. Bearbeitungsstufe mit Alcuins Rückkehr an den Hof vgl. L. Wallach, The unknown author, S. 475: „The main version of the LC. was read and discussed at the Frankish Court by Charlemagne and some theologians associated with him, and – probably between 791 and 794 – corrected and supplemented ... Alcuin after his return, between April and June of 793, from a journey to his native England, seems to have supervised the final redaction of the LC., that is during 793 and before the Frankfurt Synod was held in June, 794." A. Freeman: Speculum 40 (1965), S. 205–222 zeigt im einzelnen, wie sich die beiden Bearbeitungsstufen in der Handschrift überlagern, äußert sich jedoch nicht zu ihrer Datierung und Motivation.

[101]) Annales Nordhumbrani ad a. 792, MGH. SS. XIII, S. 155: *Karolus rex Francorum misit sinodalem librum ad Britanniam sibi a Constantinopoli directum. ... Contra quod scripsit Albinus epistolam ex auctoritate divinarum scripturarum mirabiliter affirmatam illamque cum eodem libro ex persona episcoporum ac principum nostrorum regi Francorum attulit.* Die Quelle ist gleichzeitig; überliefert ist sie freilich nur durch die Exzerpte Simeons von Durham (um 1100) sowie in der Bearbeitung Rogers von Wendover († 1236). Ihre Berichte über fränkische Ereignisse beruhen auf direkten Nachrichtenverbindungen zum Festland und sind dementsprechend zuverlässig; vgl. R. Pauli, Karl der Große in northumbrischen Annalen: FDG. 12 (1872), S. 137–166, S. 165 f.; W. v. d. Steinen: QFIAB. 21 (1929/30), S. 13 mit Anm. 1; Wattenbach – Levison – Löwe S. 249 Anm. 284. H. Bastgen: NA. 37 (1912), S. 529 ff. sah in der durch die Annales Nordhumbrani bezeugten *epistola ex auctoritate divinarum scripturarum* Alcuins

humbrani als *epistola* bezeichnet und ist jenen *epistolae synodicae* vergleichbar, die uns in den Akten der Frankfurter Synode als getrennte Resolutionen des fränkischen, italischen und spanischen Episkopats gegen den Adoptianismus erhalten sind[102]. Ein ähnliches Verfahren war, wie die *epistola* der englischen Bischöfe vermuten läßt, in der Bilderfrage geplant, wobei die nach *gentes* getrennten Stimmen den Griechen demonstrieren sollten, daß auf der Synode des Frankenherrschers der größte Teil der Christenheit versammelt war. Auf das Problem der kirchenrechtlichen Definition der fränkischen Gegensynode konzentrierten sich auch die Beratungen in der Schlußphase der Redaktion der LC.

Theodulf hatte die grundsätzliche Frage nach der Anerkennung des zweiten Nicänums als universaler Synode in einem eigenen Kapitel behandelt: *Quod haec synodus nullatenus aequiparari possit Nicenae synodo, quamquam in eodem sit agitata loco*[103], das in der endgültigen Gestalt der LC. als 13. Kapitel des 4. Buches nicht mehr besonders hervortritt, jedoch von ihm, wie sich aus der Gliederung des *Hadrianum* erschließen läßt, als Schlußkapitel entworfen war[104] und nach Länge, rhetorischem Aufwand sowie in seinem eschatologischen Ausklang[105] den ihm ursprünglich zugedachten Standort noch deutlich zu erkennen gibt. Er löste das Problem nicht auf der Grundlage synodalrechtlicher Argumentation, sondern im Rahmen des biblisch-typologischen Geschichtsdenkens, indem er Nicäa mit dem biblischen Bethel verglich, dem Ort, an dem der Patriarch Jakob seinen Gottesbund

„den Hauptentwurf, wenn nicht den größeren Teil des Capitulare". Auch für A. Kleinclausz S. 296 ff. sind LC. und die *epistola Albini* der Annales identisch; da er die Autorschaft Alcuins an den LC. ablehnte, erklärte er die Stelle in den Nordhumbrani für eine späte Interpolation. Es handelt sich bei Alcuins *epistola* jedoch um die offizielle Stellungnahme des englischen Episkopats, vgl. W. Levison, England and the Continent in the eighth century (1946), S. 112, 156.

102) MGH. Conc. II, 1, Nr. 19 B, S. 120 f.: *Epistola episcoporum Hispaniae;* Nr. 19 D, S. 130–142: *Libellus sacrosyllabus episcoporum Italiae* (verfaßt von Paulinus von Aquileja); Nr. 19 E, S. 142–157: *Epistola episcoporum Franciae* (nach L. Wallach: Traditio 9 (1953), S. 136 ff. verfaßt von Alcuin).

103) LC. IV, 13, MGH. Conc. II Suppl., S. 193 Z. 9 f.

104) Vgl. W. v. d. Steinen: QFIAB. 21 (1929/30), S. 42, 46 u. Tabellen S. 48 f. Es war das letzte Kapitel des später erweiterten 60-Kapitel-Entwurfs Theodulfs und wurde in innerem Zusammenhang mit der Praefatio konzipiert, die noch im Endstadium der LC. (S. 5 Z. 23 ff.) auf dieses Kapitel als den Zielpunkt des *Opus Caroli* vorausweist.

105) Vgl. S. 198 Z. 34 ff.

geschlossen hatte (Gen. 28, 19) und der durch den Götzendienst Jeroboams später entweiht wurde (3 Reg. 12, 26–33).

*Urbs itaque Samariae Luza, quae a sancto patriarcha Jacob Bethel, id est domus Dei, vocabulum sortita est, in qua idem patriarcha scalam de terra ad caelum usque tangentem angelosque Dei ... vidit, postmodum vitulos aureos in offendiculum domus Israhel habuit, quos ibi regum pessimus Hieroboam colendos constituit, ... factus est domus idoli et Israheliticae genti causa periculi ... Unde datur intellegi facile potuisse in Nicea Bithinię urbe, ubi pridem sancta fuerat synodus celebrata, perversum adorandarum imaginum constitui dogma, si in Bethel a nequissimo rege Hieroboam potuerunt idola poni, ubi Jacob domum Dei esse dixit et portam caeli*[106].

Durch die heilsgeschichtliche Entsprechung war über die Gültigkeit der beiden nicänischen Konzilien das Urteil gefällt: Theodulf stellt ihren Gegensatz rhetorisch-pointiert heraus, wobei er nach seiner uns bereits geläufigen stilistischen Methode die inhaltliche Antithese durch Satzparallelismus, Reim und Cursus steigert.

*Illa ecclesiam catholicam ab errore reducat,*
*ista e contrario in errorem inducat;*
*illa a periculosissimo Arrii naufragio eam depellat,*
*ista eam in adorandarum imaginum naufragium coactam inpellat;*
*illa Filium Patri esse consubstantialem et coaeternum perdoceat,*
*ista res insensatas adorare percenseat;*
*illa secundum divinitatem coaequalem Patri Filium adfirmet,*
*ista quaslibet picturas arcae testamenti Domini, cruci Dominicae, corporis et sanguinis Dominici sacramento ... coaequales esse declaret ...*
*in illa dampnentur Arriani dogmatis errores,*
*in ista nihilominus abdicentur istorum maiores*[107].

Außerdem erweist die zahlensymbolische Interpretation der Konziliengeschichte die sechs anerkannten ökumenischen Synoden als eine abgeschlossene Reihe, der nichts mehr hinzugefügt werden kann. Die Zahl sechs ist Symbolzahl für die Offenbarung des dreieinigen Gottes in den beiden Testamenten (3 x 2) und erhält ihren zeichenhaften Sinn als *numerus perfectus* durch die Vollendung der Schöpfung am sechsten Tag in der Erschaffung des Menschen und durch die Erfüllung der Geschichte im sechsten Weltalter durch die Geburt Christi.

---

[106]) LC. IV, 13, S. 196 Z. 9–23.

[107]) LC. IV, 13, S. 193 Z. 25–S. 194 Z. 6. Gleichzeitig werden in diesem rhetorischen Passus, den wir hier nur auszugsweise zitieren, die verschiedenen, in den einzelnen Kapiteln der LC. behandelten Einwände gegen die Bildersynode noch einmal zusammengefaßt, was wiederum auf die ursprüngliche Funktion von IV, 13 als Schlußkapitel weist.

*Quoniam in senario numero, qui utique perfectus est, perfectionem ecclesiasticae praedicationis habere videntur, ut in tribus, quod est eius medietas, sanctae Trinitatis confessio declaretur, in duobus quod est eius tertia pars, duorum Testamentorum ... munus a sancta et unica Trinitate concessum innuatur; porro in uno, quod est sexta eius pars, sive veteris hominis conditio, qui sexto die formatus est, sive novi adsumptio, quem pro salute mundi sexta ętate saeculi Filii persona suscepit, evidentissime demonstratur*[108].

Entsprechend enthalten die sechs ökumenischen Synoden die ganze Fülle der christlichen Offenbarungslehre und bedürfen keiner Ergänzung. Ein siebtes universales Konzil ist in dem auf die Zahl sechs gegründeten heilsgeschichtlichen *ordo* ein Widerspruch, der sinnvollerweise nicht gedacht werden kann; möglich sind allein lokale Versammlungen, die ihre Übereinstimmung mit dem Glauben der sechs gültigen Synoden bekunden:

*Soli tantummodo sex remanebunt, quos et numeri perfectio et fulgur catholicae eruditionis inlustrat. ... Atque his ... sex ... nos sanctis universalibus synodis et localibus conciliis, quae ab his nec fide nec praedicatione dissentiunt, contenti simus et ad tremendi examinis ultimique diei nos fidei integritate ... praeparemus adventum*[109].

Theodulfs typologische und zahlensymbolische Argumente bewiesen zwar die Nichtigkeit der nicänischen Synode, begründeten aber für das geplante Gegenkonzil Karls keine universale Gültigkeit. Seine „Synodaltheorie" schloß vielmehr die Möglichkeit neuer allgemeiner Synoden grundsätzlich aus. In der Endredaktion erhielten die LC. ein Schlußkapitel, das den auf eine möglichst umfassende Repräsentation der westlichen Kirchen in Frankfurt zielenden Absichten Karls besser Rechnung trug, indem es die Universalität einer Synode einerseits räumlich in der Anwesenheit des Episkopats mehrerer *provinciae*, anderseits sachlich in der Übereinstimmung ihrer Lehre mit der katholischen Tradition begründete.

---

[108]) LC. IV, 13, S. 198 Z. 7–14. In Hinsicht auf Theodulfs Intentionen beim Aufbau der LC. ist zu beachten, daß die symbolische Spekulation über die Zahl 6 nach dem ursprünglichen Plan im 60. Kapitel stehen sollte – das *Opus Caroli* sollte in seinem Aufbau die Ordnung der Schöpfung und der Heilsgeschichte spiegeln! Daß Theodulf auch bei der erweiterten 4-Bücher-Gliederung auf die Zahlensymbolik Rücksicht nahm, beweisen seine Erläuterungen über die Bedeutung des *quaternarius numerus* in der Praefatio des vierten Buches, S. 169 Z. 36–S. 170 Z. 16. Hier stellt er ausdrücklich fest: *In hoc numero nostrae disputationis pedem firmavimus, quem prorsus divinorum eloquiorum testimoniis sacratum esse conperimus.* Zur Zahlenspekulation als integrierendem Bestandteil der typologischen Exegese vgl. H. de Lubac, Exégèse médiévale II, 2 (1964): Symboles numériques, S. 7–40.

[109]) LC. IV, 13, S. 198 Z. 5 f., 34 ff.

*Cum ergo duarum et trium provinciarum praesules in unum conveniunt, si antiquorum canonum institutione muniti aliquid praedicationis aut dogmatis statuunt, quod tamen ab antiquorum Patrum dogmatibus non discrepat, catholicum est, quod faciunt, et fortasse dici potest universale; quoniam, quamvis non sit ab universi orbis praesulibus actum, tamen ab universorum fide et traditione non discrepat*[110].

Zeitlich wie inhaltlich gehört diese Definition in die unmittelbare Nähe des Frankfurter Konzils: sie findet sich in ähnlichem Wortlaut in der Resolution der fränkischen Bischöfe gegen den Adoptianismus und in dem Brief Karls des Großen an Elipand innerhalb der Frankfurter Akten und stammt hier wie dort aus der Feder Alcuins[111].

Auf die Frage, welche Konzilien als universal zu gelten hätten, nachdem infolge der veränderten politischen Strukturen die römisch-byzantinische Reichskirche nicht mehr die Gesamtheit der christlichen *gentes* repräsentierte, werden also in den LC. in zeitlicher Stufung von zwei verschiedenen Verfassern zwei unterschiedliche Antworten gegeben. Hans Barion, der auf der Grundlage der Äußerungen der LC. den kirchenrechtlichen Charakter der Frankfurter Synode zu bestimmen suchte[112], stieß auf den Widerspruch, daß in ihnen einerseits neue universale Synoden grundsätzlich abgelehnt, anderseits in der traditionsgemäßen Lehre und überregionalen Vertretung des Episkopats Maßstäbe für die Universalität gesetzt wurden, die das Frankfurter Konzil offensichtlich erfüllte. Dieses erscheint in seiner Rechtsstellung weniger zwielichtig, wenn man die betreffenden Kapitel der LC. als verschiedene Stadien eines sich über vier Jahre erstreckenden Prozesses versteht, in dessen Verlauf die fränkische Kirchenpolitik über die Verurteilung der nicänischen Beschlüsse und die Feststellung der Inkompetenz des griechischen Konzils hinaus eine offensive Stoßkraft gewann und Karl in Verbindung mit dem Episkopat seines Reiches und seinen theologischen Beratern die eigene Führungsrolle entschiedener ergriff. Die Synodaltheorie der LC. in ihrer spätesten Redaktionsstufe beweist zusammen mit dem Verfahren der Frankfurter Synode, in den *epistolae synodicae* die Stimmen der einzelnen Provinzen gesondert

---

110) LC. IV, 28, S. 227 Z. 27 ff.

111) Vgl. L. Wallach: Traditio 9 (1953), S. 148 mit Gegenüberstellung der korrespondierenden Textstellen.

112) Der kirchenrechtliche Charakter des Konzils von Frankfurt 794: ZRG. KA. 19 (1930), S. 139–170. Seine Definition der Frankfurter Synode als „ein räumlich lokales, der Lehre nach universales Konzil“ (S. 157) sucht die gegensätzlichen Stellen zu harmonisieren.

zur Geltung zu bringen, daß Karl, der in seinem Titel dieselben Provinzen auch gesondert aufzählte[113], ein universales Konzil zu leiten beanspruchte. Freilich hatte dieses seinen Rechtsgrund nicht mehr in der spätantik-reichskirchlichen Regel, nach der sich ein Universalkonzil durch die Berufung des Kaisers, die Teilnahme Roms und die Anwesenheit der vier östlichen Patriarchate konstituierte[114], sondern in der Bibel: denn in der Synodalformel LC. IV, 28[115] erkennen wir Matth. 18, 20: *Ubi enim sunt duo vel tres congregati in nomine meo, ibi sum in medio eorum*[116]. In der Methode, das Abgehen von einer politisch überholten Rechtsordnung durch Berufung auf die Schrift zu sanktionieren, stimmt Alcuin mit Theodulfs Entwürfen überein.

Während im vierten Buch der LC. die Überlagerung verschiedener Textrezensionen allein an Hand „innerer Merkmale" zu beweisen ist, da im Cod. Vat. lat. 7207 die letzten Heftlagen fehlen, läßt sich die zweite Stufe der Korrektur in den ersten Büchern auch aus dem Zustand der Handschrift ablesen. Sie liegt vor allem in den Fällen offen zutage, wo die bereits im Zuge der ersten Überarbeitung des Textes ausgewechselten Lagen und Blätter nochmals verbessert wurden[117]; jetzt, da bereits entschieden war, daß die Handschrift im Archiv des Hofes bleiben würde, sparte man im Scriptorium an Material und

---

113) MGH. Conc. II Suppl., S. 1 Z. 3–5; vgl. oben S. 201.

114) Vgl. E. Ewig, Das Zeitalter Karls des Großen: Handbuch der Kirchengeschichte III, 1 (1966), S. 62–118, S. 94.

115) Vgl. oben S. 210.

116) Vgl. den von Alcuin verfaßten Brief Karls des Großen an Elipand von Toledo in den Akten der Frankfurter Synode, MGH. Conc. II, 1, Nr. 19 F, S. 162: *Ad multitudinem populi Christiani et ad concilii sacerdotalis unanimitatem revertimini. Si enim duorum vel trium sancto pioque consensui secundum suam promissionem Dominum esse praesentem non dubitamus, quanto magis ubi tot sanctissimi patres ... in nomine illius pacifica conveniunt unanimitate, eum adesse medium non dubitamus.* Die Reflexionen in den LC. und in den Frankfurter Aktenstücken über den rechtlichen Status universaler Konzilien zeigen, daß man die Unangemessenheit des reichskirchlichen Systems und die Zwangsläufigkeit einer Neubestimmung der universalen Ordnung deutlich erkannte. Theodulfs These, daß die Geschichte der Universalsynoden im alten Sinne abgeschlossen sei, bestätigte sich durch die Ereignisse: mit der Synode gegen Photios (869/70) endet im 9. Jahrhundert die Reihe der reichskirchlichen Konzilien. Die ökumenischen Synoden des Mittelalters haben eine völlig andere Struktur und wurzeln im Reformpapsttum.

117) In der bei der ersten Korrektur erneuerten Lage XI des ersten Zählsystems wurden die beiden innersten Doppelblätter, fol. 77–78 und 76–79, nochmals ausgewechselt. Inhaltlich (Buch II, 9–13) handelt es sich wieder um Kapitel, die im *Hadrianum* nicht belegt sind, vgl. A. Freeman: Speculum 40 (1965), S. 210 f. In der dritten Lage des zweiten Zählsystems wurde ebenfalls das mittlere Doppelblatt, fol. 97–98, ersetzt. Hier geht es thematisch um den Vergleich der Bilder mit Kreuz und Eucharistie (Buch II, 27–28); A. Freeman, a. a. O., S. 211 f., 214 f.

Zeit: für neu einzusetzende Blätter benutzte man schlechteres Pergament, das zum Teil Löcher aufweist, und die Initialen solcher Seiten zählen zu den dürftigsten der Handschrift. Rasuren wurden nur noch bei Textänderungen durchgeführt, bloße Tilgungen jedoch durch Streichung erledigt[118]. Besondere Aufmerksamkeit verdient die nochmalige Änderung des Credo in LC. III, 1: die sogenannte Confessio fidei des Hieronymus[119], für die man sich nun endgültig entschied, brachte das *Opus Caroli* in harten Selbstwiderspruch, denn sie enthielt für die *processio Spiritus* die alte Formel *ex Patre procedentem*[120], während man zwei Kapitel weiter gegenüber dem Symbol der griechischen Synode auf dem *filioque* beharrte[121].

---

118) Vgl. A. Freeman, a. a. O., S. 217 f.

119) S. 108 Z. 13 f.: *Haec est catholicae traditionis fidei vera integritas, quam ... in hoc opere beati Hieronimi verbis expressam taxavimus.* Daß sie in Wirklichkeit den Libellus fidei des Häretikers Pelagius zitierten (PL. 48, col. 488–491; vgl. Bibliothek der Symbole und Glaubensregeln der Alten Kirche, hg. v. A. Hahn, S. 288 ff.), ahnten die fränkischen Theologen nicht.

120) MGH. Conc. II Suppl., S. 106 Z. 22.

121) Vgl. LC. III, 3, S. 110 ff. In IV, 13, dem Schlußkapitel des Entwurfs Theodulfs, wird bei der apologetischen Gegenüberstellung der ersten und zweiten nicänischen Synode (325 und 787) auch auf die Diskrepanz beider im Glaubensbekenntnis hingewiesen. S. 193 Z. 18–20: *Habet enim haec in suae fidei professione nova verba ..., quae a sancta Nicena synodo nequaquam in symbolo sunt adnotata, de quibus in tertii huius operis libri exordiis, prout valuimus, Domino opitulante disputavimus.* Die Stelle läßt mit ziemlicher Sicherheit darauf schließen, daß in Theodulfs erster Fassung in III, 1 das Nicäno-Constantinopolitanum, und zwar mit dem spanischen *filioque*-Zusatz, gestanden hat. W. v. d. Steinen machte NA. 49 (1932), S. 229 darauf aufmerksam, daß die im *Hadrianum* (I, 1) überlieferte erste Fassung der Überschrift LC. III, 3 sich für das *filioque* unbefangen auf das Nicäno-Constantinopolitanum berief, was für einen fränkischen Theologen angesichts der Verhandlungen von Gentilly (767) schwerlich vorstellbar ist. Hier verrät sich vielmehr ein Autor, der mit der fränkischen Kirchengeschichte noch wenig vertraut war, für den dagegen durch die toledanischen Synoden und die spanische Meßliturgie das *filioque* eine alte und unbestrittene Tradition bedeutete. Bei der ersten Korrektur wurde das *secundum Niceni symboli fidem* (MGH. Epp. V, Nr. 2, S. 7 Z. 24) aus der Überschrift von III, 3 gestrichen und durch die unbestimmte Berufung auf die *verissima sanctae fidei regula* (MGH. Conc. II Suppl., S. 110 Z. 10) ersetzt. Aus der Behauptung *Quod Tarasius non recte sentiat* (MGH. Epp. V, Nr. 2, S. 7 Z. 22 f.) wurde eine vorsichtige Frage: *Utrum Tarasius recte sentiat* (MGH. Conc. II Suppl., S. 110 Z. 9). Auf diese Veränderungen mußte auch das Symbol in III, 1 abgestimmt werden: seine erste Korrektur hat also ihren Grund in der Diskussion um das *filioque.* Welche Formel an die Stelle des Nicäno-Constantinopolitanums trat, wissen wir nicht, jedenfalls hat sie die zweite Korrektur nicht passiert und wurde durch das Pelagianum ersetzt. Es ist wahrscheinlich, daß dabei jetzt andere Gründe eine Rolle spielten, die so in den Vordergrund traten, daß die Widersprüchlichkeit des neuen Symbols gegenüber der Verteidigung des *filioque* in III, 3 übersehen wurde.

## 4. Der Ausgleich mit der Kurie und die Bilderfrage auf der Frankfurter Synode

Daß Karl der Große selbst an den Korrekturbesprechungen teilnahm und in die Beratungen eingriff, hat Wolfram von den Steinen durch seine Interpretation der tironischen Randnoten im Cod. Vat. lat. 7207 zu beweisen versucht[1]: er sah in ihnen die festgehaltenen Bemerkungen Karls bei der abschließenden Lektüre und unternahm es, mit ihrer Hilfe „das Opus Caroli gewissermaßen mit Karls Augen (zu) lesen"[2]. Auch in diesem Punkt ist seine These, die zunächst auf Bedenken und Widerspruch stieß[3], durch eine erneute Untersuchung des Befunds der Handschrift bestätigt worden: Ann Freeman[4] hat gezeigt, daß die Marginalien, von denen nahezu die Hälfte beim Beschneiden der Blattränder für einen neuen Einband später verlorenging[5], sich auffällig auf jene Kapitel konzentrieren, die im ersten Entwurf, wie ihn die *Responsio Hadriani* überliefert, noch nicht enthalten sind. Sie interpretiert die Randnoten als nachträgliche offizielle Approbation der Erweiterungen, die der Autor – Theodulf – über seinen Auftrag hinaus eigenmächtig vorgenommen hatte. Meistens am Anfang eines Kapitels oder am Kopf der Seite eingetragen, beziehen sich die Anmerkungen auf das Kapitel als Ganzes: sie sind nicht der spontane, begeisterte Kommentar des theologisch interessierten Laien Karl zu einzelnen Textstellen[6], sondern erklären nach einem am Hof ge-

---

[1]) Karl der Große und die Libri Carolini. Die tironischen Randnoten zum Codex authenticus: NA. 49 (1932), S. 207–280.

[2]) Ebd. S. 278.

[3]) Bedenken äußerte zuerst A. Mentz, Die tironischen Noten: AUF. 17 (1942), S. 155–303, S. 261 ff., der auch zeigte, daß einzelne der Noten von M. Tangl, Die Tironischen Noten der Vatikanischen Handschrift der Libri Carolini: NA. 36 (1911), S. 752–754 falsch aufgelöst worden waren. Ausführlich setzt sich H. Fichtenau, Karl der Große und das Kaisertum: MIÖG. 61 (1953), S. 257–334, S. 280 ff. mit der These von den Steinens auseinander; nach seiner Meinung ist es fraglich, ob die Randbemerkungen überhaupt der Entstehungszeit der Handschrift angehören. Sie könnten auch zur Zeit der Pariser Synode von 825 eingetragen worden sein, als man sich am Hofe wieder mit den LC. beschäftigte.

[4]) Further studies in the Libri Carolini. III. The marginal notes in Vaticanus Latinus 7207: Speculum 46 (1971), S. 597–612.

[5]) Die Randnotizen, die heute alle auf Rasur stehen, sind ursprünglich in Minuskeln eingetragen worden. Beim Umblättern der Seiten waren die Buchstaben oft noch naß und hinterließen spiegelbildliche Tintenabdrücke auf dem gegenüberliegenden Rand. Häufig sind diese noch feststellbar, wo die in tironische Noten umgeschriebenen Bemerkungen selbst vom Buchbinder weggeschnitten wurden. Vgl. A. Freeman, a. a. O., S. 599 u. Anm. 8.

[6]) So die Interpretation W. v. d. Steinens, a. a. O., bes. S. 238 ff.

läufigen Verfahren das vom sachkundigen Beauftragten vorbereitete Schriftstück nach Diskussion und Korrektur für genehmigt[7].

Die Diskrepanz zwischen den Theorien der Theologen und den an die Notwendigkeiten und Möglichkeiten der politischen Situation gebundenen praktischen Entscheidungen und Lösungen, die Peter Classen in bezug auf den Kaisergedanken hervorgehoben hat[8], wird im weiteren Schicksal der LC. offenkundig. Diplomatische Rücksichten – Rücksichten vor allem auf den Papst, dem eine Verurteilung der von ihm selbst unterstützten Beschlüsse von Nicäa nicht zuzumuten war, dessen Zustimmung zur Frankfurter Synode der Hof anderseits notwendig brauchte, da nach geltender Lehre die Übereinstimmung mit der katholischen Tradition sich in der Übereinstimmung mit Rom manifestierte – zwangen Karl, von einer offiziellen Verkündigung der LC. in Frankfurt abzusehen[9]. In den seit Übersendung des *Capitulare* nie abgerissenen Verhandlungen mit dem Papst[10] wurde ein Kompromiß gefunden: Karl verzichtete auf die Publikation der LC. und eine zentrale Stellung der Bilderfrage auf dem fränkischen Konzil, und unter dieser Bedingung erklärte sich Hadrian bereit, Legaten nach Frankfurt zu senden[11] und die Synode durch seine *apostolica auctoritas*[12] zu sanktionieren. So erklärt sich, daß die Abwehr des Adoptianismus in Frankfurt zum beherrschenden Thema wurde. Alle erhaltenen Aktenstücke behandeln die *haeresis Elipandi*[13], und es ist anzunehmen, daß schon vorbereitete Schriftstücke zur Bilderfrage wie die

---

7) Freeman weist auf die Entstehung des offiziellen apologetischen Werks gegen Felix von Urgel 799 als Parallelfall hin. Als Alcuin seinen am Hof eingereichten Entwurf zurückerhält, macht er dem König Vorwürfe: *Minus tamen quiddam fecistis, quam plenum postulasset caritatis officium, quod sensus non docte prolatos vel catholice exaratos similiter noluistis notare.* (MGH. Epp. IV, Nr. 172, S. 284). Er vermißte die Anmerkungen *docte, catholice* usw. in dem zurückgeschickten Manuskript. „This and other references by Alcuin to the annotation of his writings by Charlemagne point to a well-established procedure." A. Freeman, a. a. O., S. 607.

8) Karl der Große, das Papsttum und Byzanz: Karl der Große I. Persönlichkeit und Geschichte (1965), S. 537–608, S. 572, 593.

9) Vgl. W. v. d. Steinen: QFIAB. 21 (1929/30), S. 72 ff.; L. Wallach: Traditio 9 (1953), S. 144; ders., The unknown author, S. 513.

10) *Epistola Karoli Magni ad Elipandum et episcopos Hispaniae*, MGH. Conc. II, 1, Nr. 19 F, S. 159: *ad beatissimum apostolicae sedis pontificem ... ter quaterque direximus missos.* Eine päpstliche Gegengesandtschaft erwähnen die Annales regni Francorum ad a. 793, ed. F. Kurze, MGH. SS. rer. Germ., S. 92–94.

11) Theophylakt und Stephan; Annales regni Francorum ad a. 794, S. 94.

12) Frankfurter Kapitular, c. 1, MGH, Conc. II, 1, Nr. 19 G, S. 165.

13) Ebd.

in den Annales Nordhumbrani bezeugte *epistola* der englischen Bischöfe zurückgehalten wurden; die LC. gelangten nicht innerhalb des Frankfurter Aktendossiers, sondern durch eine besondere Gesandtschaft, auf außerregulärem Wege, nach Rom[14]. Auch im Frankfurter Kapitular wird an erster Stelle die Verurteilung des Adoptianismus genannt, erst im zweiten Kapitel die Entscheidung gegen die Bilderverehrung, und zwar in einer gemäßigten, grammatisch mit Absicht undeutlichen Formel[15], die der Papst in ihrer „minimalen Interpretation"[16] akzeptieren und in die der fränkische Hof durch „maximale Interpretation"[17] die von ihm gewünschte Verurteilung der nicänischen Synode hineindeuten konnte.

Eine literarische Verbreitung und Wirkung fanden die LC. unter diesen Umständen nicht. Hadrian hatte Ursache, die ihm überbrachte Handschrift möglichst ohne Aufsehen verschwinden zu lassen; und das Exemplar des Hofes (Cod. Vat. lat. 7207) ruhte im Pfalzarchiv. Erst zur Zeit Ludwigs des Frommen rückten die LC. wieder ins Interesse, als durch die ikonoklastische Reaktion Leons V. der Streit um die Bilderverehrung erneut aufflammte. Unter dem Zeichen der erneuerten Aktualität hat Hinkmar, der 822 mit Hilduin von St. Denis an den Hof kam[18], das *Opus Caroli* gelesen[19]. Die Handschrift A (Cod.

[14]) Einziger Zeuge für die Übersendung an den Papst ist Hinkmar, Adversus Hincmarum Laudunensem, c. 20, PL. 126, col. 360: *Non modicum volumen* (LC.) ... *ab eodem imperatore* (Karl) *Romam est per quosdam episcopos missum.*

[15]) MGH. Conc. II, 1, Nr. 19 G, c. 2, S. 165: *Allata est in medio questio de nova Grecorum synodo ..., in qua scriptum habebatur, ut qui imagines sanctorum ita ut deificam trinitatem servitio aut adorationem non inpenderent, anathema iudicaverunt: qui supra sanctissimi patres nostri omnimodis adorationem et servitutem rennuentes contempserunt atque consentientes condempnaverunt.*

[16]) „Die obengenannten heiligen (Konzils)väter verwarfen und verachteten durchaus Anbetung und Dienst (der Bilder) und verurteilten sie einmütig." Verurteilung der Bilderadoration. Vgl. W. v. d. Steinen: QFIAB. 21 (1929/30), S. 81 f.

[17]) „Die obengenannten heiligen (Konzils)väter verwarfen durchaus Anbetung und Dienst (der Bilder), verachteten (die Synode der Griechen) und verurteilten alle, die ihr beistimmten." Verurteilung der nicänischen Synode. Vgl. ebd. S. 82 f. Diese maximale Interpretation geben die Reichsannalen zu 794, S. 94: *Pseudosynodus Grecorum, quam falso septimam vocabant, pro adorandis imaginibus fecerunt, reiecta est a pontificibus.* Noch weitergehend die überarbeitete Fassung (Annales Einhardi), S. 95: *Synodus etiam, quae ante paucos annos in Constantinopoli sub Herena et Constantino filio eius congregata et ab ipsis non solum septima, verum etiam universalis est appellata, ut nec septima nec universalis haberetur diceretur ve, quasi supervacua in totum ab omnibus abdicata est.*

[18]) J. Fleckenstein, Hofkapelle I, S. 73.

[19]) Hinkmar, Adversus Hincmarum Laudunensem c. 20, PL. 126, col. 360: ... *quod in palatio adolescentulus legi.*

Paris. Bibl. Arsenal. 663), eine direkte Abschrift aus dem Pfalzexemplar, deren Entstehung Hubert Bastgen mit der Vorbereitung der Pariser Synode von 825 verknüpfte[20], wird von Bernhard Bischoff neuerdings in die Jahre 850/860 datiert[21]: nach Bischoff wurde sie im Auftrag Hinkmars hergestellt, der in seinem um 870 entstandenen Opusculum adversus Hincmarum Laudunensem die Synodaltheorie der LC. aus dem 28. Kapitel des 4. Buches vollständig zitiert[22]. Im Vorsatzblatt des Cod. Paris. lat. 12 125 hat Bischoff das Fragment einer weiteren Handschrift der LC. entdeckt, die nach seiner Vermutung um 850 im Kloster Corbie geschrieben wurde[23]. Die vereinzelten Spuren der Kenntnis und Überlieferung des *Opus Caroli* führen jedoch über das 9. Jahrhundert nicht hinaus.

Wolfram von den Steinen hat die LC. „eine durchaus einzigartige Summa karolingisch-christlichen Denkens und Wissens" genannt[24]. War Theodulfs Name auch von Anfang an hinter dem Namen des offiziellen Autors Karl völlig zurückgetreten und haben an der Planung und bei den Korrekturen andere Hoftheologen, zuletzt auch Alcuin, mitgewirkt, so sind die LC. doch nach inhaltlichem und formalem Aufbau, nach Stil und Konzeption in erster Linie sein Werk. Sie bezeugen einen wesentlichen Beitrag Theodulfs zum karolingischen Reichsgedanken, indem in ihnen – zum erstenmal am Hofe Karls – auf der Grundlage des isidorianischen Geschichtsbildes das Verhältnis des fränkischen Großreichs zum römischen Imperium theoretisch reflektiert und die durch die faktischen politischen Wandlungen überholte römisch-reichskirchliche Universalordnung durch biblische Typologie ideologisch aus den Angeln gehoben wird. Beim Fehlen anderer Prosaschriften Theodulfs können sie – womit wir das Urteil von den Steinens aufnehmen – als durchaus einzigartiges Zeugnis seiner theologischen Bildung gelten, als eine Summe seiner Bibelkenntnis, seiner exegetischen Methode und seines typologisch-heilsgeschichtlichen Denkens.

---

[20]) NA. 37 (1912), S. 37 ff.

[21]) In Bischoffs noch nicht abgeschlossenem Katalog der Handschriften des 9. Jahrhunderts ist eine entsprechende Einordnung des Cod. Paris. Bibl. Arsenal. 663 vorgesehen; vgl. A. Freeman: Speculum 40 (1965), S. 218 f.

[22]) PL. 126, col. 360–361.

[23]) Vgl. A. Freeman, a. a. O.

[24]) QFIAB. 21 (1929/30), S. 76. Vgl. auch D. de Bruyne: Revue bénédictine 44 (1932), S. 228: „Les LC. sont probablement le document théologique le plus important de cette époque."

# SCHLUSS

Theodulf hat sein exegetisches Programm, dessen fundamentaler Gedanke die geistige Symmetrie der beiden Testamente und die typologische Entsprechung ihrer Worte, Gestalten und Ereignisse ist, nirgends in ausführlichem Zusammenhang theoretisch entwickelt; die wichtigste Quelle für die Methode seiner Schriftauslegung sind seine Bibelcodices, deren Buchgestaltung und deren inhaltlichen Aufbau – dabei vor allem die Auswahl der beigefügten außerbiblischen Texte – sie bestimmte. Im *Liber de ordine baptismi,* wo die Zeremonien der Taufliturgie als Erfüllung der alttestamentlichen Typoi und ihrer christologischen Antitypoi am einzelnen Gläubigen gedeutet werden, findet das typologische System der Entsprechung in der Zeit getrennter Ereignisse über den engeren Rahmen der biblischen Schriften hinaus auf die Gegenwart Anwendung: das exegetische Programm erweitert sich zu einem heilsgeschichtlichen Denken, das die Ankunft Christi als Mitte und Wendepunkt der Geschichte begreift, um den sich die Zeiten symmetrisch lagern, und das an die Gegenwart und die in ihr Lebenden die Forderung stellt, die Zeit der vorchristlichen Praefigurationen zu erfüllen und zu steigern und den Typos Christi postfigurativ zu verwirklichen. In den *Libri Carolini* liefert die typologische Exegese die Argumente, um die Schriftbeweise der Griechen für die Legitimität des Bilderkultes zu zerstören, und das heilsgeschichtliche Denken, das die Gegenwart an biblischen Vorbildern mißt, führt in der politischen Frage nach der Stellung des *regnum Francorum* gegenüber dem römischen Imperium zu einer Lösung, die durch das Geschichtsbild Isidors von Sevilla bereits vorgezeichnet war.

Es kann hier nur noch angedeutet werden, daß auch in den übrigen Werken Theodulfs mehrfache Schriftinterpretation, heilsgeschichtliches Denken und Allegorese bestimmend hervortreten. Von den Gedichten ist in erster Linie der Palmsonntagshymnus *Gloria laus et honor,* Carmen LXIX, zu nennen, wo der Bericht der Evangelien vom Einzug Christi in Jerusalem nacheinander typologisch, tropologisch und anagogisch ausgelegt wird[1]; ferner Carmen XIX *Temporis ergo status,*

[1]) Zur typologischen Interpretation vgl. V. 7–14, bes. V. 13 f., MGH. Poetae I, S. 558:

eine Anleitung zur allegorischen Deutung der in der Schrift begegnenden Ortsbestimmungen und Tagzeiten[2]. Im Carmen XLV *De libris, quos legere solebam* überträgt Theodulf die Methode der allegorischen Auslegung auf die Werke der heidnischen Dichter, in deren fiktiver Bildersprache ähnlich wie in den Vor-bildern des Alten Testaments durch spirituelle, den Literalsinn aufhebende Exegese die verborgene Wahrheit sichtbar gemacht werden kann[3]. Die heidnische Antike wird in das heilsgeschichtliche System der durch Christi Erscheinen geteilten Zeit mit einbezogen und „erhält . . . eine dem Alten Testament vergleichbare Rolle der Vorbereitung auf die christliche Erfüllung“[4].

Bei der Ausstattung des Kirchenbaus von Germigny-des-Prés[5], dessen Funktion noch eingehender Untersuchungen bedarf[6], leitete Theodulf der Gedanke, entsprechend der spirituellen Auslegung des

---

*Fecerat Hebraeos hos gloria sanguinis alti:*
*Nos facit Hebraeos transitus ecce pius.*

Vgl. dazu die Deutung des Namens *Hebraeus* in der Clavis Melitonis XIV, 4, 1, ed. J. B. Pitra, S. 118: *Hebraei, transitores sive translati sancti. In psalmo: Et transierunt de gente in gentem, et de regno ad populum alterum.*

Zur tropologischen Interpretation vgl. V. 15–34, S. 558; Quelle Theodulfs war Ambrosius, Expositio Evangelii secundum Lucam IX, 9, CC. 14, S. 335; vgl. auch Gregor d. Gr., Homiliae in Hiezechihelem II, 5, 2, CC. 142, S. 275 ff.

Zur anagogischen Interpretation vgl. V. 35–38, S. 558 f.

[2]) Theodulf versifiziert in Carmen XIX einen Passus aus Gregor d. Gr.: vgl. Moralia II, 2, PL. 75, col. 555.

[3]) Vgl. V. 19 ff., MGH. Poetae I, S. 543; H. de Lubac, Exégèse médiévale II, 2: Allégorie non biblique, S. 182–208, S. 185; K. Müller, Allegorische Dichtererklärung: RE. Suppl. IV (1924), col. 16–22.

[4]) F. Ohly, Synagoge und Ecclesia. Typologisches in mittelalterlicher Dichtung: Miscellanea mediaevalia 4 (1966), S. 350–369, S. 361.

[5]) Grundlegende Studie zur Architektur aufgrund der Ergebnisse der Ausgrabungen von 1928/29: J. Hubert, Germigny-des-Prés: Congrès archéologique de France 93 (1930), S. 534–568.

[6]) Die Kirche von Germigny wird in der Literatur vielfach als privates „Oratorium“ Theodulfs bezeichnet. Jedoch gehörte die *villa Germiniacum*, 5 km von Fleury entfernt, zum Klosterbesitz von St. Benoît, und einige Anzeichen sprechen dafür, daß wir in der Kirche den Überrest einer von Theodulf gegründeten Klosterpfalz vor uns haben. 843 fand eine westfränkische Synode in Germigny statt (Akten: Bouquet VII, S. 284 ff.; vgl. auch Tessier I, Nr. 27 S. 67 ff.); in den Jahren 854 und 856 hat Karl der Kahle wieder in Germigny geurkundet, vgl. Tessier I, Nr. 166, 183, S. 434 ff., 485 ff.; beide Diplome geben in der Datierung den Ausstellort mit *actum (in) Germiniaco palatio (regio)* an. Tessier III, Introduction, S. 124 bezeichnet Germigny als „palais orléanais“ des westfränkischen Königs. Möglicherweise ist dann auch der Vergleich Germignys mit Aachen im Catalogus abbatum Floriacensium, MGH. SS. XV, S. 501 und in Letalds Liber miraculorum S. Maximini, AA. SS. OSB. Saec. I, S. 601 nicht auf Architektur und Ausstattung, sondern auf die Funktion zu beziehen.

*decor domus Dei* in den LC.[7] zugleich die typologische Bedeutung der Kirche als eines gesteigerten Antitypos des Bundeszelts und des salomonischen Tempels und ihren anagogischen Sinn als Abbild des Paradieses anschaulich hervortreten zu lassen. Die ikonographischen Studien André Grabars[8] und Peter Blochs[9] haben die teils musivische, teils aus Stukkaturen bestehende Ausstattung des Innenraums, von der außer dem Apsismosaik nur Fragmente und Zeichnungen aus der Zeit der Restaurationsarbeiten erhalten sind, als eine einheitliche Sinnkomposition erwiesen, die sich in ihren Motiven exakt an die biblischen Beschreibungen Ex. 25–27 und 3 Reg. 6 hält. Das Apsismosaik über dem Altar, für das es keine unmittelbaren ikonographischen Vorbilder gibt, ist eine normative, am Text der Schrift ausgerichtete Wiedergabe des Allerheiligsten im Tempel[10]: es zeigt die Bundeslade mit den beiden auf den Enden des Propitiatoriums stehenden Cherubim (Ex. 25, 10–22) und die großen Cherubim aus goldüberzogenem Olivenholz, die Salomon zu ihren Seiten aufstellte (3 Reg. 6, 23–28). Die in den LC. gegebene Deutung der Bundeslade und der Cherubim eröffnet den Blick dafür, daß hier über den allegorischen Sinnbezug von Tempel und Kirche hinaus die typologische Denkform, das heilsgeschichtliche Schema der durch Christus getrennten und sich spiegelbildlich entsprechenden Zeiten selbst eine zeichenhafte Darstellung gefunden hat. Die Bundeslade, die, wie Peter Bloch beobachtete, „in einem Brennpunkt konzentrisch hinweisender Gebärden ruht“[11], bezeichnet nach der sich an Augustin, Isidor und Beda anschließenden Exegese Theodulfs[12] Christus, *Dominum et Salvatorem nostrum, in quo solo*

---

[7]) Vgl. LC. I, 29, MGH. Conc. II Suppl., S. 57–59: *Quomodo intellegendum sit, quod scriptum est: „Domine, dilexi decorem domus tuę“.*

[8]) A. Grabar, Les mosaïques de Germigny-des-Prés: Cahiers archéologiques 7 (1954), S. 171–183; vgl. auch die Arbeit seiner Schülerin M. Vieillard-Troiekouroff, Nouvelles études sur les mosaïques de Germigny-des-Prés: Cahiers archéologiques 17 (1967), S. 103–112; ferner E. Börsch-Supan, Garten-, Landschafts- und Paradiesmotive im Innenraum. Eine ikonographische Untersuchung (1967), S. 109 ff.

[9]) P. Bloch, Das Apsismosaik von Germigny-des-Prés: Karl der Große III. Karolingische Kunst (1965), S. 234–261.

[10]) Vgl. die Verse der Inschrift:

*Oraculum sanctum et cerubin hic aspice spectans*
*Et testamenti en micat arca Dei.*
*Haec cernens precibusque studens pulsare tonantem*
*Theodulfum votis iungito quaeso tuis.*

[11]) P. Bloch S. 235.

[12]) Vgl. oben S. 195.

*foedus pacis apud Patrem habemus*[13]. Die spiegelbildlich einander gegenüberstehenden Cherubim, deren innere Flügelspitzen sich über der Lade kreuzen, stehen zeichenhaft für die beiden Testamente, die in Christus ihr Ziel und die sie zusammenfügende Mitte haben[14]. Die äußeren Flügel der Cherubim, die von der Lade weg in die äußeren Räume ausgreifen, weisen auf die Einbeziehung der ganzen Menschheit in das heilsgeschichtliche System: einerseits des vorchristlichen *antiquus populus*, anderseits des nachchristlichen *populus christianus*[15].

So bringt das Apsismosaik von Germigny-des-Prés das auf der typologischen Exegese gründende Geschichtsbild Theodulfs zu unmittelbarer Anschauung. Es war gültig auch für seine Zeit, darüber hinaus für das ganze, vermeintlich perspektivenlose Mittelalter, das die ihm gemäße Perspektive in der typologischen Symmetrie aller geschichtlichen Erscheinungen hatte[16].

---

13) LC. I, 15, MGH. Conc. II Suppl., S. 35 Z. 15 f.

14) *Duo vero cherubim ... invicem se adtendunt, quia consonant – duo quippe ibi Testamenta figurantur – ... quaeque novum Testamentum de Dominica incarnatione, passione, resurrectione ... facta narrat, haec eadem vetus Testamentum ... veraciter facienda praedicebat.* LC. I, 15, S. 36 Z. 8–11; I, 20, S. 48 Z. 9–12.

15) *... item alis exterioribus iste unum parietem, ille alterum contingebat, quia vetus Testamentum proprie antiquo Dei populo scriptum est, novum vero nobis, qui post incarnationem Dominicam ad fidem venimus.* LC. I, 20, S. 48, Z. 16–18.

16) Vgl. F. Ohly, Vom geistigen Sinn des Wortes im Mittelalter: ZfdA. 89 (1958/59), S. 1–23, S. 11.

# EXKURS

## Theodulf von Orléans und die Beschlüsse der Synode von Chalon 813

Die kirchliche Reformgesetzgebung Karls des Großen, die nach der Kaiserkrönung in den Kapitularien von 802 ihren Höhepunkt gefunden hatte[1], wurde im letzten Jahr seiner Herrschaft in einem neuen Anlauf und auf neue Weise aufgegriffen, indem der Kaiser den gesamten Episkopat des Reiches an den Erhebungen über Mißstände und der Zusammenstellung von Verhandlungspunkten für eine große fränkische Synode beteiligte. Auf der Aachener Reichsversammlung im Frühjahr 813 ordnete er für den Sommer das Zusammentreten von fünf regionalen Bischofskonferenzen an und bestimmte als deren Tagungsorte Arles, Chalon, Mainz, Reims, Tours[2]. Beraten werden sollte *super statu ecclesiarum corrigendo*[3]: dabei sollten die Bischöfe einerseits, ausgehend von den praktischen Erfahrungen in ihren Diözesen, einen Katalog dringend anstehender Fragen, zusammen mit Vorschlägen zu ihrer Regelung, erarbeiten, anderseits zu einem bestimmten vom Hofe aufgestellten Reformprogramm die Zustände in ihren Amtssprengeln, sozusagen die statistischen Unterlagen, ermitteln[4]. Die Ergebnisse der bischöflichen Beratungen wurden im Herbst

---

[1]) Zur Gesetzgebung von 802 vgl. F. L. Ganshof, Le programme de gouvernement impérial de Charlemagne: Renovatio imperii. Atti della giornata internazionale di studio per il millenario (1963), S. 63–96.

[2]) Annales regni Francorum ad a. 813, ed. F. Kurze, MGH. SS. rer. Germ., S. 138; Chronicon Moissiacense ad a. 813, MGH. SS. II, S. 259; BM² 476b; vgl. Ch. de Clercq, La législation religieuse franque I (1936), S. 231–249.

[3]) Annales regni Francorum ad a. 813, a. a. O.

[4]) Die Festlegung bestimmter Tagesordnungspunkte für die Regionalsynoden geht aus c. 51 der Beschlüsse von Tours, MGH. Conc. II, 1, Nr. 38 S. 293 deutlich hervor, ebenso aus der mehrfachen Erwähnung eines *Capitulare dominicum* in der *Concordia episcoporum,* der vergleichenden Zusammenstellung der Beschlüsse aller fünf Synoden, MGH. Conc. II, 1, S. 297–301. Daß hierunter nicht das noch ausstehende Abschlußkapitular Karls zu verstehen ist, sondern jene königliche Verordnung, die die Provinzialsynoden zusammenrief, erörtert Ch. de Clercq S. 249.

in Aachen in Anwesenheit des Kaisers verglichen und ausgewertet[5]; in der erhaltenen *Concordia episcoporum*[6] fassen wir Vorarbeiten zur endgültigen Aufstellung und Formulierung der Artikel vor ihrer Verkündigung als kaiserliches Kapitular[7]. Aber dann traten auf diesem Reichstag die politischen Entscheidungen, die Erhebung Bernhards zum König von Italien und die Krönung Ludwigs zum Mitkaiser, so sehr in den Mittelpunkt, daß das kirchliche Reformwerk nicht mehr zum Abschluß kam. Dadurch erhalten die Beschlüsse der fünf Synoden von 813 besonderes Gewicht als eine ausführliche, regional aufgefächerte Bestandsaufnahme *super statu ecclesiarum* am Ende von Karls Regierungszeit.

Karl beauftragte mit der Leitung der Konzilien von 813 jeweils einen oder mehrere der Metropoliten des betreffenden Gebietes: wo ihre Namen in den Akten verzeichnet sind, werden sie *missi domni imperatoris* genannt. So kennen wir als Vorsitzende der Synode von Arles den dortigen Metropoliten Johannes und Nebridius von Narbonne[8]; in Reims präsidierte der Erzbischof Wulfar[9], in Mainz Richulf zusammen mit dem Erzkaplan Hildebold[10]. Die Akten von Chalon und Tours überliefern keine Namen; für Chalon, wo der Episkopat *totius Galliae Lugdunensis* versammelt war[11], kommen als Leiter der Synode in erster Linie die Metropoliten Leidrad von Lyon, Magnus von Sens oder Maginhart von Rouen in Betracht. Aufgrund einer Analyse der Canones von Chalon stellen wir hier jedoch die These auf, daß Theodulf von Orléans sie formuliert hat, und folgern aus den in Chalon erörterten Themen weiter, daß auch der Verlauf der Verhandlungen maßgeblich von ihm bestimmt wurde.

Auf einzelne Parallelen zwischen den Beschlüssen von Chalon und

---

5) Annales regni Francorum ad a. 813, a. a. O.: *et constitutionum, quae in singulis factae sunt, collatio coram imperatore in illo conventu habita.*

6) MGH. Conc. II, 1, S. 297–301.

7) Bei den sog. *Capitula Karoli Magni e canonibus excerpta*, die von A. Werminghoff, MGH. Conc. II, 1, S. 294–297 im Anschluß an die Akten der fünf Konzilien von 813 gedruckt wurden und vorher bereits von A. Boretius, MGH. Capit. I, Nr. 78 S. 173–175 fälschlich als das vom Kaiser promulgierte Reformkapitular bezeichnet worden waren, handelt es sich um eine Kompilation aus den Beschlüssen von Arles und Mainz, die wahrscheinlich auf die Aktivität eines einzelnen Bischofs zurückgeht, keinesfalls um ein offizielles Schriftstück. Vgl. Ch. de Clercq S. 248 f.

8) MGH. Conc. II, 1, Nr. 34 S. 249.

9) MGH. Conc. II, 1, Nr. 35 S. 254.

10) MGH. Conc. II, 1, Nr. 36 S. 259.

11) MGH. Conc. II, 1, Nr. 37 S. 274.

Äußerungen Theodulfs haben unabhängig voneinander verschiedene Forscher in thematisch weit auseinanderliegenden Untersuchungen aufmerksam gemacht. Emil Seckel[12] erkannte, wie eng die scharfe Polemik der Canones von Chalon gegen die irisch-angelsächsischen Bußbücher, *quorum sunt certi errores, incerti auctores*[13], mit dem Anliegen Theodulfs in seinem zweiten Diözesanstatut verknüpft ist, die Geistlichen seines Sprengels für die Bemessung der kirchlichen Strafen auf die *canones autenticorum patrum*[14] festzulegen, und wies auf die Ähnlichkeit des in Chalon aufgestellten Grundsatzes, *iuxta sanctorum canonum constitutionem et ceterarum scripturarum doctrinam*[15], *per antiquorum canonum institutionem aut per sanctarum scripturarum auctoritatem aut per ecclesiasticam consuetudinem*[16] zu entscheiden, mit der bei Theodulf leitmotivisch wiederholten Berufung auf die *auctoritas canonum et sanctorum patrum firmissima institutio*[17] hin. Bei seinen Untersuchungen über die Entwicklung der Bußriten stellte Josef Andreas Jungmann[18] fest, daß innerhalb der kirchlichen Gesetzgebung der Karolingerzeit bei Theodulf zum erstenmal die Forderung erhoben wird, nach dem Schema der *octo principalia vitia* nicht nur die Tat-, sondern auch die Gedankensünden zu bekennen, wodurch die Grundlage für die Praxis der allgemeinen periodischen Beichte als Mittel zur seelsorglichen Erfassung jedes einzelnen geschaffen war. In dem von ihm eingehend untersuchten Quellenmaterial fand Jungmann eine vergleichbare Bestimmung allein in den Beschlüssen von Chalon.

Theodulf, 1. Diözesanstatut, c. 31
*Confessiones dandae sunt de omnibus peccatis quae sive in opere sive in cogitatione perpetrantur. Octo sunt principalia vitia, sine quibus vix ullus inveniri potest. ... Quando ergo quis ad confessionem venit, diligenter debet inquiri. ... Debet ei persuaderi, ut et de per-*

Chalon, c. 32
*Sed et hoc emendatione indigere perspeximus, quod quidam, dum confitentur peccata sua sacerdotibus, non plene id faciunt. Quia ergo constat hominem ex duabus esse substantiis, anima videlicet et corpore, et interdum animi motu, interdum carnis fragilitate pecca-*

12) Studien zu Benedictus Levita I: NA. 26 (1901), S. 37–72, S. 59.
13) MGH. Conc. II, 1, Nr. 37, c. 38 S. 281.
14) Le second statut diocésain de Théodulphe, évêque d'Orléans, ed. Ch. de Clercq, La législation religieuse franque I (1936), S. 321–351, c. 16, S. 328.
15) MGH. Conc. II, 1, Nr. 37, c. 1 S. 274.
16) Ebd. c. 38 S. 281.
17) Le second statut diocésain de Théodulphe, c. 19, S. 330; vgl. ferner ebd. c. 18, S. 329: *secundum canonum et sanctorum patrum institutionem.*
18) Die lateinischen Bußriten in ihrer geschichtlichen Entwicklung (1932), S. 175 f.

*versis cogitationibus faciat confessionem. Debet ei etiam iniungi, ut de octo principalibus vitiis faciat suam confessionem . . .*[19]

*tur, sollerti indagatione debent inquiri ipsa peccata, ut ex utrisque plena sit confessio, scilicet ut et ea confiteantur, quae per corpus gesta sunt, et ea, quibus in sola cogitatione delinquitur. Instruendus est itaque peccatorum suorum confessor, ut de octo principalibus vitiis, sine quibus in hac vita difficile vivitur, confessionem faciat, quia aut cogitatione aut, quod est gravius, opere eorum instinctu peccavit*[20].

Weiter gehört eine Beobachtung Dieter Schallers[21] in unseren Zusammenhang. Um die Autorschaft Theodulfs an einem bisher in der Zuweisung ungesicherten Gedicht zu erhärten, zeigte er, daß die dort begegnende Formulierung *Romam Roma, Turonum Turonove ire*[22] bei Theodulf häufiger vorkommt[23] und führte als weitere zeitgenössische Belegstelle die Beschlüsse von Chalon an, deren c. 44 es untersagt, *Romam sive Turonum absque licentia episcopi sui adire*, und wo in c. 45 diejenigen getadelt werden, *qui Romam Turonumve et alia quaedam loca sub praetextu orationis inconsulte peragrant*[24]. Eine inhaltlich weitergehende Parallele zwischen diesem Kanon und einem anderen Gedicht Theodulfs war Ernst Rieber[25] aufgefallen:

Theodulf, Carmen LXVII, V. 1
*Non tantum isse iuvat Romam, bene vivere quantum*[26].

Chalon, c. 45
*Non Hierosolimam vidisse, sed Hierosolimis bene vixisse laudandum est*[27].

Theodulf stellt im Carmen LXVII im Anschluß an Hieronymus und Isidor[28] den Wert eines tadellosen Lebenswandels über die durch

[19]) PL. 105, col. 201; vgl. auch Theodulfs 2. Statut, c. 52–64, ed. Ch. de Clercq, S. 341–344.

[20]) MGH. Conc. II, 1, Nr. 37, S. 279.

[21]) Philologische Untersuchungen zu den Gedichten Theodulfs (Diss. masch. Heidelberg 1956), S. 85.

[22]) Carmen LXI, V. 1 f., MGH. Poetae I, S. 555.

[23]) Carmen LXXII, V. 193, 195, MGH. Poetae I, S. 568.

[24]) MGH. Conc. II, 1, Nr. 37, S. 282.

[25]) Die Bedeutung alttestamentlicher Vorstellungen für das Herrscherbild Karls des Großen und seines Hofkreises (Diss. masch. Tübingen 1949), S. 73.

[26]) MGH. Poetae I, S. 557.

[27]) MGH. Conc. II, 1, Nr. 37, S. 282. Vgl. Hieronymus, Brief Nr. 58 (*Ad Paulinum presbyterum*), CSEL. 54, S. 529.

[28]) Vgl. zu V. 3–4 Isidor, Sententiae II, 14, 1, PL. 83, col. 617: *Non per locorum spatia, sed per affectum bonum vel malum itur recediturve a Deo. Neque enim gressu pedum, sed gressu morum elongamus vel propinquamus ad Deum.*

Wallfahrten zu heiligen Stätten erworbenen Verdienste; der Zusammenhang mit c. 45 der Beschlüsse von Chalon zeigt nun aber deutlich, daß er sich keineswegs grundsätzlich gegen Romwallfahrten wendet[29]. Hier bricht sich kein „Rationalismus“ Bahn[30], sondern es geht um eine Frage der kirchlichen Organisation, um die lückenlose Durchsetzung der geistlichen Jurisdiktionsgewalt des Bischofs. Die Wallfahrt diente vielfach als Ausflucht, um sich der regulären Bußdisziplin zu entziehen: man glaubte, sie ersetze Bekenntnis und öffentliche oder geheime Kirchenbuße. Hat der Poenitent diese Pflichten mit entsprechender Gesinnung erfüllt, so ist seine Pilgerfahrt *modis omnibus collaudanda*[31]. Von Theodulfs Gedicht einen Bogen zu Martin Luther zu spannen[32], ist historisch völlig abwegig; es entspricht vielmehr den Absichten der karolingischen Kirchenreform, Unregelmäßigkeiten zu beseitigen und das kirchliche Leben einheitlich unter der Aufsicht der Bischöfe zu organisieren.

Während Seckel, Jungmann, Rieber und Schaller in ihren Arbeiten jeweils andere Ziele verfolgten und die zwischen Theodulf und den Beschlüssen von Chalon festgestellten Übereinstimmungen nicht weiter beachteten, fördert eine systematische Durchsicht der Canones auf der einen und der Werke Theodulfs auf der anderen Seite weitere inhaltliche und stilistische Parallelen zutage. An erster Stelle der vom Hof den Konzilien von 813 vorgeschriebenen Verhandlungsthemen muß, wie der Vergleich der fünf Aktenstücke lehrt, ein Punkt über die Diskrepanz zwischen *doctrina* und *opera* im Leben vieler Kleriker gestanden haben[33]; dazu formuliert die Synode von Chalon in einer gegenüber den anderen Konzilien individuellen Weise und in Anlehnung an Äußerungen Theodulfs:

| c. 2 | Theodulf |
|---|---|
| *Ut ea, quae legendo perscrutantur, opere compleant. ... Et sint subditis norma vivendi, ita videlicet ut et verbis et exemplis populo ad aeternam patriam* | 1. Diözesanstatut, Praefatio<br>*... et eos verbis et exemplis instruentes ...*<br>*... plebibus exemplum bene vivendi* |

---

[29]) So A. Hauck, Kirchengeschichte Deutschlands II ($^{3+4}$1912), S. 173; K. Liersch, Die Gedichte Theodulfs, Bischofs von Orléans (Diss. Halle 1880), S. 20 Anm. 1 rückt Theodulfs „freie Ansicht über die überflüssigen Pilgerfahrten nach Rom“ in die Nähe der Lehren des Claudius von Turin.

[30]) Vgl. E. Rieber S. 72.

[31]) MGH. Conc. II, 1, Nr. 37, c. 45, S. 283.

[32]) So D. Schaller, Diss. masch., S. 205.

[33]) Vgl. MGH. Conc. II, 1, Nr. 35 (Reims), c. 1, S. 254; Nr. 36 (Mainz), c. 1, S. 260; Nr. 38 (Tours), c. 4, S. 287.

*pergenti ducatum praebeant, ut vita eorum atque doctrina nequaquam discordent, sed quae dicunt faciant et quae faciunt docere studeant*[34].

*praebentes, his quibus praeestis ducatum ad coelestia regna praebeatis*[35].

2. Diözesanstatut, c. 50

*... formam salutis clero et plebibus monstrent, quatinus eorum exemplis ad aeternam vitam ... proficiant*[36].

1. Diözesanstatut, c. 21

*... praeceptis sacerdotis ... in omnibus obedire, etiam si ipse aliter, quod absit, agat, memores illius Dominici praecepti: Quae dicunt, facite, quae autem faciunt, facere nolite* (Matth. 23, 3)[37].

Carmen II, V. 67–68, 75–76

*Heu facinus, heu grande nefas, cum norma salutis*
*Qui fore debuerat, fit via duxque mali.*
*...*
*Est etiam qui recta docet, sed iniqua gerendo*
*Destruit hoc actu, quod struit oris ope*[38].

Als einzige der fünf Synoden fordert das Konzil von Chalon, um eine ausreichende Bildung der Kleriker sicherzustellen, Schulen[39]; man erinnert sich sofort an die in der Literatur vielzitierten Schulparagraphen in Theodulfs erstem Statut[40]. Auch in den Formulierungen begegnet wieder die aus Theodulfs Synodalexhortationen bekannte Sprache.

c. 3

*Tales ibi erudiantur, quibus merito dicatur a Domino: Vos estis sal terrae* (Matth. 5, 13), *et qui condimentum plebibus esse valeant*[41].

Theodulf

1. Diözesanstatut, Praefatio

*Nobis enim a Domino dictum est: Vos estis sal terrae* (Matth. 5, 13). *Quod si populus fidelis cibus est Dei, eius cibi condimentum nos sumus*[42].

---

34) MGH. Conc. II, 1, Nr. 37, S. 274. Die textliche Anlehnung an Matth. 23, 3 ist Werminghoff nicht aufgefallen.

35) PL. 105, col. 191–193.

36) Ed. Ch. de Clercq, S. 340.

37) PL. 105, col. 197.

38) MGH. Poetae I, S. 453 f.

39) c. 3, MGH. Conc. II, 1, Nr. 37, S. 274 f.

40) c. 19 u. 20, PL. 105, col. 196.

41) MGH. Conc. II, 1, Nr. 37, S. 275.

42) PL. 105, col. 192.

Der folgende Canon verlangt von den Klerikern zugleich Milde und Strenge:

> *... ut bene agentes et habitu et vultu demulceant, male agentibus vero ipso suo visu terribiles sint iuxta illud, quod in tabernaculo Dei boum et leonum effigies expressae fuisse memorantur*[43].

Der Hinweis auf die kupfernen Rinder und Löwen, die Salomon von Hiram für den Tempel gießen ließ (3 Reg. 7, 29 ff.), berührt sich eng mit einem Kapitel der *Libri Carolini,* wo Theodulf diese Stelle aus den alttestamentlichen Königsbüchern, die die Griechen als Argument für die Zulässigkeit der Bilderverehrung angeführt hatten, nach seiner oben ausführlich erörterten Methode[44] auf ihre geistige Bedeutung hin befragt, die den Literalsinn aufhebt.

> *Salomon in templo boves et leones legitur condidisse, quorum conditione nos, qui secundum Apostolum legem spiritalem esse scimus, quibusdam mysteriorum archanis instruimur. ... Quur ergo eos, Davitica proles, quur, Israhelitice rex, ... fecisti? Feci, inquam, eos, non ut adorari deberent, sed ut quędam mystica significarent; ... quia et Christus in ecclesia apostolos eorumque successores constituit, qui ... bene agentibus per humilitatem sunt socii, contra delinquentium vitia per zelum iustitiae erecti. ... Sancti igitur viri aliquando mansuetudinem boum, aliquando ferocitatem habent leonum*[45].

So führt der vierte Canon von Chalon auf das Feld der spirituellen Exegese des Alten Testaments. In den übrigen Konzilsakten gibt es keine vergleichbare Stelle, während die folgenden Punkte, die Wucher, Habgier, Trunkenheit und Vergnügungssucht der Geistlichen anprangern, auf mehreren Synoden zur Sprache kommen[46]. Doch sind auch hier die Beziehungen zwischen den Akten von Chalon und von Theodulf verfaßten Texten besonders eng.

| c. 5 | Theodulf |
|---|---|
| *Et a turpibus lucris et usuris non solum ipsi abstineant, verum etiam plebes sibi subditas abstinere instituant*[47]. | 2. Diözesanstatut, c. 51<br>*Ammonendi sunt ut usuris nequaquam exerceant, et plebibus sibi subiectis et* |

---

[43]) MGH. Conc. II, 1, Nr. 37, c. 4, S. 275.

[44]) Vgl. S. 193 ff.

[45]) LC. II, 9, MGH. Conc. II Suppl., S. 70. Patristische Quelle ist Gregor der Große, vgl. die von Bastgen angemerkten Parallelstellen.

[46]) Wucher: MGH. Conc. II, 1, Nr. 35 (Reims), c. 32, S. 256; Habgier: MGH. Conc. II, 1, Nr. 35 (Reims), c. 28, S. 256; Nr. 38 (Tours), c. 10, S. 287; Trunkenheit: MGH. Conc. II, 1, Nr. 35 (Reims), c. 18, S. 255; Nr. 36 (Mainz), c. 46, S. 272; Nr. 38 (Tours), c. 48, S. 293; Vergnügungssucht: MGH. Conc. II, 1, Nr. 35 (Reims), c. 17, S. 255; Nr. 38 (Tours), c. 7, S. 287.

[47]) MGH. Conc. II, 1, Nr. 37, S. 275.

*clero praedicent ut ab hoc vitio omnibus modis abstineant*[48].

c. 6
*... quia res eclesiae, quibus episcopi non ut propriis, sed ut commendatis uti debent, pretia sunt peccatorum, patrimonia pauperum, stipendia fratrum in commune viventium*[49].

Theodulf
2. Diözesanstatut, c. 5
*Instruendi sunt sacerdotes, ... quatinus noverint decimas et oblationes ... peregrinorum et pauperum et hospitum esse stipendia, et non quasi suis, sed quasi commendaticiis uti*[50].

c. 10
*Ut sobrietatem sacerdotes teneant et hanc habendam fidelibus praedicent, quia non potest libere sobrietatem praedicare qui se mero usque ad alienationem mentis ingurgitat*[51].

Theodulf
1. Diözesanstatut, c. 13
*... ut et vos ab ebrietate abstineatis et ut plebes subditae abstineant praedicetis*[52].
Carmen II, V. 91–92
*Haud vetat hic vinum, si sese ingurgitet illo,*
*Ebrius haud populo „Sobrius esto" canet*[53].

Die Entschiedenheit, mit der sich die Synode von Chalon gegen jede erzwungene oder durch arglistige Überredung erlangte Gabe wendet – *oblatio namque spontanea esse debet*[54] –, gemahnt an die wiederholten Vorschriften Theodulfs an seinen Diözesanklerus, für kirchliche Amtshandlungen kein Entgelt zu fordern und bei Taufen[55], Begräbnissen[56] oder für geistlichen Unterricht[57] im äußersten Fall nur das anzunehmen, was die Gläubigen *sponte sua, sua voluntate* geben. *Animarum etenim salutem inquirere sacerdotes, non lucra terrena debent*[58] – diesen in Chalon aufgestellten Grundsatz hat auch Theodulf in seinem Lehrgedicht *Ad episcopos* verfochten, wo er die nur auf materiellen Gewinn bedachten Geistlichen verurteilt:

---

48) Ed. Ch. de Clercq, S. 340.
49) MGH. Conc. II, 1, Nr. 37, S. 275.
50) Ed. Ch. de Clercq, S. 324. Patristische Quelle ist Julianus Pomerius, De vita contemplativa II, 9, 2, PL. 59, col. 454.
51) MGH. Conc. II, 1, Nr. 37, S. 276.
52) PL. 105, col. 195.
53) MGH. Poetae I, S. 454.
54) MGH. Conc. II, 1, Nr. 37, c. 6, S. 275.
55) Vgl. 2. Diözesanstatut, c. 4, ed. Ch. de Clercq, S. 324.
56) Ebd. c. 10, S. 326.
57) Vgl. 1. Diözesanstatut, c. 20, PL. 105, col. 196.
58) MGH. Conc. II, 1, Nr. 37, c. 6, S. 275.

*Turba haec est felix, o quantum distat ab ista,*
*Quae sua, non domini lucra inhianter adit.*
...
*Non opus, heu, sed opes, nec onus, sed honor placet illi,*
...
*Qui sua, non populi perquirunt commoda, tantum*
*Dici et pastores, non tamen esse volunt*[59].

Zweimal wird in den Akten von Chalon vor dem Schwören gewarnt. Canon 13 kritisiert die Praxis einiger Bischöfe, die ihre Kleriker vor der Ordination zu einem Amtseid zwingen: *Quod iuramentum, quia periculosum est, omnes una inhibendum statuimus*[60]. Im Canon 18 geht es um Gläubige, die trotz wiederholter Aufforderung ihren Zehnten nicht abliefern; die Synode empfiehlt ihre Exkommunikation, verwirft es dagegen, sie eidlich zu verpflichten: *Iuramento vero eos constringi nolumus propter periculum periurii*[61]. Die gleiche Zurückhaltung gegenüber dem Eidschwur ist für Theodulf charakteristisch, der in seiner *Paraenesis ad iudices* – übrigens in wörtlichem Anschluß an die Sentenzen Isidors[62] – die mit dem Schwören verbundenen Gefahren über 28 Verse hinweg erläutert, von denen wir hier nur die ersten beiden Distichen anführen.

*Quisquis es, assidue moneo, iurare caveto,*
*Res quia iurare est, crede, pavenda satis.*
*Non quia res mala sit, vel ab alma lege remota,*
*Sed crebro dum fit, in scelus itur hians*[63].

Die Klagen der Synode über ungerechte Gerichtsurteile, Bestechlichkeit der Richter und falsche Zeugenaussagen[64] lassen ebenfalls sofort an die *Paraenesis ad iudices* denken; doch fehlt es auch auf den übrigen Konzilien nicht an Kritik gegenüber Grafen, Vikaren und Zentenaren und an den Mißständen im Gerichtswesen[65]. Deutlicher fassen wir Theodulf als Redaktor der Canones von Chalon wieder in den Be-

[59]) Carmen II, V. 165–166, 175, 177–178, MGH. Poetae I, S. 456.
[60]) MGH. Conc. II, 1, Nr. 37, S. 276.
[61]) Ebd. S. 277.
[62]) Vgl. Sententiae II, 31: *De iuramento*, PL. 83, col. 633 f.
[63]) Carmen XXVIII, V. 813–816, MGH. Poetae I, S. 514. Vgl. dazu Isidor, a. a. O.: *Cavenda est igitur iuratio, nec ea utendum, nisi in sola necessitate. Non est contra Dei praeceptum iurare, sed dum usum iurandi facimus, periurii crimen incurrimus.*
[64]) MGH. Conc. II, 1, Nr. 37, c. 21, S. 278.
[65]) Vgl. MGH. Conc. II, 1, Nr. 34 (Arles), c. 13, S. 252; Nr. 35 (Reims), c. 19, 39, 44, S. 255 ff.; Nr. 38 (Tours), c. 34 u. 35, S. 291.

stimmungen zur Buße, wo bereits von Jungmann auf Entsprechungen hingewiesen wurde. Die Vereinheitlichung des einerseits durch den Verfall der strengen altkirchlichen Bußdisziplin, anderseits durch das Eindringen der irisch-angelsächsischen Ohrenbeichte in einen völligen Umbruch geratenen Bußwesens – und zwar nach dem Grundsatz: öffentliche Buße für öffentlich begangene Fehltritte, geheime Buße für im Verborgenen gebliebene, nur in der Ohrenbeichte dem Priester bekannte Vergehen – war vom Hof für die Reichssynode im Herbst in Aussicht genommen und sollte durch die Regionalkonzilien vorbereitet werden. Das Konzil von Chalon gibt diesem Thema mit acht Canones besonders breiten Raum: hervorzuheben ist gegenüber den anderen Synoden die Unterscheidung *confessio, quae Deo fit – confessio, quae sacerdoti fit*[66], die bei Theodulf im ersten Diözesanstatut vorgebildet ist[67], wobei die sündenvergebende Wirkung bzw. der belehrende und erzieherische Effekt beider Arten der *confessio* hier wie dort im gleichen Sinne und mit den gleichen Bibelzitaten erläutert werden. Der Priester wird für die Bemessung der Bußen nicht nur auf die Canones verpflichtet, sondern auch ausdrücklich vor jeder persönlichen Parteinahme gewarnt:

| c. 34 | Theodulf<br>2. Diözesanstatut, c. 16 |
|---|---|
| *Ut nullus sacerdotum umquam, aut gratia aut odio alicuius personae, secus iudicet, quam quod in canonibus sacris invenerit*[68]. | *. . . nec in hac parte voluntas aut gratia hominis sectanda est, sed voluntas Dei in omnibus exquirenda*[69]. |

Jedoch soll er die Bußzeiten nicht schematisch festsetzen, sondern die Gesinnung des Poenitenten berücksichtigen.

| c. 34 | Theodulf<br>2. Diözesanstatut, c. 85 |
|---|---|
| *Neque enim pensanda est paenitentia quantitate temporis, sed ardore mentis et mortificatione corporis. Cor autem contritum et humiliatum Deus non despicit* (Ps. 50, 19)[70]. | *Quia non requirit Deus longa spatia poenitentiae, sed contritionem cordis sicut per Prophetam dicitur*[71]. |

---

66) c. 33, MGH. Conc. II, 1, Nr. 37, S. 280.
67) c. 30, PL. 105, col. 200 f.
68) MGH. Conc. II, 1, Nr. 37, S. 280.
69) Ed. Ch. de Clercq, S. 328.
70) MGH. Conc. II, 1, Nr. 37, S. 280.
71) Ed. Ch. de Clercq, S. 351.

Die Synode von Chalon befaßt sich auch mit dem Verhalten der Poenitenten während der Zeit ihrer Kirchenbuße und stellt hier ebenfalls die Gesinnung über die formale Erfüllung der Fasten- und Almosenpflichten.

c. 35
*Multi, quod non sine dolore dicendum est, in paenitentia non tam peccati remissionem quam temporis constituti expectant expletionem et, si carnium et vini usus eis interdictum est, mutata non voluntate, sed eiusdem cibi aut potus perceptione in tantum deliciis suis indulgent, ut deliciosius, his interdictis, aliorum ciborum vel potionum appetitu vivere cognoscantur*[72].

In ähnlicher Weise hatte Theodulf in seinem ersten Diözesanstatut die Praktiken mancher Gläubigen kritisiert, die während der kirchlichen Fasten zwar von Käse, Milch, Butter und Eiern Abstinenz halten, aber dem Wein übermäßig zusprechen, oder die tagsüber das Fasten beobachten, aber gleich beim Ertönen der Vesperglocke die aufgesparten Speisen in großem Gelage verzehren[73]. Wieweit hier reale, aus dem Leben gegriffene Vorgänge geschildert werden, soll wegen der Verwandtschaft mit Ausführungen Gregors des Großen in der Regula pastoralis[74] dahingestellt bleiben; das Entscheidende scheint uns zu sein, daß hier dem Wandel äußerer Lebensgewohnheiten der Wandel der Gesinnung[75], dem Buchstaben der Vorschriften ihr Geist entgegengesetzt wird. Die *spiritalis abstinentia*[76], die die Synode von Chalon der formalen Beobachtung von Buß- und Fastenvorschriften überordnet und für das Entscheidende erklärt, entspricht – auf den Bereich der Ethik übertragen – der spirituellen Auslegung des Bibelworts, wie sie in Theodulfs exegetischem System stets den Vorrang vor der literalen Interpretation einnimmt.

Eng berühren sich Canon 46 der Synode von Chalon und eine Bestimmung aus Theodulfs erstem Statut zum Kommunionempfang.

---

[72]) MGH. Conc. II, 1, Nr. 37, S. 280.

[73]) c. 39 u. 40, PL. 105, col. 204.

[74]) Vgl. Regula pastoralis III, 19: *Quomodo admonendi qui intemperantius, et qui parcius cibo utuntur,* PL. 77, col. 81–83, bes. 83 A.

[75]) Im c. 18 seines 2. Diözesanstatuts zitiert Theodulf aus den Bußvorschriften des Gennadius von Marseille (Liber ecclesiasticorum dogmatum, c. 22, ed. C. H. Turner, S. 94), verändert aber dessen Formulierung: *mutato prius saeculari habitu* zu: *mutata tamen prius animi intentione.* Vgl. Ch. de Clercq, S. 329 u. Anm. 7.

[76]) c. 35, MGH. Conc. II, 1, Nr. 37, S. 280.

c. 46
*In perceptione corporis et sanguinis dominici magna discretio adhibenda est. Cavendum est enim, ne, si nimium in longum differatur, ad perniciem animae pertineat. ... probare se debet homo et sic de pane illo manducare et de calice bibere* (1 Cor. 11, 28), *ut videlicet abstinens aliquot diebus ab operibus carnis et purificans corpus animamque suam praeparet se ad percipiendum tantum sacramentum*[77].

Theodulf
1. Diözesanstatut, c. 44
*Admonendus est populus ut ad sacrosanctum sacramentum corporis et sanguinis Domini nequaquam indifferenter accedat, nec ab hoc nimium abstineat: sed cum omni diligentia eligat tempus, quando aliquandiu ab opere coniugali abstineat et vitiis se purget, virtutibus exornet..., et sic ad tantum sacramentum accedat*[78].

Die Bedrückung der unteren Volksschichten durch die *potentes* kommt auf allen Konzilien zur Sprache, wobei sich die Kritik der Bischöfe in erster Linie gegen Kleriker richtet, die durch Mißbrauch ihrer geistlichen Autorität und unter Anwendung religiöser Druckmittel Eigentumstraditionen der ärmeren ländlichen Bevölkerung erpressen und gutgläubige Leute zum Eintritt ins Kloster überreden, um sich ihre Güter anzueignen[79]. Der Kaiser hatte bereits in einem Kapitular von 811 diesen Mißstand gerügt und auf seine Folgen, die Exheredation rechtmäßiger Erben, hingewiesen, die dann – ihrer Existenzgrundlage beraubt – als *latrones* die innere Sicherheit des Reiches gefährdeten[80]. Aber auch die weltlichen Großen werden von den Bischöfen angeklagt:

> *Ne comites vel vicarii seu iudices vel centenarii sub mala occasione vel ingenio res pauperum emant nec per vim tollant aut quolibet argumento subripiant*[81].

Die Synode von Chalon knüpft an die Verurteilung konkreter Übergriffe der *potentes* eine allgemeine Ständelehre, in der die herrschaft-

---

77) c. 46, ebd. S. 283.

78) PL. 105, col. 205.

79) Vgl. MGH. Conc. II, 1, Nr. 37 (Chalon), c. 7, S. 275; Nr. 35 (Reims), c. 36, S. 256 f.; Nr. 36 (Mainz), c. 6, S. 262.

80) *Capitula de causis cum episcopis et abbatibus tractandis* c. 5, MGH. Capit. I, Nr. 72, S. 163: *Inquirendum etiam, si ille seculum dimissum habeat, qui... sub nomine Dei aut cuiuslibet sancti tam divitem quam pauperem, qui simpliciores natura sunt et minus docti atque cauti inveniuntur, sic rebus suis expoliant et legitimos heredes eorum exheredant, ac per hoc plerosque ad flagitia et scelera propter inopiam... perpetranda compellunt, ut quasi necessario furta et latrocinia exerceant.* Zu den *latrones* vgl. S. Epperlein, Herrschaft und Volk im karolingischen Imperium (1969), S. 89 ff.

81) MGH. Conc. II, 1, Nr. 34 (Arles), c. 23, S. 253; vgl. Nr. 36 (Mainz), c. 7, S. 262; Nr. 38 (Tours), c. 44, S. 292.

liche Gesellschaftsordnung und der Stand des einzelnen in ihr allerdings gottgegeben und unverrückbar gesetzt sind und die sozialen Unterschiede nur eschatologisch, in der Sphäre des Glaubens, überbrückt werden.

> *Quia ergo constat in eclesia diversarum conditionum homines esse, ut sint nobiles et ignobiles, servi, coloni, inquilini et caetera huiuscemodi nomina, oportet, ut quicumque eis praelati sunt, clerici sive laici, clementer erga eos agant et misericorditer eos tractent. ... sciantque eos fratres suos esse et unum secum habere patrem Deum, cui clamant: Pater noster ..., unam matrem sanctam eclesiam, quae eos intemerato sacri fontis utero gignit*[82].

In entsprechender Weise finden in der *Paraenesis ad iudices* Theodulfs Kritik an den Mißständen im Gerichtswesen und sein sozialer Eifer für die Rechtssicherheit der unteren Stände ihre Grenze im statisch-hierarchischen Ordo-Gedanken, der die Verbesserung der Situation der *pauperes* dem moralischen Verhalten der *potentes* anheimstellt, der die Gleichheitsidee spiritualisiert und nicht zum „Sprengstoff der wirklichen Gesellschaft" werden läßt[83].

> *Pauperibus quicumque praees, mitissimus esto,*
> *Teque his natura noveris esse parem.*
> ...
> *Fons sacer hos tecum beat, inlinit unguen avitum,*
> *Atque agni saciat hos caro sive cruor.*
> *Ut pro te vitae est, pro his quoque mortuus auctor,*
> *Quemque et pro meritis ad sua dona vocat*[84].

Auf stilistischem Gebiet weist die Einleitung von Psalmzitaten in der Form *et cum David dicamus*[85], *et cum David cotidie Domino dicant*[86] auf Theodulf, der in seinem *Liber de ordine baptismi* Bibelstellen systematisch in dieser Weise einführt[87], um die Einheit zwischen liturgischer Handlung und heilsgeschichtlich-biblischem Vorbild zu akzentuieren. In seinem ersten Diözesanstatut schließt Theodulf die

---

[82]) MGH. Conc. II, 1, Nr. 37, c. 51, S. 283 f.

[83]) K. Bosl, Potens und Pauper. Begriffsgeschichtliche Studien zur gesellschaftlichen Differenzierung im frühen Mittelalter und zum „Pauperismus" des Hochmittelalters: Alteuropa und die moderne Gesellschaft. Festschrift für O. Brunner (1963), S. 60–87, S. 82.

[84]) Carmen XXVIII, V. 895–896, 951–954, MGH. Poetae I, S. 516 f.

[85]) c. 33, MGH. Conc. II, 1, Nr. 37, S. 280.

[86]) c. 1, ebd. S. 274.

[87]) Vgl. z. B. Kap. 9, Sirmond S. 38: *et cum Apostolo profiteantur dicentes;* ebd. S. 39 und Kap. 10, S. 40: *ut cum David dicere possint;* ebd.: *ut cum eodem dicant*, usw.

Kapitel gern mit einer Bezugnahme auf entsprechende alttestamentliche Begebenheiten[88] und verwendet dabei eine mit *exemplo* anknüpfende Konstruktion, die auch in den Beschlüssen von Chalon zweimal begegnet.

c. 14
... *exemplo apostoli Pauli, qui, ne quem gravaret, arte et manibus victum querebat*[89].
c. 46
... *exemplo David, qui, nisi fassus fuisset se abstinuisse ab opere coniugali ..., nequaquam panes propositionis a sacerdote accepisset*[90].

Theodulf
1. Statut, c. 18
... *exemplo Baltassar, qui, dum vasa Domini in usus communes assumpsit, vitam pariter cum regno amisit.*

Von 63 Canones[91] enden 39 und die Vorrede auf einen Cursus; auch die von Theodulf so bevorzugte parallelistische Konstruktion inhaltlich antithetischer Satzglieder kommt häufiger vor[92], obwohl – wie es schon in der Natur eines kanonistischen Textes liegt – die im *Liber de ordine baptismi* und in den *Libri Carolini* gesetzten rhetorischen Maßstäbe nicht erreicht werden.

Die Analyse der Canones, bei der es weniger auf das einzelne Argument als auf die Gesamtheit aller inhaltlichen und stilistischen Parallelen ankommt, erweist Theodulf als Redaktor der Synodalakten. Es bleibt die Frage zu klären, ob er sie im Auftrag eines anderen zusammenstellte oder ob er selber der Synode präsidierte. In Analogie zu einem zwei Jahre zurückliegenden Fall, als Magnus von Sens sich für seine Antwort auf das kaiserliche Rundschreiben über die Taufe der Feder seines gelehrten Suffragans bediente[93], könnte man an eine Auftragsarbeit denken; doch zeigen die Verhandlungen von Chalon – und zwar gerade da, wo sie thematisch von denen der anderen Konzilien abweichen – so vielfältige Übereinstimmungen mit den theo-

[88]) Vgl. c. 6, PL. 105, col. 194 A; c. 18, ebd. col. 196 B; c. 37, ebd. col. 204 A.

[89]) MGH. Conc. II, 1, Nr. 37, S. 276.

[90]) Ebd. S. 283.

[91]) Ausgenommen sind bei dieser Zählung natürlich Canones, die mit einem Zitat schließen.

[92]) Vgl. z. B. c. 32, MGH. Conc. II, 1, Nr. 37, S. 279: *tanto periculosius laedunt, quanto subtilius serpunt;* c. 35, ebd. S. 280: *non tam peccati remissionem, quam temporis constituti expectant expletionem;* c. 38, ebd. S. 281: *quorum sunt certi errores, incerti auctores*; c. 66, ebd. S. 285: *diligenti indagatione perquirere ... atque infatigabili observatione ... perficere.*

[93]) Vgl. oben S. 107.

logischen Denkformen und den pastoralen Anliegen Theodulfs, daß seine leitende Funktion auf der Synode kaum bestritten werden kann. Wahrscheinlich hat Karl ihn zusammen mit einem der Metropoliten zum kaiserlichen Missus ernannt, wobei in Rechnung zu stellen ist, daß die Synode der Gallia Lugdunensis nicht in einer der Metropolen stattfand, wo Karl den Hausherrn schwerlich hätte übergehen können. In Chalon war Theodulf, der den Erzbischof-Titel und das Pallium als persönliche Auszeichnung Leos III. trug, gleichen Ranges mit den Metropoliten und durch seine Zugehörigkeit zum Hofkreis, zu den engsten Mitarbeitern Karls bei der Kirchenreform, der geeignete Mann, um die Erfahrungen und Wünsche der Region dem Hof, das Reformprogramm des Hofes der Region zu vermitteln.

# ABKÜRZUNGEN

Für die verschiedenen Abteilungen der Monumenta Germaniae Historica (MGH.) sind die üblichen Abkürzungen verwandt.

| | |
|---|---|
| AA. SS. | Acta Sanctorum |
| AA. SS. OSB. | Acta Sanctorum Ordinis Sancti Benedicti |
| AfD. | Archiv für Diplomatik |
| AHVNRh. | Annalen des Historischen Vereins für den Niederrhein |
| AUF. | Archiv für Urkundenforschung |
| BECh. | Bibliothèque de l'Ecole des Chartes |
| BHL. | Bibliotheca hagiographica latina |
| BM² | Böhmer – Mühlbacher, Regesta Imperii ²I |
| CC. | Corpus christianorum |
| CLA. | Lowe, Codices Latini Antiquiores |
| CSEL. | Corpus scriptorum ecclesiasticorum latinorum |
| DA. | Deutsches Archiv für Erforschung des Mittelalters |
| DACL. | Dictionnaire d'archéologie chrétienne et de liturgie |
| DVLG. | Deutsche Vierteljahrsschrift für Literaturwissenschaft und Geistesgeschichte |
| FDG. | Forschungen zur deutschen Geschichte |
| GCS. | Die griechischen christlichen Schriftsteller der ersten drei Jahrhunderte |
| HJb. | Historisches Jahrbuch der Görres-Gesellschaft |
| HZ. | Historische Zeitschrift |
| JE. | Jaffé – Ewald, Regesta pontificum Romanorum |
| LC. | Libri Carolini |
| LThK. | Lexikon für Theologie und Kirche, 2. Aufl. 1957 ff. |
| (Migne) PL. | Migne, Patrologiae cursus completus. Series latina |
| MIÖG. | Mitteilungen des Instituts für österreichische Geschichtsforschung |
| NA. | Neues Archiv der Gesellschaft für ältere deutsche Geschichtskunde |
| QFIAB. | Quellen und Forschungen aus italienischen Archiven und Bibliotheken |
| RE. | Pauly – Wissowa – Kroll, Real-Encyclopädie der classischen Altertumswissenschaft |
| RHE. | Revue d'histoire ecclésiastique |
| RhVjBll. | Rheinische Vierteljahrsblätter |
| ZfdA. | Zeitschrift für deutsches Altertum |
| ZKG. | Zeitschrift für Kirchengeschichte |
| ZKTh. | Zeitschrift für katholische Theologie |
| ZRG. | Zeitschrift der Savigny-Stiftung für Rechtsgeschichte |
| GA. | Germanistische Abteilung |
| KA. | Kanonistische Abteilung |

# QUELLEN- UND LITERATURVERZEICHNIS

Die in den Reihen MGH. Epistolae und Poetae edierten Briefe und Gedichte der Karolingerzeit sind nicht einzeln unter ihren Verfassern aufgeführt.

Werke Theodulfs

Erste Gesamtausgabe (ältere Drucke einzelner Werke siehe S. 21 ff.):
Theodulfi Aurelianensis episcopi opera Jacobi Sirmondi Societatis Jesu Presbyteri cura et studio edita notisque illustrata (Parisiis 1646).
Unveränderter Nachdruck in:
Bibliotheca Maxima Veterum Patrum et Antiquorum Scriptorum Ecclesiasticorum T. XIV (Lugduni 1677), S. 1–66.
Erweiterter Neudruck in:
Jacobi Sirmondi opera varia T. II (Parisiis 1696), col. 917–1128; ([2]Venetiis 1728), col. 665–892.
Danach unveränderter Abdruck in:
Migne PL. 105 (Paris 1851), col. 187–380.
Kritische Editionen:
Theodulfi carmina, ed. Ernst Dümmler, MGH. Poetae Latini medii aevi I (Berlin 1881), S. 437–581.
Theodulfi epistolae: Collectio Sancti Dionysii Nr. 19, Nr. 22, ed. Karl Zeumer, MGH. Formulae (Hannover 1886), S. 506, 507.
Le second statut diocésain de Théodulphe, évêque d'Orléans, ed. Charles de Clercq, La législation religieuse franque I (Louvain – Paris 1936), S. 321–351.

Abadal, Ramón de, La batalla del Adopcionismo en la desintegración de la Iglesia visigoda (Barcelona 1949).
–, La expedición de Carlomagno a Zaragoza, el hecho histórico, su caracter y su significación: Coloquios de Roncesvalles, Agosto 1955 (Zaragoza – Pamplona 1956), S. 39–71.
–, Nota sobre la locución „Marca Hispánica": Boletín de la Real Academia de buenas letras de Barcelona 27 (1957/58), S. 157–164.
Abel, Sigurd – Simson, Bernhard, Jahrbücher des fränkischen Reiches unter Karl dem Großen II (Leipzig 1883; ND. Berlin 1969).
Aherne, Consuelo Maria, Late Visigothic bishops, their schools and the transmission of culture: Traditio 22 (1966), S. 435–444.
Alcuin, Ars grammatica, Migne PL. 101, col. 849–902.
–, De dialectica, ebd., col. 949–976.
Allgeier, Arthur, Psalmenzitate und die Frage nach der Herkunft der Libri Carolini: HJb. 46 (1926), S. 333–353.
Amann, Emile, L'époque carolingienne: Augustin Fliche – Victor Martin, Histoire de l'Eglise depuis les origines jusqu'à nos jours VI (Paris 1947).

Ambrosius, Explanatio psalmorum XII, ed. Michael Petschenig, CSEL. 64 (Wien–Leipzig 1919).
–, Expositio Evangelii secundum Lucam, ed. Marcus Adriaen, CC. 14 (Turnhout 1957), S. 1–400.
–, De mysteriis, ed. Otto Faller, CSEL. 73 (Wien 1955), S. 87–116.
–, De sacramentis, ebd., S. 13–85.
Andrieu, Michel, Les Ordines Romani du haut Moyen Age. I. Les manuscrits (Louvain 1931). II–III. Les textes (Louvain 1948–51).
Angilbert, De ecclesia Centulensi libellus, ed. Georg Waitz, MGH. SS. XV, 1 (Hannover 1887), S. 173–179.
Annales Floriacenses, ed. Georg Heinrich Pertz, MGH. SS. II (Hannover 1829), S. 254 f.
Annales Nordhumbrani, ed. R. Pauli, MGH. SS. XIII (Hannover 1881), S. 154–156.
Annales regni Francorum, ed. Friedrich Kurze, MGH. SS. rer. Germ. (Hannover 1895).
Anspach, August Eduard, Das Fortleben Isidors im VII. bis IX. Jahrhundert: Miscellanea Isidoriana. Homenaje a S. Isidoro de Sevilla en el XIII centenario de su muerte (Rom 1936), S. 323–356.
Antifonario Visigótico Mozárabe de la Catedral de León, ed. Louis Brou – José Vives, Monumenta Hispaniae Sacra, Serie Liturgica V, 1 (Barcelona – Madrid 1959).
Ardo, Vita Benedicti abbatis Anianensis et Indensis, ed. Georg Waitz, MGH. SS. XV, 1 (Hannover 1887), S. 198–220.
Astronomus, Vita Hludowici imperatoris, ed. Georg Heinrich Pertz, MGH. SS. II (Hannover 1829), S. 607–648.
Augustinus, De catechizandis rudibus, ed. J. B. Bauer, CC. 46 (Turnhout 1969), S. 115–178.
–, De doctrina christiana libri IV, ed. Joseph Martin, CC. 32 (Turnhout 1962), S. 1–167.
–, Enarrationes in Psalmos, edd. Eligius Dekkers – Johannes Fraipont, CC. 38–40 (Turnhout 1956).
–, Quaestionum in Heptateuchum libri VII, ed. Johannes Fraipont, CC. 33 (Turnhout 1958), S. 1–377.
–, In Iohannis Evangelium tractatus CXXIV, ed. Radbodus Willems, CC. 36 (Turnhout 1954).
Pseudo-Augustinus, Categoriae decem, ed. Laurentius Minio-Paluello, Aristoteles latinus I, 1–5 (Bruges – Paris 1961), S. 129–175, 186–188.
–, Liber de divinis scripturis sive Speculum, ed. Franz Weihrich, CSEL. 12 (Wien 1887), S. 287–700.
–, Sermo 117, Migne PL. 39, col. 1977–1981.
Ayuso Marazuela, Teófilo, La Biblia visigótica de la Cava dei Tirreni: Estudios bíblicos 14 (1955), S. 49–65, 137–190, 355–414; 15 (1956), S. 5–62.
Baehr, Johann Christian Felix, Geschichte der Römischen Literatur im karolingischen Zeitalter (Karlsruhe 1840).
Bandmann, Günter, Die Vorbilder der Aachener Pfalzkapelle: Karl der Große III. Karolingische Kunst (Düsseldorf 1965), S. 424–462.
Barion, Hans, Der kirchenrechtliche Charakter des Konzils von Frankfurt 794: ZRG. KA. 19 (1930), S. 139–170.
Bastgen, Hubert, Das Bilderkapitular Karls d. Gr. (libri Carolini) und das sogenannte Decretum Gelasianum: NA. 41 (1919), S. 682–690.
–, Das Capitulare Karls d. Gr. über die Bilder oder die sogenannten Libri Carolini I–III: NA. 36 (1911), S. 629–666; 37 (1912), S. 13–51, 453–533.

Baunard, Louis, Théodulfe, évêque d'Orléans et abbé de Fleury-sur-Loire (Paris – Orléans 1860).

Beda, De templo Salomonis, ed. D. Hurst, CC. 119 A (Turnhout 1969), S. 141–234.

–, Vita beatorum abbatum [Wiremuthensium] Benedicti, Ceolfridi, Eosterwini, Sigfridi atque Hwaetberhti, ed. Carolus Plummer, Venerabilis Baedae opera historica I (Oxford 1896), S. 364–387.

Berger, Samuel, Histoire de la Vulgate pendant les premiers siècles du moyen âge (Paris 1893; ND. New York 1958).

Bernheim, Ernst, Mittelalterliche Zeitanschauungen in ihrem Einfluß auf Politik und Geschichtschreibung (Tübingen 1918).

Bernold von Konstanz, Micrologus de ecclesiasticis observationibus, Migne PL. 151, col. 973–1022.

Beumann, Helmut, Das Paderborner Epos und die Kaiseridee Karls des Großen: Karolus Magnus et Leo papa. Ein Paderborner Epos vom Jahre 799 (Paderborn 1966), S. 1–54.

Bezzola, Reto R., Les origines et la formation de la littérature courtoise en Occident (500–1200) I (Paris 1958).

Biblia Sacra iuxta Latinam Vulgatam versionem ad codicum fidem I ff., rec. Henri Quentin u. a. (Rom 1926 ff.).

Bibliotheca hagiographica latina antiquae et mediae aetatis, edd. Socii Bollandiani (Bruxelles 1898–1911).

Bibliothek der Symbole und Glaubensregeln der Alten Kirche, hg. v. August Hahn. 3. Aufl. v. G. Ludwig Hahn (Breslau 1897; ND. Hildesheim 1962).

Bischoff, Bernhard, Ein Brief Julians von Toledo über Rhythmen, metrische Dichtung und Prosa: Hermes 87 (1959), S. 247–256; ND.: B. B., Mittelalterliche Studien. Ausgewählte Aufsätze zur Schriftkunde und Literaturgeschichte I (Stuttgart 1966), S. 288–298.

–, Eine verschollene Einteilung der Wissenschaften: Archives d'histoire doctrinale et littéraire du Moyen Age 25 (1958), S. 5–20; ND.: B. B., Mittelalterliche Studien I (Stuttgart 1966), S. 273–288.

–, Die Hofbibliothek Karls des Großen: Karl der Große II. Das geistige Leben (Düsseldorf 1965), S. 42–62.

–, Kreuz und Buch im Frühmittelalter und in den ersten Jahrhunderten der spanischen Reconquista: Bibliotheca docet. Festgabe für Carl Wehmer (Amsterdam 1963), S. 19–34; ND.: B. B., Mittelalterliche Studien II (Stuttgart 1967), S. 284 bis 303.

–, Panorama der Handschriftenüberlieferung aus der Zeit Karls des Großen: Karl der Große II. Das geistige Leben (Düsseldorf 1965), S. 233–254.

–, Eine karolingische Prachthandschrift in Aachener Privatbesitz: Aachener Kunstblätter 32 (1966), S. 46–53.

–, Theodulf und der Ire Cadac-Andreas: HJb. 74 (1955), S. 92–98; ND.: B. B., Mittelalterliche Studien II (Stuttgart 1967), S. 19–25.

–, Die europäische Verbreitung der Werke Isidors von Sevilla: Isidoriana. Estudios sobre San Isidoro de Sevilla en el XIV centenario de su nacimiento (León 1961), S. 317–344; ND.: B. B., Mittelalterliche Studien I (Stuttgart 1966), S. 171–194.

Bishop, Edmund – Wilmart, André, La réforme liturgique de Charlemagne: Ephemerides liturgicae 45 (1931), S. 186–207.

Bloch, Peter, Das Apsismosaik von Germigny-des-Prés: Karl der Große III. Karolingische Kunst (Düsseldorf 1965), S. 234–261.

Boeckler, Albert, Formgeschichtliche Studien zur Adagruppe: Abhandlungen der bayerischen Akademie der Wissenschaften, phil.-hist. Kl., N. F. 42 (München 1956).

Böhmer, Johann Friedrich – Mühlbacher, Engelbert, Regesta Imperii I. Die

Regesten des Kaiserreichs unter den Karolingern 751–918 (² Innsbruck 1908; ND. Hildesheim 1966).

Börsch-Supan, Eva, Garten-, Landschafts- und Paradiesmotive im Innenraum. Eine ikonographische Untersuchung (Berlin 1967).

Borst, Arno, Das Bild der Geschichte in der Enzyklopädie Isidors von Sevilla: DA. 22 (1966), S. 1–62.

–, Lebensformen im Mittelalter (Frankfurt – Berlin 1973).

Boshof, Egon, Erzbischof Agobard von Lyon. Leben und Werk (Köln – Wien 1969).

Bosl, Karl, Potens und Pauper. Begriffsgeschichtliche Studien zur gesellschaftlichen Differenzierung im frühen Mittelalter und zum „Pauperismus" des Hochmittelalters: Alteuropa und die moderne Gesellschaft. Festschrift für Otto Brunner (Göttingen 1963), S. 60–87; ND.: K. B., Frühformen der Gesellschaft im mittelalterlichen Europa. Ausgewählte Beiträge zu einer Strukturanalyse der mittelalterlichen Welt (München – Wien 1964), S. 106–134.

Bouquet, Martin, Recueil des historiens des Gaules et de la France. Nouvelle édition. T. VII (Paris 1870).

Bourque, E., Etude sur les sacramentaires romains II, 2. Le sacramentaire d'Hadrien, le supplément d'Alcuin et les grégoriens mixtes. Studi di Antichità Cristiana XXV (Rom 1958).

Braulio von Saragossa, Briefe, ed. José Madoz, Epistolario de San Braulio de Zaragoza. Estudios Onienses Serie I. Vol. II (Madrid 1941); Briefe Nr. 35–36 ed. Friedrich Vollmer, MGH. AA. XIV (Berlin 1905), S. 283–286.

Braunfels, Wolfgang, Die Welt der Karolinger und ihre Kunst (München 1968).

Brinkmann, Hennig, Der Reim im frühen Mittelalter: Britannica. Festschrift für Hermann M. Flasdieck (Heidelberg 1960), S. 62–81; ND.: H. B., Studien zur Geschichte der deutschen Sprache und Literatur II (Düsseldorf 1966), S. 58–78.

Brühl, Carlrichard, Fodrum, gistum, servitium regis. Studien zu den wirtschaftlichen Grundlagen des Königtums im Frankenreich und in den fränkischen Nachfolgestaaten Deutschland, Frankreich und Italien vom 6. bis zur Mitte des 14. Jahrhunderts. I–II (Köln – Graz 1968).

–, Königspfalz und Bischofsstadt in fränkischer Zeit: RhVjBll. 23 (1958), S. 161–274.

–, Diplomatische Miszellen zur Geschichte des ausgehenden 9. Jahrhunderts III. Ein Deperditum Karls d. K. für die Abtei St.-Mesmin de Micy bei Orléans: AfD. 3 (1957), S. 13–19.

Bruyne, Donatien de, La composition des Libri Carolini: Revue bénédictine 44 (1932), S. 227–234.

Büttner, Heinrich, Mission und Kirchenorganisation des Frankenreiches bis zum Tode Karls des Großen: Karl der Große I. Persönlichkeit und Geschichte (Düsseldorf 1965), S. 454–487.

–, Studien zum frühmittelalterlichen Städtewesen in Frankreich, vornehmlich im Loire- und Rhonegebiet: Vorträge und Forschungen IV. Studien zu den Anfängen des europäischen Städtewesens (Lindau – Konstanz 1958), S. 151–189.

Capua, Francesco di, Fonti ed esempi per lo studio dello „stilus curiae Romanae" medioevale. Testi medievali III (Rom 1941).

Cassander, Georgius, Opera quae reperiri potuerunt omnia (Parisiis 1616).

Cassiodor, Institutiones, ed. R. A. B. Mynors (Oxford 1937).

–, Expositio Psalmorum, ed. Marcus Adriaen, CC. 97–98 (Turnhout 1958).

Catalogue général des manuscrits des bibliothèques publiques des départements publié sous les auspices du ministre de l'instruction publique I–II (Paris 1849–55).

Catalogus abbatum Floriacensium, ed. Oswald Holder-Egger, MGH. SS. XV, 1 (Hannover 1887), S. 500 f.

Catalogus codicum latinorum Bibliothecae Regiae Monacensis. Comp. Carolus Halm (u. a.). II, 2–3 (München 1876–78).
Chavasse, Antoine, Le sacramentaire gélasien (Vaticanus Reginensis 316). Sacramentaire presbytéral en usage dans les titres romains au VIIe siècle (Tournai 1958).
Chenesseau, Georges, L'Abbaye de Fleury à Saint-Benoît-sur-Loire. Son histoire – ses institutions – ses édifices (Paris 1931).
Chronicon Moissiacense, ed. Georg Heinrich Pertz, MGH. SS. I (Hannover 1826), S. 280–313; II (1829), S. 257–259.
Clark, Albert Curtis, The cursus in mediaeval and vulgar Latin (Oxford 1910).
Classen, Peter, Karl der Große, das Papsttum und Byzanz. Die Begründung des karolingischen Kaisertums: Karl der Große I. Persönlichkeit und Geschichte (Düsseldorf 1965), S. 537–608.
Clemens von Alexandrien, Stromata Buch I–VI. Hg. v. Otto Stählin. In 3. Aufl. neu hg. v. Ludwig Früchtel. GCS. 52 (15) (Berlin 1960).
Clercq, Charles de, La législation religieuse franque [I] de Clovis à Charlemagne. Etude sur les actes de conciles et les capitulaires, les statuts diocésains et les règles monastiques (507–814) (Louvain – Paris 1936).
Conybeare, Frederick-Cornwallis, Pseudo-Hieronymus de Christianitate: Mélanges Nicole. Recueil de mémoires de philologie classique et d'archéologie offerts à Jules Nicole (Genève 1905), S. 85–93.
Cuissard, Charles, Théodulfe, évêque d'Orléans. Sa vie et ses œuvres: Mémoires de la Société archéologique et historique de l'Orléanais 24 (1892).
Curtius, Ernst Robert, Europäische Literatur und lateinisches Mittelalter (8 Bern – München 1973).
Daniélou, Jean, Sacramentum futuri. Etudes sur les origines de la typologie biblique (Paris 1950).
–, Traversée de la Mer Rouge et baptême aux premiers siècles: Recherches de science religieuse 33 (1946), S. 402–430.
Dekkers, Eligius – Gaar, Aemilius, Clavis Patrum Latinorum (2 Steenbrugge 1961).
Delisle, Léopold, Les Bibles de Théodulfe: BECh. 40 (1879), S. 5–47.
–, Notice sur les manuscrits originaux d'Adémar de Chabannes: Notices et extraits des manuscrits de la Bibliothèque Nationale et autres bibliothèques 35 (Paris 1896), S. 241–358.
Delius, Walter, Die Bilderfrage im Karolingerreich (Diss. Halle 1928).
Denis, Fr., Les anciens manuscrits de Fleury: Bulletin trimestriel de la Société archéologique et historique de l'Orléanais, Nouv. sér. T. II Nr. 16 (1962), S. 266 bis 281.
Derstroff, Klaus, Der Heilige Nazarius. Zur Person und Verehrung des Lorscher Patrons: Laurissa jubilans. Festschrift zur 1200-Jahrfeier von Lorsch (Lorsch 1964), S. 77–90.
Deshusses, Jean, Le sacramentaire grégorien. Ses principales formes d'après les plus anciens manuscrits I. Le sacramentaire, le supplément d'Aniane. Spicilegium Friburgense 16 (Fribourg 1971).
–, Le „Supplément" au sacramentaire grégorien: Alcuin ou saint Benoît d'Aniane?: Archiv für Liturgiewissenschaft 9, 1 (1965), S. 48–71.
Duchesne, Louis, Fastes épiscopaux de l'ancienne Gaule I–III (2 Paris 1907–15).
Duckett, Eleanor Shipley, Alcuin, friend of Charlemagne. His world and his work (New York 1951).
Dümmler, Ernst, Alchvinstudien: Sitzungsberichte der königlich-preußischen Akademie der Wissenschaften (Berlin 1891), S. 495–523.
–, Gedichte an Prudentius: ZfdA. 21 (1877), S. 76–86.

–, Die handschriftliche Überlieferung der lateinischen Dichtungen aus der Zeit der Karolinger. I–III: NA. 4 (1879), S. 87–159, 239–322, 511–582.

Dupont, André, Les cités de la Narbonnaise Première depuis les invasions germaniques jusqu'à l'apparition du consulat (Nîmes 1942).

Dupré, Alexandre, Quelle est l'importance des œuvres de Théodulphe, abbé de Fleury et évêque d'Orléans, au point de vue de la littérature et des mœurs de son époque?: Congrès scientifique de France, XVIII$^{e}$ session, tenue à Orléans en Septembre 1851, T. II (Paris 1852), S. 136–175.

Ebert, Adolf, Allgemeine Geschichte der Literatur des Mittelalters im Abendlande II (Leipzig 1880).

Eckhardt, Wilhelm A., Die Kapitulariensammlung Bischof Ghaerbalds von Lüttich. Germanenrechte N. F. Deutschrechtliches Archiv 5 (Göttingen 1955).

Ehrle, Franz – Liebaert, Paul, Specimina Codicum Latinorum Vaticanorum (Bonn 1912).

Einhard, Vita Karoli Magni, ed. Oswald Holder-Egger, MGH. SS. rer. Germ ($^{6}$Hannover – Leipzig 1911).

Eiten, Gustav, Das Unterkönigtum im Reiche der Merovinger und Karolinger (Heidelberg 1907).

Ellard, Gerald, Master Alcuin, liturgist. A partner of our piety (Chicago 1956).

Engels, Odilo, Schutzgedanke und Landesherrschaft im östlichen Pyrenäenraum (9.–13. Jahrhundert) (Münster 1970).

Epperlein, Siegfried, Herrschaft und Volk im karolingischen Imperium. Studien über soziale Konflikte und dogmatisch-politische Kontroversen im fränkischen Reich (Berlin 1969).

Etherius von Osma – Beatus von Liébana, Ad Elipandum epistola, Migne PL. 96, col. 893–1030.

Eucherius von Lyon, Glossae spiritales, ed. Karl Wotke: Sitzungsberichte der kaiserlichen Akademie der Wissenschaften, phil.-hist. Kl., 115 (Wien 1888), S. 425 bis 439.

–, Instructionum libri II, ed. Karl Wotke, CSEL. 31 (Wien 1894), S. 63–161.

Eugenius von Toledo, Carmina et epistulae, ed. Friedrich Vollmer, MGH. AA. XIV (Berlin 1905), S. 229–291.

Ewald, Paul, Reise nach Spanien im Winter von 1878 auf 1879: NA. 6 (1881), S. 217–398.

Ewig, Eugen, „Milo et eiusmodi similes“: Sankt Bonifatius. Gedenkgabe zum zwölfhundertsten Todestag (Fulda 1954), S. 412–440.

–, Das Zeitalter Karls des Großen (768–814): Handbuch der Kirchengeschichte. Hg. v. Hubert Jedin. III, 1 (Freiburg 1966), S. 62–118.

Eymard, Paul, La Bible de Saint Théodulfe du Puy en Velay et les étoffes qu'elle contient (Lyon 1877).

Fabricius, Johann Albert, Bibliotheca latina mediae et infimae aetatis I (Hamburgi 1734).

Faulhaber, Roland, Der Reichseinheitsgedanke in der Literatur der Karolingerzeit bis zum Vertrag von Verdun (Diss. Berlin 1931).

Faux, Auguste, Le trésor de la Cathédrale de Notre Dame du Puy (o. O. o. J.).

Fichtenau, Heinrich, Das karolingische Imperium (Zürich 1949).

–, Karl der Große und das Kaisertum: MIÖG. 61 (1953), S. 257–334.

–, Mensch und Schrift im Mittelalter (Wien 1946).

Finsterwalder, Paul Willem, Zwei Bischofskapitularien der Karolingerzeit. Ein Beitrag zur Kenntnis der bischöflichen Gesetzgebung des neunten Jahrhunderts: ZRG. KA. 14 (1925), S. 336–383.

Fischer, Bonifatius, Die Alkuin-Bibel (Freiburg 1957).

–, Bibelausgaben des frühen Mittelalters: La Bibbia nell' alto medioevo. Settimane di studio del centro italiano di studi sull' alto medioevo X (Spoleto 1963), S. 519–600.
–, Bibeltext und Bibelreform unter Karl dem Großen: Karl der Große II. Das geistige Leben (Düsseldorf 1965), S. 156–216.
–, Codex Amiatinus und Cassiodor: Biblische Zeitschrift N. F. 6 (1962), S. 57–79.
Fleckenstein, Josef, Die Bildungsreform Karls des Großen als Verwirklichung der norma rectitudinis (Bigge/Ruhr 1953).
–, Die Hofkapelle der deutschen Könige I. Grundlegung. Die karolingische Hofkapelle (Stuttgart 1959).
–, Karl der Große und sein Hof: Karl der Große I. Persönlichkeit und Geschichte (Düsseldorf 1965), S. 24–50.
Fontaine, Jacques, Isidore de Séville et la culture classique dans l'Espagne wisigothique (Paris 1959).
Frederichs, Hans, Die Gelehrten um Karl den Großen in ihren Schriften, Briefen und Gedichten (Diss. Berlin 1931).
Freeman, Ann, Further studies in the Libri Carolini. I. Palaeographical problems in Vaticanus Latinus 7207. II. Patristic exegesis, Mozarabic antiphons, and the Vetus Latina: Speculum 40 (1965), S. 203–289. III. The marginal notes in Vaticanus Latinus 7207: Speculum 46 (1971), S. 597–612.
–, Theodulf of Orléans and the Libri Carolini: Speculum 32 (1957), S. 663–705.
Gallia Christiana in provincias ecclesiasticas distributa ... Opera et studio Domni Dionysii Sammarthani ... T. II (Parisiis 1720).
Gams, Pius Bonifacius, Die Kirchengeschichte von Spanien II, 2 (Regensburg 1874).
Ganshof, François Louis, Le programme de gouvernement impérial de Charlemagne: „Renovatio imperii". Atti della giornata internazionale di studio per il millenario (Ravenna, 4–5 novembre 1961) (Faenza 1963), S. 63–96.
–, La révision de la Bible par Alcuin: Bibliothèque d'Humanisme et Renaissance 9 (1947), S. 7–20.
Pseudo-Gelasius, De libris recipiendis et non recipiendis, ed. Ernst von Dobschütz, Das Decretum Gelasianum. Texte und Untersuchungen zur Geschichte der altchristlichen Literatur XXXVIII, 4 (Leipzig 1912).
Gennadius von Marseille (?), Liber ecclesiasticorum dogmatum, ed. Cuthbert Hamilton Turner: The Journal of Theological Studies 7 (1905/06), S. 78–99.
Gesta episcoporum Autisiodorensium, ed. Georg Waitz, MGH. SS. XIII (Hannover 1881), S. 393–400.
Ghellinck, Joseph de, Diffusion, utilisation et transmission des écrits patristiques: Gregorianum 14 (1933), S. 356–400.
–, Littérature latine au moyen âge I–II (Paris 1939).
Grabar, André, Eléments sassanides et islamiques dans les enluminures des manuscrits espagnols du haut Moyen Age: Arte del primo millennio. Atti del II° convegno per lo studio dell' arte dell' alto medioevo tenuto presso l'università di Pavia nel settembre 1950 (Torino 1954), S. 312–319.
–, Les mosaïques de Germigny-des-Prés: Cahiers archéologiques 7 (1954), S. 171–183.
Gregor der Große, XL homiliarum in Evangelia libri II, Migne PL. 76, col. 1075–1312.
–, Homiliae in Hiezechihelem prophetam, ed. Marcus Adriaen, CC. 142 (Turnhout 1971).
–, Moralia sive Expositio in librum b. Job, Migne PL. 75, col. 509–1162; 76, col. 9–782.
–, Regulae pastoralis liber, Migne PL. 77, col. 13–128.
Großmann, Ursula, Studien zur Zahlensymbolik des Frühmittelalters: ZKTh. 76 (1954), S. 19–54.

Hablitzel, Johann Baptist, Der „Hebraeus quidam" bei Paschasius Radbertus: HJb. 47 (1927), S. 340 f.

Hagen, Hermann, Theodulfi episcopi Aurelianensis de iudicibus versus: Sollemnia anniversaria conditae Universitatis ... Bernensis (Bernae 1882).

Hampe, Karl, Hadrians I. Verteidigung der zweiten nicaenischen Synode gegen die Angriffe Karls des Großen: NA. 21 (1896), S. 83–113.

Handbuch der Kirchengeschichte. Hg. v. Hubert Jedin. III, 1. Die mittelalterliche Kirche. Vom kirchlichen Frühmittelalter zur gregorianischen Reform, v. Friedrich Kempf, Hans-Georg Beck, Eugen Ewig, Josef Andreas Jungmann (Freiburg 1966).

Hanssens, Jean Michel, Deux documents carolingiens sur le baptême: Ephemerides liturgicae 41 (1927), S. 69–82.

Harnack, Adolf, Geschichte der altchristlichen Litteratur bis Eusebius I, 1 (Leipzig 1893).

Hauck, Albert, Kirchengeschichte Deutschlands I ($^{4}$Leipzig 1914). II ($^{3+4}$Leipzig 1912).

Hauréau, Barthélémy, Théodulphe, évêque d'Orléans: Singularités historiques et littéraires (Paris 1861), S. 37–99.

Hedde, Isidore, Paléographie des tissus. Bible de Théodulfe: Moniteur des soies Nr. 875 (Lyon 1879), S. 1–32.

Hedde, Philippe, Notice sur le manuscrit de Théodulfe: Annales de la Société d'agriculture, sciences, arts et commerce du Puy (1838), S. 168–224.

Hefele, Karl Josef von – Leclercq, Henri, Histoire des conciles d'après les documents originaux III, 1–2 (Paris 1909–10).

Heil, Wilhelm, Der Adoptianismus, Alkuin und Spanien: Karl der Große II. Das geistige Leben (Düsseldorf 1965), S. 95–155.

Heinisch, Paul, Der Einfluß Philos auf die älteste christliche Exegese (Barnabas, Justin und Clemens von Alexandria). Ein Beitrag zur Geschichte der allegorisch-mystischen Schriftauslegung im christlichen Altertum (Münster 1908).

Hessel, Alfred, Zur Entstehung der karolingischen Minuskel: AUF. 8 (1923), S. 201–214.

Heumann, Christoph August, Augusta Concilii Nicaeni II censura, hoc est Caroli M. de impio imaginum cultu libri IV (Hanoverae 1731).

Hieronymus, Commentariorum in Hiezechielem libri XIV, ed. Franciscus Glorie, CC. 75 (Turnhout 1964).

–, Epistulae. Pars I. Epistulae I–LXX, ed. Isidor Hilberg, CSEL. 54 (Wien – Leipzig 1910).

–, Liber interpretationis Hebraicorum nominum, ed. Paul de Lagarde, CC. 72 (Turnhout 1959), S. 57–161.

–, Liber de viris inlustribus, ed. Ernest Cushing Richardson, Texte und Untersuchungen zur Geschichte der altchristlichen Literatur XIV, 1 (Leipzig 1896), S. 1–56.

Hinkmar von Reims, De divortio Lotharii regis et Tetbergae reginae, Migne PL. 125, col. 619-772.

–, Opusculum LV capitulorum adversus Hincmarum Laudunensem, Migne PL. 126, col. 282–494.

Histoire literaire de la France ... par des religieux bénédictins de la Congrégation de S. Maur. T. IV (Paris 1738).

Hlawitschka, Eduard, Franken, Alemannen, Bayern und Burgunder in Oberitalien (774–962). Forschungen zur oberrheinischen Landesgeschichte VIII (Freiburg 1960).

Holter, Kurt, Das Alte und Neue Testament in der Buchmalerei nördlich der Alpen: La Bibbia nell' alto medioevo. Settimane di studio del centro italiano di studi sull' alto medioevo X (Spoleto 1963), S. 413–471.

Homburger, Otto, Eine unveröffentlichte Evangelienhandschrift aus der Zeit Karls des Großen (Codex Bernensis 348): Zeitschrift für schweizerische Archäologie und Kunstgeschichte 5 (1943), S. 149–164.

–, Die illustrierten Handschriften der Burgerbibliothek Bern. Die vorkarolingischen und karolingischen Handschriften (Bern 1962).

Hrabanus Maurus, Homiliae, Migne PL. 110, col. 9–468.

–, De institutione clericorum libri III, ed. Alois Knöpfler (München 1900).

–, Liber de sacris ordinibus, sacramentis divinis et vestimentis sacerdotalibus, Migne PL. 112, col. 1165–1192.

Hubert, Jean, Germigny-des-Prés: Congrès archéologique de France. 93e session tenue à Orléans en 1930 (Paris 1931), S. 534–568.

Hubert, Jean – Porcher, Jean – Volbach, Wolfgang Fritz, Die Kunst der Karolinger von Karl dem Großen bis zum Ausgang des 9. Jahrhunderts (München 1969).

Hugo von Fleury, Historia ecclesiastica, ed. Georg Waitz, MGH. SS. IX (Hannover 1851), S. 349–364.

Ildefons von Toledo, Liber de cognitione baptismi, Migne PL. 96, col. 111–172.

Isidor von Sevilla, Allegoriae quaedam sacrae Scripturae, Migne PL. 83, col. 97–130.

–, Chronica, ed. Theodor Mommsen, MGH. AA. XI (Berlin 1894), S. 424–488.

–, Etymologiae sive Origines, ed. W. M. Lindsay (Oxford 1911; ND. 1966).

–, De fide catholica contra Iudaeos, Migne PL. 83, col. 449–538.

–, Liber numerorum qui in sanctis Scripturis occurrunt, ebd., col. 179–200.

–, De natura rerum, ed. Jacques Fontaine, Isidore de Séville, Traité de la nature (Bordeaux 1960).

–, De ecclesiasticis officiis, Migne PL. 83, col. 737–826.

–, Prooemia in libros Veteris ac Novi Testamenti, ebd., col. 155–180.

–, Quaestiones in Vetus Testamentum, ebd., col. 207–434.

–, Sententiarum libri III, ebd., col. 537–738.

–, De viris illustribus, ebd., col. 1081–1106.

Jaffé, Philipp, Regesta pontificum Romanorum I (²Leipzig 1885).

Jantzen, Hans, Das Wort als Bild in der frühmittelalterlichen Buchmalerei: HJb. 60 (1940), S. 507–513.

Jarossay, Eugène, Histoire de l'abbaye de Micy-Saint-Mesmin-lez-Orléans (502–1790) (Orléans 1902).

Johannes diaconus, Epistola ad Senarium, ed. André Wilmart, Un florilège carolingien sur le symbolisme des cérémonies du baptême: Analecta Reginensia. Extraits des manuscrits de la reine Christine conservés au Vatican. Studi e testi 59 (Città del Vaticano 1933), S. 170–179.

Julianus Pomerius, De vita contemplativa libri III, Migne PL. 59, col. 415–520.

Julianus von Toledo, Apologeticum fidei, ed. Z. García Villada, Historia eclesiástica de España II, 1 (Madrid 1932), S. 334 f.

–, De comprobatione aetatis sextae libri III, Migne PL. 96, col. 537–586.

Jungmann, Josef Andreas, Die lateinischen Bußriten in ihrer geschichtlichen Entwicklung (Innsbruck 1932).

Karl der Große. Werk und Wirkung. Katalog der Ausstellung (Aachen 1965).

Karolus Magnus et Leo papa. Ein Paderborner Epos vom Jahre 799. Hg. u. übers. v. Franz Brunhölzl (Paderborn 1966).

Kimpen, Emil, Rheinische Anfänge des Hauses Habsburg-Lothringen. 5. Die Matfridinger: AHVNRh. 123 (1933), S. 45–49.

Kirner, G., Due vite inedite di S. Marcello vescovo di Die: Studi storici 9 (1900), S. 289–327.

Kleinclausz, Arthur, Alcuin (Paris 1948).
Klopsch, Paul, Einführung in die mittellateinische Verslehre (Darmstadt 1972).
Knop, Fritz, Die Libri Carolini und die Epistola Hadriani papae de imaginibus als Quellen für das Verhältnis Karls des Großen zum griechischen Kaiser und römischen Papst auf Grund der augustinisch-eschatologischen Anschauungen (Diss. Greifswald 1914).
Köhler, Wilhelm, Die karolingischen Miniaturen I. Die Schule von Tours. Text Tl. 1–2. Tafeln (Berlin 1930–33).
Krinke, Johannes, Der spanische Taufritus im frühen Mittelalter: Gesammelte Aufsätze zur Kulturgeschichte Spaniens 9 (Münster 1954), S. 33–116.
Kusch, Horst, Einführung in das lateinische Mittelalter I. Dichtung (Darmstadt 1957).
Labbe, Philippe, Nova bibliotheca manuscriptorum librorum (Parisiis 1653).
Lambot, C., La tradition manuscrite des sermons de Saint Augustin pour la Noël et l'Epiphanie: Revue bénédictine 77 (1967), S. 217–245.
Langosch, Karl, Lyrische Anthologie des lateinischen Mittelalters. Mit deutschen Versen (Darmstadt 1968).
–, Die mutter- und die vatersprachige Literatur des Mittelalters in der Entwicklung der Künste in Deutschland I–II: Mittellateinisches Jahrbuch 1 (1964), S. 9–33.
–, Profile des lateinischen Mittelalters. Geschichtliche Bilder aus dem europäischen Geistesleben (Darmstadt 1965).
Lautensach, Hermann, Iberische Halbinsel (München 1964).
Leclercq, Henri, Art. „Fleury-sur-Loire“: DACL. V, 2 (Paris 1923), col. 1709–1760.
–, Art. „symbole“: DACL. XV, 2 (Paris 1953), col. 1756–1778.
Ledru, A., Théodulphe, évêque d'Orléans, et l'hymne Gloria, laus: La Province du Maine, 2e sér. T. VI (1926), S. 60–72.
Lehmann, Paul, Das Problem der karolingischen Renaissance: I problemi della civiltà carolingia. Settimane di studio del centro italiano di studi sull' alto medioevo I (Spoleto 1954), S. 309–358; ND.: P. L., Erforschung des Mittelalters. Ausgewählte Abhandlungen und Aufsätze II (Stuttgart 1959), S. 109–138.
–, Figurale Schriftflächen: Zeitschrift für Buchkunde 1 (1924), S. 74–77; ND.: P. L., Erforschung des Mittelalters III (Stuttgart 1960), S. 60–66.
Lehr, Ferdinand, Die sakramentale Krankenölung im ausgehenden Altertum und im Frühmittelalter. Mit besonderer Berücksichtigung der ältesten römischen Sakramentarien (Diss. Freiburg 1934).
Lemarignier, Marie-Marguerite, Les cartulaires de Saint-Mesmin de Micy. Etude critique et essai de restitution: Ecole nationale des chartes. Position des thèses (Nogent-le-Rotrou 1937).
Lesne, Emile, Histoire de la propriété ecclésiastique en France. IV. Les livres, „scriptoria“ et bibliothèques du commencement du VIIIe à la fin du IXe siècle (Lille 1938). V. Les écoles de la fin du VIIIe à la fin du XIIe siècle (Lille 1940).
Levison, Wilhelm, England and the Continent in the eighth century (Oxford 1946).
Libellus de processione sancti Spiritus, Migne PL. 101, col. 64–84; Widmungsbrief ed. Ernst Dümmler, MGH. Epp. IV (Berlin 1895), S. 490 f.
Liber miraculorum Sancti Maximini abbatis Miciacensis auctore Letaldo monacho Miciacensi (BHL. 5820), AA. SS. OSB. Saec. I (Lutetiae Parisiorum 1668), S. 598–613.
Le Liber ordinum en usage dans l'Eglise wisigothique et mozarabe d'Espagne du cinquième au onzième siècle publ. par D. Marius Férotin. Monumenta ecclesiae liturgica V (Paris 1904).
Le Liber pontificalis, ed. Louis Duchesne. Texte, introduction et commentaire. I–II (Paris 1886–92). ND. u. III publ. par Cyrille Vogel (Paris 1955–57).

Liber sacramentorum Romanae Aecclesiae ordinis anni circuli (Cod. Vat. Reg. lat. 316 / Paris Bibl. Nat. 7193, 41/56) (Sacramentarium Gelasianum) hg. v. Leo Cunibert Mohlberg. Rerum ecclesiasticarum documenta. Series maior. Fontes IV (Rom 1960).

Libri Carolini sive Caroli Magni capitulare de imaginibus, ed. Hubert Bastgen, MGH. Conc. II Suppl. (Hannover – Leipzig 1924).

Liebeschütz, Hans, Theodulf of Orleans and the problem of the Carolingian Renaissance: Fritz Saxl 1890–1948. A volume of memorial essays (London 1957), S. 77–92.

Liersch, Karl, Die Gedichte Theodulfs, Bischofs von Orléans (Diss. Halle 1880).

Lindholm, Gudrun, Studien zum mittellateinischen Prosarhythmus. Seine Entwicklung und sein Abklingen in der Briefliteratur Italiens. Studia Latina Stockholmiensia X (Stockholm 1963).

Löwe, Heinz, Von Theoderich dem Großen zu Karl dem Großen. Das Werden des Abendlandes im Geschichtsbild des frühen Mittelalters: DA. 9 (1952), S. 353–401.

Lowe, Elias Avery, The Codex Cavensis: Quantulacumque. Studies presented to Kirsopp Lake (London 1937), S. 325–331.

–, Codices Latini Antiquiores. A palaeographical guide to Latin manuscripts prior to the ninth century. V. France: Paris. VI. France: Abbeville – Valenciennes (Oxford 1950–53).

Lubac, Henri de, Exégèse médiévale. Les quatre sens de l'Ecriture I–II, 2 (Paris 1959–64).

–, Histoire et esprit. L'intelligence de l'Ecriture d'après Origène (Paris 1950).

–, „Typologie“ et „allégorisme“: Recherches de science religieuse 34 (1947), S. 180–226.

Lundberg, Per, La typologie baptismale dans l'ancienne église (Leipzig – Uppsala 1942).

Lynch, Charles Henry, Saint Braulio, bishop of Saragossa (631–651). His life and writings (Washington 1938).

Maassen, Friedrich, Geschichte der Quellen und der Literatur des canonischen Rechts im Abendlande bis zum Ausgange des Mittelalters I (Graz 1870).

Mähl, Sibylle, Quadriga virtutum. Die Kardinaltugenden in der Geistesgeschichte der Karolingerzeit: Archiv für Kulturgeschichte Beih. 9 (Köln – Wien 1969).

Manitius, Max, Geschichte der lateinischen Literatur des Mittelalters I–II (München 1911–23).

–, Geschichte der christlich-lateinischen Poesie bis zur Mitte des 8. Jahrhunderts (Stuttgart 1891).

–, Zu karolingischen Gedichten/Dichtern: NA. 11 (1886), S. 553–563; 17 (1892), S. 614–616.

Mansi, Joannes Dominicus, Sacrorum conciliorum nova et amplissima collectio ... Editio novissima ... T. X–XIII (Florentiae 1764–67; ND. Paris – Leipzig 1901–02).

Martianay, Jean, Sancti Eusebii Hieronymi ... Divina Bibliotheca (Parisiis 1693).

–, Divi Hieronymi prodromus (Lutetiae Parisiorum 1690).

(Pseudo-) Maximus von Turin, Tractatus III de baptismo, Migne PL. 57, col. 771–782.

Pseudo-Melito, Clavis. Codex Claromontanus, ed. Joannes Baptista Pitra: Analecta sacra Spicilegio Solesmensi parata II (Tusculum 1884; ND. Farnborough 1966), S. 6–127.

Mentz, Arthur, Die tironischen Noten. Eine Geschichte der römischen Kurzschrift: AUF. 17 (1942), S. 155–303.

Messerer, Wilhelm, Der Stil in der karolingischen Kunst. Zum Stand der Forschung: DVLG. 41 (1967), S. 117–166.

Meyer, Wilhelm, Die rythmische lateinische Prosa: Gesammelte Abhandlungen zur mittellateinischen Rythmik II (Berlin 1905), S. 236–286 (zuerst: Göttingische Gelehrte Anzeigen 1893, Nr. 1).

Miracula Sancti Benedicti ab Adrevaldo Aimoino, Andrea, Radulfo Tortario et Hugone de Sancta Maria monachis Floriacensibus scripta, ed. Eugène de Certain, Les miracles de Saint Benoît (Paris 1858); Auszüge ed. Oswald Holder-Egger, MGH. SS. XV, 1 (Hannover 1887), S. 474–500.

Mohlberg, Kunibert, Note liturgiche. Elementi per precisare l'origine del Sacramentario gelasiano del secolo VIII: Atti della Pontificia Accademia Romana di Archeologia. Rendiconti 7 (1929–1931), S. 19–33.

Mohr, Walter, Die kirchliche Einheitspartei und die Durchführung der Reichsordnung von 817: ZKG. 72 (1961), S. 1–45.

–, Die karolingische Reichsidee (Münster 1962).

Monod, Gabriel, Les mœurs judiciaires au VIII^e^ siècle. D'après la Paraenesis ad iudices de Théodulf: Revue historique 35 (1887), S. 1–20.

–, La renaissance carolingienne: Séances et travaux de l'Académie des Sciences Morales et Politiques 59 (1899), S. 137–166.

Monumenta Germaniae Historica.

Leges nationum Germanicarum I. Leges Visigothorum, ed. Karl Zeumer (Hannover – Leipzig 1902).

Capitularia regum Francorum I, ed. Alfred Boretius (Hannover 1883).

Concilia II, 1–2. Concilia aevi Karolini, ed. Albert Werminghoff (Hannover – Leipzig 1906–08).

Formulae Merowingici et Karolini aevi, ed. Karl Zeumer (Hannover 1886).

Diplomata regum Francorum e stirpe Merowingica, ed. Karl August Friedrich Pertz (Hannover 1872).

Diplomata Karolinorum I. Die Urkunden Pippins, Karlmanns und Karls des Großen. Bearb. v. Engelbert Mühlbacher (Hannover 1906).

Epistolae

I–II. Gregorii I papae registrum epistolarum, edd. Paul Ewald – Ludo Moritz Hartmann (Berlin 1887–99).

III. Epistolae Merowingici et Karolini aevi, edd. Wilhelm Gundlach u. a. (Berlin 1892).

IV. Epistolae Karolini aevi, ed. Ernst Dümmler (Berlin 1895).

V, 1–2. Epistolae Karolini aevi, edd. Ernst Dümmler u. a. (Berlin 1898–99).

VI, 1–2. Epistolae Karolini aevi, edd. Ernst Dümmler – Ernst Perels (Berlin 1902–25).

Epistolae selectae I. Die Briefe des heiligen Bonifatius und Lullus. Hg. v. Michael Tangl (Berlin 1916).

Poetae Latini medii aevi. Poetae Latini aevi Carolini.

I–II, ed. Ernst Dümmler (Berlin 1881–84).

IV, 1–3, edd. Paul von Winterfeld – Karl Strecker (Berlin 1899–1923).

Mühlbacher, Engelbert, Zur Geschichte König Bernhards von Italien: MIÖG. 2 (1881), S. 296–302.

Müller, Konrad, Allegorische Dichtererklärung: RE. Suppl. IV (Stuttgart 1924), col. 16–22.

Mütherich, Florentine, Die Buchmalerei am Hofe Karls des Großen: Karl der Große III. Karolingische Kunst (Düsseldorf 1965), S. 9-53.

Mundó, Anscari, „Bibliotheca". Bible et lecture du carême d'après Saint Benoît: Revue bénédictine 60 (1950), S. 65-92.

Murphy, Francis X., Julian of Toledo and the condemnation of Monothelitism in Spain: Mélanges Joseph de Ghellinck I (Gembloux 1951), S. 361–373.

Neff, Karl, Die Gedichte des Paulus Diaconus. Kritische und erklärende Ausgabe (München 1908).

Norberg, Dag, Introduction à l'étude de la versification latine médiévale. Studia Latina Stockholmiensia V (Stockholm 1958).

Norden, Eduard, Die antike Kunstprosa vom VI. Jahrhundert v. Chr. bis in die Zeit der Renaissance I–II (² Leipzig – Berlin 1909; ND. Darmstadt 1958).

Nordenfalk, Carl, Die spätantiken Kanontafeln. Kunstgeschichtliche Studien über die eusebianische Evangelien-Konkordanz in den vier ersten Jahrhunderten ihrer Geschichte. Textbd. Tafelbd. (Göteborg 1938).

Notker der Stammler, Gesta Karoli Magni imperatoris, ed. Hans-Frieder Haefele, MGH. SS. rer. Germ. N. S. XII (Berlin 1959).

Ohly, Ernst Friedrich, Sage und Legende in der Kaiserchronik. Untersuchungen über Quellen und Aufbau der Dichtung (Münster 1940; ND. Darmstadt 1968).

–, Vom geistigen Sinn des Wortes im Mittelalter: ZfdA. 89 (1958/59), S. 1–23.

–, Geistige Süße bei Otfried: Typologia litterarum. Festschrift für Max Wehrli (Zürich 1969), S. 95–124.

–, Synagoge und Ecclesia. Typologisches in mittelalterlicher Dichtung: Miscellanea mediaevalia 4 (1966), S. 350–369.

Origenes, Commentarium in Canticum Canticorum (Übersetzung des Rufinus), ed. Wilhelm Adolf Baehrens, GCS. 33 (Leipzig 1925), S. 61–241.

Otfrid von Weißenburg, Evangelienbuch. Hg. v. Oskar Erdmann – Ludwig Wolff. Altdeutsche Textbibliothek Nr. 49 (⁴ Tübingen 1962).

Pauli, R., Karl der Große in northumbrischen Annalen: FDG. 12 (1872), S. 137–166.

Paulus Diaconus, Historia Langobardorum, edd. Ludwig Bethmann – Georg Waitz, MGH. SS. rer. Langob. (Hannover 1878), S. 12–187.

Pelagius, Confessio seu libellus fidei ad Innocentium papam (Pseudo-Hieronymus, Epistola 16), Migne PL. 48, col. 488–491.

Pépin, Jean, Mythe et allégorie. Les origines grecques et les contestations judéo-chrétiennes (Paris 1958).

Pfister, Rudolf, Les tissus orientaux de la Bible de Théodulfe: Coptic studies in honor of Walter Ewing Crum (Boston 1950), S. 501–530.

Pitra, Jean Baptiste, Spicilegium Solesmense complectens sanctorum patrum scriptorumque ecclesiasticorum anecdota hactenus opera, selecta e Graecis Orientalibusque et Latinis codicibus T. II (Paris 1855; ND. Graz 1963).

Polheim, Karl, Die lateinische Reimprosa (Berlin 1925).

Poncelet, Albert, La bibliothèque de l'abbaye de Micy au IXᵉ et au Xᵉ siècle: Analecta Bollandiana 23 (1904), S. 76–84.

–, Les saints de Micy: Analecta Bollandiana 24 (1905), S. 5–104.

Porcher, Jean, La peinture provinciale: Karl der Große III. Karolingische Kunst (Düsseldorf 1965), S. 54–73.

Poschmann, Bernhard, Buße und Letzte Ölung: Handbuch der Dogmengeschichte. Hg. v. Michael Schmaus – Josef R. Geiselmann – Alois Grillmaier. IV, 3 (Freiburg 1951).

Power, E., The lost ninth century Bible of Carcassonne: Biblica 5 (1924), S. 197 bis 201.

–, Corrections from the Hebrew in the Theodulfian mss. of the Vulgate: Biblica 5 (1924), S. 233–258.

Prinz, Friedrich, Frühes Mönchtum im Frankenreich (München – Wien 1965).

Prou, Maurice – Vidier, Alexandre, Recueil des chartes de l'abbaye de Saint-Benoît-sur-Loire I (Paris 1900–07).

Prudentius, Carmina, ed. Maurice P. Cunningham, CC. 126 (Turnhout 1966).

Puniet, P. de, Art. „apertio aurium": DACL. I, 2 (Paris 1924), col. 2523–2537.

–, Art. „baptême": DACL. II, 1 (Paris 1925), col. 251–346.

–, Art. „catéchuménat": DACL. II, 2 (Paris 1925), col. 2579–2621.

Quaestiones hebraicae in libros Regum et Paralipomenon, Migne PL. 23, col. 1329 bis 1402.

Quentin, Henri, Mémoire sur l'établissement du texte de la Vulgate I. Octateuque. Collectanea Biblica Latina VI (Rom – Paris 1922).

Raby, Frederick James Edward, A history of Christian-Latin poetry from the beginnings to the close of the Middle Ages (²Oxford 1953).

Rand, Edward Kennard, Dom Quentin's memoir on the text of the Vulgate: Harvard Theological Review 17 (1924), S. 197–264.

Reydellet, Marc, La diffusion des „Origines" d'Isidore de Séville au haut Moyen Age: Mélanges d'archéologie et d'histoire 78 (1966), S. 383–437.

–, Les intentions idéologiques et politiques dans la Chronique d'Isidore de Séville: Mélanges d'archéologie et d'histoire 82 (1970), S. 363–400.

Rieber, Ernst, Die Bedeutung alttestamentlicher Vorstellungen für das Herrscherbild Karls des Großen und seines Hofkreises (Diss. masch. Tübingen 1949).

Rose, Valentin, Verzeichniss der lateinischen Handschriften der Königlichen Bibliothek zu Berlin I. Die Meerman-Handschriften des Sir Thomas Phillipps (Berlin 1893).

Rossi, Ioannes Baptista de, Inscriptiones Christianae urbis Romae septimo saeculo antiquiores II (Romae 1888).

Rufinus von Aquileja, Expositio Symboli, ed. Manlius Simonetti, CC. 20 (Turnhout 1961), S. 125–182.

Rzehulka, Ernst, Theodulf, Bischof von Orléans, Abt der Klöster St. Benoît zu Fleury und St. Aignan in Orléans (Diss. Breslau 1875).

Sabatier, Petrus, Bibliorum Sacrorum Latinae versiones antiquae seu Vetus Italica I–III (Remis 1743–49; ND. Parisiis 1751).

Sainte-Marie, Henri de, Sancti Hieronymi Psalterium iuxta Hebraeos. Collectanea Biblica Latina XI (Rom 1954).

Salmon, Pierre, Les manuscrits liturgiques latins de la Bibliothèque Vaticane II. Sacramentaires, épistoliers, évangéliaires, graduels, missels. Studi e testi 253 (Città del Vaticano 1969).

Schade, Herbert, Die Libri Carolini und ihre Stellung zum Bild: ZKTh. 79 (1957), S. 69–78.

Schaller, Dieter, Die karolingischen Figurengedichte des Cod. Bern. 212: Medium aevum vivum. Festschrift für Walther Bulst (Heidelberg 1960), S. 22–47.

–, Geraldus und St. Gallen. Zum Widmungsgedicht des „Waltharius": Mittellateinisches Jahrbuch 2 (1965), S. 74–84.

–, Der junge „Rabe" am Hof Karls des Großen (Theodulf. carm. 27): Festschrift Bernhard Bischoff zu seinem 65. Geburtstag ... (Stuttgart 1971), S. 123–141.

–, Lateinische Tierdichtung in frühkarolingischer Zeit: Das Tier in der Dichtung. Hg. v. Ute Schwab (Heidelberg 1970), S. 91–113, 272–276.

–, Philologische Untersuchungen zu den Gedichten Theodulfs (Diss. masch. Heidelberg 1956).

–, Philologische Untersuchungen zu den Gedichten Theodulfs von Orléans: DA. 18 (1962), S. 13–91.

Schanz, Martin, Geschichte der römischen Litteratur bis zum Gesetzgebungswerk des Kaisers Justinian IV, 1 (²München 1914).

Scheibe, Friedrich-Carl, Alcuin und die Admonitio generalis: DA. 14 (1958), S. 221–229.

Scheidt, Hubert, Die Taufwasserweihegebete im Sinne vergleichender Liturgieforschung untersucht (Münster 1935).
Schieffer, Theodor, Die Krise des karolingischen Imperiums: Aus Mittelalter und Neuzeit. Gerhard Kallen zum 70. Geburtstag dargebracht ... (Bonn 1957), S. 1 bis 15.
Schmidt, Roderich, Aetates mundi. Die Weltalter als Gliederungsprinzip der Geschichte: ZKG. 67 (1955/56), S. 288–317.
Schnitzler, Hermann, Das Kuppelmosaik der Aachener Pfalzkapelle: Aachener Kunstblätter 29 (1964), S. 17–44.
Schramm, Percy Ernst, Karl der Große. Denkart und Grundauffassungen – Die von ihm bewirkte Correctio („Renaissance"): HZ. 198 (1964), S. 306–345; ND.: P. E. S., Kaiser, Könige und Päpste. Gesammelte Aufsätze zur Geschichte des Mittelalters I (Stuttgart 1968), S. 302–341.
–, „Mitherrschaft im Himmel". Ein Topos des Herrscherkults in christlicher Einkleidung: Polychronion. Festschrift Franz Dölger (Heidelberg 1966), S. 480–485; erweiterter ND.: P. E. S., Kaiser, Könige und Päpste I (Stuttgart 1968), S. 79–85.
Schubert, Hans von, Geschichte der christlichen Kirche im Frühmittelalter (Tübingen 1921; ND. Darmstadt 1962).
Schulze, Paul, Die Entwicklung der Hauptlaster- und Haupttugendlehre von Gregor dem Großen bis Petrus Lombardus und ihr Einfluß auf die frühdeutsche Literatur (Diss. Greifswald 1914).
Seckel, Emil, Studien zu Benedictus Levita I: NA. 26 (1901), S. 37–72.
Semmler, Josef, Die Beschlüsse des Aachener Konzils im Jahre 816: ZKG. 74 (1963), S. 15–82.
–, Karl der Große und das fränkische Mönchtum: Karl der Große II. Das geistige Leben (Düsseldorf 1965), S. 255–289.
Seppelt, Franz Xaver, Geschichte des Papsttums II. Das Papsttum im Frühmittelalter (Leipzig 1934).
Severus, Emmanuel von, Lupus von Ferrières. Gestalt und Werk eines Vermittlers antiken Geistesgutes an das Mittelalter im 9. Jahrhundert (Diss. Bonn 1940).
Sigebert von Gembloux, Chronica cum continuationibus, ed. Ludwig Conrad Bethmann, MGH. SS. VI (Hannover 1844), S. 268–474.
Simson, Bernhard, Jahrbücher des fränkischen Reiches unter Ludwig dem Frommen I (Leipzig 1874; ND. Berlin 1969).
Smaragdus von St. Mihiel, Libellus de processione sancti Spiritus, ed. Albert Werminghoff, MGH. Conc. II, 1 (Hannover – Leipzig 1906), Nr. 33 A S. 236–239.
Stein, Edmund, Die allegorische Exegese des Philo aus Alexandrien: Zeitschrift für die alttestamentliche Wissenschaft Beih. 51 (Gießen 1929).
Steinen, Wolfram von den, Entstehungsgeschichte der Libri Carolini: QFIAB. 21 (1929/30), S. 1–93.
–, Karl der Große und die Libri Carolini. Die tironischen Randnoten zum Codex authenticus: NA. 49 (1932), S. 207–280.
–, Karl und die Dichter: Karl der Große II. Das geistige Leben (Düsseldorf 1965), S. 63–94.
–, Der Neubeginn: Karl der Große II. Das geistige Leben (Düsseldorf 1965), S. 9–27.
Steinmeyer, Elias – Sievers, Eduard, Die althochdeutschen Glossen IV (Berlin 1898).
Steinmeyer, Elias von, Die kleineren althochdeutschen Sprachdenkmäler (Berlin 1916).
Stengel, Edmund Ernst, Urkundenbuch des Klosters Fulda I (Marburg 1913–58).
Stevenson, Enrico, Codices Palatini latini Bibliothecae Vaticanae descripti I (Bibliothecae apostolicae Vaticanae codices manuscripti recensiti) (Rom 1886).

Stickler, Alphonsus M., Historia iuris canonici latini I. Historia fontium (Turin 1950).

Strecker, Karl, Studien zu karolingischen Dichtern: NA. 43 (1922), S. 477–511; 44 (1922), S. 209–251.

Szövérffy, Josef, Weltliche Dichtungen des lateinischen Mittelalters. Ein Handbuch. I. Von den Anfängen bis zum Ende der Karolingerzeit (Berlin 1970).

Taius von Saragossa, Brief an Eugenius von Toledo, ed. Friedrich Vollmer, MGH. AA. XIV (Berlin 1905), S. 287–290.

–, Sententiarum libri V, Migne PL. 80, col. 727–990.

Tangl, Georgine, Die Sendung des ehemaligen Hausmeiers Karlmann in das Frankenreich im Jahre 754 und der Konflikt der Brüder. Exkurs 1: Das Schreiben des Papstes Zacharias an die fränkische Geistlichkeit vom Jahr 750/51: QFIAB. 40 (1960), S. 28–36.

Tangl, Michael, Die Tironischen Noten der Vatikanischen Handschrift der Libri Carolini: NA. 36 (1911), S. 752–754.

Tellenbach, Gerd, Der großfränkische Adel und die Regierung Italiens in der Blütezeit des Karolingerreiches: Studien und Vorarbeiten zur Geschichte des großfränkischen und frühdeutschen Adels. Hg. v. Gerd Tellenbach. Forschungen zur oberrheinischen Landesgeschichte IV (Freiburg 1957), S. 40–70.

–, Königtum und Stämme in der Werdezeit des Deutschen Reiches (Weimar 1939).

–, Römischer und christlicher Reichsgedanke in der Liturgie des frühen Mittelalters: Sitzungsberichte der Heidelberger Akademie der Wissenschaften, phil.-hist. Kl., Jg. 1934/35 Abh. 1 (Heidelberg 1934).

Tessier, Georges, Recueil des actes de Charles II le Chauve, roi de France. I–III (Paris 1943–55).

Thegan, Vita Hludowici imperatoris, ed. Georg Heinrich Pertz, MGH. SS. II (Hannover 1829), S. 590–604.

Thillier, Joseph – Jarry, Eugène, Cartulaire de Sainte-Croix d'Orléans (814–1300): Mémoires de la Société archéologique et historique de l'Orléanais 30 (Orléans 1906).

Karolingische Traktate über die Taufe

a. Erhaltene Antworten der Metropoliten auf das Rundschreiben Karls des Großen von 811:

Amalar von Trier, Epistula de scrutinio et baptismo, ed. Ernst Dümmler, MGH. Epp. V, Amalarii epistolae Nr. 2, S. 242–244.
Voller Text: ed. Jean Michel Hanssens, Amalarii episcopi opera liturgica omnia I. Studi e testi 138 (Città del Vaticano 1948), S. 236–251.

Leidrad von Lyon, Epistolae de baptismo, ed. Ernst Dümmler, MGH. Epp. IV, Epistolae variorum Nr. 28–29, S. 539–541.
Voller Text: Migne PL. 99, col. 853–884.

Magnus von Sens, Libellus de mysterio baptismatis, ed. Ernst Dümmler, MGH. Epp. IV, Epistolae variorum Nr. 25, S. 534 f.
Voller Text: Migne PL. 102, col. 981–984.

Maxentius von Aquileja, Epistola de baptismo, ed. Ernst Dümmler, MGH. Epp. IV, Epistolae variorum Nr. 27, S. 537–539.

Odilbert von Mailand, Liber de baptismo, ed. Friedrich Wiegand, Erzbischof Odilbert von Mailand über die Taufe (Leipzig 1899; ND. Aalen 1972), S. 25–37.

(Pseudo-Amalar) *Domino meo Karolo* . . ., ed. Ernst Dümmler, MGH. Epp. V, Amalarii epistolae Nr. 14, S. 273 f.; Jean Michel Hanssens, Deux documents carolingiens sur le baptême: Ephemerides liturgicae 41 (1927), S. 79 f.

(anonym) *Haec est epistola quam ad aures domni imperatoris direximus* ..., ed. Ernst Dümmler, MGH. Epp. IV, Epistolae variorum Nr. 26, S. 535–537.
(anonym) *Haec sunt causae quas domnus imperator* ..., Migne PL. 98, col. 939–940.
(anonym) *O serenissime adque piisime aguste* ..., ed. Jean Michel Hanssens, Deux documents carolingiens sur le baptême: Ephemerides liturgicae 41 (1927), S. 81 f.
(anonym; Arn von Salzburg?) *Primo ergo in catechizandis rudibus* ..., ed. A. E. Burn, Neue Texte zur Geschichte des apostolischen Symbols V. Ordo de catechizandis rudibus: ZKG. 25 (1904), S. 148–154.

b. Sonstige Traktate:

Jesse von Amiens, Epistola de baptismo, Migne PL. 105, col. 781–793.
Theodulf von Orléans, Liber de ordine baptismi, siehe S. 237.
(anonym) *Catechumeni sunt, qui primum* ..., Migne PL. 106, col. 53–58.
(anonym) *Primus gradus est catecuminorum* ..., ed. André Wilmart, Un florilège carolingien sur le symbolisme des cérémonies du baptême: Analecta Reginensia. Extraits des manuscrits latins de la reine Christine conservés au Vatican. Studi e testi 59 (Città del Vaticano 1933), S. 157–170.

Traube, Ludwig, Hieronymi chronicorum codicis Floriacensis fragmenta Leidensia, Parisina, Vaticana (Leyden 1902).
Trithemius, Johannes, Liber de scriptoribus ecclesiasticis (Basel 1494).
Venantius Fortunatus, Opera poetica, ed. Friedrich Leo, MGH. AA. IV, 1 (Berlin 1881).
Vetus Latina. Die Reste der altlateinischen Bibel nach Petrus Sabatier neu gesammelt und hg. v. der Erzabtei Beuron (Freiburg 1949 ff.).
Vidier, Alexandre († 1927), L'historiographie à Saint-Benoît-sur-Loire et les miracles de Saint Benoît. Ouvrage posthume revu et annoté par les soins des moines de l'abbaye de Saint-Benoît de Fleury (Paris 1965).
Vieillard-Troiekouroff, May, Les Bibles de Théodulphe et la Bible wisigothique de la Cava dei Tirreni: Synthronon. Art et archéologie de la fin de l'Antiquité et du Moyen Age. Recueil d'études par André Grabar et un groupe de ses disciples. Bibliothèque des Cahiers archéologiques II (Paris 1968), S. 153–166.
–, Nouvelles études sur les mosaïques de Germigny-des-Prés: Cahiers archéologiques 17 (1967), S. 103–112.
–, Tables de canons et stucs carolingiens. Le décor architectural et anicônique des Bibles de Théodulphe et celui de l'église de Germigny-des-Prés: Stucchi e mosaici alto medioevali [I]. Atti dell' ottavo Congresso di studi sull' arte dell' alto medioevo, Verona, Vicenza, Brescia 1959 (Mailand 1962), S. 154–178.
Vignier, Jérôme, Sancti Aurelii Augustini Hipponensis episcopi operum ... supplementum (Parisiis 1654).
Vita Alcuini, ed. Wilhelm Arndt, MGH. SS. XV, 1 (Hannover 1887), S. 182–197.
Vita Eucherii episcopi Aurelianensis, ed. Wilhelm Levison, MGH. SS. rer. Merov. VII (Hannover 1919–20), S. 41–53.
Vita Sancti Maximini abbatis Miciacensis auctore anonymo perantiquo (BHL. 5814), AA. SS. OSB. Saec. I (Lutetiae Parisiorum 1668), S. 581–591.
Vita Sancti Maximini abbatis Miciacensis auctore Bertoldo monacho Miciacensi (BHL. 5817), AA. SS. OSB. Saec. I (Lutetiae Parisiorum 1668), S. 591–597; Widmungsgedicht ed. Karl Strecker, Versus libris adiecti Nr. 9, MGH. Poetae IV, 3 (Berlin 1923), S. 1060.
Vives, José, En torno a la datación del Antifonario Legionense: Hispania Sacra 8 (1955), S. 117–124.

Vogel, Cyrille, Introduction aux sources de l'histoire du culte chrétien au moyen âge I–II: Studi medievali 3 (1962), S. 1–97; 4 (1963), S. 435–569; ND. u. III: Biblioteca degli „Studi medievali" I (Spoleto 1966).
–, La réforme cultuelle sous Pépin le Bref et sous Charlemagne (Graz 1965).
–, La réforme liturgique sous Charlemagne: Karl der Große II. Das geistige Leben (Düsseldorf 1965), S. 217–232.
Voigt, Karl, Die karolingische Klosterpolitik und der Niedergang des westfränkischen Königtums. Laienäbte und Klosterinhaber (Stuttgart 1917).
–, Staat und Kirche von Konstantin dem Großen bis zum Ende der Karolingerzeit (Stuttgart 1936; ND. Aalen 1965).
Voss, Gerhard Johann, De historicis latinis libri III (Lugduni Batavorum 1627).
Wallach, Luitpold, The unknown author of the Libri Carolini. Patristic exegesis, Mozarabic antiphons and the Vetus Latina: Didascaliae. Studies in honor of Anselm M. Albareda (New York 1961), S. 469–515.
–, Charlemagne and Alcuin. Diplomatic studies in Carolingian epistolography: Traditio 9 (1953), S. 127–154.
–, Charlemagne's De litteris colendis and Alcuin: Speculum 26 (1951), S. 288–305.
–, The Libri Carolini and Patristics, Latin and Greek. Prolegomena to a critical edition: The Classical Tradition. Literary and historical studies in honor of Harry Caplan (Ithaca, N. Y. 1966), S. 451–498.
–, Ambrosii verba retro versa e translatione graeca (Libri Carolini II, 15): Harvard Theological Review 65 (1972), S. 171–189.
–, The Greek and Latin versions of II Nicaea and the Synodica of Hadrian I (JE. 2448). A diplomatic study: Traditio 22 (1966), S. 103–125.
Wattenbach, Wilhelm, Deutschlands Geschichtsquellen im Mittelalter bis zur Mitte des dreizehnten Jahrhunderts I ($^{4}$Berlin 1877).
Wattenbach-Levison, Deutschlands Geschichtsquellen im Mittelalter. Vorzeit und Karolinger. H. 1–4 bearb. v. Wilhelm Levison u. Heinz Löwe (Weimar 1952–63).
Werminghoff, Albert, Verzeichnis der Akten fränkischer Synoden von 843–918. Anh.: Capitula episcoporum saec. VIII. et IX.: NA. 26 (1901), S. 665–670.
Werner, Karl, Alcuin und sein Jahrhundert. Ein Beitrag zur christlich-theologischen Literärgeschichte (Paderborn 1876).
Wiegand, Friedrich, Erzbischof Odilbert von Mailand über die Taufe. Ein Beitrag zur Geschichte der Taufliturgie im Zeitalter Karls des Großen (Leipzig 1899; ND. Aalen 1972).
–, Die Stellung des apostolischen Symbols im kirchlichen Leben des Mittelalters (Leipzig 1899; ND. Aalen 1972).
Wieruszowski, Helene, Die Zusammensetzung des gallischen und fränkischen Episkopats bis zum Vertrag von Verdun (843) mit besonderer Berücksichtigung der Nationalität und des Standes: Bonner Jahrbücher 127 (1922), S. 1–83.
Wilmart, André, Codices Reginenses latini II. Codices 251–500 (Bibliothecae apostolicae Vaticanae codices manu scripti recensiti) (Città del Vaticano 1945).
–, Le commentaire des bénédictions de Jacob attribué à Paulin de Milan: Revue bénédictine 32 (1920), S. 57–63.
–, Un florilège carolingien sur le symbolisme des cérémonies du baptême: Analecta Reginensia. Extraits des manuscrits latins de la reine Christine conservés au Vatican. Studi e testi 59 (Città del Vaticano 1933), S. 153–179.
Winterfeld, Paul von, Notkers Vita s. Galli: NA. 27 (1902), S. 744–751.
Wolff, Philippe, L'Aquitaine et ses marges: Karl der Große I. Persönlichkeit und Geschichte (Düsseldorf 1965), S. 269–306.
Wulfinus Boethius, Acta Sancti Iuniani abbatis Mariacensis (BHL. 4562), AA. SS. Augusti T. III (Antverpiae 1737), S. 38–46.

# REGISTER

Abkürzungen: A. = Abt; B. = Bischof; Eb. = Erzbischof; Gf. = Graf; K. = Kaiser/König; Kl. = Kloster; P. = Papst.

# ABBILDUNGEN

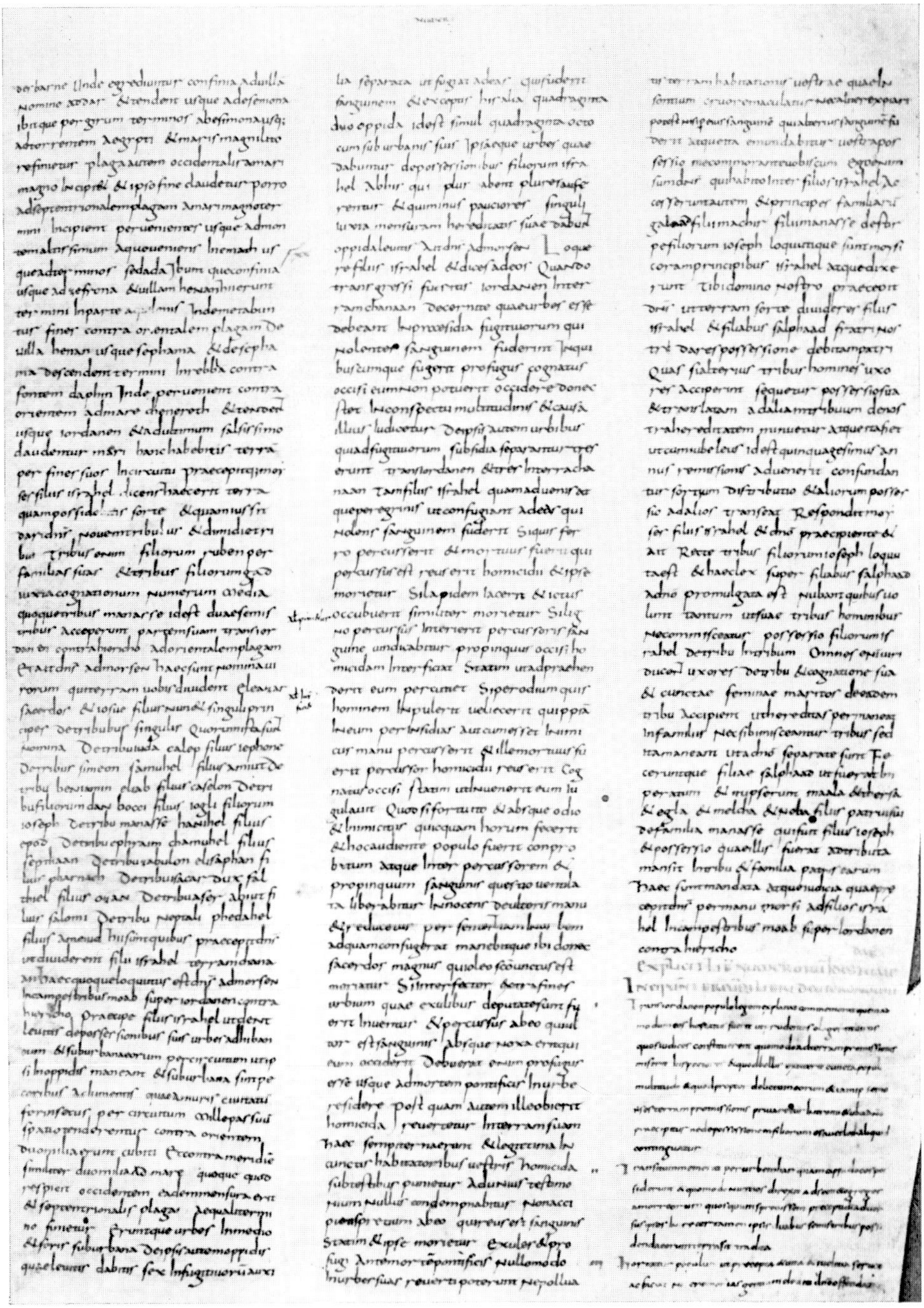

Abb. 1 Θ^S: Stuttgart, Württembergische Landesbibliothek HB. II, 16; fol. 11^r: Num. 34, 4 – Deut. Praef.

Tafel II

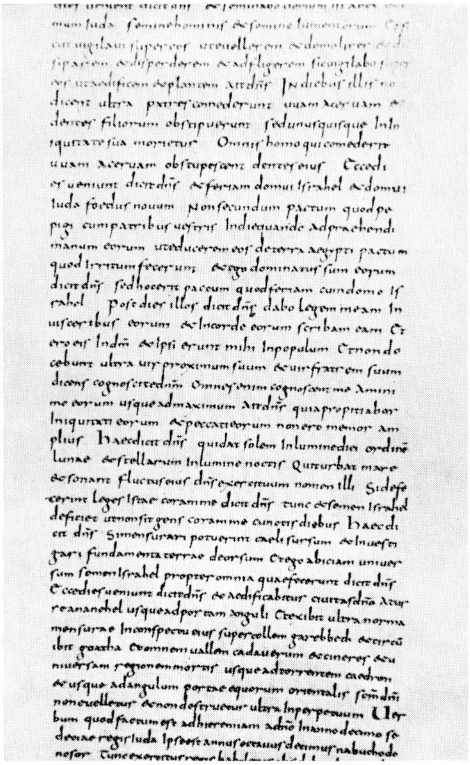

Abb. 2 $\Theta^{A}$: Le Puy, Trésor de la Cathédrale; fol. 105v: Jer. 31, 27 – 32, 2

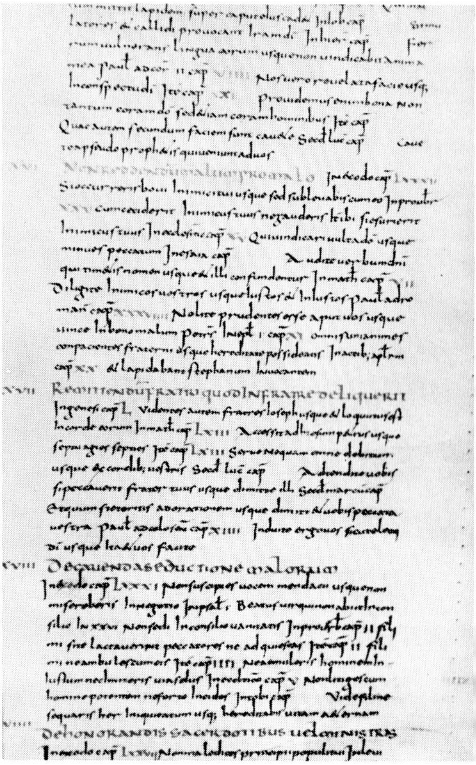

Abb. 3 $\Theta^{A}$: Le Puy, Trésor de la Cathédrale; fol. 339r: Speculum

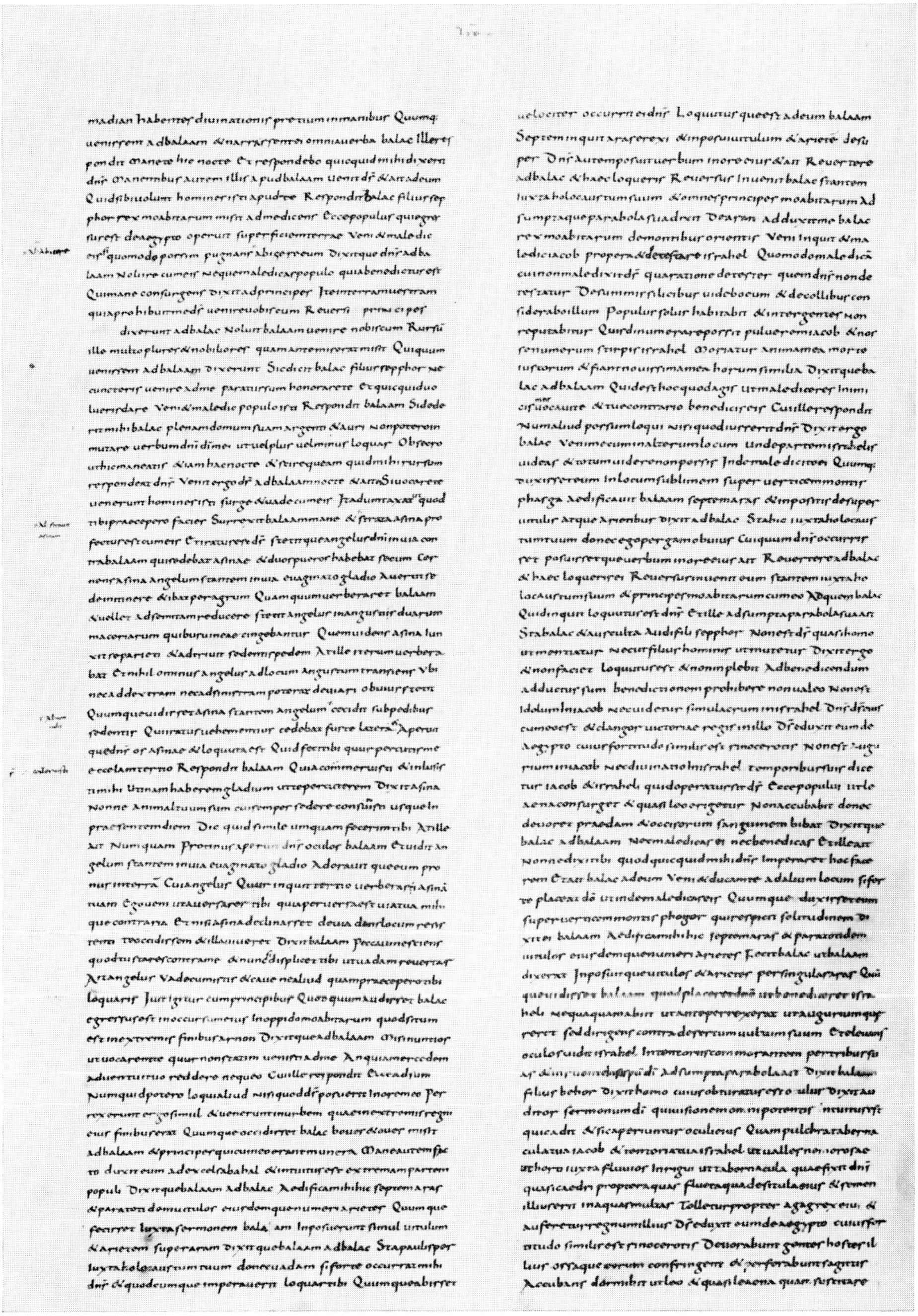

Abb. 4 Θ[M]: Paris, Bibliothèque Nationale, Cod. lat. 9380; fol. 35[v]: Num. 22, 7 – 24, 9

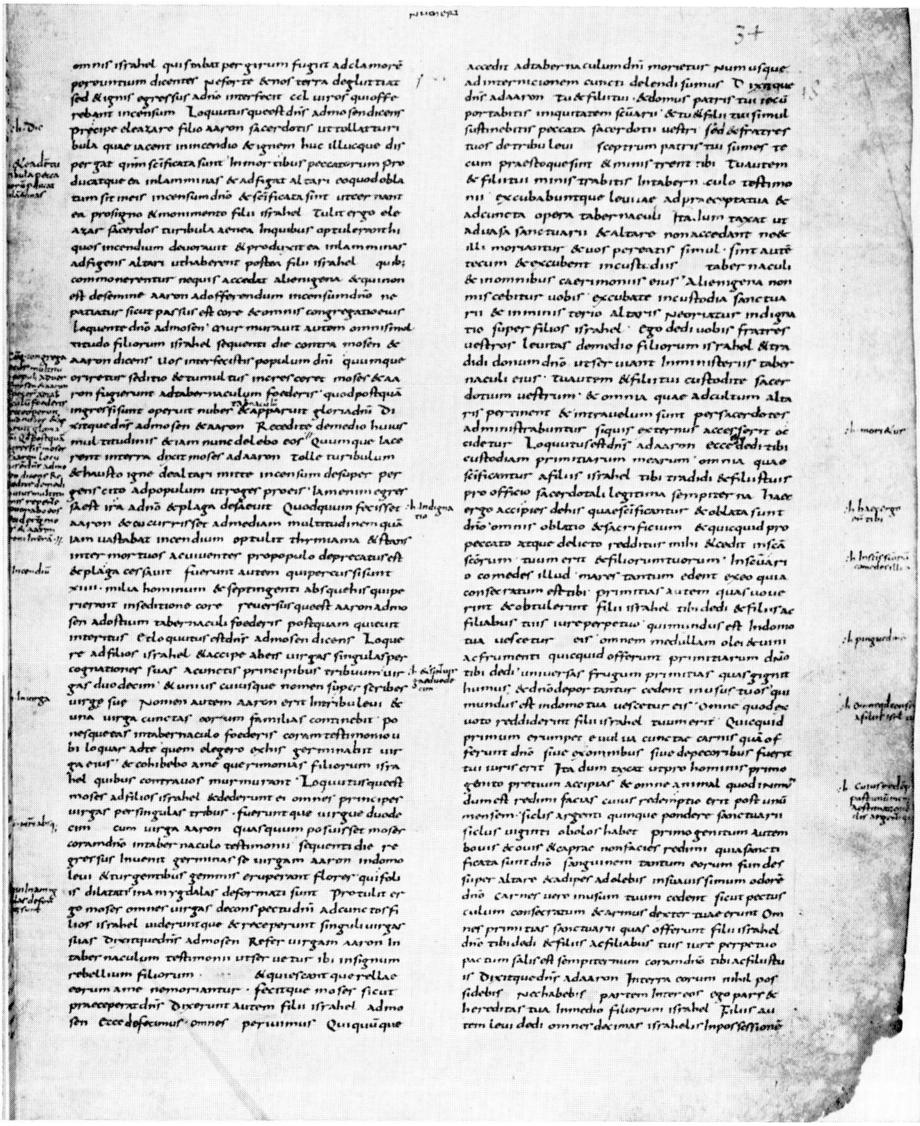

Abb. 5 Θ^G: Paris, Bibliothèque Nationale, Cod. lat. 11 937; fol. 34^r: Num. 16, 34 – 18, 21

LIBER

dicit dns ds israhel Operit autem iniqui
tas uestimentum eius dicit dns exercitu
um Custodite spm uestrum & nolite despi
cere Laborare fecistis dnm in sermonibus
uestris & dixistis In quo eum fecimus labo
rare In eo quum diceretis omnis qui facit
malum bonus est in conspectu dni & tales
ei placent Aut certe ubi est ds iudicii Ecce
ego mittam angelum meum & praeparauit
uiam ante faciem meam & statim ueniet ad
templum suum dominator quem uos quae
ritis & angelus testamenti quem uos uul
tis Ecce uenit dicit dns exercituum & quis
poterit cogitare diem aduentus eius & quis
stabit ad uidendum eum Ipse enim quasi ig
nis conflans & quasi herba fullonum & se
debit conflans & emundans argentum &
purgabit filios leui & colabit eos quasi auru
et quasi argentum & erunt dno offerentes
sacrificia in iustitia & placebit dno sacrifici
um iuda & hierusalem sicut dies saeculi &
sicut anni antiqui & accedam ad uos in iu
dicio & ero testis uelox maleficis & adul
teris & periuris & qui calumniantur mer
cedem mercennarii uiduas & pupillos &
obprimunt peregrinum nec timuerunt me
dicit dns exercituum Ego enim dns & non
mutor & uos filii iacob non estis consum
pti A diebus enim patrum uestrorum reces
sistis a legitimis meis & non custodistis Re
uertimini ad me & reuertar ad uos dicit
dns exercituum Et dixistis In quo reuerte
mur Si adfliget homo dm quia uos configi
tis me Et dixistis In quo configimus te In de
cimis & in primitiuis In paenuria uos male
dicti estis & uos me configitis gens tota In
ferte omnem decimam in horreum & sit ci
bus in domo mea & probate me super hoc di
cit dns Si non aperuero uobis cataractas cael
& effundero uobis benedictionem usque
ad abundantiam & increpabo pro uobis deuo
rantem & non corrumpet fructum terrae
uestrae nec erit sterilis uinea in agro dicit dns
exercituum & beatos uos dicent omnes gen
tes Eritis enim uos terra desiderabilis dicit
dns exercituum Inualuerunt super me uer
ba uestra dicit dns Et dixistis quid locu
ti sumus contra te Dixistis Uanus est qui ser
uit do & quod emolumentum quia custo
diuimus praecepta eius & quia ambulauimus
tristes coram dno exercituum Ergo nunc
beatos dicimus arrogantes Siquidem aedi
ficati sunt facientes impietatem & tempta
uerunt dm & salui facti sunt Tunc locuti sunt
timentes dnm unusquisque cum proximo suo
Et adtendit dns & audiuit & scriptus est li
ber monumenti coram eo timentibus dnm
& cogitantibus nomen eius Et erunt mihi a
it dns exercituum in die qua ego facio in pe
culium & parcam eis sicut parcit uir filio suo
seruienti sibi & conuertimini & uidebitis qd
sit inter iustum & impium & inter seruiente
do & non seruientem ei Ecce enim dies ueni&
succensa quasi caminus & erunt omnes super
bi & omnes facientes impietatem stipula &
inflammabit eos dies ueniens dicit dns exer
cituum quae non relinquet eis radicem & ger
men Et orietur uobis timentibus nomen me
um sol iustitiae & sanitas in pinnis eius & e
gredimini & salietis sicut uituli de armento
& calcabitis impios quum fuerint cinis sub
planta pedum uestrorum in die qua ego facio
dicit dns exercituum Mementote legis moy
si serui mei quam mandaui ei in choreb ad om
nem israhel praecepta & iudicia Ecce ego
mittam uobis heliam prophetam Antequam
ueniat dies dni magnus & horribilis & conuer
tet cor patrum ad filios & cor filiorum ad pa
tres eorum ne forte ueniam & percutiam ter
ram anathemate

Cogor per singulos scripturae diuinae libros aduersariorum res
pondere maledictis qui interpretationem meam reprehensionem sep
tuaginta interpretum criminantur quasi non & apud graecos a
quila & symmachus & theodotion uel uerbum e uerbo uel sensu
e sensu uel ex utroque commixtum & medie temperatum genus
translationis expresserint & omnia ueteris instrumenti uolumina
origenis obelis asteriscisque distinxerit quos uel additos uel
de theodotione sumptos translationi antiquae inseruit probans
defuisse quod additum est Discant igitur obtrectatores mei re
cipere in toto quod in partibus susceperunt aut interpretatio
nem meam cum asteriscis suis radere Neque enim fieri potest
ut quos plura intermisisse conspexerint non eosdem etiam in
quibusdam errasse fateantur praecipue in iob cui si ea quae sub
asteriscis addita sunt subtraxeris pars maxima detruncabitur &
hoc dumtaxat apud graecos ceterum apud latinos ante eam
translationem quam sub asteriscis & obelis nuper edidimus sep
tingenti ferme aut octingenti uersus sunt Quibus decurtatus
& laceratus corrosusque liber foeditatem sui publice legentib
praebet Haec autem translatio nullum de ueteribus sequitur
interpretem sed ex ipso hebraico arabicoque sermone & inter
dum syro nunc uerba nunc sensus nunc simul utrumque resona
bit Obliquus enim etiam apud hebraeos totus liber fertur &
lubricus & quod graece rhetores uocant ἐσχηματισμένος

Abb. 6 $\Theta^G$: Paris, Bibliothèque Nationale, Cod. lat. 11 937;
fol. 154v: Mal. 2, 16 – Iob, Praef.

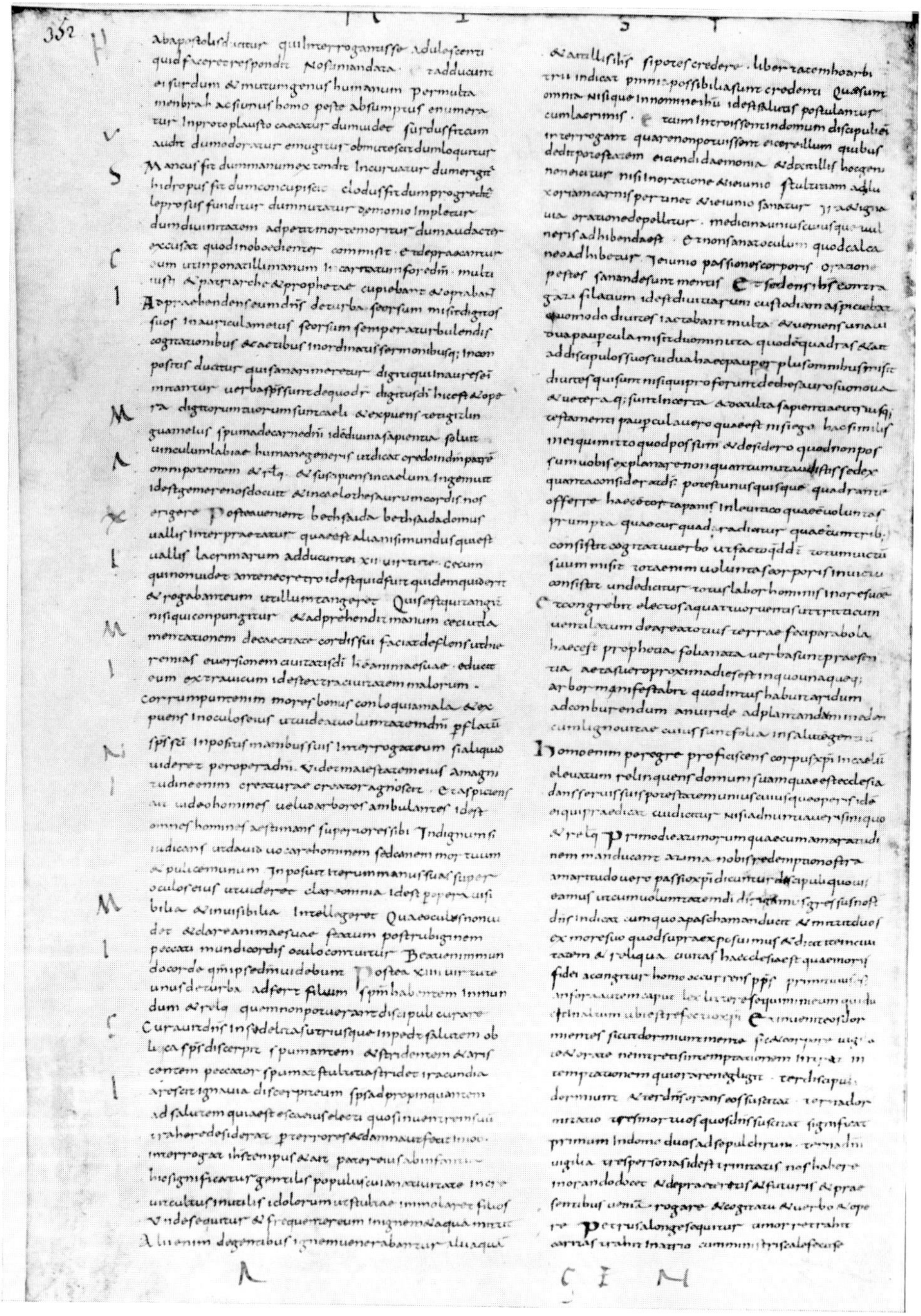

Abb. 7 Paris, Bibliothèque Nationale, Cod. lat. 15679: Theodulfs Vademecum der biblischen Kommentare mit Exlibris der Klosterbibliothek Micy. S. 352

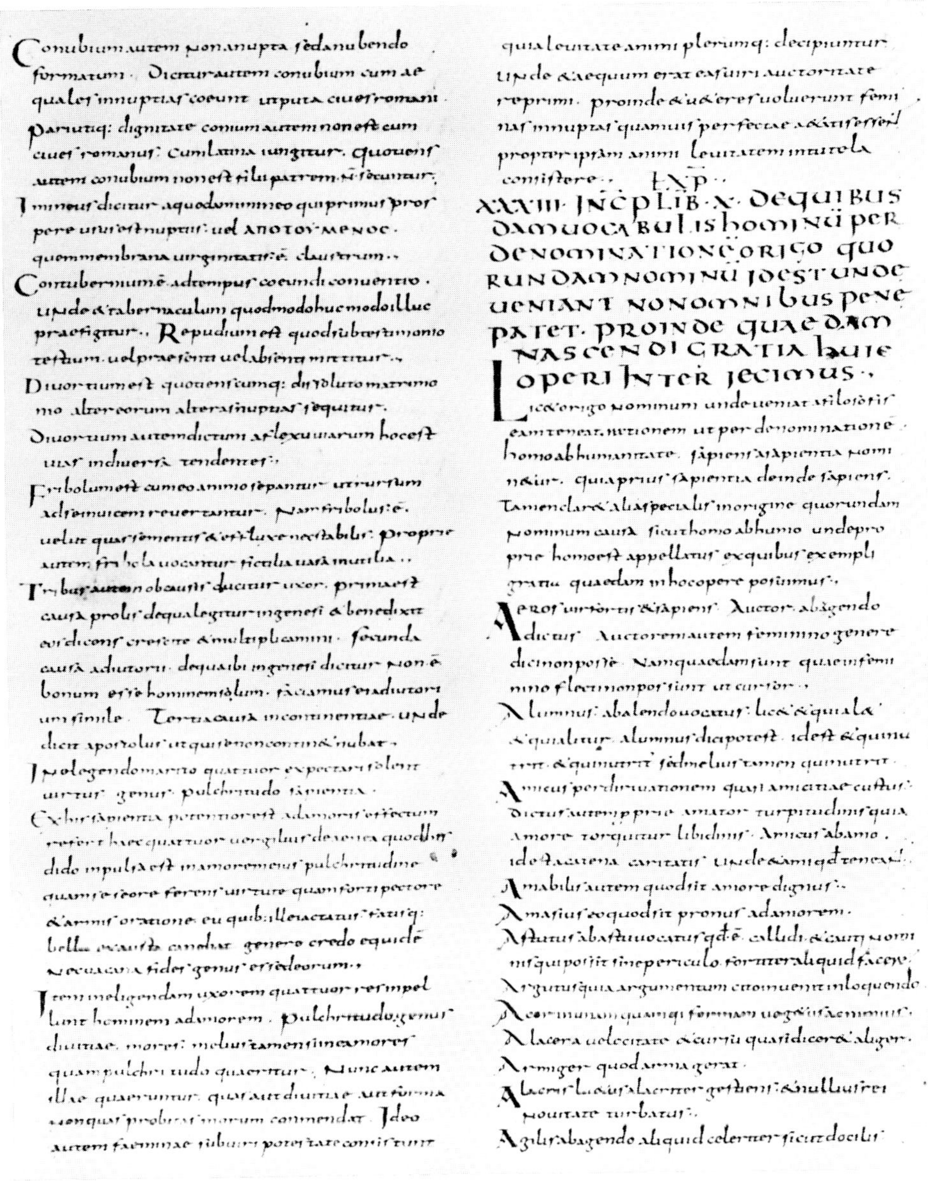

Abb. 8 Bern, Burgerbibliothek, Cod. 224: Sammelhandschrift der Werke Isidors. fol. 76r

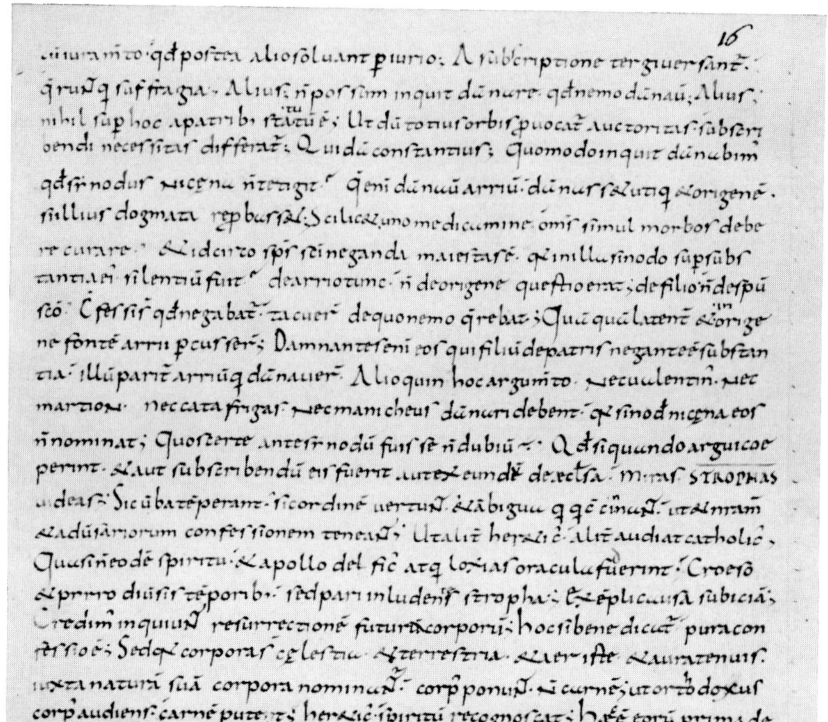

Abb. 9 Paris, Bibliothèque Nationale, Cod. lat. 1862; fol. 16r

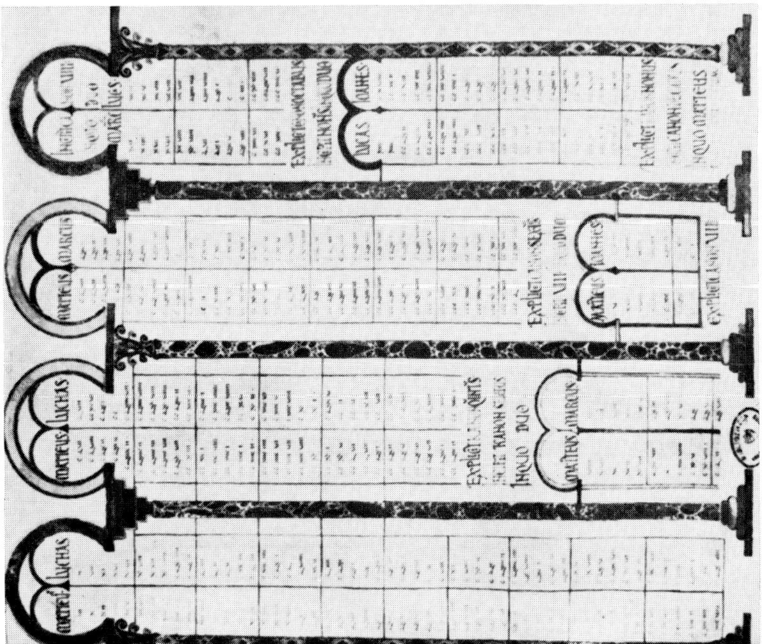

Abb. 10 Codex Cavensis; fol. 222r

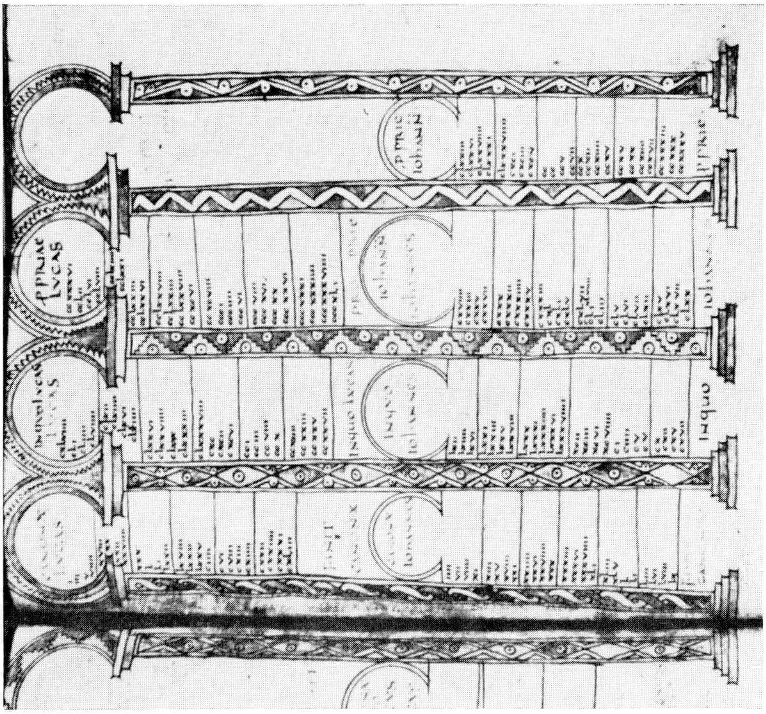

Abb. 11 ΘH: London, British Museum, Add. 24 142; fol. 201r

Abb. 12 London, British Museum, Harl. 2795 (Loire-Gebiet, 9. Jh.); fol. 9v

Abb. 13 $\Theta^{M}$: Paris, Bibliothèque Nationale, Cod. lat. 9380; fol. 252v

Abb. 14 $\Theta^{M}$: Paris, Bibliothèque Nationale, Cod. lat. 9380; fol. 348v: Bibelverse Theodulfs

Tafel XII

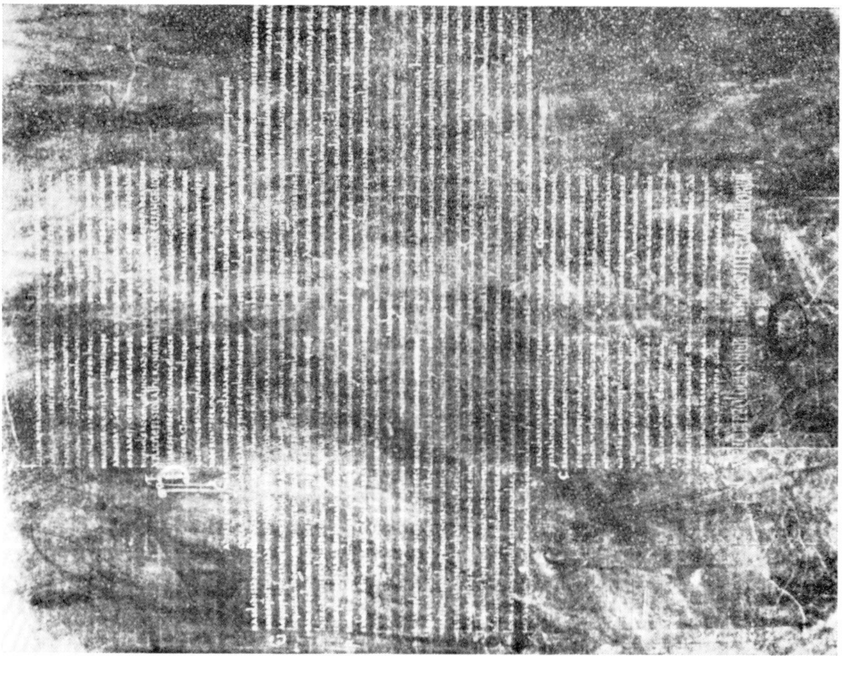

Abb. 15 Codex Cavensis; fol. 229v

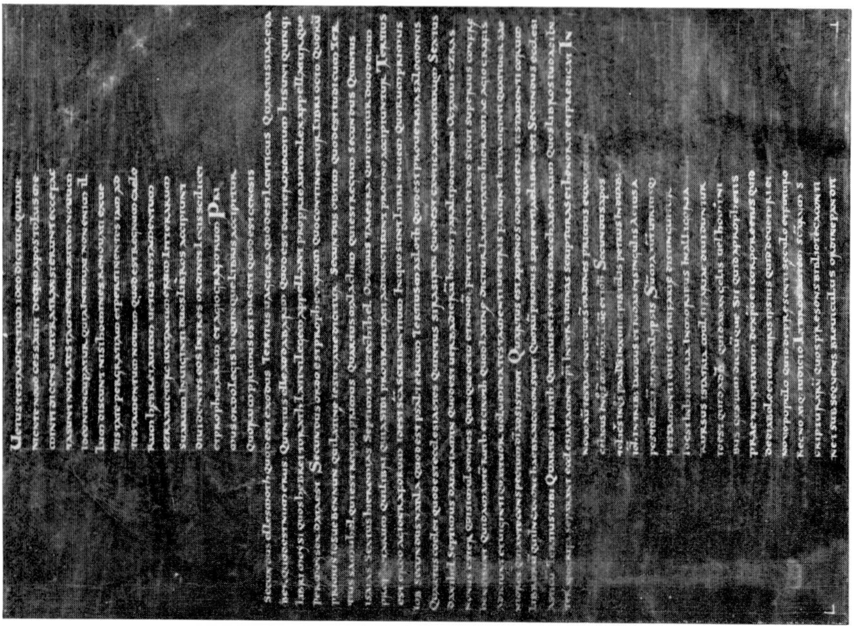

Abb. 16 Θ[M]: Paris, Bibliothèque Nationale, Cod. lat. 9380; fol. 3r

Abb. 17 Rossano, Kathedralschatz, Codex Purpureus (Konstantinopel [?], 6. Jh.); fol. 5r

Abb. 18 Wien, Nationalbibliothek, Cod. 847 (Ravenna [?], 6. Jh.); fol. 1r

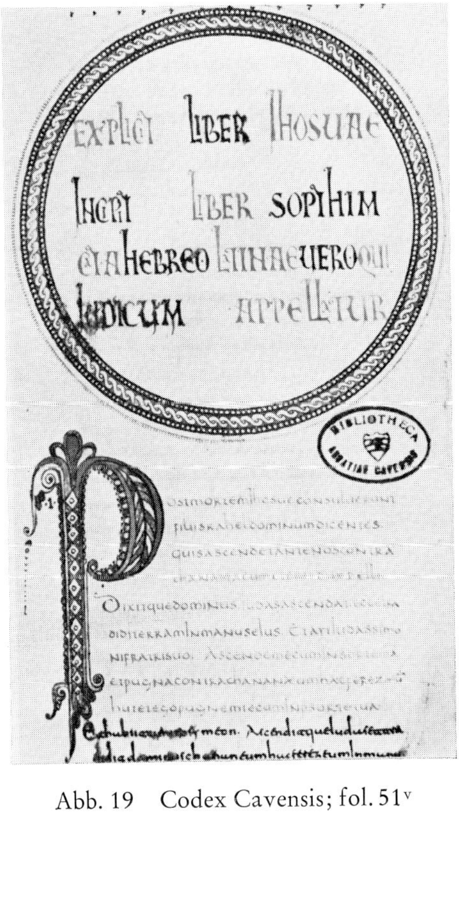


Abb. 19 Codex Cavensis; fol. 51v

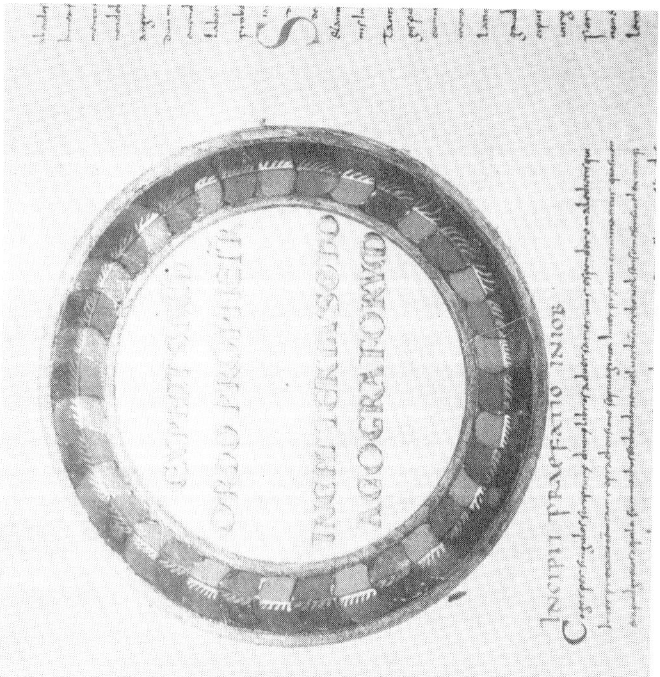

Abb. 20 ΘA: Le Puy, Trésor de la Cathédrale; fol. 136v

Abb. 21 ΘA: Le Puy, Trésor de la Cathédrale; fol. 211v

Abb. 22 $\Theta^{M}$: Paris, Bibliothèque Nationale, Cod. lat. 9380; fol. 347r: Explicit Liber

Abb. 23 Germigny-des-Prés, Apsismosaik

# LEBENSLAUF

Am 2. September 1941 wurde ich, Katharina Raphaela Elisabeth Dahlhaus geb. Berg, als Tochter der Eheleute Josef Berg und Leone Auguste geb. Breuer zu Berlin geboren. Von 1948 bis 1960 besuchte ich die Sankt-Annen-Schule zu Wuppertal-Elberfeld, drei Jahre die Grundschule, neun Jahre das neusprachliche Gymnasium. Nach dem Abitur begann ich im Sommersemester 1960 an der Universität zu Köln das Studium in den Fächern Geschichte und Deutsche Philologie und legte am 10. Dezember 1965 das 1. Staatsexamen ab. Seit 1. Mai 1967 habe ich eine wissenschaftliche Assistentur am Historischen Seminar der Universität zu Köln verwaltet und war von meiner Promotion bis zum 31. Juli 1973 an dem genannten Institut wissenschaftliche Assistentin.

Meine Lehrer waren die Herren Professoren Wolfgang Binder, Paul Böckmann, Heinrich Büttner (†), Karl Langosch, Josef Quint, Theodor Schieder, Theodor Schieffer, Rudolf Schützeichel, Fritz Tschirch (†), Hans Volkmann, Paul Wilpert (†).